Defesa Comercial

dumping – antidumping
subsídio – medidas compensatórias
medidas de salvaguarda

Quartier Latin

Editora Quartier Latin do Brasil
Tel./fax: (55 11) 3101-5780
Rua Santo Amaro - 316 - loja - Bela Vista
CEP 01315-000 - São Paulo - Brasil

Empresa brasileira, fundada em 20 de novembro de 2001

TODOS OS DIREITOS RESERVADOS. Proibida a reprodução total ou parcial, por qualquer meio ou processo, especialmente por sistemas gráficos, microfílmicos, fotográficos, reprográficos, fonográficos, videográficos. Vedada a memorização e/ou a recuperação total ou parcial, bem como a inclusão de qualquer parte desta obra em qualquer sistema de processamento de dados. Essas proibições aplicam-se também às características gráficas da obra e à sua editoração. A violação dos direitos autorais é punível como crime (art. 184 e parágrafos do Código Penal), com pena de prisão e multa, busca e apreensão e indenizações diversas (arts. 101 a 110 da Lei 9.610, de 19.02.1998, Lei dos Direitos Autorais).

Ana Carla Bliacheriene
Mestra e Doutora em Direito Social pela PUC/SP
Advogada

Defesa Comercial
dumping – antidumping
subsídio – medidas compensatórias
medidas de salvaguarda

Editora Quartier Latin do Brasil
São Paulo, outono de 2007
quartierlatin@quartierlatin.art.br
www.editoraquartierlatin.com.br

EDITORA QUARTIER LATIN DO BRASIL
Rua Santo Amaro, 316 – Bela Vista – São Paulo

Coordenação: Vinicius Vieira

Design da Capa: Fernando Rezende Barreto

Diagramação: Mônica A. Guedes

BLIACHERIENE, Ana Carla – Defesa Comercial – São Paulo : Quartier Latin, 2007.

ISBN 85-7674-228-4

1. Direito Internacional Econômico   I. Título

Índice para catálogo sistemático:

1. Brasil : Direito Internacional Econômico

Contato: *editora@quartierlatin.art.br*
www.editoraquartierlatin.com.br

Sumário

Dedicatória 19

Agradecimentos 21

Prefácio 23

Abreviaturas 29

Considerações Introdutórias 33

Capítulo I – Definições Preliminares, 37

1.1 Direito Internacional Econômico 38

1.2 Defesa Comercial 38

1.3 Subsídio 40

1.4 *Dumping* 43

1.5 Salvaguardas 44

1.6 Medidas de Defesa Comercial 45

1.7 Parte Contratante do GATT/1947 e Membro da OMC 47

1.8 Suspensão de Concessões, Retaliação, Compensação e Contramedidas 47

Capítulo II – Evolução Histórica do Direito Internacional Econômico: da Antiguidade à Criação da OMC, 51

2.1 Introdução 52

2.2 Relações Internacionais Econômicas na Idade Antiga 52

2.3 Relações Internacionais Econômicas nas Idades Média e Moderna 56

2.4 Relações Internacionais Econômicas na Idade Contemporânea 63

2.4.1 Pré-Acordos de Bretton Woods 63

2.4.2 Pós-Acordos de Bretton Woods 69

Capítulo III – Organização Mundial do Comércio:
Origens, Princípios, Aspectos Normativos e Institucionais,
Método Decisório e
Solução de Controvérsias, 77

3.1 Origens: da Carta de Havana à Rodada Uruguai 78

3.2 Princípios do Direito Internacional Econômico Aplicáveis
à OMC 81

3.3 Aspectos Normativos da OMC 88

3.4 Aspectos Institucionais da OMC e seu Método Decisório 96

3.5 Solução de Controvérsias na OMC 101

3.5.1 Introdução 101

3.5.2 Peculiaridades do Procedimento de Solução de
Controvérsias da OMC 104

3.5.3 Consultas 107

3.5.4 Grupo Especial 108

3.5.5 Apelação 109

3.5.6 Implementação das Recomendações do OSC/OMC 110

3.5.7 Compensação 111

3.5.8 Suspensão de Concessões 112

3.5.9 Arbitragem 113

3.5.10 Bons Ofícios 114

Capítulo IV – Subsídio, Medidas Retaliatórias e Compensatórias
na OMC e no Brasil, 115

4.1 Subsídio na OMC 116

4.1.1 Introdução 116

4.1.2 Evolução Histórica das Regras do Direito Internacional Econômico em Matéria de Subsídio: da Carta de Havana à Rodada Uruguai 117

4.1.3 Subsídio Destinado aos Bens Não Agrícolas 124

4.1.3.1 Definições Necessárias 124

4.1.3.1.1 Subsídio 124

4.1.3.1.1.1 Definição Legal 126

4.1.3.1.1.1.1 Contribuição Financeira ou Sustentação de Renda ou de Preços 126

4.1.3.1.1.1.2 Governo ou Órgão Público 128

4.1.3.1.1.1.3 Interior do Território de um Membro 128

4.1.3.1.1.1.4 Vantagem ou Benefício 130

4.1.3.1.1.2 Interpretação do OSC/OMC 131

4.1.3.1.1.3 Exceções ao Subsídio Específico no ASMC e no AAG 135

4.1.3.1.1.4 Definição Sugerida 136

4.1.3.1.2 Membro Interessado e Parte Interessada 137

4.1.3.1.3 Indústria Nacional, Indústria Doméstica e Produtores Nacionais 138

4.1.3.1.4 Produto Similar 138

4.1.3.1.5 Mercado Nacional e Mercado Doméstico 140

4.1.3.1.6 Montante do Subsídio 141

4.1.3.1.7 Informação Confidencial e Resumo Ostensivo 141

4.1.3.1.8 De minimis 142

4.1.3.1.9 Fatos Disponíveis e Melhor Informação Disponível 142

4.1.3.2 Subsídio Específico 144

4.1.3.3 Classificação dos Subsídios 147

4.1.3.3.1 Quanto à Finalidade 147

4.1.3.3.2 Quanto ao Controle 148

4.1.3.3.2.1 Subsídios Proibidos: Artigo 3º do ASMC 148

4.1.3.3.2.2 Subsídios Permitidos ou Irrecorríveis: Artigo 8º do ASMC 150

4.1.3.3.2.3 Subsídios Recorríveis: Artigos 5º e 6º do ASMC 151

4.1.3.3.3 Quanto à Legalidade 152

4.1.3.3.4 Quanto ao Tipo de Estímulo Oferecido 153

4.1.3.4 Mecanismo Multilateral de Investigação de Subsídios Destinados a Produção e Comercialização de Bens Não Agrícolas 164

4.1.3.4.1 Introdução 164

4.1.3.4.2 Visão Geral da Investigação de Subsídio 165

4.1.3.4.3 Efeito das Decisões do OSC/OMC 166

4.1.3.4.4 Procedimento Multilateral de Solução de Controvérsia para Subsídio Proibido 167

4.1.3.4.5 Procedimento Multilateral de Solução de Controvérsia para Subsídio Recorrível 169

4.1.3.4.6 Procedimento Multilateral de Solução de Controvérsia para Subsídio Irrecorrível 170

4.1.4 Subsídio Destinado aos Bens Agrícolas 172

4.1.4.1 Introdução 172

4.1.4.2 Definições 173

4.1.4.2.1 Introdução 173

4.1.4.2.2 Medida Agregada de Apoio (MAA), MAA Total, MAA Total de Base, MAA Total Corrente 174

4.1.4.2.3 Produto Agrícola Básico 175

4.1.4.2.4 Desembolsos Orçamentários 176

4.1.4.2.5 Medida Equivalente de Apoio 176

4.1.4.2.6 Subsídio, Subsídios à Exportação e Especificidade 176

4.1.4.3 Classificação dos Subsídios Destinados a Bens Agrícolas 178

4.1.4.3.1 Quando Destinados à Produção Agrícola Doméstica 178

4.1.4.3.1.1 Subsídios Agrícolas Amarelos (Caixa Amarela) 178
4.1.4.3.1.2 Subsídios Agrícolas Azuis (Caixa Azul) 179
4.1.4.3.1.3 Subsídios Agrícolas Verdes (Caixa Verde) 179
4.1.4.3.1.4 Programas Governamentais de Serviços 180
4.1.4.3.1.5 Retenção de Estoques Públicos para Segurança Alimentar 181
4.1.4.3.1.6 Ajuda Alimentar Interna 181
4.1.4.3.1.7 Pagamentos Direto aos Produtores 182
4.1.4.3.2 Quanto à Legalidade: Subsídios Legais e Ilegais 182
4.1.4.4 Cláusula de Paz 184
4.1.4.5 Compromissos em Matéria de Subsídio à Exportação 186
4.1.4.6 Mecanismo Multilateral de Investigação de Subsídio Destinado à Produção de Bens Agrícolas 187
4.1.4.7 Efeito das Decisões do OSC/OMC em Matéria de Subsídio Regulado pelo AAG 189
4.2 Subsídio no Brasil: Mecanismo Unilateral de Investigação de Subsídio a Produção e Comercialização de Bens Agrícolas e Não Agrícolas 190
4.2.1 Introdução 190
4.2.2 O Decreto nº 1.751/1995 e sua Função Regulamentar 194
4.2.3 Fase Preliminar da Investigação do Subsídio 198
4.2.3.1 Critérios Formal, Material e Subjetivo da Petição Inicial 199
4.2.3.2 Assistência à Indústria Doméstica 203
4.2.3.3 Emendas à Petição Inicial e Inépcia 204
4.2.3.4 Verificação do Montante do Subsídio *de minimis*, do Volume da Importação e da Dimensão do Dano 206
4.2.3.5 Comunicação do Pedido de Investigação, Procedimento de Consulta e Abertura ou Não da Investigação 207
4.2.4 A Investigação do Subsídio 209

4.2.4.1 Determinação do Período da Investigação da Existência do
Subsídio, da Existência do Dano e Determinação do Produto 209

4.2.4.2 Determinação Preliminar da Existência do Subsídio, do
Dano e do Nexo 211

4.2.4.2.1 Envio de Cópia da Petição Inicial e dos Questionários 211

4.2.4.2.2 Processamento das Respostas dos Questionários, Acesso
à Informação, Esclarecimento de Informação Lacunosa ou
Obscura e Análise das Informações Recebidas 212

4.2.4.2.3 Determinação Preliminar do Subsídio, do Dano, da
Ameaça de Dano, do Retardamento de Implantação da
Indústria Nacional e do Nexo 213

4.2.4.2.4 Modalidades, Montante, Duração e Características
das Medidas Preliminares ou Provisórias 214

4.2.4.3 Determinação Final da Existência do Subsídio, do Dano
e do Nexo 215

4.2.4.3.1 Realização de Audiências e Oitiva dos Membros
Interessados e das Partes Interessadas 215

4.2.4.3.2 Requisição de Informação Suplementar e Fatos
Disponíveis 216

4.2.4.3.2.1 Investigação *in loco* 218

4.2.4.3.3 Determinação da Especificidade 218

4.2.4.3.4 Cálculo do Montante do Subsídio e Valoração do
Subsídio *de minimis* 219

4.2.4.5 Determinação da Indústria Doméstica Afetada, do Dano
e da Ameaça de Dano 221

4.2.4.3.6 Determinação do Nexo Causal 223

4.2.4.3.7 Acordos de Restrição Voluntária e Compromissos de Preço ... 224

4.2.4.3.8 Realização de Audiência Final 227

4.2.4.3.9 Finalização da Investigação com e sem Aplicação
de Medidas Compensatórias Conclusivas 227

4.2.4.4　Montante, Prazo de Vigência, Cobrança, Retroatividade das Medidas Compensatórias Preliminares e Conclusivas 230

4.2.4.5　Reembolso de Medidas Compensatórias Aplicadas 233

4.2.4.6　Revisão das Decisões 234

4.2.4.6.1　Introdução 234

4.2.4.6.2　Revisão Administrativa Unilateral 235

4.2.4.6.2.1　Das Decisões Interlocutórias, Preliminares e Conclusivas da Aplicação de Medidas Compensatórias 235

4.2.4.6.2.1.1　Atos Discricionários, Atos Vinculados e Classificação dos Atos Administrativos do Processo de Investigação de Subsídio 235

4.2.4.6.2.1.2　Revisão e Recurso Administrativos dos Atos da Secex, do Decom, do CCDC e da Camex 242

4.2.4.6.2.1.3　Revisão por Decurso de 5 anos (*sunset reviews*) 248

4.2.4.6.2.1.4　Revisão Anterior ao Decurso de 5 anos: por Interesse Nacional ou por Mudança de Circunstâncias (*interim reviews*) 249

4.2.4.6.2.1.5　Revisão Sumária ou Reexame Imediato 250

4.2.4.6.2.2　Revisão de Acordos de Restrição Voluntária ou de Compromisso de Preços 251

4.2.4.6.3　Revisão e Recurso Judicial Unilateral 251

4.2.4.6.4　Revisão Multilateral ou do OSC/OMC 251

Capítulo V – *Dumping*, Medidas Retaliatórias e *Antidumping* na OMC e no Brasil, 253

5.1　*Dumping* na OMC 254

5.1.1　Introdução 254

5.1.2　Evolução Histórica das Regras do Direito Internacional Econômico em Matéria de *Dumping*: da Carta de Havana à Rodada Uruguai 255

5.1.3 *Dumping* e os Bens Agrícolas e Não Agrícolas 257

5.1.3.1 Definições Necessárias 257

5.1.3.1.1 *Dumping* 257

5.1.3.1.2 Membro Interessado e Parte Interessada 257

5.1.3.1.3 Indústria Doméstica e Produtores Nacionais 257

5.1.3.1.4 Produto Similar 258

5.1.3.1.5 Margem de *Dumping* e Valor Normal 259

5.1.3.1.6 Informação Confidencial e Resumo Ostensivo 259

5.1.3.1.7 Margem de minimis e Volume Insignificante 260

5.1.3.1.8 Fatos Disponíveis e Melhor Informação Disponível 260

5.1.3.2 Mecanismo Multilateral de Investigação de *Dumping* 262

5.1.3.2.1 Efeito das Decisões do OSC/OMC 262

5.2 Mecanismo Unilateral de Investigação de *Dumping* no Brasil 262

5.2.1 Introdução 262

5.2.2 Fase Preliminar da Investigação de *Dumping* 265

5.2.2.1 Critérios Formal, Material e Subjetivo da Petição Inicial 265

5.2.2.2 Assistência à Indústria Doméstica 267

5.2.2.3 Emendas à Petição Inicial e Inépcia 268

5.2.2.4 Verificação da Margem de *Dumping de minimis*, do Volume da Importação e da Dimensão do Dano 269

5.2.2.5 Comunicação do Pedido de Investigação, Procedimento de Consulta e Abertura ou Não da Investigação 270

5.2.3A Investigação de *Dumping* 272

5.2.3.1 Determinação do Período da Investigação da Existência do *Dumping*, do Dano e Determinação do Produto 272

5.2.3.2 Determinação Preliminar da Existência do *Dumping*, do Dano e do Nexo 274

5.2.3.2.1 Envio de Cópia da Petição Inicial e dos Questionários 274

5.2.3.2.2 Processamento das Respostas dos Questionários, Acesso à Informação, Esclarecimento de Informação Lacunosa ou Obscura e Análise das Informações Recebidas 275

5.2.3.2.3 Determinação Preliminar do *Dumping*, do Dano, da Ameaça de Dano, do Retardamento de Implantação da Indústria Nacional e do Nexo 276

5.2.3.2.4 Modalidades, Montante, Duração e Características das Medidas *Antidumping* Preliminares ou Provisórias 277

5.2.3.3 Determinação Final da Existência do *Dumping*, do Dano e do Nexo 278

5.2.3.3.1 Realização de Audiências e Oitiva das Partes Interessadas .. 278

5.2.3.3.2 Requisição de Informação Suplementar e Melhor Informação Disponível 279

5.2.3.3.2.1 Investigação *in loco* 280

5.2.3.3.3 Cálculo da Margem de Dumping e Valoração do *Dumping de minimis* 281

5.2.3.3.3.1 Valor Normal 281

5.2.3.3.3.2 Preço de Exportação 282

5.2.3.3.3.3 Margem de *Dumping e de minimis* 283

5.2.3.3.4 Determinação da Indústria Doméstica, do Dano e da Ameaça de Dano 284

5.2.3.3.5 Determinação do Nexo Causal 285

5.2.3.3.6 Acordos de Restrição voluntária e de Compromisso de Preço 286

5.2.3.3.7 Realização de Audiência Final 288

5.2.3.3.8 Finalização da Investigação com e sem Aplicação de Medidas *Antidumping* Conclusivas 289

5.2.3.4 Montante, Vigência, Cobrança e Retroatividade dos Direitos *Antidumping* 290

5.2.3.5 Reembolso de Medidas *Antidumping* Aplicadas 292

5.2.3.6 Revisão e Recursos das Decisões em Matéria de *Dumping* 293
5.2.3.6.1 Introdução 293
5.2.3.6.2 Revisão Administrativa Unilateral 295
5.2.3.6.2.1 Classificação dos Atos Administrativos do Processo de Investigação de *Dumping* 295
5.2.3.6.2.2 Revisão e Recurso Administrativo Propriamente Ditos 299
5.2.3.6.2.2.1 Revisão por Decurso de 5 anos (*sunset reviews*) 299
5.2.3.6.2.2.2 Revisão Anterior ao Decurso de 5 anos, por Interesse Nacional (*interim reviews*) 301
5.2.3.6.2.2.3 Revisão Sumária ou Reexame Imediato 301
5.2.3.6.2.3 Revisão dos Acordos de Restrição Quantitativa e de Compromisso de Preços 303
5.2.3.6.3 Revisão e Recurso Judicial Unilateral 303
5.2.3.6.4 Recurso Multilateral ou ao OSC/OMC 303

Capítulo VI – Salvaguardas e Medidas de Salvaguarda na OMC e no Brasil, 305

6.1 Salvaguardas na OMC 306
6.1.1 Introdução 306
6.1.2 Evolução Histórica das Regras do Direito Internacional Econômico em Matéria de Salvaguarda: da Carta de Havana à Rodada Uruguai 308
6.1.3 Medidas de Salvaguarda 312
6.1.3.1 Definições Necessárias 312
6.1.3.1.1 Prejuízo Grave e Ameaça de Prejuízo Grave 312
6.1.3.1.1.1 Setor Nacional e Indústria Nacional 312
6.1.3.1.1.2 Plano de Ajuste 313
6.1.3.1.4 Bens Similares ou Diretamente Concorrentes 313
6.1.3.1.5 Informação Confidencial 314

6.1.3.1.6 Salvaguardas Transitórias do APTV, Salvaguardas
Especiais do AAG, Salvaguardas contra Produtos Argentinos
ou Mecanismo de Adaptação Competitiva (MAC) e
Salvaguardas contra Produtos Chineses 315

6.1.3.2 Peculiaridades das Medidas de Salvaguarda 317

6.1.3.2.1 Seletividade 317

6.1.3.2.2 Medidas de Salvaguarda Nacional e Regional 317

6.1.3.2.3 Derivadas de Ato Legal 318

6.1.3.3 Mecanismo Multilateral de Aplicação de Medidas de Salvaguarda . 318

6.1.3.3.1 Efeito das Decisões do OSC/OMC 319

6.2 Salvaguarda no Brasil: Mecanismo Unilateral de Investigação e
Aplicação de Medidas de Salvaguarda 320

6.2.1 Introdução 320

6.2.2 Fase Preliminar da Investigação para Aplicação de Medidas
de Salvaguarda 322

6.2.2.1 Critérios Formal, Material e Subjetivo da Petição Inicial 325

6.2.2.2 Assistência à Indústria Doméstica 327

6.2.2.3 Emendas à Petição Inicial e Inépcia 328

6.2.2.4 Comunicação da Abertura ou Não da Investigação e
Procedimento de Consulta 329

6.2.3 A Investigação para a Aplicação de Medida de Salvaguarda 331

6.2.3.1 Determinação do Período da Investigação e do Produto 331

6.2.3.2 Determinação Preliminar do Aumento das Importações,
do Dano Grave e Ameaça de Dano Grave, do Nexo e de
Medidas de Salvaguarda Provisórias 332

6.2.3.3 Montante, Duração, Modalidades e Características
das Medidas de Salvaguarda Provisórias 333

6.2.3.4 Determinação Final da Existência do Aumento das
Importações, do Dano Grave ou Ameaça de Dano Grave,
do Nexo e da Adequação do Plano de Ajuste 335

6.2.3.4.1 Envio de Cópia da Petição Inicial e dos Questionários 335

6.2.3.4.2 Realização de Audiências e Oitiva dos Membros Interessados e das Partes Interessadas 336

6.2.3.4.3 Processamento das Respostas dos Questionários, Acesso à Informação, Esclarecimento de Informação Lacunosa ou Obscura, Requisição de Informação Suplementar, Fatos Disponíveis, Melhor Informação Disponível e Sigilo de Informação 337

6.2.3.4.4 Investigação *in loco* 338

6.2.3.4.5 Aumento das Importações, Indústria Doméstica Afetada, Dano Grave e Ameaça de Dano Grave 338

6.2.3.4.6 Determinação do Nexo Causal 340

6.2.3.4.7 Avaliação do Compromisso Planejado de Ajuste 341

6.2.3.4.8 Acordos de Compensação e Acordos de Restrição Voluntária à Exportação 341

6.2.3.4.9 Realização de Audiência Final 342

6.2.3.4.10 Finalização da Investigação com e sem Aplicação de Medidas de Salvaguardas Conclusivas 342

6.2.3.5 Montante, Prazo de Vigência, Cobrança e Retroatividade das Medidas de Salvaguarda Conclusivas 343

6.2.3.6 Reembolso de Medidas de Salvaguarda Aplicadas 344

6.2.3.7 Revisão das Decisões e das Medidas de Salvaguarda Aplicadas 345

6.2.3.7.1 Introdução 345

6.2.3.7.2 Revisão Administrativa Unilateral 346

6.2.3.7.2.1 Revisão e Recurso Administrativos dos Atos da Secex, do Decom, do CCDC e da Camex 346

6.2.3.7.2.1.1 Recurso por Decurso de 4 anos 347

6.2.3.7.2.1.2 Recurso Anterior ao Decurso de 4 anos 347

6.2.3.7.3 Revisão e Recurso Judicial Unilateral 348

6.2.3.7.4 Revisão Multilateral ou do OSC/OMC 348

Capítulo VII – Natureza Jurídica das Medidas de Defesa Comercial e Recursos ao Poder Judiciário, 349

7.1 Natureza Jurídica das Medidas de Defesa Comercial 350

7.1.1 Introdução 350

7.1.2 Medidas de Defesa Comercial como Tributo ou Modalidade Tributária de Intervenção no Domínio Econômico 351

7.1.2.1 Tributo 351

7.1.2.2 Modalidade Não Tributária de Intervenção no Domínio Econômico 363

7.1.3 Contramedidas como Sanção e Instituto *sui generis* 364

7.1.4 Direito Especial 369

7.2 Recursos ao Poder Judiciário em Matéria de Defesa Comercial ... 375

7.2.1 Introdução 375

7.2.2 Revisão Judicial dos Atos Administrativos Derivados das Investigações de Defesa Comercial 377

7.2.3 Direito à Pronta Revisão por Autoridade Diversa e Análise Judicial do Mérito Administrativo 381

7.2.4 Recurso Judicial e Competência Privativa de Tribunal Superior 382

Referência Bibliográfica 385

Dedicatória

A todos os que buscam a paz e a eqüidade das relações internacionais pela via do Direito em detrimento da força.

Aos meus filhos e sobrinhos, representando as próximas gerações.

Agradecimentos

Aos meus pais: Zé Re e Góia,
aos meus amores: Fernando e Hannah,
aos meus irmãos: Nanci, Jane, Tote, Livia e Roberto.

Prefácio

"Navegadores antigos tinham uma frase gloriosa: 'Navegar é preciso; viver não é preciso.'

Quero para mim o espírito desta frase, transformada a forma para a casar com o que eu sou: Viver não é necessário; o que é necessário é criar.

Não conto gozar a minha vida; nem em gozá-la penso. Só quero torná-la grande, ainda que para isso tenha de ser o meu corpo e a minha alma a lenha desse fogo.

Só quero torná-la de toda a humanidade; ainda que para isso tenha de a perder como minha.

Cada vez mais assim penso. Cada vez mais ponho na essência anímica do meu sangue o propósito impessoal de engrandecer a pátria e contribuir para a evolução da humanidade".

(Fernando Pessoa - *Obra Poética*).

É com imenso orgulho que passo à apresentação da Obra maiúscula, intitulada "Defesa Comercial: *dumping – antidumping*, subsídio – medidas compensatórias e medidas de salvaguarda", da Professora Ana Carla Bliacheriene, orientada por mim no seu curso de Doutorado, quando ambos lecionávamos na PUC/SP, sendo ela então Professora da FEA-PUC/SP. Não é de hoje que a conheço e atesto suas múltiplas qualidades intelectuais e a fé indômita que possui e nunca cessa. Quem por oito anos contínuos dedica-se à elaboração de obra científica como esta já demonstra quanto de grandiosa é sua alma e qual o seu entusiasmo para contribuir para a evolução da humanidade, o que já não carece de mais apresentações.

Dentre as maiores virtudes humanas, certamente a perseverança, a força de vontade, a capacidade de liderança, a disciplina e a coragem são aquelas que fazem a maior diferença entre as pessoas que labutam nos domínios da técnica ou do conhecimento. Não posso imaginar Ana Carla sem recordar, dentre outros muitos valores, sua determinação como traço mais marcante do seu caráter. A conheci como minha aluna na primeira turma dos Cursos de Mestrado e Doutorado da PUC/SP, nos idos de 2001, quando mestranda e orientada pelo Professor Cláudio Finkelstein. Desde então, fui testemunho privilegiado do seu fulgurante crescimento profissional, numa ascensão constante, com profundidade e equilíbrio sem igual, apesar das muitas dificuldades por que passou. Quem a vê, aparentemente frágil, é certo, surpreender-se-á com sua capacidade e conhecimentos acumulados; mas quem a bem conhece, sabe dos seus dotes de jurista e de profissional de incontestes qualidades.

Como dito acima, o presente estudo foi preparado a partir de reflexões contínuas, em aperfeiçoamentos sucessivos, com laboriosos cuidados meditativos. Este é mesmo um livro muito sério e rigoroso, com ambições supernas, a coincidir em um dos mais completos já editados no Brasil, sobre "Defesa Comercial". Para ser mais claro, foi escrito em três etapas: a primeira, sobre *dumping* e *antidumping*, como objeto da sua Dissertação de Mestrado; a segunda, subsídio e medidas compensatórias, da sua Tese de Doutorado; e a terceira, na conjunção de ambos, com acréscimos necessários. Não que o primeiro texto, posto em dois volumes, não pudesse ter sido publicado com antecedência. Na sua composição parcial, ainda assim, seria obra de píncaros. Preferiu, porém, amadurecer conceitos e aprofundar concepções e princípios, inclusive pela prática profissional, para chegar a uma das melhores sínteses sobre a matéria. Conseqüentemente, pode-se dizer com tranqüilidade que a Obra que o ilustre leitor tem em mãos não só foi levada, por duas vezes, ao conhecimento e debate público pelos mais insignes professores da especialidade, como Welber Barral, Cláudio Finkelstein, Araminta Mercadante e Umberto Celli

Junior, quando participaram das suas bancas examinadoras, posto decorrer de teses; como também que, além de teoricamente bem conduzida, realça-se sua evidente utilidade prática, pela confirmação das suas propostas pela vivência de casos e de estudos sobre casos levados à Organização Mundial do Comércio – OMC.

É perfeitamente compreensível que livros em profundidade possam ser complexos e de difícil acesso cognitivo. Virtuosa, entretanto, é a obra que, em sendo profunda, tenha a clareza e a qualidade da simplicidade em seu favor, para permitir a maior amplitude de aprendizado ao perpassar das suas páginas. Esse foi o estilo escolhido pela Professora Ana Carla, cuja forma escorreita e bem firmada não deixa dúvidas sobre a feliz coincidência entre inovação e elaborada construção conceitual com equivalentes notas de um texto simplificado e sobejamente didático.

O tratamento dedicado pelas páginas que seguem é fortemente marcado por uma evidente interdisciplinaridade, na busca de respostas adequadas para questões próprias do domínio econômico, fundadas geralmente em acordos internacionais, que convidam o esforço do Direito Internacional, relativamente a temas do Comércio Internacional e das instituições internacionais, com múltiplas interferências do Direito Comercial, do Direito Administrativo, do Direito Aduaneiro, do Direito Tributário, sem falar nas incursões imprescindíveis ao Direito Constitucional, bem como ao Direito Privado. Coordenar todos os efeitos e implicações daí decorrentes foi o grande desafio posto à prova pela nossa Autora, o que fez com galhardia e êxito sem par, com espírito devotado a um construtivismo hermenêutico, não se bastando, pois, com repetições ou meras descrições, tão comuns dos dias de hoje.

O objeto de trabalho consiste num estudo abrangente e crítico sobre a defesa comercial, dedicando-se ao conhecimento dos subsídios e respectivas medidas compensatórias, bem como ao *dumping* e correspondentes medidas *antidumping*, igualmente àquelas de salvaguarda, com vistas a definir-lhes os contornos jurídicos de modo rigoroso, enfrentar as questões práticas decorrentes e sistematizar os diversos institutos e classificações que lhes são inerentes. O resultado foi uma obra sólida e de notável interesse prático, a somar-se à galeria de outros estudos clássicos mais recentes na matéria, como "Dumping e Comércio Internacional", de Welber Barral, em virtude das contribuições efetivamente inovadoras que contempla.

A importância da defesa comercial ainda não foi adequadamente compreendida no Brasil, tanto no que tange à sua aplicação interna, de proteção da indústria nacional, quanto na eventual adoção de alguma das suas modalidades contra produtos nacionais no exterior. Infelizmente, apesar dos muitos esforços despendidos, a estrutura institucional dedicada ao assunto ainda é reduzida, falta uma conscientização do empresariado nacional sobre sua aplicação e utilidade e, corolário de tudo isso, as pesquisas científicas ainda são tímidas, comparativamente ao que se vê em outros países, como Estados Unidos, França ou Canadá.

Tive a satisfação de obter êxitos muito oportunos com o grupo de pesquisadores que se dedicaram ao estudo dessa matéria, sob minha orientação, no Programa de Pós-Graduação em Direito da PUC/SP, a exemplo da Professora Ana Carla e dos seus colegas Marcelo Jatobá Lôbo, Rafael Tiago Juk Benke e Alessandra Okuma. Nesta oportunidade, tinha-se bem presente a preocupação sobre como avançar para uma análise jurídica dos seus principais problemas, com respeito e atenção às conquistas já obtidas, mas na convicção de estimular um debate mais intenso sobre as repercussões jurídicas dos instrumentos utilizados na defesa comercial e nos acordos da OMC em geral, mormente aquelas típicas do Direito Internacional Tributário, seara que se dedica especialmente à matéria tributária versada em acordos internacionais.

Reconhecer avanços, entretanto, não significa admitir que já se tenha dado por esgotado o campo de suas possibilidades. Ainda falta muito a fazer, *navegar é preciso*, e todos estão navegando muito bem, nos mares dantes explorados por juristas de escol que foram muito importantes para que se pudesse chegar a tudo o que hoje temos, como Celso Lafer, Guido Soares e Luis Olavo Baptista.

Estou certo que finalmente nosso País atingiu fundamentos econômicos consistentes e está preparado para alçar vôos de larga escala no mercado internacional, o que será de grande importância para propiciar crescimento interno, ampliação de empregos e desenvolvimento qualitativo para nosso povo. Para esse propósito, o aperfeiçoamento da defesa comercial será um dos meios mais úteis para permitir o equilíbrio de forças e a acomodação dos nossos interesses em face dos demais.

Internamente, as preocupações com a China e outros países de atuação mais agressiva têm sido suficientes para o desencadeamento de diversos procedimentos próprios de defesa comercial, especialmente os de *antidumping*; mas pode-se imaginar o quanto de questões polêmicas sobre defesa comercial ainda estão por surgir também no além mar, em virtude do crescimento vertiginoso do comércio internacional brasileiro, cujos indicadores econômicos nos dão notícia de termos mais que dobrado o volume das exportações nos últimos cinco anos.

Por outro lado, não se pode deixar de considerar a necessidade de garantir o estímulo à produção nacional, ao que o Estado deve servir como instrumento de concretização de políticas próprias para o desenvolvimento, com preservação dos acordos internacionais, especialmente os de subsídios, mas sem que isso sirva de justificativa para abandonar o setor exportador à própria sorte, porque esta não é, definitivamente, a forma de atuação de qualquer país competidor nos cenários dos diversos mercados internacionais.

Analisar todos os aspectos jurídicos decorrentes, sem olvidar-se de apreciações históricas e do que o direito estrangeiro pode oferecer, além das decisões do Órgão de Apelação da OMC, sem dúvidas, marcou o trabalho da Professora Ana Carla Bliacheriene com o signo da utilidade, dando-lhe o caráter de um clássico anunciado, ao passar à galeria das obras de consulta obrigatória e que de certo norteará a construção de novas idéias relativas aos temas aqui debatidos.

Por todas essas razões, unir-me ao destino desse estudo é motivo de superior entusiasmo, na esperança de que não somente possa atingir aos objetivos da sua eminente Autora, como também que seja fonte de inspiração para muitos, na expansão qualificada da nossa doutrina sobre a matéria. *Viver não é necessário; o que é necessário é criar.* A todos, boa leitura.

Heleno Taveira Tôrres

Professor e Livre-Docente de Direito Tributário da Faculdade de Direito da Universidade de São Paulo (USP). Advogado

Abreviaturas

AAD	Acordo *Antidumping* da Rodada Uruguai
AAG	Acordo sobre Agricultura da Rodada Uruguai
ADIN	Ação Direta de Inconstitucionalidade
AEB	Associação do Comércio Exterior Brasileiro
APTV	Acordo sobre Produtos Têxteis e Vestuários da Rodada Uruguai
ASG	Acordo sobre Salvaguardas da Rodada Uruguai
ASMC	Acordo sobre Subsídio e Medidas Compensatórias da Rodada Uruguai
BIRD	Banco Internacional para Reconstrução e Desenvolvimento ou Banco Mundial
Camex	Câmara de Comércio Exterior
CARK	Código *Antidumping* da Rodada Kennedy
CART	Código *Antidumping* da Rodada Tóquio
CCB	Conselho de Comércio de Bens da OMC
CCDC	Comitê Consultivo de Defesa Comercial
CDB	Convenção das Nações Unidas sobre Diversidade Biológica
CDC	Código de Defesa do Consumidor
CF	Constituição Federal
CIDE	Contribuição de Intervenção no Domínio Econômico

CIF	Cost, Insurance and Freigth
CNA	Confederação Nacional da Agricultura e Pecuária
CNC	Confederação Nacional do Comércio
CNI	Confederação Nacional da Indústria
Comitê/OMC	Comitê sobre Subsídios e Medidas Compensatórias da OMC
CPA	Comissão de Política Aduaneira
CPA/OMC	Comitê da OMC sobre Práticas *Antidumping*
CSMC	Código de Subsídios e Medidas Compensatórias da Rodada Tóquio
CSG/OMC	Comitê de Salvaguarda da OMC
CTN	Código Tributário Nacional
DOU	Diário Oficial da União
Decom	Departamento de Defesa Comercial
DISC	Domestic International Sales Corporations
ESC	Entendimento Relativo às Normas e Procedimentos sobre a Solução de Controvérsias
ETI	Extraterritorial Income Exclusion Act
EUA	Estados Unidos da América
FMI	Fundo Monetário Internacional
FSC	Foreign Sales Corporations
GATS	Acordo Geral sobre Comércio de Serviços
GATT	Acordo Geral sobre Tarifas e Comércio
GE/OMC	Grupo Especial do Mecanismo de Solução de Controvérsias da OMC

GPE/OMC	Grupo Permanente de Especialistas do Mecanismo de Solução de Controvérsias da OMC
ICMS	Imposto sobre Operações Relativas à Circulação de Mercadorias e sobre Prestações de Serviços de Transporte Interestadual e Intermunicipal e de Comunicação
ITO	Internacional Trade Organization
LACP	Lei da Ação Civil Pública
LMVM	Lei do Mercado de Valores Mobiliários
MAA	Medida Agregada de Apoio
MAC	Mecanismo de Adaptação Competitiva
MDIC	Ministério do Desenvolvimento, Indústria e Comércio Exterior
Mercosul	Mercado Comum do Sul
MF	Ministério da Fazenda
MP	Medida Provisória
NAFTA	North American Free Trade Agreement
NCM	Nomenclatura Comum do Mercosul
NMF	Princípio ou Cláusula da Nação mais Favorecida
NOEI	Nova Ordem Econômica Internacional
OCDE	Organização para Cooperação e Desenvolvimento Econômico
OIC	Organização Internacional do Comércio
OMC	Organização Mundial do Comércio

ONU	Organização das Nações Unidas
OPA/OMC	Órgão Permanente de Apelação do Mecanismo de Solução de Controvérsias da OMC
OSC/OMC	Órgão de Solução de Controvérsias da OMC
OST/OMC	Órgão de Supervisão de Têxteis da OMC
PROEX	Programa de Financiamento a Exportações
REsp	Recurso Especial
Secex	Secretaria de Comércio Exterior
Siscomex	Sistema Integrado de Comércio Exterior
SRF/MF	Secretaria da Receita Federal do Ministério da Fazenda
STF	Supremo Tribunal Federal
STJ	Superior Tribunal de Justiça
TEC	Tarifa Externa Comum
TPA	Trade Promotion Authority
TRIPS	Acordo sobre Propriedade Intelectual da OMC
UE	União Européia
UNCTAD	United Nations Conference on Trade and Development

Considerações Introdutórias

Por muito tempo, o Direito Internacional e o Direito Econômico pareceram muito distantes do convívio de grande parte dos operadores do Direito brasileiro. Geralmente, eram associados exclusivamente às funções da carreira diplomática, aos concursos públicos ou, ainda, restritos a um grupo de profissionais que se transformou em ilhas de conhecimento, por mérito do estudo pioneiro no campo do Direito Internacional Econômico.

Esta realidade vem se transformando. A atuação das empresas brasileiras no exterior, bem como de empresas estrangeiras no Brasil, gerou uma forte demanda por profissionais habilitados nas áreas jurídica e econômica, para defender os interesses da indústria doméstica, seja internamente nos países contendores, seja nos órgãos multilaterais de comércio, como o Órgão de Solução de Controvérsias da Organização Mundial do Comércio (OSC/OMC).

Dentre os temas do Direito Internacional Econômico, está o da utilização de medidas de defesa comercial pelos Estados quando suas indústrias são ou poderão ser fortemente prejudicadas em decorrência de um determinado comportamento comercial de outros países ou de empresas estrangeiras ou, ainda, pelo fato de haverem diminuído suas barreiras ao comércio em decorrência de acordos internacionais.

Após a Segunda Guerra Mundial, houve uma grande disposição para o fechamento de acordos, que chamaremos de "acordos de paz comercial", nos quais foram criados blocos comerciais, abolido o uso de barreiras tarifárias como medida protecionista da indústria nacional, adotados princípios da igualdade de tratamento (artigo III do GATT/1947) e da nação mais favorecida (artigo II do GATT/1947), derrubadas as restrições quantitativas ao comércio (artigo XI do

GATT/1947) e criadas regras procedimentais para a solução de controvérsias internacionais (artigos VI, IX, XII e XIII do GATT/1947), tudo visando uma efetiva liberalização comercial mundial.

Na medida em que novas concessões tarifárias e de quotas foram feitas pelos países signatários dos acordos GATT (1947 e 1994), aumentou o uso de instrumentos de defesa comercial, como uma estratégia para a proteção da indústria doméstica e, algumas vezes, como uma versão renovada de protecionismo.

Não se trata de um livro sobre OMC ou, genericamente, sobre o Direito Internacional Econômico. Propõe-se analisar a defesa comercial e seus principais institutos, como os subsídios/medidas compensatórias, *dumping/antidumping* e medidas de salvaguarda sob os enfoques conceitual, normativo e prático.

No decorrer deste livro serão abordadas algumas questões doutrinárias relevantes para a prática da defesa comercial, mas não se trata de um texto acadêmico. Propõe-se a apresentar um guia prático que atenda a quem pretenda pleitear a aplicação de uma medida de defesa comercial ou defender-se desta.

O capítulo I tratará de definições introdutórias sem, contudo, adentrar em debates doutrinários. Os capítulos II e III situarão o leitor nas origens e no momento atual do Direito Internacional Econômico, da defesa comercial e da OMC. Os capítulos IV, V e VI apresentarão detalhada e sucessivamente os subsídios/medidas compensatórias, *dumping/antidumping* e as medidas de salvaguarda. No capítulo VII far-se-á uma análise da natureza jurídica das medidas de defesa comercial e dos limites da atuação do Poder Judiciário em matéria de defesa comercial.

Este trabalho – fruto de 8 anos de pesquisa em pós-graduação, mestrado e doutorado na Pontifícia Universidade Católica de São Paulo – vem se juntar a outros já publicados no Brasil, a fim de contribuir para a formação de uma doutrina nacional sobre comércio internacional e defesa comercial.

Por qualquer incoerência ou falha, respondo pessoalmente. Contudo, quanto aos méritos, quero dividi-los com os professores que partilharam da orientação – professores Celso Bastos e Cláudio Finkelstein, no mestrado, e Heleno Taveira Tôrres e Elizabeth Nazzar Carrazza, no doutorado – e os professores que, com suas observações e críticas nas defesas públicas da dissertação de mestrado e da tese de doutorado – Welber Barral, Araminta de Azevedo Mercadante e Humberto Celli Júnior –, indicaram pontos a serem revistos, colaborando indiretamente com a conformação final deste livro.

Capítulo I
Definições Preliminares

1.1 Direito Internacional Econômico

Mello[1], a partir do pensamento de vários autores, caracteriza o Direito Internacional Econômico como um ramo do Direito Internacional cuja independência não está totalmente consolidada na doutrina e que regula: a) a propriedade e a exploração dos recursos naturais; b) a produção e a distribuição dos bens, serviços e capitais; c) as transações internacionais sob os aspectos econômico e financeiro; d) a moeda e as finanças; e) a atuação das organizações econômicas internacionais; e f) a integração econômica, bilateral, regional e multilateral entre os Estados.

Os princípios basilares deste ramo do Direito, segundo Starke[2], são: a) os Estados não podem introduzir restrições comerciais discriminatórias; b) os Estados não devem impedir o pagamento de lucros de investimentos estrangeiros realizados em seu território; c) os Estados devem cooperar na estabilização do preço das mercadorias; d) os Estados devem evitar o *dumping* e a criação de estoque que interfiram no desenvolvimento de países subdesenvolvidos; e) há uma tendência para restringir as barreiras comerciais; f) há uma tendência para eliminar as restrições quantitativas de importações e exportações; e g) os Estados subdesenvolvidos têm direito a assistência econômica.

1.2 Defesa Comercial

É o ramo do Direito Internacional Econômico que regula a utilização do subsídio das "medidas de defesa comercial"[3] (*antidumping,*

---

[1] MELLO, C. D. **Curso de direito internacional público**. 13. ed. rev. e ampl. Rio de Janeiro: Renovar, 2001. v. II, p. 1609-1629.

[2] STARKE, J. G. **Introduction to international law**. 7th ed. London: Buttersworth, 1972 apud MELLO, C. D. **Curso de direito internacional público**. 13. ed. rev. e ampl. Rio de Janeiro: Renovar, 2001. v. II, p. 1610.

[3] A expressão inglesa é *trade remedies*.

medidas compensatórias e medidas de salvaguarda) e o processo de investigação unilateral e multilateral.

É muito comum associar-se as regras de defesa comercial exclusivamente à existência de um comportamento comercial desleal ou anticompetitivo ou, ainda, confundi-las com as normas derivadas do direito da concorrência.

No primeiro caso, a associação é parcialmente aceitável[4], pois as condutas comerciais ilícitas podem se apresentar sob vários matizes, como, por exemplo: a) perpetradas pelos Estados – barreiras tarifárias ao comércio não permitidas; concessão de **subsídio específico**; imposição abusiva de barreiras não tarifárias, como cláusula social e cláusula de meio ambiente; b) perpetradas pelas empresas, como prática de **dumping** e condutas empresariais anticompetitivas que impeçam o concorrente de ter acesso às fontes de matéria-prima ou o obriguem a uma exclusividade de distribuição, como, por exemplo, formação de cartéis com a finalidade de exportação, monopólios, fusões com finalidade anticompetitiva e abuso de posição dominante.

As regras de defesa comercial cuidarão apenas das condutas destacadas em negrito, deixando ao encargo de outros corpos normativos as outras não destacadas. Ademais, as regras de defesa comercial também regulam a aplicação de medidas de salvaguarda que, como se verá mais adiante, não derivam de ato ilícito.

O segundo caso, aquele que equipara as regras de defesa comercial às normas da defesa da concorrência, ainda não é um assunto resolvido pelas organizações multilaterais, pela doutrina ou pelos operadores do Direito, pois há uma forte tendência[5] em considerar as

---

4   Diz parcialmente aceitável pelo fato de que nem todo subsídio concedido pelo governo e nem toda prática empresarial de *dumping* pode ser considerada ilícita pela regras da OMC.

5   Para aprofundar-se nos argumentos desta discussão recomenda-se a leitura de: BLIACHERIENE, A. C. Defesa comercial x defesa da concorrência: o que triunfará nas relações comerciais internacionais? **Revista do IBRAC**, São Paulo, v. 13, n. 3,

normas concorrenciais como mais adequadas para garantir a liberdade e a eficiência do mercado.

1.3 Subsídio

A decisão sobre intervir ou não em determinado setor da economia é um ato de soberania nacional, e a interconexão dos países fez com que essas escolhas internas algumas vezes provocassem distorções significativas no mercado mundial. Nesse sentido, a regulação multilateral dos subsídios tende a ser um mecanismo que torna o Estado mais liberal, pois reduz a sua intervenção na economia.

Por muito tempo, a inexistência de uma definição multilateral para subsídio foi um grande entrave no avanço das relações econômicas multilaterais. Somente com o advento do Acordo sobre Subsídio e Medidas Compensatórias (ASMC) da Rodada Uruguai, adotou-se uma definição jurídica para tal termo. Todos podem deduzir que se

---

2007; BRORSSON, C. **Towards international competition rules?** Gothenburg: University of Gothenburg, Department of Law, 2003. Disponível em: <http://www.handels.gu.se/epc/archive/00003598/>. Acesso em: 30 ago. 2006; CALLIARI, M. Painel IV – A defesa comercial no mundo. II Seminário Internacional de Defesa Comercial Dumping, Subsídios e Barreiras Não Tarifárias. **Revista do IBRAC**, São Paulo, v. 9, n. 6, p. 208-210, 2002; FOX, E. M.; ORDOVER, J. A. The harmonization of competition and trade law: the case for modest linkages of law and the limits to parochial state action. In: WAVERMAN, L.; COMANOR, W. S.; GOTO, A. (Ed.). **Competition policy in the global economy**: modalities for cooperation. Studies in the modern world economy. London: Routledge, 1997. p. 407-438; HOEKMAN, B. **Competition policy and the global trading system**: a developing-country perspective. The World Bank International Economics Department, International Trade Division. March, 1997; MARCEAU, G. **Anti-*dumping* and anti-trust issues in free trade areas**. New York: Clarendon Press Oxford, 1994; e MONTINI, M. Globalization and international antitrust cooperation. In: INTERNATIONAL CONFERENCE TRADE AND COMPETITION IN WTO AND BEYOND, 1998, Venice. Disponível em: <http://www.feem.it/NR/rdonlyres/C88FEC03-642E-41EA-BB3E-6CEFEA827662/304/6999.pdf>. Acesso em: 30 ago. 2006.

trata de um aporte financeiro fornecido por alguém a um terceiro, mas essa definição não é suficiente para dirimir dúvidas quanto à legalidade da concessão do aporte governamental em situações práticas. Para ilustrar essa assertiva, nos serviremos dos exemplos apresentados por Gustavo Madrid[6]:

- Exemplo 1

Suponhamos que o governo britânico pague à Companhia Bounty Liquor uma quantia em dinheiro para que mande 1.000 litros de rum para uma base inglesa na Índia. Claramente, nesse caso, houve um pagamento governamental a uma companhia privada para suportar um gasto. Isso é um subsídio?

- Exemplo 2

Suponhamos que o mesmo governo britânico crie uma linha de transporte (Drednought Shipping – DS) que leve o licor produzido pela Bounty para consumidores estrangeiros. Nesse caso, a Bounty recebeu um subsídio? Qual questão a seguir seria relevante para determinar a existência do subsídio? a) Existem outras linhas de transporte que poderiam transportar o licor? b) O preço cobrado pela DS é menor ou igual ao das outras companhias? c) O preço cobrado pela DS é superior ou inferior aos custos de manutenção do serviço prestado? d) A criação da DS se deu pela grande quantidade de desempregados no setor de transportes?

- Exemplo 3

Suponhamos que o governo britânico construa uma estrada de 100 km ligando a fábrica da Bounty ao porto mais próximo. Com isso os custos de exportação da Bounty diminuiriam? Isso é um subsídio? Qual questão a seguir seria relevante para determinar a existência do subsídio? a) A estrada é utilizada apenas para transportar o licor Bounty, que é logo exportado, ou serve também para vender o

---

6 MADRID, G. E. L. H. de. **El derecho de las subvenciones en la OMC**. Madrid: Marcial Pons, 2005. p. 27-28.

mesmo licor em todo o Reino Unido? b) A estrada é utilizada pela Bounty ou também por outras empresas?

• Exemplo 4

Suponhamos, por fim, que o governo britânico conceda serviços de segurança e coleta de resíduos para a Bounty. Se esses serviços não são postos à disposição de outras empresas, seriam um subsídio? Seria importante saber se o governo britânico cobra por esses serviços? Se sim, essa cobrança é inferior ou superior aos custos do governo para a prestação do mesmo serviço?

Esses exemplos deixam claro que uma definição deduzida não é suficiente para dirimir todos os questionamentos aqui formulados.

Embora uma definição legal tenha surgido, acalmando os ânimos das partes contratantes do GATT/1994, também apresentou-se uma vasta zona cinzenta na qual a mesma prática estatal pode, por vezes, se apresentar como incentivo indevido (subsídio específico) e, por vezes, como medidas legítimas de intervenção e estímulo à economia e ao bem-estar nacionais. Nesse sentido, são tantas as práticas estatais possíveis, que é quase inimaginável uma definição legal que se aplique a todos os casos práticos. Daí decorre uma regra que deverá ser levada em conta durante toda a leitura deste livro: aos Estados apenas interessa combater o subsídio estrangeiro que afeta ou possa afetar a sua produção doméstica, ou seja, para ser relevante deverá interferir no fluxo do comércio internacional. Por certo essa alteração de fluxo comercial deverá ter sido ocasionada pelo suporte de Estado, e não por uma vantagem comparativa positiva da indústria ou por outros motivos de mercado.

Uma vez estabelecidos esses pontos introdutórios, cabe apontar que a definição legal, acolhida pelos artigos 1º e 2º do ASMC, considera subsídio a contribuição financeira de um governo ou órgão público no interior do território de um membro, que, com isso, confira uma vantagem e seja específico, nos termos do que preceitua o artigo 2º do ASMC.

1.4 DUMPING

Um dos caminhos possíveis para o êxito das empresas é atingir níveis de excelência que as tornem mais competitivas ganhando espaço e mercado. Por vezes, para alcançar suas metas, os empreendedores adotam práticas heterodoxas de mercado, como vendas estrangeiras a um custo inferior ao de produção ou inferior àquele praticado no mercado interno do país de produção, formação de monopólios e cartelização. Essas práticas heterodoxas também influem no fluxo do mercado internacional e, por isso, mereceram uma atenção especial das partes contratantes do GATT/1947 e dos membros da OMC.

Assim como no caso dos subsídios, nem toda prática de empresas que interfira no mercado será considerada danosa pelo Acordo *Antidumping* (AAD) da Rodada Uruguai.

Como bem afirma Welber Barral[7], a expressão *dumping* não foi traduzida para nenhum idioma, sendo sempre utilizada na língua inglesa, e é corriqueiramente associada à idéia de prática desleal de comércio, tendo uma conotação errônea, induzindo ao sentido de comportamento negativo ou condenável, o que é reproduzido por muitos dicionários jurídicos e de léxicos e pela doutrina.

O artigo VI.1 do GATT/1994 classifica o *dumping* em condenável e não condenável. Somente será compensável aquele que gere um dano à indústria doméstica de uma parte contratante da OMC ou retarde sua implantação. Em ambos os casos, deverá ser observado um nexo causal entre a prática de *dumping* e o dano apurado.

O mesmo artigo VI.1 e 2.1, define o *dumping* como a introdução de produtos, a preços abaixo do normal, no mercado de outros países e define como "preço normal" o preço de consumo de produto similar praticado no mercado consumidor do país exportador, em condições normais de mercado.

---

[7] BARRAL, W. de O. **Dumping e comércio internacional**: a regulamentação antidumping após a Rodada Uruguai. Rio de Janeiro: Forense, 2000. p. 7-8.

1.5 Salvaguardas

Não existe uma definição legal do que sejam salvaguardas nos acordos da OMC. A definição não é uníssona, tem caráter doutrinário. Como a finalidade deste tópico é introduzir o leitor no assunto, aponta-se didaticamente a definição de Brogini[8] que as designa como:

> mecanismos excepcionais, previstos pelo ordenamento da OMC, por meio dos quais é conferida a um Membro a possibilidade de suspensão de suas obrigações [...], durante um período limitado de tempo que se faz necessária para que esse Membro possa proteger sua economia ou seus produtores nacionais, que estão sofrendo ou em vias de sofrer algum tipo de prejuízo.

Pela falta de definição legal, observa-se na doutrina não só uma variedade de critérios destacáveis para a formulação de uma definição como também uma quantidade vasta de possibilidades de situações que são tidas como salvaguardas.

Assim, a doutrina aponta como tipos de salvaguardas, entre outros: a) as "salvaguardas específicas" ou "cláusula de escape" do artigo XIX do GATT/1994; b) a sanção prevista no parágrafo 2 do artigo XXIII do GATT/1994; c) as medidas *antidumping* e compensatórias do artigo VI do GATT/1994; d) a permissibilidade de fazer acordos regionais e de comércio disposta no artigo XXIV do GATT/1994; e) as exceções às regras de eliminação das restrições quantitativas dispostas nos artigos XII e XIV do GATT/1994; f) as restrições relativas à segurança nacional dispostas no artigo XXI do GATT/1994.

Para evitar qualquer discussão acerca do cabimento ou não dessa tipologia, adotar-se-á, neste livro, a expressão salvaguarda como aquela derivada da cláusula de escape do artigo XIX do GATT/1994, que literalmente dispõe:

---

[8] BROGINI, G. D. **OMC e a indústria nacional** – as salvaguardas para o desenvolvimento. São Paulo: Aduaneiras, 2004. p. 86-87.

Se, em conseqüência da evolução imprevista das circunstâncias e por efeito dos compromissos que uma parte contratante tenha contraído em virtude do presente acordo, compreendidas as concessões tarifárias, um produto for importado no território da referida parte contratante em quantidade por tal forma acrescida e em tais condições que traga ou ameace trazer um prejuízo sério aos produtores nacionais de produtos similares ou diretamente concorrentes, *será facultado a essa parte contratante, na medida e durante o tempo que forem necessários para prevenir ou reparar esse prejuízo, suspender, no todo ou em parte, o compromisso assumido em relação a esse produto, ou retirar ou modificar a concessão.* (grifo nosso)

A suspensão dos compromissos assumidos a que se refere o dispositivo legal se dará por meio da imposição de uma medida de salvaguarda.

1.6 Medidas de Defesa Comercial

A aproximação comercial entre as nações se deu, principalmente, pela eliminação dos tributos incidentes sobre as operações de importação como medida protecionista da produção doméstica. Nesse modelo protecionista, a função da alíquota incidente sobre as importações era a de tornar o preço dos produtos importados igual ou superior ao preço do produto similar doméstico.

As medidas compensatórias, *antidumping* e de salvaguarda são tipos de "medidas de defesa comercial" que, como expressão autoexplicativa, visam proteger a indústria doméstica de práticas comerciais lesivas, oriundas de outros países ou de empresas estrangeiras. Conforme o artigo VI.5 do GATT/1994, não poderão ser adotadas de maneira cumulativa.

As medidas de defesa comercial têm tripla função: compensar um dano efetivamente sofrido, inibir um dano potencial ou, ainda, inibir que essas práticas danosas sejam recorrentes (intuito preventivo).

Os direitos *antidumping*[9] e as medidas compensatórias são aplicáveis, sucessivamente, nos casos comprovados de práticas de *dumping* ou de subsídio que causem ou ameacem causar dano a determinado setor produtivo nacional, desde que haja um nexo causal entre essas práticas e o dano alegado. São cobrados por meio de alíquota *ad valorem* ou alíquota específica no ato de nacionalização do produto importado e não se confundem com os tributos incidentes sobre as operações de comércio exterior.

A medida de salvaguarda, como já destacado no tópico anterior, é um mecanismo de proteção defensiva da indústria doméstica do país importador e se impõe contra surto de importação de produto similar ao produzido pela indústria doméstica, que esteja causando ou possa causar grave prejuízo à indústria local. Da mesma forma que as medidas *antidumping* e compensatórias, a medida de salvaguarda se manifesta por meio da imposição de alíquota *ad valorem* ou específica no ato da nacionalização do produto importado.

Para a imposição de medidas de salvaguarda, diferentemente das medidas *antidumping* e compensatórias, exige-se que a indústria doméstica adote um **programa progressivo de competitividade** que será acompanhado pelo governo até que cesse a aplicação da medida de salvaguarda.

Há ainda as salvaguardas específicas que se diferenciam das salvaguardas gerais nos seguintes pontos: a) há seletividade do país ao qual se destinam; b) é desnecessária a prova de **prejuízo grave**, sendo cabível a prova de mera **desorganização do mercado**; c) não é exigível um **programa de ajustamento progressivo** da indústria nacional; e d) é obrigatória a formulação de consultas preliminares com o país exportador, antes de sua aplicação.

---

9   Na legislação *antidumping* há referência às medidas *antidumping* provisórias e aos direitos *antidumping*. As primeiras se aplicam no início da investigação de *dumping* após um juízo de cognição sumária e as segundas são aplicadas ao final daquela, quando resulte numa determinação positiva de existência do *dumping*, do dano e do nexo causal entre ambos.

1.7 Parte Contratante do GATT/1947 e Membro da OMC

A expressão parte contratante era utilizada para designar os signatários do GATT/1947.

Com a criação da OMC, em 1994, os signatários do acordo constitutivo passaram a ser designados membros. Este livro adotará esse mesmo critério, utilizando o termo membro na escrita minúscula.

Para os signatários que sejam acusados de manter conduta incompatível com as regras da OMC, será adotada a expressão **membro demandado** e, para os que acusem outros dessa prática, será adotada a expressão **membro demandante**.

1.8 Suspensão de Concessões, Retaliação, Compensação e Contramedidas

A suspensão de concessões é qualquer medida – previamente autorizada pelo OSC/OMC – adotada por um membro da OMC para negar a outro determinado benefício que lhe seria legalmente concedido[10]. Terá aplicação temporária e será cabível sempre que as determinações do OSC/OMC não forem implementadas, em um período de tempo razoável, pelo membro demandado, ou tenham sido implementadas de modo inconsistente com a decisão, ou ainda que este não tenha realizado uma compensação voluntária, mutuamente aceita.

Em suma, primeiramente suspende-se a prática incompatível com os acordos da OMC, concedendo, para isso, um prazo razoável. Não sendo possível proceder à suspensão ou esta não sendo feita, busca-se uma compensação voluntária, mutuamente acordada. Por fim, não ocorrendo a compensação, o OSC/OMC autorizará o membro

---

10 CRETELLA NETO, J. **Direito processual na Organização Mundial do Comércio – OMC**: casuística de interesse para o Brasil. Rio de Janeiro: Forense, 2003. p. 47.

demandante a suspender alguma das concessões realizadas por meio dos acordos da Organização.

Segundo Cretella Neto[11], a palavra retaliação não aparece nos acordos da OMC (incluindo o Entendimento sobre Solução de Controvérsias – ESC), sendo, às vezes, usada na doutrina apenas como forma abreviada de suspensão de concessões.

A compensação visa reduzir os efeitos do dano causado ao membro demandante sempre que o ato lesivo não for encerrado pelo membro demandado ou, mesmo sendo, que não seja suficiente para interromper o dano. A compensação pressupõe a existência de um consenso negociado entre os membros e o cumprimento voluntário por parte do membro demandado.

A utilização da expressão contramedida causa confusão no sistema da OMC, pois, embora o ESC faça referência à compensação e à suspensão de concessões, o ASMC faz referência às contramedidas.

> [...] É uma expressão que já existe na prática internacional desde 1915 e foi utilizada, nos anos 50, por G. Fitzmaurice em seu relatório sobre Direito dos Tratados. Esta expressão tem sido utilizada em relação ao fato ilícito. Exemplos de contramedidas: suspensão ou denúncia de tratados, represálias e legítima defesa. Elas são faculdades jurídicas. Tem se afirmado que o conceito de contramedidas foi criado pelo "Law Officers of the Crow", em 1916, mas a sua utilização foi no "Air Services Agreement Dispute", em 1978, entre EUA e França, relativa a uma interpretação do acordo aéreo de 1946.

A expressão contramedida foi utilizada porque há os que pretendem reservar a palavra sanção para medidas tomadas por organizações internacionais.

---

11   CRETELLA NETO, J. **Direito processual na Organização Mundial do Comércio – OMC**: casuística de interesse para o Brasil. Rio de Janeiro: Forense, 2003. p. 47.

As contramedidas são derivadas de fatos ilícitos e isto pode ser deduzido do fato de que elas figuram nas circunstâncias que excluem a responsabilidade do Estado. Elas são uma medida pacífica a uma medida anterior e derroga o direito. Elas só devem ser aplicadas quando há um fato ilícito prévio. A sua existência decorre do fato de a sociedade internacional não ser institucionalizada. O Estado é juiz em causa própria e assim assume o risco do fato contra o qual ele reage não vir a ser considerado um ilícito [...] Elas têm uma função protetora (põe fim ao fato ilícito e apressa a solução pacífica do litígio), punitiva (é a reprovação ao ato ilícito) e reparatória (por exemplo, obriga o outro a reparar um ilícito)[12].

Os acordos da OMC em nenhum momento fazem referência expressa ao binômio ilícito/sanção para designar os atos dos membros demandados ou as medidas permitidas aos membros demandantes (medidas compensatórias, medidas *antidumping* e medidas de salvaguarda). Nesse sentido, para os que entendem que essas medidas de defesa comercial não são tipos de sanção contra atos ilícitos internacionais, não é possível aplicar a palavra contramedida em seu sentido original, conferido pelo Direito Internacional Público (medidas estatais derivadas de atos ilícitos de terceiros Estados), mas, para nós, é possível.

---

[12] MELLO, C. D. de A. **Curso de direito internacional público**. 13. ed. rev. e ampl. Rio de Janeiro: Renovar, 2001. v. I, p. 514-515.

Capítulo II
Evolução Histórica do Direito Internacional Econômico: da Antiguidade à Criação da OMC

2.1 Introdução

Desde a antiguidade já havia interligação comercial entre os povos e alguma normatização, mas foi com o pós-guerra e a exacerbação da soberania e da anarquia da ordem política internacional que cresceu a idéia de cooperação (necessária à manutenção do equilíbrio do sistema) e de solidariedade (no campo social). Observa-se que a necessidade da cooperação é suscitada quando existem objetivos conflitantes entre dois ou mais atores internacionais ou quando há impossibilidade de chegar ao ponto desejado sem a colaboração mútua.

O instrumento mais comum para que se alcance a cooperação internacional é a criação das chamadas organizações internacionais. Com o ressurgimento da mundialização do comércio, a cooperação entre iguais se acentua e, a partir daí, a questão que surge é: como se dará a cooperação internacional entre os desiguais?

2.2 Relações Internacionais Econômicas na Idade Antiga

Fala-se que o primeiro tratado comercial de que se tem conhecimento na história tenha sido o firmado entre o rei de Ebla e o soberano da Assíria, 3.000 anos a.C. O tratado regulava a cobrança de taxas sobre a circulação de bens via postos de fronteira.

Também havia acordos de relações externas entre a *Ellade* grega e os Estados estrangeiros, que dispunham sobre concessões comerciais e formas de tratamento de mercadores estrangeiros[13].

Aristóteles nos fala de manobras de especuladores da antiga Grécia, que praticavam o aumento artificial do preço e da

---

[13] DAL RI JR., A. O direito internacional econômico em expansão: desafios e dilemas no curso da história. In: DAL RI JÚNIOR, A.; OLIVEIRA, O. M. de (Org.). **Direito internacional econômico em expansão**: desafios e dilemas. Ijuí: Ed. Unijuí, 2003. p. 30–32.

existência de manipulações análogas na antiga Roma, são testemunhos a Lex Julia, o Edito Diocleciano e a Constituição de Zenón. Estas são manobras de especulação repetidas, também, em diversas e sucessivas épocas, embora com menor êxito, como se referem os teólogos mercantilistas espanhóis dos séculos XV e XVI (Frei Tomás de Mercado, Frei Francisco Garcia e Juan de Hevia Bolaños)[14].

Depois de 265 a.C., por meio da Liga Itálica, as relações marítimas comerciais de Roma passaram por grande expansão, o que propiciou fossem firmados diversos tratados comerciais bilaterais que estabeleciam, como o de Cartago, zonas de influência e de monopólio comercial marítimo e, por vezes, limites à expansão territorial das partes[15]. Já se falava numa "globalização romana" e a *Pax romana* garantiu um longo período de estabilidade das leis e da segurança nas relações sociais.

O complicado *jus civile* foi paulatinamente substituído por um conjunto normativo mais simples e mais ágil, compatível com a dinâmica comercial, o *jus gentium*, chamado por Von Jhering[16] de direito comercial universal internacional.

O aumento das relações comerciais fez surgir um direito público econômico, com a instituição de um imposto similar a um tributo

---

14 Tradução livre do original em espanhol: MOLA, A. de R. Concentración de empresas. In: NUEVA ENCICLOPEDIA Jurídica. Barcelona: Librería Jurídica, 1952. p. 667-668.

15 DAL RI JR., A. O direito internacional econômico em expansão: desafios e dilemas no curso da história. In: DAL RI JÚNIOR, A.; OLIVEIRA, O. M. de (Org.). **Direito internacional econômico em expansão**: desafios e dilemas. Ijuí: Ed. Unijuí, 2003. p. 35.

16 Von JHERING, R. L'espirit du droit romain dans les diverses phases de son développement. Paris, 1886. v. I, p. 234 apud DAL RI JR., A. O direito internacional econômico em expansão: desafios e dilemas no curso da história. In: DAL RI JÚNIOR, A.; OLIVEIRA, O. M. de (Org.). **Direito internacional econômico em expansão**: desafios e dilemas. Ijuí: Ed. Unijuí, 2003. p. 37.

aduaneiro, que não se destinava à "intervenção na economia" da República, mas à arrecadação. O passo seguinte foi instituir as figuras delituosas relativas à venda ilegal de mercadorias aos inimigos de Roma. Com a queda do Império Romano do Ocidente no século V, as regras que restringiam o comércio permaneceram em uso no Oriente, e o Imperador bizantino Justiniano as acolheu, limitando o desenvolvimento do comércio internacional[17].

Trebilcock e Howse, citando obra de Douglas Irwin[18], afirmam que escritores gregos e romanos, em seus escritos, demonstravam um alto grau de ambivalência no que diz respeito às virtudes do comércio com estrangeiros. Na maioria das vezes, os motivos da repulsa não eram de caráter econômico, mas, sim, vinculados à possibilidade de que o comércio com estrangeiros expusesse o cidadão grego aos maus hábitos estrangeiros e esse fato corrompesse o convívio social local.

Escritores como Platão e Plutarco se debruçaram sobre o tema. Platão, apesar de reconhecer que o comércio trazia um ganho social derivado da especialização e da divisão do trabalho, relutava em aceitá-lo quando se tratava de comércio com estrangeiros. Plutarco parece ter sido o filósofo da "doutrina da economia universal", pois fundamentava sua teoria com a máxima de que Deus teria criado o mar, a separação geográfica e a diversidade de dons para promover a interação comercial entre os vários povos da Terra. Essa teoria seria acolhida por alguns teólogos da Idade Média, embora a escolástica de São Tomás de Aquino fosse al-

---

17   DAL RI JR., A. O direito internacional econômico em expansão: desafios e dilemas no curso da história. In: DAL RI JÚNIOR, A.; OLIVEIRA, O. M. de (Org.). **Direito internacional econômico em expansão**: desafios e dilemas. Ijuí: Ed. Unijuí, 2003. p. 38-39.

18   IRWIN, D. **Against the tide**: an intellectual history of free trade. Princeton: Princeton University Press, 1996 apud TREBILCOCK, M. J.; HOWSE, R. **The regulation of international trade**. 2th ed. New York: Routledge, 2000.

tamente contrária ao contato com estrangeiros, que muitas vezes eram vistos como infiéis[19].

Lal, citando Baechler[20], diz que a origem das relações comerciais capitalistas não pode ser unicamente vinculada à Revolução Industrial do século XIX ou ao mercado – busca do lucro, sistema bancário, moeda corrente e empresas de comércio –, pois, já na Mesopotâmia, existia o *Karum*, um entreposto comercial no qual importadores, exportadores, fornecedores e banqueiros conduziam seus negócios. Ocasionalmente, essas casas funcionavam como tribunais comerciais revelando uma rede comercial complexa dirigida por genuínos capitalistas. Apesar do controle do Estado ou, no mínimo, de sua interferência, o *Karum* tinha suas próprias atividades comerciais e criava uma série de instituições, nas quais a atividade capitalista (na forma definida por Max Weber) acorria[21].

Dos séculos XX ao XIX a.C., empreendedores privados assumiram a função até então ocupada pelo templo e pelo palácio como fornecedores de empréstimos a juros com taxa anual de 33%. Esses mesmos empreendedores tiveram avanços no mercado de atacado e dirigiram as importações de cobre. Dos séculos XVI ao XIV a.C., em Nippur e Babilônia, empresas eram criadas e recebiam depósito em dinheiro, emitiam cheques, faziam empréstimos a juros, participando diretamente nas trocas econômicas e investindo em numerosos empreendimentos agrícolas e industriais. Outras civilizações agrárias também partilharam atividades comerciais com esse caráter, embora considerassem a classe dos comerciantes como um mal necessário[22].

---

19   TREBILCOCK, M. J.; HOWSE, R. **The regulation of international trade**. 2nd ed. New York: Routledge, 2000.

20   BEACHLER, J. **The origins of capitalism**. Oxford: Basil Backwell, 1975. p. 37-38.

21   LAL, D. **Reviving the invisible hand** – the case for classical liberalism in the twenty-first century. Princeton: Princeton University Press, 2006. p. 2.

22   LAL, D. **Reviving the invisible hand** – the case for classical liberalism in the twenty-first century. Princeton: Princeton University Press, 2006. p. 2.

2.3 Relações Internacionais Econômicas nas Idades Média e Moderna

A ruralização posterior a queda do Império Romano do Ocidente e à estabilização das ondas de invasão bárbara lançaram as bases para a constituição da *Respublica Christiana*[23], que teve papel fundamental na regulamentação legal das relações comerciais entre os Estados ocidentais cristãos e entre estes e os Estados mulçumanos.

Foi durante o período da *Respublica Christiana* com a Igreja-Estado que se consolidaram o Direito estatal e o aparato burocrático necessário para que funcionassem as instituições governamentais: judiciário profissional, tesouro nacional e diplomacia. Formou-se o primeiro sistema moderno de Direito que foi copiado pelas autoridades seculares que se formavam.

Somente com a globalização britânica no século XIX, essas instituições foram alcançando todos os continentes. São exemplos de institutos criados pela *Respublica Christiana*: a) títulos negociáveis e notas promissórias; b) hipoteca de mercadorias; c) desenvolvimento da lei de falências; d) *invoice* ou documentos de transporte; e) noção de

---

[23] "A *Respublica Christiana* nasce na Alta Idade Média como fruto do poder temporal exercido pelo papado sobre a política dos pequenos Estados que ocuparam os territórios deixados pelo Império Romano logo após a desconstituição deste último. É importante salientar, neste sentido, que a agregação destes pequenos Estados feudais, sob a autoridade do pontífice, levou a origem e formação de um marco fundamental para o surgimento de uma verdadeira comunidade jurídica internacional. Como já afirmado em outro contexto, o fato de que estes Estados se tenham encontrado e relacionado entre eles através de uma só religião, o cristianismo, e por um único elemento de coesão política, a Igreja, gerou os fundamentos necessários para a parcial unificação do particularismo surgido com o nascimento destes Estados e do universalismo transmitido pela cultura romana." (DAL RI JR., A. O direito internacional econômico em expansão: desafios e dilemas no curso da história. In: DAL RI JÚNIOR, A.; OLIVEIRA, O. M. de (Org.). **Direito internacional econômico em expansão**: desafios e dilemas. Ijuí: Ed. Unijuí, 2003. p. 45, nota de rodapé n. 42)

propriedade coletiva nas sociedades; f) desenvolvimento das *joint ventures*, limitando a capacidade de cada investidor ao valor de seu investimento; g) invenção da marca registrada e da patente; h) flutuação de empréstimos públicos segurados por títulos e outros seguros; e i) o desenvolvimento do depósito bancário[24].

Nessa época, o comércio não era o foco das atenções, já que se tratava de uma sociedade estamental e teocêntrica, na qual havia pouca mobilidade de classe, e a grande maioria das pessoas pertencia à classe servil, não comportando um modelo baseado no consumo e, portanto, no comércio abundante.

Embora secundário, o comércio teve certo impulso nessa fase da história e é apontado pelos historiadores, juntamente com a centralização política, como o fator principal da desagregação do feudalismo.

O período determinante para o desenvolvimento do comércio foi o Renascimento Comercial, caracterizado pela generalização do comércio por toda a Europa, até então praticado nos feudos, com exceção das cidades de Lund, no Mar Báltico, e Veneza, no Mediterrâneo, que já tinham um fluxo comercial respeitável desde o século IX. Com a explosão demográfica do século X, a produção feudal já não supria as necessidades dos servos e, em razão disso, estes migravam para as cidades e para outras terras, criando novas profissões e trabalhando de maneira livre, o que propiciou uma produção excedente que, em última análise, também fomentava o comércio.

O movimento das Cruzadas no século XI[25] também foi um outro grande fomentador do Renascimento Comercial. Embora com a ban-

---

24   LAL, D. **Reviving the invisible hand** – the case for classical liberalism in the twenty-first century. Princeton: Princeton University Press, 2006. p. 6-7.

25   O Papa Gregório VII, no ano de 1075, instituiu uma verdadeira Revolução Papal fortalecendo a *Respublica Christiana* e regulando muitas das práticas que se consolidaram, dos séculos XIV ao XIX, como a *Lex Mercatoria* (LAL, D. **Reviving the invisible hand** – the case for classical liberalism in the twenty-first century. Princeton: Princeton University Press, 2006. p. 5).

deira religiosa de libertar o Santo Sepulcro das mãos dos muçulmanos, as Cruzadas fundavam-se em interesses eminentemente econômicos, pois permitiram o domínio do grande comércio mediterrâneo pelas cidades italianas, principalmente Gênova e Veneza.

Foi na Idade Média que a taxa aduaneira, inicialmente cobrada para que fosse dada proteção ao comerciante que transitasse nas estradas do feudo, passou a ser paga pelo comerciante ao soberano, para que este lhe concedesse o direito de desenvolver o comércio em seu território, e posteriormente serviu para compensar a desigualdade de oportunidades entre o comerciante residente e o não-residente no território do Estado[26].

Ainda na Idade Média, os soberanos já direcionavam a política aduaneira de maneira que tornasse os tributos incidentes sobre exportação sempre mais altos que os de importação, procurando sempre a auto-suficiência doméstica. Concediam também privilégios aos mercadores do seu Estado e introduziram a noção de impostos diferenciados, de acordo com a via de entrada das mercadorias[27].

Nesse período, os instrumentos aduaneiros ainda eram prioritariamente utilizados para captação de recursos[28] e manutenção de víve-

---

26 WEBER, M. **Wirtschaftsgeschichte**. Berlim: Duncker & Humblot, 1991. p. 295 *apud* DAL RI JR., A. O direito internacional econômico em expansão: desafios e dilemas no curso da história. In: DAL RI JÚNIOR, A.; OLIVEIRA, O. M. de (Org.). **Direito internacional econômico em expansão**: desafios e dilemas. Ijuí: Ed. Unijuí, 2003. p. 49-51.

27 WEBER, M. **Wirtschaftsgeschichte**. Berlim: Duncker & Humblot, 1991. p. 295 *apud* DAL RI JR., A. O direito internacional econômico em expansão: desafios e dilemas no curso da história. In: DAL RI JÚNIOR, A.; OLIVEIRA, O. M. de (Org.). **Direito internacional econômico em expansão**: desafios e dilemas. Ijuí: Ed. Unijuí, 2003. p. 49-51.

28 "No que diz respeito às alíquotas cobradas, Max Weber as apresenta em uma linha ascendente durante a Idade Média. No século XIII, o valor estabelecido pelos soberanos girava em torno de 1/16 do valor total da mercadoria. No século XIV, passa a ser comum a cobrança de 1/12." (DAL RI JR., A. O direito

res em território interno. Raramente eram utilizados como medida protecionista do mercado doméstico.

Quando desejavam proteger o mercado interno, eram adotadas medidas mais contundentes, sendo a mais comum a proibição do comércio de determinado produto ou a proibição de manter relações comerciais com determinada região[29]. Muitas dessas medidas tradicionalmente adotadas foram essenciais para o estabelecimento do mercantilismo inglês e, conseqüentemente, para o fim da Idade Medieval.

Com o século XV, esta tendência restritiva se acelerou e se acentuou na Inglaterra. Em 1455, com a intenção de proteger os artesões [sic] nacionais, foi proibida a introdução dos tecidos de seda; em 1464, passou a ser proibido aos estrangeiros a exportação de lã; e, enfim, em 1464, a proibição do ingresso no país de tecidos de lã provenientes do continente anunciava o surgimento de uma política energicamente protecionista e mercantilista[30].

A decadência da Igreja, a ascensão dos soberanos e do mercantilismo como doutrina econômica do Estado Moderno foram fundamentais para um avanço irreversível do Direito das Relações Internacionais Econômicas e para a intensificação das trocas comerciais.

Além do Renascimento Comercial, outros fatores conduziram o ocidente a um novo modelo produtivo, dentre eles o mercantilismo,

---

internacional econômico em expansão: desafios e dilemas no curso da história. In: DAL RI JÚNIOR, A.; OLIVEIRA, O. M. de (Org.). **Direito internacional econômico em expansão**: desafios e dilemas. Ijuí: Ed. Unijuí, 2003. p. 52)

29 DAL RI JR., A. O direito internacional econômico em expansão: desafios e dilemas no curso da história. In: DAL RI JÚNIOR, A.; OLIVEIRA, O. M. de (Org.). **Direito internacional econômico em expansão**: desafios e dilemas. Ijuí: Ed. Unijuí, 2003. p. 51.

30 DAL RI JR., A. O direito internacional econômico em expansão: desafios e dilemas no curso da história. In: DAL RI JÚNIOR, A.; OLIVEIRA, O. M. de (Org.). **Direito internacional econômico em expansão**: desafios e dilemas. Ijuí: Ed. Unijuí, 2003. p. 53.

caracterizado: a) pelo desenvolvimento de uma camada de mercadores e pelo progressivo declínio da nobreza feudal; b) por uma progressiva centralização do poder na figura do rei, que submete, aos poucos, à sua vontade a nobreza feudal e a Igreja; c) pelo declínio da Igreja que culminaria na Reforma Protestante; d) pelo Renascimento Cultural que revolucionou o mundo das idéias fundamentadoras do poder temporal, pois criou uma cultura laica, humanista e antropocêntrica; e e) pelo Renascimento Científico.

Na vigência do mercantilismo, a Inglaterra e a França foram precursoras de legislações fortemente restritivas de comércio. Os exemplos mais marcantes desse período são: a) os Atos Marítimos da Inglaterra que exigiam que o transporte das mercadorias vendidas para ou pela Inglaterra fosse feito por navios ingleses ou que tivessem tripulação e capitão ingleses; e b) as medidas protecionistas do ministro francês Colbert que determinou, dentre outras coisas, que as embarcações estrangeiras deveriam pagar impostos específicos e instituiu, em 1664 e 1667, tarifas protecionistas[31].

Aqui, embora já houvesse uma economia baseada no mercado, ainda não havia a consolidação do sistema capitalista, que é, em última instância, identificado pela existência dominante de trabalho assalariado, o que não ocorria anteriormente, pois havia uma maior proporção de servos na relação de produção.

O mercantilismo foi um sistema de política econômica colonial baseado nos pilares do metalismo (acúmulo de metais preciosos nos cofres da metrópole), a fim de explorar as riquezas e desenvolver a produção nacional e de manter a balança comercial favorável, a qual era o centro da política econômica mercantilista, incentivando a ex-

---

31 DAL RI JR., A. O direito internacional econômico em expansão: desafios e dilemas no curso da história. In: DAL RI JÚNIOR, A.; OLIVEIRA, O. M. de (Org.). **Direito internacional econômico em expansão**: desafios e dilemas. Ijuí: Ed. Unijuí, 2003. p. 75.

portação e reduzindo ao máximo as importações. Esse sistema também se valia do protecionismo que, na tentativa de manter a balança comercial favorável, desvalorizava a moeda para aumentar exportações e diminuir importações, protegia o mercado nacional, explorava as colônias, proibia a exportação de matérias-primas que favoreciam o crescimento da indústria de outros países, adotava baixos salários e altas jornadas de trabalho e impunha tarifas alfandegárias e o controle de preços[32].

No século XVI, identifica-se a gênese do chamado Estado Moderno caracterizado: a) por uma burocracia estatal; b) pelo exército nacional que garantia o poder do Estado nacional e o monopólio de exercício da força no seu território; c) por impostos nacionais; d) pela substituição da moeda feudal pela moeda nacional garantida pelo tesouro nacional; e e) pela substituição do Direito consuetudinário pelo Direito nacional.

Os séculos XVII e XVIII foram marcados pela melhora nas técnicas de produção, pelo método experimental e pelo Iluminismo. Seus pensadores começam a questionar o poder absoluto do rei e, no intuito de enfraquecer esse poder, pregam a liberdade de comércio e a menor intervenção do Estado na economia, exatamente o oposto daquilo que era pregado no mercantilismo."Os primeiros argumentos a favor do comércio como elemento de equilíbrio nas relações internacionais, encaminhando à paz entre as nações, surgem nos escritos de Montesquieu"[33].

---

32 HINDESS, B.; HIRST, P. Q. **Modos de produção pré-capitalistas**. Rio de Janeiro: Zahar Editores, 1976. p. 275-284; PIRENE, H. **Historia económica y social de la idade media**. Versión española Salvador Echavarría. México: Fondo de Cultura Económica, 1955. p. 207-220; e MOON, B. E. **Dilemas of international trade**. London: Westview Press, 1996.

33 DAL RI JR., A. O direito internacional econômico em expansão: desafios e dilemas no curso da história. In: DAL RI JÚNIOR, A.; OLIVEIRA, O. M. de (Org.). **Direito internacional econômico em expansão**: desafios e dilemas. Ijuí: Ed. Unijuí, 2003. p. 80. "O uso de um sistema aduaneiro é também apontado pelo

Já no século XVII a teoria kantiana da paz perpétua inspirava-se no sustentáculo da liberdade de comércio e na mundialização deste. As diferenças existentes entre as línguas e entre as religiões, que inspiravam a separação e o permanente estado de guerra entre as nações, seriam neutralizadas por uma paz perpétua, consolidada na busca do convívio harmonioso com o usufruto das riquezas que seriam angariadas por meio das práticas comerciais[34].

No mesmo século, John Locke, James Steuart, Adam Smith, Adam Ferguson, Willian Robertson e John Millar lançam as bases teóricas do liberalismo econômico e criticam abertamente a intervenção do Estado absolutista na economia, que inibe seu livre fluxo. Essa teoria econômica via na liberdade de mercado o antídoto mais efetivo e menos sangrento para combater a tirania dos governos absolutistas. Neste ponto, a economia passa a ser considerada o antídoto contra a má política e nasce, então, a idéia do primado da Economia sobre a Política e conseqüentemente sobre o Direito. Da mesma forma que o soberano absolutista não deveria interferir na liberdade de mercado, os instrumentos normativos não deveriam se dispor a alterar seu fluxo natural, pois só causariam desequilíbrios.

---

autor (Montesquieu) como um dos possíveis elementos que *détruit cette liberté* de fazer comércio. Neste sentido, a instituição de tais impostos é vista como um direito a ser exercido pelo Estado, enquanto que o abuso destes, como fonte de destruição da própria política mercantil. O autor faz, ainda, uma crítica explícita aos obstáculos não tarifários, como as dificuldades impostas pela burocracia e as formalidades exigidas pelas autoridades aduaneiras nas fronteiras." (DAL RI JR., A. O direito internacional econômico em expansão: desafios e dilemas no curso da história. In: DAL RI JÚNIOR, A.; OLIVEIRA, O. M. de (Org.). **Direito internacional econômico em expansão**: desafios e dilemas. Ijuí: Ed. Unijuí, 2003. p. 83)

34   DAL RI JR., A. O direito internacional econômico em expansão: desafios e dilemas no curso da história. In: DAL RI JÚNIOR, A.; OLIVEIRA, O. M. de (Org.). **Direito internacional econômico em expansão**: desafios e dilemas. Ijuí: Ed. Unijuí, 2003. p. 84-87.

Através deste princípio de separação, os artífices do liberalismo conseguiram elaborar uma teoria em que se encontravam os pressupostos para a quase transferência do processo econômico da esfera pública para a privada. Através destes, pôde-se desenvolver durante o século XIX uma lógica que buscava a realização e manutenção de "quase governo mundial" (As-if-World-Government) da economia, completamente alheio ao mundo político. É a mais clara manifestação de uma doutrina que tentava fazer com que o comércio internacional não dependesse mais da política internacional. Tentava-se de todas as formas impor aos Estados a abstenção de regulamentar o comércio internacional[35].

No século XVIII, conhecido como o século das revoluções, foram desencadeadas a crise do modelo colonial, a independência dos Estados Unidos da América (EUA), a Revolução Industrial Inglesa e a Revolução Francesa. Esse conjunto de fatos provocou uma inadequação entre o dinamismo das atividades econômicas da burguesia e a forma de poder político controlado pela nobreza. Houve uma avalanche de acontecimentos que derrubou a ordem anterior e instituiu um novo modelo de Estado e um novo modelo econômico: o capitalismo.

2.4 Relações Internacionais Econômicas na Idade Contemporânea

2.4.1 Pré-Acordos de Bretton Woods

A Revolução Industrial consolidou um novo período histórico para a humanidade e, no século XIX, houve uma forte reafirmação do

---

35 DAL RI JR., A. O direito internacional econômico em expansão: desafios e dilemas no curso da história. In: DAL RI JÚNIOR, A.; OLIVEIRA, O. M. de (Org.). **Direito internacional econômico em expansão**: desafios e dilemas. Ijuí: Ed. Unijuí, 2003. p. 9.

protecionismo, com o aumento das tarifas aduaneiras, e do nacionalismo entre os Estados.

A Paz de Westphalia (1648)[36] e o Tratado de Utrecht (1713) foram vitais para a formulação de uma nova ordem internacional, mas nem por isso, àquela época, era suscitada a idéia de cooperação institucionalizada entre as nações. Cerca de 200 anos foram necessários para que se configurassem as primeiras iniciativas de cooperação internacional de maneira institucionalizada. Surgiram vários órgãos, em sua maioria de caráter técnico, científico, cultural, que não interferiam de modo veemente no comércio internacional, tampouco nas políticas internas dos atores internacionais. Somente em 05 de julho de 1890 foi instituída, por tratado, a primeira organização internacional multilateral[37] com o objetivo de regulamentar as tarifas alfandegárias estabelecidas pelos governos das partes contratantes.

Com o advento da Revolução Industrial, a burguesia, principalmente a inglesa, se apoiou num arcabouço teórico econômico que lhe garantisse a expansão dos negócios e o acúmulo de capital. Esse arcabouço que, do ponto de vista político, defendia a democracia e a livre escolha dos representantes por parte do povo e, do ponto de vista econômico, defendia a propriedade privada dos meios de pro-

---

36   Com o Tratado de Westphalia o sistema internacional passou a aceitar a relação entre Estados soberanos. Mais sobre o assunto ver: HIST, P.; THOMPSON, G. **Globalização em questão** – a economia internacional e as possibilidades de governabilidade. Tradução de Wanda Caldeira Brant. Petrópolis: Vozes, 1998. p. 265-267.

37   Convenção Relativa ao Estabelecimento de uma União Internacional para a Publicação das Tarifas Aduaneiras, de 05 de julho de 1890, promulgada pelo Brasil pelo Decreto nº 1.327, de 31 de janeiro de 1891. São signatários: Argentina, Bélgica, Bulgária, Bolívia, Brasil, Chile, China, Colômbia, Congo, Costa Rica, Dinamarca, Egito, Equador, Espanha, EUA, França, Grécia, Grã-Bretanha, Guatemala, Honduras, Itália, Império Austro-Húngaro, Japão, México, Nicarágua, Paraguai, Países Baixos, Panamá, Peru, Pérsia, Portugal, Romênia, Rússia, Sérvia, Suécia e Suíça.

dução e a livre troca de mercadorias era o Liberalismo Econômico, o qual foi fortemente combatido pelos precursores do socialismo, principalmente nas obras Manifesto Comunista e O Capital, ambas de autoria de Karl Marx, como também pelas propostas sociais da Igreja.

Se por um lado os países europeus já aplicavam as regras de livre comércio no mercado interno, por outro permaneciam com uma postura rígida em relação aos países estrangeiros. Essas regras foram quebradas, pela primeira vez em 1846, pela Inglaterra, com as Leis do Milho, seguidas da assinatura de vários tratados bilaterais de comércio, começando com o Tratado de Cobden-Chevalier, com a França, em 1860. Os outros países europeus, acompanhando o entendimento lançado pela Escola do Liberalismo Econômico, seguiram o exemplo britânico e deram início a uma série de acordos baseados na obrigatoriedade de extensão de vantagens a todos os países que travassem relações comerciais com o Estado (cláusula da nação mais favorecida)[38]. Esse princípio encorajou o multilateralismo e desencorajou a discriminação comercial. Por sua presença maciça nos tratados franceses, o livre comércio varreu a Europa durante a década de 1860. Além dos acordos bilaterais, as questões relativas à facilitação de transportes interterritoriais, a criação de câmaras de comércio e de adidos comerciais foram de vital importância para manter o apoio europeu aos cânones do livre comércio que sofreram forte oposição, a partir da década de 1870, da Alemanha e de outros países que aumentaram drasticamente suas tarifas, restando apenas a Grã-Bretanha para sua defesa.

O desenvolvimento da produção industrial gerou, no século XIX, a formação de grandes empresas, as quais deram azo não à concorrência generalizada, mas à formação de grandes monopólios. De um lado, os operários dos países industrializados criticavam a exploração de seu trabalho e, de outro lado, as indústrias não conseguiam dar vazão a todo o excedente de produção. O que fazer? A resposta foi encontrada

---

38   Sobre origens e função desta cláusula ver tópico 3.2.

por meio da reimplantação do modelo colonial que fazia da colônia a válvula de escape da produção do excedente da metrópole. Dessa forma, seriam resolvidos vários problemas: a) a insatisfação seria contida, podendo inclusive aumentar os salários dos trabalhadores dos países industrializados; b) a mão-de-obra da colônia seria utilizada, pagando-se salários baixos; c) seria encaminhado o excesso da produção não vendida, fato que perturbava a Europa; e d) seria explorada a colônia no sentido de lhe retirar as matérias-primas a preços simbólicos.

A Alemanha e a Itália chegaram tarde na busca de territórios, pois estavam preocupadas com os problemas internos decorrentes das recentes unificações intraterritoriais. Já no final do século XIX, conseguiram algumas pequenas colônias que, com o término da Primeira Guerra Mundial, foram entregues à Sociedade das Nações e transformadas em "mandatos" e deixadas para a administração da França e Inglaterra. O desejo da Alemanha de alcançar o patamar econômico de seus rivais (Inglaterra e, principalmente, França) foi uma das causas mais importantes para a eclosão da Primeira Guerra Mundial.

Na Rússia, o regime czarista entrava em decadência e, depois da derrota na guerra travada contra o Japão, ocorreu uma revolução popular (1905) que seria decisiva para a efetivação da revolução socialista (1917).

Os EUA, apesar de defensores da Doutrina Monroe que visava proteger as Américas da recolonização e pregava o não intervencionismo de qualquer país em outro país, também ambicionavam territórios para que pudessem exercer seu poderio político. Começaram a adotar uma política tão colonialista quanto a dos outros países. O exemplo marcante foi a guerra que travaram com a Espanha por conta da independência de Cuba, o que lhes rendeu os territórios de Porto Rico e das Filipinas. Não bastasse isso, os EUA passaram a intervir em vários países da América Latina. Registre-se que, nesse período, os EUA também utilizaram a política do *big stick*[39] no trato das suas relações internacionais.

---

39 Principal instrumento da Doutrina Monroe.

O Concerto Europeu não gerou fidelidade tampouco obrigatoriedade institucional entre os países, demonstrou somente a exposição dos problemas da convivência continental e a fragilidade da paz duradoura dentro de modelo completamente independente que as soberanias apresentavam. A Primeira Guerra Mundial foi um conflito resultante da disputa entre várias potências pelo domínio do mundo colonial, e, nessa guerra, as classes dominantes desses países estavam ávidas por mais lucro.

Observa-se claramente nesse período um contexto internacional extremamente eurocêntrico, o liberalismo político era entendido como a realização suprema do conceito de soberania do Estado Nacional, e o equilíbrio do sistema internacional era mantido pelo eventual poder que cada ator pudesse acumular, respondendo por sua defesa, sua economia e suas eventuais colônias.

Nesse padrão institucional assimétrico, as trocas internacionais atingem proporções jamais vistas. Segundo Sato[40], o comércio mundial de mercadorias industrializadas passou de 3% do volume total, no ano de 1800, para 33% do volume total, às vésperas da Primeira Guerra Mundial.

Quando iniciada sua reconstrução, a Europa estava numa verdadeira "economia de guerra". Por uma questão conjuntural amplamente desfavorável aos países europeus, a política de concessão de subsídios agrícolas é adotada como única via adequada para resolver algumas questões prementes do Velho Mundo, tais como: a) manter a distribuição de alimento suficiente para a população; b) manter o homem no campo como forma de preservação do território e das fronteiras, bem como para evitar o processo de cornubação; c) criar empregos para reduzir os níveis de miserabilidade nas cidades.

---

40   SATO, E. **O papel estabilizador dos países periféricos na ordem internacional:** percepções e perspectivas. 1997. Tese (Doutorado)– Faculdade de Filosofia, Letras e Ciências Humanas da Universidade de São Paulo, São Paulo, 1997. p. 195.

Os Estados industrializados perceberam que estavam interconectados de tal forma que a desestruturação de qualquer um deles poderia representar uma interferência catastrófica na economia do outro. Daí a necessidade de regular o comércio, mas não só ele. Passa-se a compreender a importância da regulamentação financeira internacional. O comércio e as finanças internacionais deveriam ser analisados conjuntamente. Surge então um ambiente fértil para uma cooperação institucionalizada que foi estimulada com: a) a criação da Organização das Nações Unidas (ONU) para garantir a observância dos direitos humanos e a preservação da paz mundial[41]; e b) a assinatura dos Acordos de Bretton Woods[42] e do GATT/1947, ambos reguladores do comércio e das finanças da economia mundial.

Os acordos previam a formação de um tripé regulamentador da economia internacional, que seria atendido pela criação de três organizações: Fundo Monetário Internacional (FMI), Banco Internacional para a Reconstrução e Desenvolvimento ou Banco Mundial (BIRD) e Organização Internacional do Comércio (OIC)[43].

---

[41] Mesmo antes da criação da ONU, no ano de 1940, os Estados Unidos já lançavam a primeira proposta para a criação de uma organização internacional de comércio. E, em 1945, convidaram alguns países para iniciar negociações e formular um acordo internacional de comércio. Em 1946, o foro econômico da ONU encabeça a idéia e sua atuação levaria à criação do GATT/1947. Os países que atenderam ao chamado norte-americano para iniciar as negociações para a criação de uma organização comercial internacional foram: Austrália, Brasil, Canadá, China, Cuba, Tchecoslováquia, França, Índia, Holanda, Luxemburgo, Nova Zelândia, África do Sul, União Soviética e Reino Unido (MADRID, G. E. L. H. de. **El derecho de las subvenciones en la OMC**. Madrid: Marcial Pons, 2005. p. 58).

[42] Esses Acordos receberam esta nomenclatura por serem concluídos na Cidade de Bretton Woods, Estado de New Hampshire, EUA.

[43] "[...] parte do pensamento prevalente durante o período da guerra, originou-se da visão de que os erros cometidos envolvendo a política econômica durante o período entre guerras (1920 a 1940) foi a principal causa do desastre que levou à Segunda Guerra Mundial. A grande depressão tem sido parcialmente culpada

O insucesso da criação da OIC concedeu prestígio a United Nations Conference on Trade and Development (UNCTAD) e a Organização para Cooperação e Desenvolvimento Econômico (OCDE), além dos órgãos regulatórios locais e regionais que começavam a surgir, para discutir temas de comércio internacional. Não obstante o esforço dessas organizações, suas tentativas não foram suficientes para resolver a crise conjuntural mundial que se estabeleceu nas relações comerciais entre os países.

Questões conjunturais tornaram inviável a criação da OIC, mas favoreceram a aprovação multilateral de acordos de comércio que se firmaram com base na igualdade entre os Estados e uniformidade de tratamento e na estabilidade das paridades monetárias entre os Estados e liberdade de câmbio.

2.4.2 Pós-Acordos de Bretton Woods

Depois da Segunda Guerra Mundial, o Direito Internacional Econômico se robustece e torna-se indispensável para a estabilidade comercial e para as relações internacionais entre os Estados democráticos.

A globalização dos mercados[44], um processo antigo, juntou-se ao capitalismo, um novo e complexo sistema institucional econômico,

---

por esta guerra por ter imposto uma dura política de reparação à Alemanha. No período de entre guerras, particularmente depois da assinatura do danoso Ato Tarifário norte-americano de 1930, muitas outras nações passaram a aplicar medidas protecionistas, incluindo restrições do tipo quotas, que prejudicaram o comércio internacional. Líderes políticos do EUA e de outros lugares fizeram declarações sobre a importância de se estabelecer instituições econômicas de pós-guerra para prevenir que estes erros não mais fossem repetidos." Tradução livre do texto original em inglês (JACKSON, J. H. **The word trading system** – law and policy of internacional economic relations. 2th ed. Massachusetts: MIT Press, 1999. p. 36).

44   O Império Greco-Romano uniu as áreas do Mediterrâneo, o Império Abacida, dos árabes, uniu os mundos do Mediterrâneo e do Oceano Índico, o Império Mongol ligou a China e a Ásia Central com o Oriente Próximo, os vários

transformando o mundo[45].

A ordem mundial do pós-guerra foi marcada por um grande contra-senso, pois a política econômica liberal, designada neoliberalismo[46], na qual os paradigmas individuais de livre escolha deveriam ser respeitados pelos Estados e, no campo econômico, presumia-se que os países não partiriam para confrontos com conseqüências militares se houvesse a multilateralização do comércio sem imposição de barreiras de qualquer tipo, ganhou força ao mesmo tempo que, na década de 1980, a falta de inserção dos países menos desenvolvidos favoreceu o crescimento de adeptos do novo dirigismo.

Surge um novo modelo de relação social implantado no século XX: o modelo cibernético[47]. A informação democratizada pelos meios virtuais

---

Impérios indianos uniram o próprio subcontinente, o Império Chinês ligou os espaços econômicos do Rio Amarelo com aqueles do Rio Yangtze. Somente com o Império Britânico, nos séculos XVIII e XIX, viu-se a emergência da primeira economia global (DAL RI JR., A. O direito internacional econômico em expansão: desafios e dilemas no curso da história. In: DAL RI JÚNIOR, A.; OLIVEIRA, O. M. de (Org.). **Direito internacional econômico em expansão**: desafios e dilemas. Ijuí: Ed. Unijuí, 2003. p. 9).

45   LAL, D. **Reviving the invisible hand** – the case for classical liberalism in the twenty-first century. Princeton: Princeton University Press, 2006. p. 1.

46   Lal, citando Mario Vargas Llosa (LLOSA, M. V. Liberalism in the new millenium. In: VASQUES, I. (Ed.). **Global fortune**. Washington: Cato Institute, 2000), diz que: "um neo é algo que finge ser alguma coisa ou alguém que está ao mesmo tempo dentro e fora de algo, é um híbrido elusivo, é um espantalho feito sem nunca identificar um valor específico, idéia, regime ou doutrina [...] dizer 'neoliberal' é o mesmo que dizer 'semiliberal' ou 'pseudoliberal'. É pura falta de nexo. Pode-se estar a favor da liberdade ou contra ela, mas ninguém pode estar semi a favor ou pseudo a favor da liberdade, assim como ninguém pode estar semigrávida, semivivente ou semimorto. O termo não foi inventado para expressar a realidade conceitual, mas sim para, semanticamente, desmerecer a doutrina do liberalismo." Tradução livre (LAL, D. **Reviving the invisible hand** – the case for classical liberalism in the twenty-first century. Princeton: Princeton University Press, 2006. p. 237).

47   "Daí se dizer que o final do século XX representa uma fase científica e tecnologicamente muito produtiva, mas politicamente imprevisível. De fato, na

passou a operar de maneira vertiginosa nas decisões políticas das grandes nações, no direcionamento do mercado financeiro internacional[48]. Ademais, os setores tecnológico e de serviços atingiram um aumento significativo dos índices de lucros. Como conseqüência imediata há uma valorização da regulamentação internacional, principalmente a da OMC e do direito de propriedade intelectual, em seus vários âmbitos.

área científica e tecnológica, o progresso é intenso, desde o infinitamente pequeno ao infinitamente grande, mas no campo político, a reavaliação do papel do Estado apresenta fatos inesperados, sobretudo no ponto de junção da estrutura e da superestrutura: o comunismo fracassa na tentativa de aperfeiçoar a sociedade com base no planejamento estatal e, ao mesmo tempo, provoca a reabilitação da iniciativa individual e do lucro, que retornam, com a 'mão invisível de Adam Smith' agora reforçados, em grande parte, pelo processo de globalização econômica que muitos consideram irreversível [...] então, o globalismo econômico, reforçado pela revolução da informática, sobretudo das novas tecnologias da comunicação planetária, vai também suscitando críticas variadas. Para alguns, é um jogo para poucos eleitos porque elimina as barreiras entre os Estados, favorecendo os países industrializados mais avançados. Para outros, globalização confunde-se com a mundialização do capitalismo selvagem, da competição desenfreada de todos contra todos, em busca da maximização de ganhos [...]. O fato é que neste final de século e de milênio, ao mesmo tempo em que se intensifica a criação de riquezas baseadas na mente ou no conhecimento, desintegra-se a estrutura do tradicional sistema embasado em bens materiais, que até recentemente manteve o mundo coeso. Ou seja, a riqueza imaterial começa a se sobrepor à tradicional preferência pela riqueza tangível, sólida, resultante da propriedade do imóvel, ou do capital para a produção industrial." (PINHO, D. B.; VASCONCELOS, M. A. S. de. **Manual de economia**. 3. ed. São Paulo: Saraiva, 1998. p. 50-51)

48 "A crise asiática de 1997-8, nas suas dimensões políticas e econômicas, oferece uma dramática ilustração que estratégias de desenvolvimento voltadas para o exterior dependem mais do livre comércio ou de fórmulas econômicas corretas para a política doméstica. A crise e outros eventos na Rússia e em outros lugares devem ensinar aos liberais, especialmente a adeptos do comércio livre, que os valores que eles endossam também dependem do liberalismo político, incluindo a regulamentação de leis e da democracia." Tradução livre do original em inglês (TREBILCOCK, M. J.; HOWSE, R. **The regulation of international trade**. 2ᵗʰ ed. New York: Routledge, 2000. p. 516).

São características desse novo modelo liberal: a) desregulamentação estatal da economia; b) autodeterminação dos povos; c) privatização[49] do setor empresarial do Estado; d) liberalização de todas e quaisquer barreiras ao fluxo internacional de mercadorias; e) redução de déficits públicos; f) cooperação internacional; g) controle da inflação; h) manutenção de superávits comerciais como forma de determinação da competitividade internacional de um país; i) capacidade de atração de capitais internacionais; j) harmonização da legislação trabalhista, baseada numa proteção social mínima; e l) capacidade crescente de produção de tecnologia, entre outros princípios norteadores e aceitos que visam o Estado mínimo acompanhado, no plano político, dos valores democráticos fundados num entendimento ocidental das liberdades individuais[50].

Na década de 1980, os países menos desenvolvidos aderiram a uma teoria econômica com caráter altamente interventivo (dogma dirigista) que partia das seguintes premissas: a) o mecanismo de preço ou de trabalho de uma economia de mercado deveria ser suplantado e não suplementado por métodos diretos de controle governamental que promovessem o desenvolvimento econômico; b) a teoria de preço ortodoxa (microeconomia) é de menor importância para o desenho das políticas públicas, contrariamente, os governos deveriam dar grande atenção para questões macroeconômicas para planejar e

---

49   Sobre os efeitos da política de privatização para a liberalização do comércio mundial ver: HSU, P. S. P. Regional integration: the Asian-Pacific experience. In: **OCDE document** – regionalism and its place in the multilateral trading system. Paris: [s.n.], 1996. p. 53-56.

50   Os críticos da política econômica do liberalismo apontam várias objeções à sua aplicação, tais como os impactos que promove: a) no valor real dos salários e na disponibilidade de postos de trabalho; b) nas políticas sociais dos Estados; c) na manutenção da diversidade cultural das diferentes nações e, principalmente; d) nas políticas domésticas de exercício de soberania (TREBILCOCK, M. J.; HOWSE, R. **The regulation of international trade**. 2th ed. New York: Routledge, 2000. p. 12-15).

implementar uma estratégia de crescimento rápido e eqüitativo; c) a aplicação da teoria liberal clássica seria inválida para países em desenvolvimento e, portanto, restrições governamentais nos setores de comércio e pagamentos seriam indispensáveis para o desenvolvimento econômico; e d) para diminuir a pobreza e melhorar a distribuição de renda doméstica seria necessária a intervenção governamental massiva e continuada com controle agressivo de preços e salários[51]. A essa tendência dá-se o nome de novo dirigismo.

Agora, já no século XXI, o dogma dirigista vem retomando força com uma face um pouco distinta e se intitula como uma terceira via, ou seja, um capitalismo mais humanizado. Não visa suplantar o mecanismo de preço por meio de planificação central, mas pela regulação dos mecanismos da economia de mercado para suplantar as ditas "falhas de mercado" e subsidiar muitos objetivos sociais e até morais[52].

A mesma justificativa que levou os países menos desenvolvidos a abrirem seus mercados ao investimento estrangeiro tem fundamentado um movimento intenso com exigências de inclusão competitiva e efetiva no sistema de comércio internacional em setores nos quais possam ser considerados competitivos. É cabível defender que, na atualidade, se delineia uma fase fértil para uma mudança na regulamentação e no modelo de participação dos signatários do sistema OMC.

Os princípios do livre comércio e da democracia vêm sendo invocados para justificar barreiras comerciais não tarifárias de vários ní-

---

51 LAL, D. **Reviving the invisible hand** – the case for classical liberalism in the twenty-first century. Princeton: Princeton University Press, 2006. p. ix.

52 "Many of protesters marching through the streets of Seatle or Genoa or meeting annually in Porto Allegro [sic] against the perceived ills of globalization and what they call 'neo-liberalism' are echoing this 'new dirigisme'. Its passion arise from various moral as well as factual claims, but even more so because it is not globalization per se, but the globalizing of capitalism to which they object." (LAL, D. **Reviving the invisible hand** – the case for classical liberalism in the twenty-first century. Princeton: Princeton University Press, 2006. p. x)

veis. Um exemplo bastante nítido dessa contradição interpretativa, dentre tantos outros, é a posição dos EUA, que se recusam importar a produção industrial de países que utilizam trabalho infantil ou não anuem às normas ambientais internacionais, sugerindo a inclusão de temas não comerciais na jurisdição da OMC. Além disso, não ratificam o Protocolo de Kyoto, quando são responsáveis por grande parte da emissão do gás nocivo à camada de ozônio.

Há uma incoerência interpretativa[53] dos princípios fundamentadores de todo o arcabouço jurídico da OMC e essa incoerência tem influenciado de maneira negativa a classificação de políticas públicas de países em condições distintas que passam por situações histórico-econômicas díspares, como é o caso dos países em desenvolvimento, quando comparados aos países desenvolvidos.

A cooperação internacional no âmbito econômico deixou de ser uma concessão ou opção e passou a ser uma necessidade[54] para a permanência e a eficácia dos cânones do livre comércio.

---

53 Segundo Barral existe uma incoerência na própria definição do que sejam medidas anticoncorrenciais. Pois há referenciais econômicos, jurídicos e políticos muitas vezes incompatíveis que dificultam a criação de um modelo teórico-técnico que garanta a segurança para a validação do sistema de proteção ao livre comércio, à livre iniciativa e à livre concorrência (BARRAL, W. de O. **Dumping e comércio internacional**: a regulamentação antidumping após a Rodada Uruguai. Rio de Janeiro: Forense, 2000. p. 16-71).

54 "Existe um novo ambiente dentro do qual se move a economia política internacional: um novo liberalismo. O desaparecimento da base ideológica e da supremacia americana trouxe de volta um contexto internacional multipolarizado, no qual a tendência é pela valorização da busca do consenso. Este é o meio dentro do qual os países, independentemente de seu nível de industrialização e desenvolvimento, deverão buscar formas de inserção. O modelo de organização hierarquizada do meio internacional deve continuar prevalecendo, todavia, em face do aprofundamento dos níveis de integração das atividades econômicas, nas várias instâncias, os processos decisórios deverão valorizar a coordenação de políticas, como vem ocorrendo no campo monetário." (SATO, E. **O papel estabilizador dos países periféricos na ordem**

Jackson[55] nos adverte dos efeitos que a interdependência de mercados pode gerar nas economias em escala mundial, e, neste contexto, se faz necessária uma ação internacional no sentido de que os países cooperem com o desenvolvimento sustentável de seus parceiros comerciais, a fim de que preservem a subsistência destes no campo do comércio internacional. Ratificando esse entendimento, cita as palavras proferidas pelo diretor do Escritório dos Assuntos Econômicos do Departamento de Estado dos EUA, Sr. Harry Hawking, quando se referia à animosidade das nações no segundo pós-guerra: "conflito comercial pressupõe cooperação e não desconfiança, egoísmo. Estados que são inimigos econômicos não estão predispostos a permanecerem amigos políticos por muito tempo"[56].

---

internacional: percepções e perspectivas. 1997. Tese (Doutorado)– Faculdade de Filosofia, Letras e Ciências Humanas da Universidade de São Paulo, São Paulo, 1997. p. 195. Neste mesmo sentido, JACKSON, J. H. **The word trading system** – law and policy of internacional economic relations. 2th ed. Massachusetts: MIT Press, 1999. p. 348-349)

55 "O mundo se tornou interdependente. Com esta interdependência adveio grande riqueza: bens são produzidos onde seu custo é mais baixo; o consumidor tem mais escolhas; a indústria é regida pela competição; produtores podem perceber as vantagens da economia de escala. Mas, com a interdependência, adveio a vulnerabilidade. As economias nacionais não estão isoladas: forças econômicas se movem rapidamente através das fronteiras para influenciar outras sociedades. Déficits governamentais norte-americanos podem ter um impacto na sua taxa de juros que pode pressionar países em desenvolvimento, devedores, para a 'bancarrota'. Um embargo ou elevação de preços implementados por nações produtoras de petróleo podem causar profundo desemprego e falência de fazendas e aumento dramático no custo de vida dos EUA. A recessão em uma parte do mundo é rapidamente sentida em outras partes." Tradução livre do original em inglês (JACKSON, J. H. **The word trading system** – law and policy of internacional economic relations. 2th ed. Massachusetts: MIT Press, 1999. p. 6)

56 Tradução livre do original em inglês: JACKSON, J. H. **The word trading system** – law and policy of international economic relations. 2th ed. Massachusetts: MIT Press, 1999. p. 13.

Alguns estudiosos do Direito Internacional Econômico, a exemplo de Trebilcock e Howse, sugerem a adoção de uma nova agenda "pós Rodada Uruguai" para que se cumpram os cânones do livre comércio. Dentre os principais desafios a serem tratados nesta agenda, encontram-se: a) lidar com a relação entre a liberalização do comércio e o Estado regulatório doméstico, que muitas vezes incentiva o protecionismo por meio de práticas normativas e/ou políticas nacionais; e b) promover meios para fortalecer os fundamentos legais e institucionais, com o fito de abrir os mercados dos países em desenvolvimento – para produtos dos países desenvolvidos – e os mercados dos países desenvolvidos – para os produtos dos países em desenvolvimento.

Anotados os desafios, cabe aos setores político, diplomático, econômico e jurídico, que atuam no palco do sistema multilateral do comércio internacional, convencerem-se da importância desses temas e, partindo da boa-fé e da boa vontade nas negociações, atuarem de modo coerente, sob pena de inutilizarem-se anos de diálogo e negociações no sistema mundial de comércio de maneira desgastante e infrutífera.

Espera-se que o intervalo que se vê nas negociações da Agenda Doha seja proveitoso no sentido de dar às partes maior fôlego para ceder e concluir o processo negociador com ganhos efetivos para ambos os lados: países desenvolvidos e países em desenvolvimento.

Capítulo III
Organização Mundial do Comércio: Origens, Princípios, Aspectos Normativos e Institucionais, Método Decisório e Solução de Controvérsias

3.1 Origens: da Carta de Havana à Rodada Uruguai

Depois da criação da ONU, em 1946, foram promovidas três grandes conferências de ordem econômica: 1946, em Londres, 1947, em Nova York e Suíça, e 1948, em Havana. Ao final da última reunião, foi cunhada a Carta de Havana, na qual era prevista a criação da OIC cujo objetivo era alcançar a plena empregabilidade por meio do comércio internacional. Para tanto, privilegiava-se: a) o desenvolvimento econômico e a reconstrução dos países no pós-guerra; b) o acesso de todos os países aos mercados existentes, às fontes de matéria-prima e aos meios de produção; e c) a redução de obstáculos ao comércio[57].

A Conferência de Bretton Woods não obteve sucesso imediato em relação à criação da OIC, pois os temas comerciais foram tratados por ministros de áreas distintas da financeira, que discutiam a criação do FMI e do BIRD, e também porque o senado norte-americano não ratificou a assinatura do acordo, alegando não ser "suficientemente liberal", o que impossibilitou a formação do *quorum* mínimo para sua validação internacional[58].

Os participantes da Conferência Internacional sobre Comércio e Emprego[59], encerrada em 1947, retomaram as negociações aduanei-

---

[57] Mais sobre o tema ver: BARRAL, W. de O. **Dumping e comércio internacional**: a regulamentação antidumping após a Rodada Uruguai. Rio de Janeiro: Forense, 2000. p. 78-82 e MANFFER, R. P. Creación de la organización multilateral de comercio. **Boletin Mexicano de Derecho Comparado**, México, n. 81, p. 733-762, sept./dic. 1994.

[58] Para que a Carta de Havana entrasse em vigor seria necessário que ao menos os países que representassem 85% do fluxo comercial internacional ratificassem o acordo, o que não ocorreu, pois os Estados Unidos, que respondiam por 15% do comércio mundial, se negaram a fazê-lo (JACKSON, J. H. Perspective on regionalism in trade relations. **Law and Policy in International Business**, v. 27, n. 4, p. 873-878, summer 1996).

[59] Austrália, Bélgica, Birmânia, Brasil, Canadá, Ceilão, Cuba, Tchecoslováquia, Chile, China, EUA, França, Índia, Líbano, Luxemburgo, Noruega, Nova Zelândia,

ras multilaterais e, antes mesmo da entrada em vigor da Carta de Havana, firmaram o Acordo Geral sobre Tarifas e Comércio (GATT/1947), cujo objetivo central era, a princípio, liberalizar o comércio internacional, reduzindo substancialmente, mediante negociações multilaterais e sob o princípio da reciprocidade e mútuas vantagens, as alíquotas dos tributos no comércio internacional e as barreiras não tributárias que o obstaculizavam[60]. Era um conjunto de acordos e não uma instituição, como se pretendia com a OIC.

O último encontro preparatório para a formação da OIC, realizado em Genebra, de abril a novembro de 1947, foi divido em três grandes grupos de trabalho: a) o grupo preparatório da carta final da OIC; b) o grupo que cuidou da promoção de um acordo multilateral de comércio sobre a redução tarifária recíproca entre os participantes; e c) o grupo responsável pela assinatura de cláusulas gerais relacionadas a obrigações tarifárias.

Independentemente da conclusão da Carta da OIC (1948), os resultados dos trabalhos do segundo e do terceiro grupo foram unificados e constituíram o que seria posteriormente chamado de GATT/1947[61].

O GATT/1947 objetivava a negociação de tarifas e regras sobre o comércio e não foi criado como uma instituição, mas como um foro

---

Países Baixos, Paquistão, Reino Unido, Irlanda do Norte, Rodésia do Sul, Síria e África do Sul.

[60] Tradução livre do original em espanhol: MANFFER, R. P. Creación de la organización multilateral de comercio. **Boletin Mexicano de Derecho Comparado**, México, n. 81, p. 734, sept./dic. 1994. Mais sobre origens do GATT e da OMC, ver: JACKSON, J. H. **The word trading system** – law and policy of international economic relations. 2th ed. Massachusetts: MIT Press, 1999. p. 31- 77; LOWENFELD, A. F. **International economic law** – public controls on international trade. 2th ed. New York: Mathew Bender, 1983. v. VI, p. 5-28; e TREBILCOCK, M. J.; HOWSE, R. **The regulation of international trade**. 2th ed. New York: Routledge, 2000. p. 17-24.

[61] JACKSON, J. H. **The word trading system** – law and policy of international economic relations. 2th ed. Massachusetts: MIT Press, 1999. p. 37.

de debate, muito embora, na prática, seu secretariado passasse a ser um órgão coordenador e supervisor das regras de comércio e árbitro das questões de liberalização do comércio, com sede em Genebra, na Suíça.

Foi concebido, inicialmente, para ser um acordo específico sobre comércio no contexto da OIC que, por sua vez, proveria o GATT/ 1947 de suporte institucional necessário. Por esse motivo, não se julgou necessário, à época, incluir no texto do GATT/1947 disposições de política social e desenvolvimento, pois essas seriam tratadas no acordo constitutivo da OIC[62].

Os países signatários do GATT/1947 foram: Austrália, Bélgica, Birmânia, Brasil, Canadá, Ceilão, Cuba, Tchecoslováquia, Chile, China, EUA, França, Índia, Líbano, Luxemburgo, Noruega, Nova Zelândia, Países Baixos, Paquistão, Reino Unido, Irlanda do Norte, Rodésia do Sul, Síria e África do Sul.

Por prever-se um sistema multilateral de tomada de decisões, as negociações se converteram na principal atividade do GATT/1947. De 1948 a 1995 houve oito rodadas de negociações. A Rodada Tóquio, concluída em 1979, em virtude dos grandes avanços, foi considerada a mais importante e teve seus reflexos sentidos na Rodada Uruguai que foi responsável, em 1995, pela criação de uma instituição multilateral, a OMC[63].

Quatro compromissos fundamentais foram assumidos pelos participantes na ata final da Rodada Uruguai: a) o compromisso de submeterem os acordos à apreciação das autoridades nacionais, com a finalidade de obter aprovação dos instrumentos negociados; b) o compromisso de aceitarem os instrumentos negociados, devendo entrar

---

[62]   MADRID, G. E. L. H. de. **El derecho de las subvenciones en la OMC**. Madrid: Marcial Pons, 2005. p. 59.

[63]   Sobre origem da OMC, ver: JACKSON, J. H. **The word trading system** – law and policy of international economic relations. 2ʰ ed. Massachusetts: MIT Press, 1999. p. 1-11 e LOWENFELD, A. F. **International economic law** – public controls on international trade. 2ʰ ed. New York: Mathew Bender, 1983. v. VI.

em vigor no mais tardar em 1º de janeiro de 1995; c) o compromisso de estabelecerem a Organização Mundial do Comércio (OMC) provendo-a de adequada estrutura administrativa para a aplicação internacional dos resultados da Rodada Uruguai; e d) o compromisso de aplicarem o GATT/1994 em caráter definitivo e não provisório.

No seu preâmbulo, o ato constitutivo da OMC não trouxe grandes novidades em relação à carta de intenções do GATT/1994[64]. Como meio de operacionalização dos pontos discutidos, os países escolheram: a) a celebração de acordos, baseados na reciprocidade e no oferecimento de vantagens mútuas; e b) um sistema multilateral de comércio que abarcasse os acordos anteriores e os provenientes da Rodada Uruguai.

3.2 Princípios do Direito Internacional Econômico Aplicáveis à OMC

O GATT/1947 consolidou as principais regras de comércio internacional que foram reproduzidas nos acordos seguintes. Essas regras são importantes, dentre outros motivos, pelo fato de o preâmbulo do acordo que criou a OMC ter previsto que a organização deveria se guiar por decisões, procedimentos e práticas do GATT (1947 e 1994)[65].

---

[64] "[...] Dotada do poder de celebrar acordos com outras organizações internacionais, reconhece-se na OMC personalidade internacional; a OMC tem orçamento próprio, recebe dotações dos Membros, é administrativamente autônoma e dispõe de quadro permanente de mais de cinco centenas de funcionários, equiparados a funcionários públicos internacionais para efeitos de proteção, de deveres e imunidades. Conta com número superior a 140 membros e mais 30 países são hoje candidatos à admissão, aguardando formal para acederem à entidade." (CRETELLA NETO, J. **Direito processual na Organização Mundial do Comércio – OMC:** casuística de interesse para o Brasil. Rio de Janeiro: Forense, 2003. p. 5)

[65] Artigo XVI.1 do GATT.

No preâmbulo do acordo constitutivo do GATT/1947 já se visualiza um primeiro compromisso assumido pelos membros: o de manter mútuas e recíprocas vantagens, a fim de se alcançar uma substancial redução de barreiras e eliminar o tratamento discriminatório no comércio internacional.

Ainda no preâmbulo do GATT/1947, bem como nos seus artigos 1º e 3º, faz-se referência expressa ao princípio da **não discriminação entre nações** que é fortalecido pelo **princípio da nação mais favorecida** e pelo princípio da proibição de tratamento nacional diferenciado.

O princípio da nação mais favorecida estabelece que todo privilégio, favor, vantagem ou imunidade concedidos por um membro a outro Estado devam ser imediatamente estendidos a todos os outros membros.

A gênese dessa regra é controversa. Para uns, teve sua origem nos tratados dos países europeus, na segunda metade do século XIX, e inspirou, além do GATT/1947, a Lei de Acordos Comerciais norte-americana. Essa regra foi quebrada, pela primeira vez, em 1846, pela Inglaterra, com as Leis do Milho que foram seguidas da assinatura de vários tratados bilaterais de comércio, começando com o Tratado de Cobden-Chevalier, com a França, em 1860. Os outros países europeus, acompanhando o entendimento lançado pela Escola do Liberalismo Econômico, seguiram o exemplo britânico e deram início a uma avalanche de acordos baseados na obrigatoriedade de extensão de vantagens a todos os países que travassem relações comerciais com o Estado que concedesse as vantagens[66]. Para outros, teve sua gênese no século XII, com utilização maior, no século XVII, pelos países europeus. A primeira referência na legislação norte-americana se deu em 1778 num tratado com a França[67].

---

66   TREBILCOCK, M. J.; HOWSE, R. **The regulation of international trade**. 2th ed. New York: Routledge, 2000. p. 18.

67   JACKSON, J. H. **The word trading system** – law and policy of international economic relations. 2th ed. Massachusetts: MIT Press, 1999. p. 158.

Dúvidas à parte, essa cláusula é útil por preservar a fidelidade entre os membros, mantendo a integridade dos acordos, na medida em que evita que sejam minadas as suas bases; é uma norma de sobrevivência da autoridade e da eficácia do sistema GATT.

É corrente o entendimento de que o princípio da nação mais favorecida pressupõe a extensão do acordado bilateralmente para todos os membros quando a cláusula contratual cria um benefício. Nesse sentido, haveria uma liberdade de "discriminação" dos membros quando não existisse um tratado constitutivo de vantagens comerciais, mas apenas regulador de assuntos econômicos[68].

Em opinião contrária, Viner[69] menciona que a cláusula da nação mais favorecida tornou aparente a liberalização do comércio, pois teria disseminado formas subliminares de concessão do subsídio à produção, nesse caso passou a ser muito comum a prática de reembolso de tributos pagos na importação de matérias-primas para a produção em valor superior àquele efetivamente devido. Não havia nenhum critério objetivo preestabelecido que justificasse a concessão do benefício. As autoridades escolhiam aleatoriamente aqueles para os quais o concederia.

Enquanto o artigo I do GATT/1947, que trata da **cláusula da nação mais favorecida**, prescreve igualdade de tratamento entre os países signatários do acordo da OMC, o artigo III.4 prescreve a **não discriminação de produto estrangeiro**[70] ou, em outros termos, o **tratamento nacional sobre taxação interna e políticas regulatórias** que

---

68   JACKSON, J. H. **The word trading system** – law and policy of international economic relations. 2th ed. Massachusetts: MIT Press, 1999. p. 158.

69   VINER, J. **Dumping**: a problem in international trade. Reprints of economic classics. Originally published (1923). Clifton: Augustus M. Kelley Publishers, 1991. p. 163-164.

70   Embora aqui se refira a comércio de produtos, essa cláusula é geralmente evocada em tratados internacionais que têm outros objetos. Um exemplo é a sua utilização para o "direito de estabelecimento" de empresário estrangeiro, além do tratamento igualitário entre réu estrangeiro e réu nacional por ocasião do julgamento criminal.

obriga os membros a não diferenciar os produtos estrangeiros dos domésticos quando estiverem nacionalizados, conforme a legislação aduaneira interna[71].

A discriminação se configura quando o país importador impõe taxas, impostos ou cria diferenciação de compra, transporte e/ou distribuição dos produtos estrangeiros que, por conta desses atos do governo local, passam a apresentar desvantagem competitiva em relação aos produtos do país importador. Além dos atos já exemplificados, os Estados também podem se utilizar abusivamente de barreiras técnicas, sanitárias e fitossanitárias para barrar ou apenas dificultar a entrada de produtos de outros países em seu território.

Um dos problemas conceituais mais difíceis das regras do GATT/1947[72] está relacionado com a aplicação da **obrigação do tratamento nacional** no contexto de uma norma nacional que, num primeiro momento, aparenta ser "não discriminatória" e que, por conta das variadas circunstâncias no mercado, tem um efeito prático de tornar produtos importados não competitivos. Quanto maior o conhecimento das regras do GATT/1947, maior o número de casos de discriminação implícita[73].

No artigo II do GATT/1947, encontra-se a chamada **lista de compromissos sobre tarifas** ou lista de concessões que determina os produtos, bem como as tarifas máximas que poderiam ser aplicadas a

---

71 Esta regra não pode ser invocada quando a mercadoria estrangeira entrar no território do país signatário de maneira ilegal, pois o que se preserva neste caso não é o produto nacional em detrimento de produto estrangeiro, mas a própria soberania nacional por meio do cumprimento das normas aduaneiras já que o contrabando ou o descaminho são condutas que têm punição prevista no regulamento aduaneiro e penal dos países em geral.

72 Para um aprofundamento da interpretação dada pelo OSC/OMC às regras do GATT, ver: **WTO** – guide to GATT law and pratice – analytical index. Geneva: World Trade Organization, 1995. v. I e II.

73 TREBILCOCK, M. J.; HOWSE, R. **The regulation of international trade**. 2th ed. New York: Routledge, 2000. p. 216.

eles. Algumas tarifas já haviam sido consolidadas pelos países de Primeiro Mundo antes mesmo da Rodada Uruguai, que foi fundamental para que os países em desenvolvimento aderissem a elas.

A regra da **transparência**, consignada no artigo X do GATT/ 1947, cria a obrigação de publicação prévia[74], ampla e irrestrita das normas aduaneiras, das decisões administrativas e judiciais correlatas por parte dos países signatários, para que outros países e as empresas atuantes no comércio internacional tenham acesso a elas de maneira irrestrita.

A **eliminação das restrições quantitativas** é a regra que propugna pela impossibilidade de opor aos membros barreiras não tarifárias[75]

---

74 Em tese, por meio do Órgão de Revisão de Política Comercial da OMC, há possibilidade de qualquer membro tomar conhecimento das políticas legislativas internas de cada membro, a fim de observar se são conflitantes ou não com o estabelecido nos acordos da OMC.

75 As barreiras no comércio internacional podem ser de ordem tarifária e de ordem não tarifária. As primeiras são aquelas impostas por meio de tributação e imposição de taxas nos processos de importação e de exportação, a fim de proteger o produto nacional em prejuízo da comercialização de produtos estrangeiros. Depois dos acordos do GATT, esse tipo de barreira se tornou altamente controlável, pois as tarifas foram negociadas e, em sua maioria, alcançaram o *status* de tarifa consolidada. Geralmente as barreiras não tarifárias são proibições ou restrições tornadas efetivas por meio da imposição de quotas à importação; restrições comerciais voluntárias a exportações, em que se pressiona o país exportador a reduzir a exportação sob pena de imposição de medidas mais rígidas; concessão ou não de licenças de importação/exportação; barreiras técnicas que incluem normas de segurança, saúde, rotulagem; normas de qualidade e meio ambiente; condições de trabalho; e, finalmente, há a chamada proteção administrada que é uma ação inibidora da criação de cartéis governamentais, da aplicação do *dumping* predatório e do fornecimento de subsídios à produção e à exportação. Como remédio a essas medidas tem-se a aplicação de salvaguardas, medidas compensatórias e ações *antidumping*. Ver: JACKSON, J. H. **The word trading system** – law and policy of international economic relations. 2th ed. Massachusetts: MIT Press, 1999. p. 139-155 e 213-228 e TREBILCOCK, M. J.; HOWSE, R. **The regulation of international trade**. 2th ed. New York: Routledge, 2000. p. 29-30.

e pela substituição destas barreiras por barreiras tarifárias predeterminadas.

O artigo XI do GATT/1947 proíbe a imposição de **quotas e/ou licenças na importação ou na exportação de produtos**. No entanto, como existem várias exceções a essa regra, principalmente no setor da agroindústria, as sucessivas Rodadas da OMC deverão se encarregar de tornar a regra aplicável à maioria das situações práticas. São exceções a essa regra: a) artigo XI – contém a maior exceção da regra proibitiva das restrições quantitativas, que é a de mantê-las na importação de produtos da agroindústria a fim de proteger os produtores nacionais; e b) artigos XII ao XV – neles se prevê a imposição de restrições quantitativas quando houver sérios problemas no balanço de pagamentos. Nesse caso, os artigos XII e XIII determinam que os países que estejam com dificuldades financeiras externas e em posição desfavorável quanto a seu balanço de pagamentos possam adotar medidas não tarifárias, como, por exemplo, estabelecer quotas de importação para restringir a quantidade ou o valor das importações prejudiciais. Ressalte-se, no entanto, que essas medidas têm caráter temporário e que os países de Primeiro Mundo têm regras especiais e diferenciadas (mais restritas) de utilização das medidas não tarifárias, bem como de proteção da indústria nascente; c) as exceções gerais, expostas nos artigos XX e XXI do acordo, determinam que este não pode impedir a criação de medidas não tarifárias para proteção da moral pública, da saúde humana, animal e vegetal, do comércio de ouro e prata, da proteção a patentes, marcas e direitos do autor, dos tesouros artísticos e históricos, dos recursos naturais exauríveis e das garantias e bens essenciais, além da proteção contra o tráfico de armas e munições (segurança nacional); d) também no campo das salvaguardas, o artigo XIX do acordo (cláusula de escape) prevê a possibilidade de imposição temporária de barreiras não tarifárias, a fim de proteger um determinado setor da indústria nacional que, em razão do grande número de importações, pode ser aniquilado ou sensivelmente obstruído. O acordo determina as condições para que essa medida seja tomada; e) artigo XXIV – as uniões aduaneiras e as zonas de livre comércio mereceram tratamento especial, figurando como exceções à regra principal. Cabe observar, no entanto, que as regras deste artigo tratam com certa rigidez os requisitos que devem ser observados pelos membros para que sejam aprovados os acordos regionais de comércio. Não obstante a regulamentação do artigo XXIV, a própria OMC tem interesse de que esses acordos sejam firmados, desde que tenham como meta a liberalização do comércio que é, em última instância, o propósito da criação da própria Organização[76]; e f) artigo XVIII – há uma importante regra posta no acordo após as negociações que findaram em 1968, intitulada tratamento especial diferenciado, que favorece os países em desenvolvimento, facultando-lhes um comércio diferenciado e visando promover-lhes o crescimento econômico sustentável, tudo isso com base nas recomendações da UNCTAD[77].

Esta última exceção à regra geral deve ser vista com bastante cautela e interpretada restritivamente, pois pode alterar o sentido da

---

[76] Ver publicação monotemática da OCDE (**OCDE documents** – regionalism and its place in the multilateral trading system, 1996) e FINKELSTEIN, C. A organização mundial do comércio e a integração regional. **Revista do Instituto de Pesquisa e Estudos: Divisão Jurídica**, Bauru: Instituição Toledo de Ensino, n. 19, p. 53-65, ago./nov. 1997.

[77] A UNCTAD tem como principal missão convencer os países desenvolvidos a reduzirem e suprimirem, progressivamente, os obstáculos tarifários e outras restrições de comércio e ao consumo de procedência dos países em desenvolvimento. Antes da segunda reunião da UNCTAD, ocorrida em Nova Delhi, na Índia, a idéia do tratamento diferenciado era de difícil aplicação por conta da cláusula da nação mais favorecida imposta no acordo GATT. Após as negociações e principalmente após 1970 foi criado o SGP (Sistema Geral de Preferências) com o qual os países desenvolvidos se comprometeram a eliminar e/ou reduzir substancialmente os impostos de importação incidentes sobre determinadas operações efetivadas com países em desenvolvimento (JACKSON, J. H. **The word trading system** – law and policy of international economic relations. 2th ed. Massachusetts: MIT Press, 1999. p. 323).

liberalização do comércio. A imposição de barreiras não alfandegárias tem sido intitulada pela doutrina de "novo protecionismo" e deve ser veementemente combatida.

Essas são as regras e exceções principais que norteiam as relações comerciais multilaterais e são regras-princípio, cabendo a cada signatário de *per se* elaborar suas regras internas correlatas, além de implementá-las junto aos parceiros comerciais. Lafer[78] entende que as regras dos acordos formadores do GATT/1994 funcionam como padrões norteadores do sistema comercial internacional.

3.3 Aspectos Normativos da OMC

Os primeiros documentos do sistema multilateral do comércio do pós-guerra foram a chamada Carta de Havana – derivada da Conferência das Nações Unidas sobre Comércio e Emprego - que pretendia criar a OIC – e o GATT/1947 que representa um maior conjunto normativo do Direito Internacional Econômico.

As regras do GATT/1994 derivam de um grande processo de composição que se deu em oito rodadas de negociação:

- 1ª Rodada – realizada em Genebra, na Suíça, em 1947, envolveu 23 países, afetando US$ 10 bilhões do comércio internacional, e tratou da redução de tarifas.
- 2ª Rodada – ocorrida em Annecy, na França, em 1949, envolveu 33 países e também visava apenas à redução de tarifas.
- 3ª Rodada – realizada em Torquay, no Reino Unido, em 1950, envolveu 34 países e objetivava a redução tarifária.
- 4ª Rodada – ocorrida em Genebra, na Suíça, em 1956, envolveu 22 países, afetando US$ 2,5 bilhões do comér-

---

78 LAFER, C. **A OMC e a regulamentação do comércio internacional**: uma visão brasileira. Porto Alegre: Livraria do Advogado, 1998.

cio internacional, e também foram negociadas reduções de tarifas.

- 5ª Rodada – a Dillon, realizada em Genebra, de 1960 a 1961, envolveu 45 países, com uma cifra de US$ 4,9 bilhões do comércio internacional, e foi a última que tratou somente de redução de tarifas.
- 6ª Rodada – a Kennedy, realizada em Genebra, de 1964 a 1967, com a participação de 48 países, tratou da redução de tarifas e de medidas *antidumping* e envolveu cerca de US$ 40 bilhões do comércio mundial.
- 7ª Rodada – realizada em Tóquio, no Japão, de 1973 a 1979, com a participação de 99 países, em que discutiram-se redução de tarifas, barreiras não tarifárias, compras governamentais, subsídios, padrões técnicos, envolvendo US$ 155 bilhões do comércio mundial.
- 8ª Rodada – ocorrida no Uruguai, em Montevidéu, de 1986 a 1994, que, após a de Tóquio, foi a mais abrangente de todas, com a participação de 123 países e uma cifra de US$ 3,7 trilhões do comércio internacional[79] e com amplo temário.

Como visto, a primeira Rodada que mereceu destaque foi a Kennedy (1964-1967). Em matéria de defesa comercial, essa Rodada se destacou por aprovar o primeiro código *antidumping* (código sobre normas multilaterais em matéria de medidas *antidumping*) que regulamentou o artigo VI do GATT/1947. Ou seja, pela primeira vez tratou-se concomitantemente da abolição das barreiras tributárias, ditas alfandegárias, e de barreiras não tributárias, ditas não alfandegárias. Em 1979, foi exarada a decisão sobre tratamento diferenciado e mais favorável, reciprocidade e maior participação dos países em desenvolvimento.

---

79 JACKSON, J. H. **The word trading system** – law and policy of international economic relations. 2th ed. Massachusetts: MIT Press, 1999. p. 74.

À exceção da Rodada Uruguai (1986 a 1994), que inaugurou um novo sistema multilateral de comércio, a Rodada Tóquio (1973 a 1979) foi a mais importante para o sistema GATT/1947[80], principalmente quanto à normatização de uma vasta área de barreiras não tributárias[81], o que se consolidou no acordo sobre a interpretação e a aplicação dos artigos VI, XVI e XXIII do GATT, conhecido como Código de Subsídios e Medidas Compensatórias (CSMC).

A Rodada Tóquio foi, eminentemente, uma rodada de comércio, mas não de livre comércio[82]. Como resultado, no campo dos subsídios ficou estabelecido que: a) as medidas compensatórias deveriam ser

---

80   A grande falha da Rodada Tóquio foi a liberdade dada a cada parte contratante para ratificar ou não qualquer dos acordos formulados. Como conseqüência, o acordo sobre subsídio foi pouco utilizado e, nas poucas vezes que o foi, eram tantas as possibilidades interpretativas que as medidas compensatórias aplicadas por países importadores se tornaram barreiras não tributárias, oficializadas pelo sistema OMC.

81   a) Acordo sobre obstáculos técnicos ao comércio – Código de Normas; b) acordo sobre compras do setor público – Código de Compras de Governo; c) acordo sobre interpretação e aplicação dos artigos VI, XVI e XXIII do Acordo Geral do GATT, que tratam de subsídio e medidas compensatórias – ASMC; d) acordo de aplicação do artigo VII do Acordo Geral que trata de valoração aduaneira – Código de Valoração Aduaneira; e) acordo sobre procedimentos para a concessão de licença de importação – Código de Licença; f) acordo relativo à aplicação do artigo VI do Acordo Geral que trata de *dumping* – Código *Antidumping*; g) acordo sobre carne bovina; h) acordo sobre produtos lácteos; i) acordo sobre comércio de aeronaves civis; j) acordo relativo ao comércio de têxteis – Acordo Multifibras; l) sistema geral de preferências; m) medidas comerciais compensatórias da balança internacional de pagamentos; n) medidas relativas a notificações, consultas, solução de controvérsias; e o) medidas de salvaguarda por motivos de desenvolvimento. Mais sobre o tema, ver: MANFFER, R. P. Creación de la organización multilateral de comercio. **Boletin Mexicano de Derecho Comparado**, México, n. 81, p. 736-738, sept./ dic. 1994 e JACKSON, J. H. **The word trading system** – law and policy of international economic relations. 2th ed. Massachusetts: MIT Press, 1999. p. 76.

82   WINHAM, G. R. **International trade and the Tokyo round negotiation**. Princeton: Princeton University Press, 1986. p. 11.

aplicadas somente quando demonstrado o dano à indústria nacional; b) quanto às políticas de desenvolvimento doméstico, os países não poderiam destinar subsídios a empresas que produzissem para exportação em detrimento das que produzissem para o consumo doméstico; c) em alguns casos seriam restringidos, em outros, eliminados os subsídios de exportação dos programas governamentais destinados à produção de bens.

Na Rodada Tóquio foram firmados vários acordos temáticos: a) aeronaves civis; b) *antidumping* (acordo relativo à aplicação do artigo VI do GATT e acordo relativo a interpretação e aplicação dos artigos VI, XVI e XXIII do GATT); c) balança de pagamentos (declaração sobre as medidas comerciais); d) contratação pública; e) licenças de importação; f) obstáculos técnicos ao comércio; g) países em desenvolvimento (decisão sobre medidas de salvaguardas adotadas por motivo de desenvolvimento); h) salvaguardas (decisão sobre medidas de salvaguarda); i) solução de controvérsias; j) subsídios (acordo relativo a interpretação e aplicação dos artigos VI, XVI e XXIII do GATT); l) tratamento diferenciado e mais favorável (decisão sobre tratamento diferenciado e mais favorável, reciprocidade e maior participação dos países em desenvolvimento); m) valoração aduaneira (acordo relativo à aplicação do artigo VII do GATT); n) acordo da carne bovina; o) acordo internacional de produtos lácteos.

A Ata Final de Marrakech trouxe o acordo marco, constitutivo da própria OMC e de outros anexos que tratavam de: a) mercadorias (GATT/1994 com seus anexos e protocolos: agricultura, medidas sanitárias e fitossanitárias, têxteis e vestuário, obstáculos técnicos ao comércio, medidas em matéria de inversões relacionadas ao comércio, *antidumping*, valoração aduaneira, inspeção prévia de embarque, normas de origem, trâmites das licenças de importação, subsídios e medidas compensatórias, salvaguardas); b) serviços (acordo geral sobre comércio de serviços); c) propriedade intelectual (acordo sobre aspectos dos direitos de propriedade intelectual relacionados ao comércio); d) solução de controvérsias; e) mecanismos de exames de políticas comerciais; f) acordos plurilaterais (acordo sobre comércio de aeronaves civis, acordo sobre compras governamentais, acordo internacional sobre produtos lácteos, acordo internacional sobre carne bovina); e g) listas de compromissos em diversas áreas.

Após a criação da OMC, foram aprovados vários acordos e decisões sobre o comércio internacional e discutidos vários temas. Em dezembro de 1994, 76 países já haviam ratificado os acordos negociados na Rodada Uruguai. Em janeiro de 1995, a OMC iniciou formalmente suas atividades. No final de 1995 já contava com 129 membros, além dos Estados observadores. Posteriormente foram firmados, dentre outros: a) acordo sobre tecnologia da informação; b) cinco protocolos adicionais ao GATT/1994; c) em 1999, uma decisão de isenção de tratamento diferenciado a países menos adiantados; e d) entendimento relativo aos compromissos em matéria de serviços financeiros.

Na descrição de Jackson[83], os resultados da Rodada Uruguai preencheram as expectativas da agenda original, embora tenham deixado algumas lacunas importantes. Foi a Rodada mais importante, principalmente pelo fato de reduzir as alíquotas para oito mil categorias de produtos, avançar na regulamentação dos subsídios agrícolas e inibir o uso indiscriminado de medidas protecionistas, tributárias ou não, pelos países importadores.

Encontra-se em andamento a mais recente rodada de negociações, a Agenda Doha[84], e o Brasil apresentou propostas, dentre outas áreas,

---

83 JACKSON, J. H. **The word trading system** – law and policy of international economic relations. 2ᵗʰ ed. Massachusetts: MIT Press, 1999. p. 2–6.

84 Da criação da OMC derivou a transição no uso da antiga expressão "rodada de negociação" para a atual "agenda negociadora". Até a Rodada Uruguai, a adesão aos acordos era livre, ou seja, não havia necessidade de acolher todo o bloco negociado. A expressão rodada de negociação era adequada e transparecia a idéia de negociação cadenciada e progressiva, ou seja, por etapas. Com a criação da OMC, assume-se o compromisso de institucionalizar os mecanismos de

para as áreas de agricultura, *antidumping* e subsídios, mantendo postura cautelosa no que diz respeito a alíquotas incidentes sobre produtos industrializados, investimento e concorrência[85].

Como na Rodada Tóquio, o ponto crucial da Agenda Doha é a diminuição da concessão de subsídios e o aumento de quotas de importação no setor agrícola. Nesse tema há quatro grupos de países com perfis bem definidos na OMC: a) "protecionistas ativos" – representados pela UE, Japão e alguns países do leste europeu que se contrapõem à abertura do mercado agrícola e defendem a con-

---

negociação e de solução de conflitos comerciais internacionais. A partir daí seria importante a adoção de uma nomenclatura condizente com o "compromisso" de ampliação do comércio multilateral e adotou-se a expressão "agenda negociadora" para expressar as metas a serem alcançadas, bem como um compromisso com datas prováveis de conclusão. Nesse sentido, tanto as rodadas do GATT quanto as agendas da OMC representam mecanismos de negociação para a liberalização do comércio internacional. A primeira agenda negociadora do sistema OMC é a "Agenda Negociadora Ampliada Doha", que, como as antigas rodadas, leva o nome do local no qual iniciou suas atividades. Pretende avançar na discussão de temas não resolvidos na Rodada Uruguai, tendo como norte o programa de trabalho da Reunião Ministerial, datado de 14 de novembro de 2001.

85 O texto final de Doha tentou conciliar o entendimento sobre vários pontos controversos. Os dois rascunhos, inicialmente apresentados, foram considerados insatisfatórios (sendo o segundo texto classificado pela missão diplomática brasileira como "aceitável") em relação a vários pontos importantes, como agricultura, financiamento a exportações e *antidumping*. Não é de estranhar que o texto final tenha sido "vago", isto é característica inerente à negociação internacional. A OMC decide pelo consenso, o que gera a necessidade de diálogo mais acurado, além de uma redação textual que não seja próxima de opiniões extremas. Quando o texto é aprovado, no dizer de Seitenfus, as missões diplomáticas de várias partes do mundo retornam a seus países de origem com tripla preocupação: a) fazer com que a opinião pública aceite as concessões que fizeram em nome do Estado; b) identificar mecanismos que possibilitem cobrar o cumprimento das concessões feitas pelos demais Estados; e c) buscar fórmulas que permitam o não cumprimento de suas concessões (próprias). Ver também: AMORIM, C. A OMC, pós-Seattle. **Política Externa**, São Paulo, v. 8, n. 4, p. 100-115, mar. 2000.

cessão de subsídios; b) "protecionistas passivos" – representados por países que não mantêm políticas de subsídio, mas dependem da importação de produtos agrícolas subsidiados, como alguns países asiáticos; c) "liberais" – representados pelo grupo Cairns[86] e G-20[87]; e d) "protecionistas liberais" do North American Free Trade Agreement (NAFTA)[88].

São alguns dos temas em discussão na Agenda Doha: a) estabelecimento de padrões ambientais no comércio de bens e serviços; b) redução imediata de subsídios no setor de *commodities* e redução de

---

[86] Surgido em agosto de 1986 quando da realização de um encontro de países exportadores de produtos agrícolas na cidade e Cairns, Austrália, com a finalidade de trabalhar em conjunto para a negociação de produtos agrícolas frente aos EUA e a UE. São integrantes do grupo: Argentina, Austrália, Brasil, Canadá, Chile, Colômbia, Ilhas Fiji, Hungria, Indonésia, Malásia, Filipinas, Nova Zelândia, Tailândia e Uruguai.

[87] O G-20 é um grupo de países em desenvolvimento criado em agosto de 2003, na fase final da preparação para a V Conferência Ministerial da OMC,na cidade de Cancun, com a finalidade de atuar no debate da agricultura, o tema central da Agenda de Desenvolvimento de Doha. São integrantes do grupo: África do Sul, Egito, Nigéria, Tanzânia, Zimbábue, China, Filipinas, Índia, Indonésia, Paquistão, Tailândia, Argentina, Bolívia, Brasil, Chile, Cuba, Guatemala, México, Paraguai, Uruguai e Venezuela.

[88] GABRIEL, A. R. M. Subsídios e medidas compensatórias na OMC e sua reparação no direito brasileiro. **Revista de Informação Legislativa**, Brasília, v. 36, n. 144, p. 261-279, out./dez. 1999. A negociação agrícola que está se desenrolando num foro restrito, denominado *Five Interested Parties* (constituído por Austrália, Brasil, Canadá, Estados Unidos, Índia e União Européia), gira em torno de três temas: acesso a mercados, subsídios à produção interna e subsídios às exportações. Esses últimos tiveram sua eliminação decidida no acordo de julho de 2004, ficando pendente apenas a data de sua implementação. Desde então, as negociações procuram avanços em subsídios à produção interna, onde o principal obstáculo é a conciliação de sua redução com os novos incentivos concedidos pela Lei Agrícola de 2002 dos EUA, e em acesso a mercados, onde o problema se localiza na resistência européia à liberalização tarifária, em especial nos "produtos sensíveis", justamente aqueles em que os países em desenvolvimento têm interesses ofensivos (PRESSER, M. F. A volta da

barreiras tributárias e de quotas nos mercados importadores de produtos agrícolas, para que países em desenvolvimento tenham acesso a eles; c) regulamentação de investimentos, concorrência e compras governamentais; d) liberalização do comércio de têxteis, em atendimento ao disposto na Rodada Uruguai; e) redução da aplicação de barreiras não tributárias, principalmente as de defesa comercial, preferidas pelos EUA, além de se proporem soluções para as lacunas existentes no ASMC; f) no Acordo sobre Propriedade Intelectual da OMC (TRIPS), pretende-se assegurar, em situações emergenciais, que os países possam conceder licenças de patentes para a produção de remédios relevantes à saúde pública; g) alterações no sistema de solução de controvérsias; h) inclusão de negociações de serviços de bancos, seguros e filmes, programas de TV; i) redução de barreiras na comercialização de *chip* e computadores; j) produtos transgênicos.

Em resumo, hoje se encontra vigente um sistema legal **substantivo** composto do acordo constitutivo da OMC e seus Anexos. O Anexo 1A é composto de treze acordos[89] que formam os acordos multilaterais sobre comércio de bens. O Anexo 1B, conheci-

---

"grande barganha": as negociações na OMC às vésperas da Reunião Ministerial de Hong Kong. **Economia Política Internacional**: análise estratégica, n. 7, out./dez. 2005. Disponível em: <http://www.eco.unicamp.br/asp-scripts/boletim_ceri/boletim/boletim6/07_A_volta_da_grande_barganha.pdf>. Acesso em: 1º nov. 2006, 14:40).

89 GATT/1994; acordo sobre agricultura; acordo sobre aplicação de medidas sanitárias e fitossanitárias; acordo sobre têxteis e vestuários; acordo sobre barreiras técnicas ao comércio; acordo sobre medidas de investimento relacionadas ao comércio; acordo sobre a implementação do artigo VI do acordo geral sobre tarifas e comércio de 1994; acordo sobre a implementação do artigo VII do acordo geral de tarifas e comércio de 1994; acordo sobre inspeção de pré-embarque; acordo sobre regras de origem; acordo sobre procedimentos para o licenciamento de importações; acordo sobre subsídios e medidas compensatórias; acordo sobre salvaguardas.

do como General Agreement on Trade in Services (GATS), é o acordo geral sobre comércio de serviços e Anexos. O Anexo 1C, conhecido como TRIPS, é o acordo sobre aspectos dos direitos de propriedade intelectual relacionados ao comércio. O que seria o Anexo 1D foi denominado Anexo 4 e é formado pelos acordos plurilaterais[90] que se diferenciam dos multilaterais pelo fato de não estabelecerem a adesão obrigatória para todos os membros da Organização. Cretella Neto[91] aponta ainda a existência de "um direito material derivado que pode complementar o direito convencional em vigor, o que transparece estatuído pelo artigo 9, § 2, do acordo, dado que a Conferência Ministerial e o Conselho-Geral têm poderes para adotar as interpretações dos acordos multilaterais sempre que adotadas por pelo menos três quartos dos membros da OMC".

Já o sistema legal **adjetivo** é composto do Anexo 2 do acordo constitutivo da OMC e seus Apêndices - ESC, aos quais são adicionadas normas elaboradas pela OMC em complemento ao artigo 17 do Anexo 2. Essas normas complementares são denominadas *working procedures*.

3.4 Aspectos Institucionais da OMC e seu Método Decisório

O organograma a seguir apresenta o esquema institucional da OMC e suas principais funções.

---

90   Anexo 4A – acordo sobre o comércio de aeronaves civis; Anexo 4B – acordo sobre compras governamentais; Anexo 4C – acordo internacional sobre produtos lácteos; Anexo 4D – acordo internacional sobre carne bovina.
91   CRETELLA NETO, J. **Direito processual na Organização Mundial do Comércio – OMC**: casuística de interesse para o Brasil. Rio de Janeiro: Forense, 2003. p. 73.

FIGURA 1– ESTRUTURA ORGANIZACIONAL DA OMC

Organograma da OMC

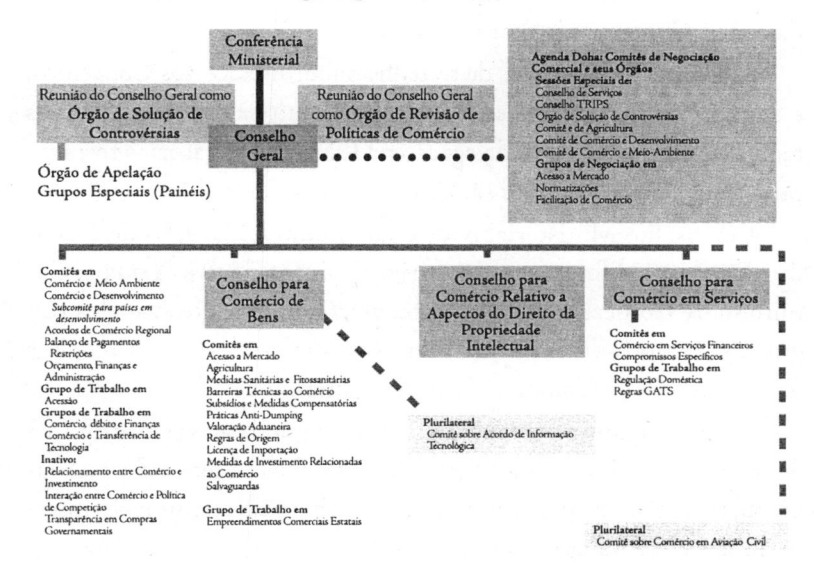

```
                          Conferência
                          Ministerial
                               │
  ┌────────────────────────────┼────────────────────────────┐
  │                            │                            │
Reunião do Conselho Geral como   Reunião do Conselho Geral      Agenda Doha: Comitês de Negociação
Órgão de Solução de              como Órgão de Revisão de       Comercial e seus Órgãos
Controvérsias                    Políticas de Comércio          Sessões Especiais de:
                        Conselho                                Conselho de Serviços
                         Geral   ● ● ● ● ● ● ● ● ● ● ●          Conselho TRIPS
Órgão de Apelação                                               Órgão de Solução de Controvérsias
Grupos Especiais (Painéis)                                      Comitê e de Agricultura
                                                                Comitê de Comércio e Desenvolvimento
                                                                Comitê de Comércio e Meio-Ambiente
                                                                Grupos de Negociação em
                                                                Acesso a Mercado
                                                                Normatizações
                                                                Facilitação de Comércio
```

Comitês em
Comércio e Meio Ambiente
Comércio e Desenvolvimento
Subcomitê para países em
desenvolvimento
Acordos de Comércio Regional
Balanço de Pagamentos
Restrições
Orçamento, Finanças e
Administração
Grupo de Trabalho em
Acessão
Grupos de Trabalho em
Comércio, débito e Finanças
Comércio e Transferência de
Tecnologia
Inativos
Relacionamento entre Comércio e
Investimento
Interação entre Comércio e Política
de Competição
Transparência em Compras
Governamentais

Conselho para
Comércio de
Bens

Comitês em
Acesso a Mercado
Agricultura
Medidas Sanitárias e Fitossanitárias
Barreiras Técnicas ao Comércio
Subsídios e Medidas Compensatórias
Práticas Anti-Dumping
Valoração Aduaneira
Regras de Origem
Licença de Importação
Medidas de Investimento Relacionadas
ao Comércio
Salvaguardas

Grupo de Trabalho em
Empreendimentos Comerciais Estatais

Conselho para
Comércio Relativo a
Aspectos do Direito da
Propriedade
Intelectual

Plurilateral
Comitê sobre Acordo de Informação
Tecnológica

Conselho para
Comércio em Serviços

Comitês em
Comércio em Serviços Financeiros
Compromissos Específicos
Grupos de Trabalho em
Regulação Doméstica
Regras GATS

Plurilateral
Comitê sobre Comércio em Aviação Civil

Legenda
▬▬▬ Subordinado ao Conselho Geral
▬▬▬ Subordinado ao Órgão de Solução de Controvérsias
■ ■ ■ ■ ■ Comitês Plurilaterais informam o Conselho Geral ou Conselho de Bens sobre suas atividades
● ● ● ● ● ● Comitês de Negociação Comercial subordinados ao Conselho Geral

O Conselho Geral também reúne-se como Órgão de Revisão de Política Comercial e Órgão de Solução de Controvérsias
Fonte: Tradução livre da figura proposta pela OMC no site www.wto.org

O Conselho Ministerial, órgão máximo dessa Organização, no qual têm assento os ministros das Relações Exteriores de todos os membros, inclusive os blocos de integração regional, decide sobre todos os assuntos regulados em qualquer dos acordos da OMC e deverá se reunir, no mínimo, a cada 2 anos.

O Conselho-Geral substitui o Conselho Ministerial no intervalo de suas reuniões e também é o órgão permanente responsável pela direção da OMC. Geralmente, nele têm assento os embaixadores ou os delegados das missões diplomáticas em Genebra. Além da função substitutiva do Conselho Ministerial, o Conselho-Geral também funciona como Órgão de Solução de Controvérsias e como Órgão de

Exame de Políticas Comerciais. São vinculados a ele: a) o Conselho de Comércio de Mercadorias; b) o Conselho de Comércio de Serviços; c) o Conselho dos Direitos de Propriedade Industrial Relacionada com o Comércio; e d) os Comitês.

Os Comitês são grupos de trabalho subordinados aos Conselhos, e os técnicos das missões se reúnem no Comitê a fim de discutir os temas de interesse de sua delegação na OMC. Os relatórios técnicos produzidos pelos Comitês são remetidos aos Conselhos.

A Conselho Ministerial pode criar Comitês e Grupos de Trabalho. Desde 1994 foram criados vários Comitês, dentre os quais: Comitê sobre Comércio e Meio Ambiente, Comitê sobre Acordos Regionais, Grupos de Trabalho sobre Investimentos, Concorrência e Transparência de Compras Governamentais.

Afora os órgãos mencionados no organograma acima, o artigo VI do acordo constitutivo da Organização estabelece que à Secretaria-Geral, representada pelo Diretor-Geral, caberá exercer funções internacionais e formular e apresentar ao Comitê de Assuntos Financeiros e Administrativos da OMC projeto financeiro anual que servirá para a expedição de recomendações ao Conselho-Geral.

Quanto ao método decisório da OMC, é derivado do GATT/1947 que toma como referência o consenso[92] sobre a questão objeto de exame. Salvo em casos em que haja negativa expressa no acordo constitutivo ou em acordo comercial multilateral específico, quando não se puder chegar a um consenso nas decisões, utilizar-se-á o método de votação por maioria dos presentes. Cada membro representa um voto, independentemente de seu peso no fluxo do comércio internacional. No caso das Comunidades Européias que estão repre-

---

92 Considera-se consenso a decisão tomada por unanimidade de entendimento pelos membros oficiais da OMC presentes à reunião que trate de uma determinada matéria. Não são considerados os votos dos membros que não se façam representados na Reunião do Conselho Ministerial ou do Conselho-Geral.

sentadas na OMC, o voto delas equivalerá ao número de Países-Membros das Comunidades, desde que signatários da OMC.

Existem casos expressos no acordo constitutivo, os quais mostram que a votação se dá por maioria de três quartos dos membros presentes à reunião, tais como decisões sobre: a) adoção e interpretação do acordo constitutivo ou de acordo multilateral comercial; b) isenção de um membro no cumprimento de uma obrigação imposta pelos acordos referidos anteriormente.

A votação também pode ser por maioria de dois terços dos membros presentes, quando decidir sobre: a) adoção de novos membros; b) modificação de acordos que não o constitutivo da OMC.

Quando se tratar de modificação do acordo constitutivo da OMC e do processo decisório, deverá prevalecer a regra do consenso sem a possibilidade de imposição de votação por maioria[93], qualquer que seja esta.

No sistema GATT/1947, o método de solução de controvérsias sempre baseado no consenso, sem a possibilidade de votação, gerava um cenário internacional *sui generis*, no qual os países menos desenvolvidos montavam uma agenda política negativa de modo que inibisse o consenso, até que os países desenvolvidos cedessem nos pontos de interesse daqueles. Foi por meio dessa manobra diplomática que o Brasil e a Índia disseram não à tentativa de os países desenvolvidos reduzirem tarifas sobre bens industriais e ampliarem o alcance do GATT/1947 para novas áreas, tais como as do comércio dos serviços e a de proteção à propriedade intelectual[94], até que esses países

---

[93] A votação, por maioria, no âmbito da OMC é feita pela porcentagem de 50% mais 1 dos votos dos membros que se façam representados na reunião da Organização.

[94] "Foi um não do Brasil e da Índia a uma proposta americana de abertura de uma nova rodada global de negociações, apresentada numa reunião ministerial do GATT, em Genebra, em 1982, que forneceu o pretexto a Washington para pôr em movimento a estratégia que levaria à criação da OMC. No final daquela

se abrissem ao debate para discutir a diminuição das barreiras impostas no setor agrícola. Para extinguir a possibilidade de os países desenvolvidos ficarem "reféns" da posição dos países em desenvolvimento, foi criada a votação por maioria, para os casos em que haja impossibilidade de se decidir pelo consenso.

Se de um lado o método de tomada de decisões por consenso, sem a possibilidade de voto por maioria, se tornou nocivo ao funcionamento do GATT/1947, de outro, não se pode deixar de ressaltar seu avanço em relação ao modelo implementado pela ONU no que se refere ao Conselho de Segurança. Neste caso específico da ONU, em que algumas poucas nações decidem pela grande maioria das outras, independentemente de suas vontades, o poder de veto que detém qualquer membro desse Conselho inibe a atuação conjunta. Enquanto na ONU o Conselho de Segurança atua com poder de veto, ficando as decisões sobre temas de estratégia nas mãos dos seus mem-

---

reunião, o então representante de comércio dos Estados Unidos, William Brock, afirmou que o governo de Ronald Reagan não permitiria que países que representavam menos de 5% do comércio mundial bloqueassem a iniciativa. A partir daquele momento, disse Brock, Washington perseguiria seu objetivo por conta própria e pelos meios que considerasse necessários. Nos dois anos seguintes, os EUA atacaram em duas frentes. Por um lado, negociaram acordos de livre comércio com dois dos seus aliados mais próximos, Israel e Canadá [...] Paralelamente, o governo americano muniu-se de instrumentos de ação unilateral – como a seção 301, acrescentada em 1984 à lei do comércio – para forçar as nações recalcitrantes a caminhar na direção desejada ameaçando-as e, em alguns casos, punindo-as com sanções comerciais. O desejo de preservar o mercado americano – o maior e mais cobiçado e, na média, o mais aberto entre as nações industrializadas – e, ao mesmo tempo, diluir o poder dos mais fortes, mantendo as negociações das regras de comércio internacional num foro multilateral, logo convenceu a todos sobre os méritos de uma reforma ampla no GATT. Washington conseguiu o que queria. Em dezembro de 1986, começaram em Punta del Este as negociações da Rodada Uruguai." (MARQUES, P. S. N. O Brasil derrapa na largada: conferência ministerial da OMC expõe as vulnerabilidades do país. **Política Externa**, São Paulo, v. 5, n. 4 /v. 6, n. 1, p. 131-136, mar./ago. 1997)

bros, na OMC, a busca do consenso se tornou um avanço, pois possibilitou um debate mais equilibrado, no qual os países em desenvolvimento passaram a ser ouvidos em suas expectativas e propostas de maneira que se chegue a um método intermediário em que não haja a imposição da vontade de um ou mais países em detrimento da decisão majoritária do grupo de países signatários[95].

3.5 Solução de Controvérsias na OMC

3.5.1 Introdução

Depois da Rodada Uruguai, poder-se-ia dizer que a OMC inaugurou uma nova era nas negociações comerciais internacionais, já que criou um "código processual" das relações internacionais econômicas, um direito adjetivo. O OSC/OMC possibilitou a invocação das práticas para as consultas e disputas comerciais internacionais[96].

---

95   "Por fim, consideramos que, apesar dos significativos avanços do atual Mecanismo de Solução de Controvérsias em comparação com a prática anterior, sob o GATT 1947, dispomos de um processo excessivamente lento e burocratizado. Todo o processo não deveria ultrapassar o prazo de doze meses, mas o que se observa amiúde, é que solução mutuamente satisfatória dificilmente é alcançada antes de três anos desde a apresentação da reclamação perante o OSC até a efetiva implementação das medidas acordadas entre os Membros em controvérsia." (CRETELLA NETO, J. **Direito processual na Organização Mundial do Comércio – OMC**: casuística de interesse para o Brasil. Rio de Janeiro: Forense, 2003. p. 13)

96   "Não sendo o GATT uma organização internacional, carecia o comércio internacional, ainda, de uma entidade dotada de poder decisório. O problema revela-se mais agudo quando surgiam controvérsias entre os Membros, que eram solucionadas segundo procedimentos estabelecidos pelo Artigo XXIII do GATT, sendo apreciadas por grupos de diplomatas ou especialistas em comércio exterior (geralmente funcionários de organizações internacionais ou pertencentes aos quadros diplomáticos de seus países de origem), que formavam os denominados *working parties* e depois, *panels*, que elaboravam Relatórios, mas com relação aos quais deve ser assinalado que: a) a adoção somente

A solução de controvérsias no âmbito da OMC é baseada no ESC que visa garantir a segurança e a previsibilidade do sistema multilateral de comércio por meio da preservação dos direitos e obrigações contraídos pelos membros, além de aclarar as disposições normativas vigentes. O OSC/OMC objetiva a solução das disputas mediante termos mutuamente satisfatórios, e não por interferência regulatória da matéria nacional, pois a OMC não tem caráter supranacional para compelir qualquer dos membros a se submeter às suas determinações[97]. Ademais o parágrafo 10 do artigo 3º do Anexo 2 (ESC) declara, de maneira expressa, que não se trata de um procedimento contencioso entre os membros.

Ao assinar a Ata Final da Rodada Uruguai, os membros da OMC comprometeram-se a não utilizar medidas unilaterais de retaliação em casos de supostas violações das regras de comércio (previstas no GATT/1994), mas a recorrer ao sistema multilateral de solução de disputas e seguir suas decisões.

Este mecanismo de solução de controvérsias deverá ser acionado sempre que houver conflitos ou consultas relativas aos acordos constitutivo e temáticos da OMC. Levar-se-á em linha de conta os procedimentos, especiais e adicionais, previstos em acordos específicos que deverão – em caso de discrepância com as normas previstas no ESC – ser observados pelo OSC/OMC. Se há mais de um acordo especial conflitante entre si e as partes em discussão não definem

---

    ocorria quando *todos* os países estavam de acordo (consenso *positivo*), o que levava a um sistema ineficiente de implementação de soluções, sujeito a bloqueio por parte de qualquer país, inclusive daquele declarado perdedor da controvérsia; b) resultavam de um procedimento diplomático, vale dizer, juridicamente pouco consistentes, o que não conferia uniformidade no cumprimento das determinações contidas nos Relatórios dos *working parties* ou dos *panels*, pelas Partes-Contratantes derrotadas na solução de controvérsias." (CRETELLA NETO, J. **Direito processual na Organização Mundial do Comércio – OMC**: casuística de interesse para o Brasil. Rio de Janeiro: Forense. 2003, p. 3)

97   Mais sobre o sistema de solução de disputas da OMC, ver: **OECD** – the benefits of trade and investment liberalisation. França, 1998.

quais as regras a serem seguidas, o presidente do OSC/OMC determinará qual das normas regerá o procedimento[98].

Cabe ao OSC/OMC: a) julgar conflitos e consultas sobre os acordos comerciais e constitutivo da OMC; b) estabelecer grupos especiais, caso entenda necessário; c) acatar as recomendações dos grupos especiais e do Órgão Permanente de Apelação (OPA/OMC); d) vigiar o cumprimento de suas resoluções e recomendações; e) autorizar a suspensão das concessões e de outras obrigações impostas pelos acordos comerciais; e f) informar aos respectivos Conselhos e Comitês os resultados e os acontecimentos das controvérsias e das consultas analisadas.

As soluções emanadas do OSC/OMC deverão ser processadas pelo método do consenso[99], não cabendo a votação, por maioria, de qualquer tipo.

O OSC/OMC não poderá, por meio de suas recomendações e resoluções, atuar de maneira incompatível com os acordos da OMC, conspurcar as prerrogativas e os privilégios concedidos por estes aos membros, tampouco impor obstáculos à consecução dos objetivos de qualquer dos acordos.

Busca-se, com esse mecanismo, em primeiro lugar, a composição das partes para alcançar uma solução fundada na aceitação mútua. Caso não haja acordo entre as partes, tenta-se suprimir as medidas que estejam em choque com as normas dos acordos. Não sendo possível reverter os efeitos das medidas, tampouco cessá-las, recorrer-se-á ao mecanismo de compensação. Como última solução viável, autoriza-se expressamente[100] a suspensão discriminatória de vantagens ao comércio com o país infrator, pelo país vencedor da disputa.

---

98 Artigo 1 do ESC.
99 Artigo 2.4 do ESC. O consenso se caracteriza quando nenhum membro presente à reunião do OSC/OMC, na qual a decisão foi tomada, a ela se opuser formalmente.
100 Se não houver autorização do OSC/OMC para a imposição de restrições ao comércio ao país infrator, configura-se a infração perpetrada pelo país que promove suspensão de vantagens, o que geraria possibilidade de ser interpelado no OSC/OMC, dessa feita, não mais na condição de "vítima".

O procedimento de resolução de controvérsias não deve ser entendido como um procedimento contencioso, podendo ser comparado ao mecanismo de composição das partes, no qual há um terceiro interveniente[101]. É dividido em sete etapas, que serão a seguir delimitadas.

3.5.2 Peculiaridades do Procedimento de Solução de Controvérsias da OMC

O sistema de solução de controvérsias da OMC, bem como suas decisões, reveste-se de características especiais, na medida em que a Organização se vale de uma série de técnicas privatistas de Direito Internacional do Comércio – embora se destine exclusivamente aos Estados – com critérios de Direito Internacional Público, no qual as empresas conflitam, mas só os Estados e os blocos econômicos com personalidade jurídica podem litigar[102].

As condenações não têm natureza de "contas a pagar". São "créditos compensatórios" de utilização discricionária, algo concebível tão-somente pela *rationale* do comércio, escapando ao senso de análise do direito privado.

Seguindo os critérios apontados por Fontoura quando analisou as decisões das organizações internacionais, podemos dizer que o Grupo Especial (GE/OMC)[103] do OSC/OMC não é um tribu-

---

101 Artigo 3.10 do ESC.
102 FONTOURA, J. Embraer versus Bombardier, o direito e a organização mundial do comércio. **Revista Universitas/JUS Uniceub**, Brasília, edição semestral, n. 9, p. 60-69, jul./dez. 2002. Zonas de livre comércio não são partes. Há também um precedente no OSC/OMC no qual foi aceito um parecer de uma ONG (WT/DS58 EUA x República dos Camarões) que, embora não seja parte, já demonstra certa influência decisória na Organização.
103 "[...] Em português, encontram-se autores que empregam o vocábulo 'painel', adotando solução lingüística por mera imitação fonética, simples e imediata, caso típico de *falso cognato*, dado que *painel*, segundo o Dicionário Aurélio, não

nal comum ou um tribunal arbitral[104]. Suas decisões são exortações de natureza peculiar. Os relatórios finais não têm a mesma natureza jurídica das sentenças judiciais ou dos laudos arbitrais, pois são recomendações aptas a prover solução no caso concreto, e não decisões impositivas a serem cumpridas *tout court* pela parte perdedora. Não há um poder de coerção, como nos modelos nacionais de julgamento[105].

[...] atos unilaterais exortatórios das Organizações Internacionais, fontes não codificadas do Direito das Gentes, como as Resoluções das Nações Unidas e, de forma peculiar, as Recomendações da OIT, que, não obstante seu caráter de cogência difusa, sinalizam firmemente uma direção que deve ser cumprida. Mais que *lege ferenda*, a era das Resoluções, ou a era da efetividade das exortações a que assistimos claramente nascer, implica um decisório internacional que deve ser acatado, ainda que não *lege*

---

apresenta significado no campo jurídico. [...] Se é certo que em inglês o vocábulo *panel* pode perfeitamente designar um grupo de julgadores, o mesmo não ocorre e português [...]." (CRETELLA NETO, J. **Direito processual na Organização Mundial do Comércio – OMC**: casuística de interesse para o Brasil. Rio de Janeiro: Forense, 2003. p. 83-84)

104   Não há pacto compromissório ou compromisso arbitral, não há trânsito volitivo das partes, não há laudos executórios e o próprio ESC prevê a possibilidade de optar pela via arbitral para a solução da controvérsia.

105   Em sentido contrário: "Enfatize-se que o Órgão Permanente de Apelação, conquanto não profira sentença *stricto sensu*, é, sem dúvida, um órgão de feição claramente *judicial* ou *jurisdicional* – bastante assemelhado aos Tribunais de Apelação de segunda instância que, no direito anglo-saxão, são genericamente denominados *Apellate Courts* – enquanto que os Grupos Especiais mais se aproximam do modelo estrutural e de funcionamento dos *tribunais arbitrais*. Ao passo que o Órgão Permanente de Apelação atua segundo o disciplinado em detalhes pelos *Working Procedures*, bastante parecidos com as regras de procedimento de algumas *Appelate Courts* [...]" (CRETELLA NETO, J. **Direito processual na Organização Mundial do Comércio – OMC**: casuística de interesse para o Brasil. Rio de Janeiro: Forense, 2003. p. 106).

lata. É como se o velho voluntarismo Estatal, que tudo pode, quisesse agora estar ao lado da segurança jurídica indissociável à idéia de um mercado globalmente abrangente[106].

Até na forma de execução, as "condenações" da OMC são peculiares, pois têm natureza comercial (compensação e suspensão de concessões) e não se revertem, necessariamente, num pagamento em dinheiro para o vencedor, embora nada impeça que o país condenado assim o faça voluntariamente.

Para o Direito Internacional, o fato de a parte vencedora não aplicar uma retaliação ou cobrar uma compensação não significa que haja ineficácia do sistema OMC. Trata-se de uma composição política, e não de obediência restrita a um *decisum*, como normalmente se faz no direito interno.

O exercício facultativo, pela parte vencedora, dos direitos indicados no informe é prática de difícil percepção jurídica aos não habituados à realidade do Direito do Comércio Internacional. A flexibilidade que se concede às partes para a implementação da *decisio ultima*, ao não aderir ao rigorismo impositivo das sentenças de direito interno, permite mais facilmente a construção de um entendimento mutuamente aceitável. No contencioso internacional, em especial no do comércio, ganhar não é sinônimo de execução integral da decisão direcionada à solução do caso concreto. Há uma gama de circunstâncias e interesses políticos que condicionam a conveniência ou não da sua aplicação[107].

---

[106] FONTOURA, J. Embraer versus Bombardier, o direito e a organização mundial do comércio. **Revista Universitas/JUS Uniceub**, Brasília, edição semestral, n. 9, p. 7, jul./dez. 2002.

[107] FONTOURA, J. Embraer versus Bombardier, o direito e a organização mundial do comércio. **Revista Universitas/JUS Uniceub**, Brasília, edição semestral, n. 9, p. 63-64, jul./dez. 2002.

3.5.3 Consultas

A primeira etapa para a solução de uma controvérsia é a solicitação de consulta, feita de modo confidencial e por escrito, com indicação dos termos em que se baseia, das medidas em litígio e da fundamentação jurídica. O membro que solicitar a consulta deverá informá-la ao OSC/OMC, aos Conselhos e aos Comitês temáticos correspondentes à matéria em discussão. Se não houver uma resolução para o caso num prazo de 60 dias contados do recebimento da consulta, qualquer dos membros envolvidos poderá solicitar o estabelecimento de um GE/OMC[108].

Outro membro que, mesmo não tendo participado da consulta, demonstre interesse no caso poderá solicitar, nos 10 dias seguintes à distribuição da solicitação da celebração de consultas, de maneira fundamentada, sua participação. Caso haja negativa da parte envolvida na controvérsia, a parte interessada deverá apresentar solicitação de consulta apartada, nos termos do previsto nos acordos comerciais da OMC[109].

Caso chegue-se a uma solução mutuamente aceita pelos membros envolvidos na consulta, encerra-se o procedimento de solução da controvérsia. Mas pode ocorrer que, uma vez estabelecido o acordo, o membro demandado deixe de cumpri-lo ou cumpra de maneira inadequada. O ESC não prevê nenhum mecanismo para que se resolvam essas situações fáticas. Cretella Neto, citando Shoyer[110], sugere que os mem-

---

108   Existem prazos reduzidos e diferenciados para caso de urgência (casos em que a demora cause dano irreparável às partes envolvidas) previstos no artigo 4.8 do ESC.

109   Artigo 10 do ESC.

110   SHOYER, A W. The future of WTO dispute settlement. In: PROCEEDINGS OF THE 92th ANNUAL MEETING OF AMERICA SOCIETY OF INTERNATIONAL LAW. Washington, p. 75-79 apud CRETELLA NETO, J. **Direito processual na Organização Mundial do Comércio – OMC**: casuística de interesse para o Brasil. Rio de Janeiro: Forense, 2003. p. 79.

bros envolvidos na consulta incluam uma cláusula no acordo que preveja o procedimento de "arbitragem rápida", nos termos do artigo 25 do ESC, para os casos em que haja discordância no adimplemento do acordo ou haja seu inadimplemento. Isso evita que seja necessária a constituição de um GE/OMC para resolver a questão.

Não havendo conclusão da consulta dentro do prazo ou, ainda, não se chegando a uma solução mutuamente aceitável, o membro demandante poderá solicitar a instalação do GE/OMC.

3.5.4 Grupo Especial

Se houver a necessidade de implantação de GE/OMC, o pedido será dirigido ao OSC/OMC, que, ao estabelecê-lo indicará os termos da consulta, as medidas concretas em litígio e o fundamento jurídico da reclamação.

O GE/OMC será estabelecido o mais tardar na reunião do OSC/OMC seguinte à reunião em que a solicitação constou pela primeira vez da agenda do órgão e terá a função de analisar, à luz dos acordos invocados pelas partes, o assunto submetido a estudo, formulando, ao final, conclusões que ajudem o OSC/OMC a promover as devidas recomendações ou a ditar as resoluções previstas no(s) acordo(s) em questão.

O GE/OMC compõe-se, normalmente, de três peritos indicados e essa indicação será submetida à consulta prévia das partes em disputa. As partes, de comum acordo, podem solicitar que seja composto de cinco peritos. Os peritos serão indicados pelo Secretariado e as partes poderão rejeitar os nomes por motivos relevantes. Os membros do GE/OMC não falam em nome do Estado do qual provêm, falam em nome próprio e suas opiniões individuais – quando integrantes do relatório – serão sempre anônimas.

Quando uma das partes for um país menos desenvolvido, terá o direito de que, pelo menos, um dos membros do GE/OMC seja nacional de outro país menos desenvolvido, membro da OMC.

A conclusão do GE/OMC é confidencial e é denominada "informe" que poderá ser adotado pelo OSC/OMC. O informe não será adotado pelo OSC/OMC: a) quando algum dos países envolvidos diretamente, depois de notificado do informe, apelar; ou b) se o OSC/OMC decidir, por consenso, não o adotar[111].

O membro demandante poderá solicitar a suspensão dos trabalhos do GE/OMC por um período máximo de 12 meses sob pena de caducar a autoridade para o estabelecimento do GE/OMC.

Há uma fase intermediária de exame no GE/OMC. Depois da apresentação de réplica e argumentação oral das partes, o GE/OMC oferecerá as seções descritivas do projeto de relatório para comentários das partes. Após essa etapa, elaborará um relatório provisório sobre o qual as partes podem oferecer comentários e, caso não o façam, será considerado como relatório final.

Há também a possibilidade de que o GE/OMC consulte o Grupo Consultivo de Peritos para dirimir dúvidas sobre matérias de teor técnico. Esse grupo consultivo emitirá um relatório que será encaminhado ao GE/OMC.

Se não houver apelação, o relatório final deverá ser adotado pelo OSC/OMC dentro de 60 dias, a contar da data de circulação do documento final entre os membros.

3.5.5 Apelação

Em caso de interposição de recurso (Apelação) deverá ser processado pelo Órgão Permanente de Apelação (OPA/OMC), formado por sete pessoas nomeadas para um mandato renovável de 4 anos, e três delas atuarão em cada caso. Esse órgão tem competência para conhecer e julgar os recursos interpostos contra os relatórios GE/OMC.

---

111   Artigo 16.4 do ESC.

Apenas as partes envolvidas na controvérsia poderão interpor recurso no OPA/OMC. Terceiros membros interessados poderão apenas apresentar comunicações escritas e serem ouvidos por este.

O procedimento realizado pelo OPA/OMC durará de 60 a 90 dias, a contar do recebimento da apelação. O OPA/OMC só analisará as questões de direito tratadas no informe do GE/OMC e as interpretações jurídicas formuladas por este.

Sua decisão poderá confirmar, modificar ou revogar as constatações e as conclusões jurídicas do GE/OMC. Essa decisão será aceita, de imediato, pelo OSC/OMC e pelas partes, a menos que a negativa de aceitação seja fundada no consenso de seus membros[112].

O período entre o estabelecimento do GE/OMC e a data de exame, por parte do OSC/OMC, não deverá exceder 9 meses. Em caso de interposição de apelação, aos termos do informe do GE/OMC, esse período não deverá ser superior a 12 meses.

A decisão do OPA/OMC também será tomada por meio de um relatório que conterá as conclusões sobre os pontos levantados e as recomendações às partes para que as práticas destas se adéqüem às disposições normativas da OMC.

3.5.6 Implementação das Recomendações do OSC/OMC

Passados 30 dias da adoção do informe do GE/OMC ou do relatório final do OPA/OMC, qualquer dos membros envolvidos na con-

---

112 No antigo sistema de solução de controvérsias do GATT, a decisão exarada pelo GE/OMC somente era executada quando havia o consenso do Conselho-Geral, sendo assim, a negativa da parte prejudicada inviabilizava todo o processo. O consenso, exigido atualmente para o não cumprimento da medida, é chamado de "consenso negativo". Mais sobre consenso negativo ver: GONZÁLEZ, F. F. **Dumping y subsidios en el comercio internacional**. Buenos Aires: Ad-Hoc, 2001 e THORSTENSEN, V. **OMC – Organização Mundial do Comércio**: as regras do comércio internacional e a rodada do milênio. São Paulo: Aduaneiras, 1999. p. 335.

trovérsia deverá informar ao OSC/OMC o interesse e o prazo para implementar as recomendações.

É previsto que, na impossibilidade de implementação imediata, a parte interessada disponha de um prazo razoável para sua implementação que será indicado pelo membro interessado, com aprovação do OSC/OMC. Se os membros não concordarem com determinado prazo – dentro de 45 dias contados da emissão das recomendações –, o OSC/OMC determinará que se realize um procedimento arbitral obrigatório para a determinação do prazo de cumprimento.

3.5.7 Compensação

Transcorrido o prazo razoável de implementação da decisão ou recomendação do OSC/OMC, se o membro vencido não o fizer, o membro vencedor da controvérsia deverá solicitar a negociação de uma compensação mutuamente satisfatória.

Uma vez acordado o valor, a forma e o prazo da compensação, o membro vencido deverá cumprir o acordo de compensação voluntariamente[113].

Não se pode confundir a compensação negociada pelos membros envolvidos no procedimento conduzido pelo OSC/OMC com as medidas compensatórias permitidas pelo ASMC.

As medidas compensatórias são atos unilaterais permitidos ao membro demandante e são aplicadas após um procedimento de

---

113 Neste ponto discordamos de Cretella Neto quando classifica a compensação como um tipo de sanção. Aqui o procedimento é diplomático. As partes chegarão a um valor de compensação mutuamente aconselhável e a isso não se pode denominar tipo de sanção. Para o autor, o artigo 22 do ESC "trata das sanções aplicáveis no caso das recomendações e decisões não terem sido implementadas dentro de um prazo razoável, que terão caráter temporário [...]" (CRETELLA NETO, J. **Direito processual na Organização Mundial do Comércio – OMC**: casuística de interesse para o Brasil. Rio de Janeiro: Forense. 2003. p. 98).

investigação doméstica que analisará a existência do subsídio, do dano à indústria doméstica e do nexo causal entre ambos, baseado nas regras do ASMC. Em resumo, pode-se chamar a compensação do OSC/OMC de "medida de compensação" e a contramedida nacional, estabelecida no ASMC, de "medida compensatória".

Ambas as medidas, de compensação e compensatória guardam, dentre outras características que lhes são próprias, um viés indenizatório da parte lesada, muito embora não se possa afirmar que visem apenas a indenização.

3.5.8 Suspensão de Concessões

Passados 20 dias depois de expirado o prazo razoável para a implementação da decisão ou recomendação do OSC/OMC, sem que se tenha adotado uma compensação mutuamente satisfatória, qualquer dos membros que tenha recorrido ao procedimento de solução de controvérsias poderá solicitar uma autorização da OSC/OMC, para suspender unilateralmente a aplicação de concessões ou de outras obrigações decorrentes dos acordos abrangidos pela OMC[114].

Para que isso seja possível, deverão ser delimitados os princípios definidores[115] da suspensão da aplicação de concessões e da

---

114   Artigo 22 do ESC.
115   "Dentre esses, indicam-se: a) a suspensão de concessões ou outras obrigações relativa ao(s) mesmo(s) setor(es) em que o Grupo Especial ou o Órgão de Permanente de Apelação haja constatado uma infração ou outra anulação ou prejuízo (*a violation, a nullification or other impairment*); b) caso o item anterior seja considerado impraticável ou ineficaz, poderão ser suspensas concessões ou outras obrigações em outros setores abarcados pelo mesmo acordo abrangido. Ao aplicar esses princípios, deverá a parte levar em consideração: i) o comércio no setor regido pelo acordo em que o Grupo Especial ou o Órgão Permanente de Apelação haja constatado uma infração ou outra anulação ou outros prejuízos, e a importância que tal comércio tenha para a parte; e ii) os

determinação de seu valor, o que é feito por meio de uma fase arbitral. Uma vez determinados esses pontos pelo comitê de arbitragem, o membro interessado deverá peticionar ao OSC/OMC a autorização para a suspensão da aplicação de concessões mutuamente pactuadas.

Caso não seja possível a suspensão de concessões no mesmo seguimento de mercado investigado, a parte demandante poderá requerer autorização do OSC/OMC para que seja realizada a suspensão de concessões com base em outro acordo que cubra outra área, o que é chamado compensação cruzada.

3.5.9 ARBITRAGEM

Além dos procedimentos arbitrais descritos nos tópicos 3.5.3 (arbitragem rápida) e 3.5.6 (arbitragem compulsória), há ainda aquele no qual as partes envolvidas podem acordar no sentido de adotar a via arbitral clássica (arbitragem genérica) para solucionar a questão na OMC, seguindo normas específicas gerais, ditadas pelos acordos da Organização[116]. Existe ainda um quarto tipo de arbitragem que é estabelecido no artigo 22 do ESC e será deflagrado quando o OSC/OMC não autorizar uma suspensão de concessão por discordar de sua natureza ou do seu montante.

---

elementos econômicos mais gerais relacionados com a anulação ou prejuízo e as conseqüências econômicas mais gerais da suspensão de concessões ou outras obrigações." (CRETELLA NETO, J. **Direito processual na Organização Mundial do Comércio – OMC**: casuística de interesse para o Brasil. Rio de Janeiro: Forense, 2003. p. 99)

116 Artigo 25 do ESC. "[...] Note-se ainda que para a solução de controvérsias claramente definidas e com o acordo das partes envolvidas, a OMC instituiu o simples processo de arbitragem, de decisão inapelável – processo antes inexistente no GATT." (MACIEL, G. A. A dimensão multilateral. O papel do GATT na expansão da economia. A Rodada do Uruguai e a criação da OMC em 1994. **Boletim de Diplomacia Econômica**, n. 19, p. 130-146, fev. 1995).

3.5.10 Bons Ofícios

Quando estiverem na disputa países menos desenvolvidos, uma oitava fase poderá ser adotada pelo OSC/OMC que é a dos bons ofícios, a fim de encontrar uma solução mais adequada à situação de desequilíbrio entre as partes na OMC[117].

Embora haja um tratamento especial para países em desenvolvimento, as fases optativas de **bons ofícios, conciliação e mediação**, também poderão ser requeridas a qualquer tempo por qualquer dos membros envolvidos numa controvérsia, ainda que não se trate de país menos desenvolvido.

Geralmente essa fase se estabelece entre o período de consulta e o do estabelecimento do GE/OMC, mas pode ser acionada a qualquer tempo, suspendendo a fase que estiver em curso. Aqui o Diretor-Geral atua *ex-officio*, visando uma solução mutuamente satisfatória para as partes[118].

---

117 Artigo 3.10 do ESC.
118 Artigo 5º do ESC.

Capítulo IV
Subsídio, Medidas Retaliatórias e Compensatórias na OMC e no Brasil

4.1 Subsídio na OMC

4.1.1 Introdução

Como mencionado nas Definições Preliminares, tópico 1.3, o subsídio é definido como uma contribuição financeira de um governo ou entidade a ele ligada que confira uma vantagem e que seja específico, nos termos do artigo 2º do ASMC. Também é comum a aceitação de que o subsídio específico interfere deslealmente no fluxo do comércio internacional podendo causar prejuízos à indústria doméstica de outros países.

Quando um dano à indústria nacional ocorre ou possa ocorrer, os membros poderão tomar duas medidas: a) se o produto subsidiado entrar em seu país, iniciar uma investigação doméstica de concessão de subsídio específico; e b) se o produto não entrar em seu território, mas competir com as exportações de produtos nacionais para terceiros países ou para o membro demandado, poderá iniciar um procedimento de investigação no OSC/OMC. O OSC/OMC também poderá ser acionado quando um membro é demandado em procedimento de investigação doméstica e sofre imposição de medidas compensatórias sem que a investigação tenha sido realizada em concordância com as regras multilaterais.

Tanto a investigação institucional da OMC quanto a doméstica realizada pelo membro deverão atender ao princípio do devido processo legal[119] e determinar: a) a existência ou não da concessão de um

---

[119] Além deste, também se aplicam ao processo de investigação da OMC os princípios: da norma jurídica; gerais do Direito; da boa-fé e da lealdade processual; do ônus da prova; do duplo grau de jurisdição; da oralidade; da precaução; da igualdade entre as partes; do contraditório; da celeridade e da economia processual; da adstrição do juiz ao pedido da parte; da publicidade e da efetividade (CRETELLA NETO, J. **Direito processual na Organização Mundial do Comércio – OMC**: casuística de interesse para o Brasil. Rio de Janeiro: Forense, 2003. p. 175-283).

subsídio; b) se o subsídio concedido é específico; c) o montante do subsídio específico concedido; d) se houve um dano à indústria doméstica ou há a probabilidade de que ocorra; e e) se esse dano é ou poderá ser conseqüência do subsídio específico concedido.

Uma vez constatadas todas essas hipóteses, uma medida compensatória poderá ser aplicada ou autorizada.

O quadro normativo multilateral pertinente à matéria é composto principalmente do artigo VI do GATT/1994 e do "acordo para implementação dos artigos VI, XVI e XXIII do GATT/1994" ou ASMC. No que se refere à concessão de subsídios à produção agrícola, deve-se ainda recorrer às disposições especiais do Acordo sobre Agricultura (AAG).

4.1.2 Evolução Histórica das Regras do Direito Internacional Econômico em Matéria de Subsídio: da Carta de Havana à Rodada Uruguai

A Carta de Havana, no Capítulo IV (Políticas Comerciais), Seção C (Subsídios), artigos 25 ao 28, foi o primeiro documento multilateral a conter disposições expressas permitindo a concessão de subsídios quando destinados ao desenvolvimento econômico, à proteção da segurança nacional ou à diversificação do parque industrial das partes contratantes[120]. O artigo 34.3 permitia a utilização de medidas compensatórias para combater essas práticas, quando danosas.

O artigo 25 deixava claro a liberdade e a soberania de cada Estado para optar pelas políticas públicas que entendesse adequadas, limitando apenas a concessão de subsídios que causassem um prejuízo sério ou uma ameaça de prejuízo sério para os outros signatários da futura organização, a OIC.

---

120   Ver também artigos 3º e 99.1.c da Carta de Havana.

O artigo 26, embora proibisse os subsídios destinados à exportação de matérias-primas ou de bens industrializados, permitia que os subsídios fossem concedidos para neutralizar os efeitos daqueles concedidos por outros países. Vê-se que, embora proibidos, também podiam ter natureza de uma medida de defesa comercial, com a mesma finalidade das medidas estabelecidas no artigo 34.3 da Carta de Havana.

Nesse instrumento jurídico, os subsídios domésticos passavam ao largo e havia uma maior rigidez com aqueles vinculados às operações de exportação. O GATT/1947 acolheu, de maneira ainda tímida, algumas das disposições estabelecidas na Carta de Havana.

Com a criação do GATT/1947, as regras multilaterais sobre subsídios passaram a ser aplicadas. Primeiramente, exigia-se das partes contratantes a mera notificação das outras partes de que eram concedidos subsídios e quais os seus limites e termos. Com o passar do tempo, outras restrições foram impostas, mas não foram suficientes para encerrar as discordâncias entre as partes contratantes quanto aos limites de escolha e à aplicação de políticas internas de desenvolvimento econômico. Junte-se a isso a crescente diminuição das barreiras alfandegárias e de quotas à importação que faziam os Estados postularem outros mecanismos não tarifários de proteção da indústria nacional, a fim de compensar as concessões realizadas. Por esse motivo, o subsídio, ainda hoje, é expressão da opção da política e desenvolvimento doméstico, como também instrumento eficaz para alcançar objetivos protecionistas.

Apesar da grande diminuição na aplicação de barreiras alfandegárias, o GATT/1947 também regulava as barreiras não tarifárias e, neste ponto, atingia a liberdade soberana de concessão de subsídios à produção. As disposições do artigo XVI do GATT/1947 foram parciais e superficiais, pois aguardavam a criação da OIC, para que se regulasse o tema de maneira mais ampla. O ponto mais lacunoso foi a falta de uma definição do que fosse subsídio, deixando grande margem de interpretação para as partes contratantes, o que gerou problemas sucessivos.

Em suma, o artigo XVI do GATT/1947 apenas acolhia uma obrigação de informação e de consultas para os casos de concessão de subsídio à exportação e de subsídios domésticos, e o artigo V.3 permitia a aplicação de medidas compensatórias unilaterais no caso de um dano à indústria doméstica da parte contratante importadora. Um ponto que se diferencia do sistema atual é o fato de que as partes contratantes poderiam se utilizar do artigo XIX do GATT/1947 (medidas de salvaguarda) para se proteger da prática de concessão de subsídio. Havia ainda outra opção para a parte contratante lesada, que seria o acionamento de mecanismo de solução de controvérsias do GATT/1947 para solicitar autorização para suspensão de concessões, com base no artigo XXIII.

Em 1955, houve uma série de reformas no GATT/1947 que afetaram as disposições sobre subsídios, inclusive a que incluío uma nota de rodapé no artigo XVI que eximia do conceito de subsídio à exportação a exoneração, em favor de um produto exportado, dos direitos ou dos tributos que recaiam sobre produto similar quando este se destinasse ao consumo doméstico, e a remissão desses direitos ou tributos num valor que não excedesse o dos totais abonados. Essa disposição já era prevista na Carta de Havana (artigo 27.2) e ficou excluída do sistema multilateral de comércio por quase uma década e hoje é acolhida pelo GATT/1994.

Outra modificação estabelecida no GATT/1947 foi a inclusão da Seção B no artigo XVI, que ampliou as disposições referentes aos subsídios à exportação. Houve a proibição de concessão dos subsídios à exportação para bens não primários e a determinação da eliminação progressiva daqueles destinados a bens primários, inclusive os agrícolas. Contudo, a concessão de subsídio à exportação de bens primários só seria permitida quando a parte contratante concedente não absorvesse mais que uma parte eqüitativa do comércio mundial das exportações do produto investigado.

Mesmo a reforma de 1955 não foi suficiente para dirimir os pontos de tensão existentes entre as partes contratantes, no que diz respeito à interpretação do artigo XVI do GATT/1947. Vários grupos de trabalho surgiram para clarificar os pontos obscuros do artigo, e os GE/OMC exerceram um papel relevante na delimitação do que seriam subsídios proibidos pelo GATT/1947. Em 1960, um grupo de trabalho elaborou uma lista exemplificativa de práticas que seriam consideradas subsídios à exportação e, portanto, proibidas no sistema multilateral de comércio. Essa lista é o gérmen do atual Anexo I do ASMC.

Em 1979, a Rodada Tóquio foi decisiva para a implementação do modelo regulatório atual de subsídios. Dessa Rodada resultou o primeiro código de subsídio.

Adotou-se a obrigatoriedade de aplicação do teste de especificidade a fim de conferir se o subsídio concedido pela parte contratante realmente causou um dano à indústria doméstica de outra parte contratante. Não houve revogação dos artigos do GATT/1947, o qual se dispôs a regular apenas sua interpretação.

Outras modificações estabelecidas no código de subsídio de 1979 foram: a) as partes contratantes só poderiam aplicar medidas compensatórias mediante procedimento prévio de investigação que seria iniciado após o fornecimento de provas pela indústria afetada; b) ratificou-se a proibição da concessão de subsídios para bens não primários; c) as medidas compensatórias só poderiam ser cobradas no limite do subsídio concedido e somente se a parte contratante outorgante do subsídio não o retirasse; d) abandonou-se o uso do critério da comparação de preços estabelecida no artigo XVI.4 do GATT/1947, para o cálculo do montante do subsídio[121]; e) clarificou-se o significado dos termos "parte eqüitativa do comércio mundial" e "período representativo anterior", para os casos de subsídios à exportação de bens primários.

---

121   Atualmente esse critério é o utilizado para o cálculo da margem de *dumping* regulada pelo AAD.

A mais importante inovação do Código de Subsídio foi a inclusão dos subsídios domésticos, também conhecidos como subsídios nacionais, como prática potencialmente lesiva ao comércio internacional. Assim sendo, quando comprovado seu caráter lesivo, por meio de teste de especificidade, poder-se-ia combatê-lo pelo sistema multilateral de comércio e pelas partes contratantes do GATT/1947. Os subsídios domésticos poderiam ser concedidos, mas caberia à parte contratante outorgante envidar esforços para evitar esses efeitos danosos.

Como puede verse, las Partes Contratantes tenían muy claro que no iban a renunciar al importante papel que desarrollaban las políticas sociales y económicas, tanto como instrumentos para potenciar sus productos dentro y fuera de su mercado, como para asegurar los votos de los electores beneficiados por tales políticas. Por otro lado, las Partes Contratantes no quisieron entrar en un continuo conflicto de intereses competitivos con otras Partes Contratantes, por lo que poco a poco se fue logrando un acuerdo en esta materia. La base del mismo fue admitir que ciertas políticas, que pueden implicar subvenciones nacionales, pueden afectar al comercio internacional y otras no. Las primeras deberán de estar prohibidas, mientras que las segundas deberían de permitirse (*criterio de los efectos adversos sobre el comercio internacional*)[122].

Assim como na revisão de 1955, o código de subsídio de 1979 manteve uma lista – não mais exaustiva, mas exemplificativa – de práticas consideradas subsídios à exportação, com a diferença de que foi ampliada.

Esse código, embora historicamente não tivesse alcançado o objetivo de pacificar as relações entre as partes contratantes – pois tinha adesão facultativa e apenas 24 partes o ratificaram, e algumas delas,

---

122 MADRID, G. E. L. H. de. **El derecho de las subvenciones en la OMC**. Madrid: Marcial Pons, 2005. p. 96.

com reservas –, representou um grande avanço na predisposição para regular a matéria.

A lista ilustrativa do código de subsídio de 1979 viabilizou uma antiga reivindicação das Comunidades Européias de classificação dos subsídios, o que conferiria, no futuro, procedimentos distintos de investigação e também recursos distintos às partes lesadas. Ela foi o gérmen daquilo que na Rodada Uruguai seria a categoria dos subsídios vermelhos ou proibidos, e as exceções contidas em suas notas de rodapé se transformariam nos subsídios verdes ou permitidos. Os membros definiriam ainda os subsídios que, embora não fossem proibidos, poderiam sofrer recursos quando gerassem danos aos outros membros (amarelos ou recorríveis).

A Rodada Uruguai, com seu acordo obrigatório sobre subsídios e medidas compensatórias (ASMC), foi a mais importante para a regulamentação da concessão de subsídios pelos membros da OMC, porque: a) trouxe uma definição de subsídio; b) deixou claro o tratamento diferenciado para países menos desenvolvidos; c) permitiu a aplicação de medidas compensatórias para bens primários, embora alguns produtos primários passassem a ser regulados em acordo apartado – o AAG[123]; d) uniu os critérios dos benefícios ao receptor do subsídio e o do custo governamental ao membro que o concede; e) criou um Grupo Permanente de Especialistas (GPE/OMC) para tratar dos assuntos relativos a subsídios e f) consolidou a permissão de adoção de medidas unilaterais (medidas compensatórias) quando houvesse um dano à indústria nacional de um dos membros da Organização.

O ASMC é um acordo que segue uma lógica e aponta – de maneira mais clara que as normativas anteriores sobre subsídios – as condutas

---

123   Os produtos cobertos pelo AAG são os descritos no seu Anexo I. Produtos primários que estejam fora deste Anexo serão regulados pelo ASMC. O fato de a lista do Anexo I não ser exaustiva permite sua ampliação pelos membros da OMC.

permitidas e proibidas aos membros na condução de suas políticas de estímulo e proteção da indústria nacional. O acordo é divido em dez partes explicitadas na figura a seguir, além de outros sete Anexos[124]:

FIGURA 2 – PARTES DO ASMC

Parte	Artigos	Conteúdo
I	1º e 2º	• Definição de subsídio.
		• Delimitação do teste de especificidade.
II, III e IV	3º ao 9º	• Classificação dos subsídios em proibidos, recorríveis e irrecorríveis.
		• Determinação dos recursos à disposição dos membros em cada caso.
V	10 ao 23	• Apresentação dos pressupostos substantivos e adjetivos para a imposição de medidas compensatórias.
VI	24	• Criação do CSMC.
		• Criação do GPE/OMC
VII	25 e 26	• Estabelecimento da obrigatoriedade de os membros notificarem anualmente todos os subsídios ao CSMC.
VIII	27	• Estabelecimento de tratamento diferenciado, em matéria de subsídio, para países menos desenvolvidos.
		• Estabelecimento de exceções à aplicação de medidas compensatórias para países menos desenvolvidos.
IX	28 e 29	• Estabelecimento de disposições transitórias para os subsídios.
X	30 a 32	• Previsão da aplicabilidade do ESC às controvérsias derivadas do ASMC.

---

124 Anexo I (lista ilustrativa de subsídios à exportação), Anexo II (diretrizes sobre os insumos consumidos no processo produtivo), Anexo III (diretrizes para determinar se os sistemas de devolução constituem subsídios à exportação nos casos de substituição), Anexo IV (cálculo do total do subsídio *ad valorem*, parágrafo 1 *a* do artigo 6º), Anexo V (procedimentos para obtenção de informação relativa ao grave dano), Anexo VI (procedimento a ser adotado nas investigações *in situ* realizadas conforme o § 8º do artigo 12) e Anexo VII (países em desenvolvimento membros a que se refere o parágrafo 2 *a* do artigo 27).

4.1.3 Subsídio Destinado aos Bens Não Agrícolas

4.1.3.1 Definições Necessárias

4.1.3.1.1 Subsídio

Os artigos 1º ao 3º do ASMC são exemplificativos e casuísticos, atendendo às expectativas possíveis dos membros da OMC nas negociações da Rodada Uruguai[125].

Mais que uma definição, o ASMC apresentou os elementos que qualificariam uma prática estatal como subsídio relevante e, portanto, repelido pela comunidade econômica internacional. Os elementos essenciais dessa definição legal são: a) existência de uma contribuição financeira ou sustentação de renda ou de preços; b) origem governamental ou pública da contribuição; c) ser conferida no território de um membro; e d) com benefício ou vantagem efetivamente outorgados.

Os artigos VI e XVI do GATT/1994 tratam de direitos *antidumping* e compensatórios, mas não lhes apontam uma definição. Da análise dos casos nos quais poderão ser aplicadas medidas compensatórias, extraem-se alguns elementos convergentes com os adotados pelo ASMC[126].

Os textos normativos, inclusive os brasileiros, convergem para o entendimento de que somente os subsídios específicos serão

---

125 A aprovação de uma definição mais detalhada poderia dificultar a negociação e perpetuar os problemas interpretativos que vinham se arrastando desde o código de subsídio da Rodada Tóquio (WILCOX, W. K. GATT-based protectionism and the definition of a subsidy. **Boston University International Law Journal**, n. 16, p. 129-163, 1998).

126 Vale ressaltar que as regras do GATT/1994 e do ASMC são complementares, sendo a primeira regra geral e a segunda regra específica, daí porque ser necessário juntar os elementos dos dois acordos para extrair uma definição legal de "subsídio" e de "subsídio específico" na OMC.

questionáveis. Não há obstáculos à concessão daqueles que sejam indiscriminados e que beneficiem setores da economia nacional como um todo. Tanto é verdade que os subsídios domésticos só foram regulados 32 anos após a normatização dos subsídios de exportação pela OMC. Nesse ponto, pecam os que entendem que o ASMC tem como regra geral a proibição da concessão do subsídio.

A regra geral é a permissão, pois trata-se de soberania do Estado no manejo de suas políticas internas, a menos que essas políticas incluam a adoção de subsídios específicos. E, nesse sentido, o informe do GE/OMC do caso Canada-Aircraft (WT/DS70/R), no seu parágrafo 9.119, declarou textualmente e em tradução livre que:

> Parágrafo 9.119 – [...] consideramos que seria mais adequado resumir o objeto e finalidade do ASMC como o estabelecimento de disciplinas multilaterais baseados na premissa de que alguns tipos de intervenção do governo distorcem ou podem distorcer o comércio internacional.

Na mesma linha, no caso Brazil-Aircraft (WT/DS46/R), o informe no seu parágrafo 7.80, declarou que:

> Parágrafo 7.80 – O objeto e finalidade do ASMC é impor disciplinas multilaterais sobre subsídios que distorçam o comércio. É por esta razão que o ASMC proíbe nas categorias de subsídios – subsídios vinculados à exportação e subsídios vinculados ao emprego de produtos nacionais em preferência aos importados – que estão destinados concretamente a afetar o comércio.

Ainda no que concerne às decisões do OSC/OMC[127], estas devem ser levadas em consideração para apontar uma definição de

---

127   Além dos instrumentos normativos também é importante ressaltar a importância dos precedentes do OSC/OMC nos casos que envolveram as empresas, principalmente quanto à interpretação dos artigos definidores do subsídio. Contribuíram para a interpretação dos artigos 1°, 2°, 3°, 4°, 25 e 27 do ASMC os casos Brazil-Aircraft, US-Lead and Bismuth II, Brazil-Disiccated Coconut e

subsídio específico. As decisões que trataram desse temário serão referidas após a análise do conceito legal de subsídio, para então ser sugerida uma definição.

4.1.3.1.1.1 Definição Legal

4.1.3.1.1.1.1 Contribuição Financeira ou Sustentação de Renda ou de Preços

Para o GATT/1947, a "contribuição financeira ou sustentação de renda ou de preços" deverão ser direcionadas para fabricação, produção e exportação de determinado produto ou para seu transporte e poderá advir: a) da transferência direta de fundos – doações, empréstimos e aportes de capital – ou de mera possibilidade de serem efetivadas pelo governo; b) da compra ou fornecimento governamental de bens ou serviços que não sejam de infra-estrutura geral; c) da exclusão ou redução da imposição de tributos pelo governo; e d) do pagamento governamental de mecanismos de fundo, instrução ou confiança à entidade privada para que realize uma ou mais das atividades anteriores.

Todas essas previsões, além das descritas no Anexo I do ASMC, têm caráter meramente indicativo para que a autoridade investigadora observe se a prática investigada se caracteriza ou não como um subsídio específico[128].

Indonesia-Autos. Os casos Canada-Autos e US-German Steel CVD foram emblemáticos por questionarem abertamente se o OSC/OMC deveria ou não dar sentido a uma expressão vaga de um acordo. No primeiro caso, o OSC/OMC adotou uma interpretação positiva e, num segundo momento, tornou-se mais conservador, negando a si este encargo.

128 Com entendimento discordante, Madrid afirma que a lista do artigo 1.1.a.1. é exaustiva (MADRID, G. E. L. H. de. **El derecho de las subvenciones en la OMC**. Madrid: Marcial Pons, 2005. p. 138).

Gustavo Madrid[129] alerta que nem a doutrina nem os órgãos do OSC/OMC têm dado a devida importância ao elemento "sustentação de rendas ou de preços", nos termos do artigo XVI do GATT/1994[130], para a caracterização de um subsídio relevante. E, para ilustrar sua importância, apresentam-se os seguintes exemplos:

Exemplo 1: Suponha-se que um membro imponha restrições à exportação de um bem A, o qual é um insumo básico para a produção de um bem B. Suponha-se ainda que o bem A represente 80% dos custos variáveis para produzir o bem B. A restrição à exportação pode ter o efeito de reduzir os preços do bem A no mercado nacional e sua exportação torna-se mais custosa ou até impossível, sendo forçoso vender a produção no mercado nacional. Por conseqüência, um dos compradores nacionais do bem A, o produtor do bem B, seria beneficiado, tornando-se mais competitivo no mercado internacio-

---

129 MADRID, G. E. L. H. de. **El derecho de las subvenciones en la OMC**. Madrid: Marcial Pons, 2005. p. 152-153. "La inclusión de esta segunda alternativa no puede carecer de significado. En mi opinión, la segunda alternativa del art. 1.1.a ASMC amplía la definición de 'subvención', comprendiendo no sólo casos en que la medida estatal implique una 'contribución financiera', sino también intervenciones estatales que impliquen un sostenimiento de ingresos o de precios en el sentido del art. 1.1.a ASMC no ha sido utilizada en ninguna de las diferencias. Las razones pera ello son básicamente dos. De un lado, el uso de esa alternativa haría que muchas medidas estatales pasasen a ser recurribles como subvenciones. Sería como abrir la 'Caja de Pandora'. Ningún Miembro de la OMC querría tirar la primera piedra, con el riesgo consecutivo de ser atacado por el resto de los Miembros. De otro lado, muchos piensan que la segunda alternativa fue incluida para cubrir la subvenciones agrícolas. Una vez expirada la 'cláusula de paz' incluida en el Acuerdo sobre la Agricultura, la finalidad de la segunda alternativa sería incluir las formas de sostenimientos de ingresos o de precios que son típicos para los productos agrícolas." (MADRID, G. E. L. H. de. **El derecho de las subvenciones en la OMC**. Madrid: Marcial Pons, 2005. p. 155)

130 Ou seja, que tenha, direta ou indiretamente, por efeito aumentar as exportações de um produto a partir do território de dita parte contratante ou reduzir as importações deste produto para seu território.

nal. Portanto, a restrição às exportações do bem A seria uma forma de sustentação de renda dos produtores do bem B, sem que isso implicasse uma contribuição financeira direta, nem uma despesa para as contas do Estado.

Exemplo 2: Da mesma forma, o Estado poderia fixar os preços mínimos de determinado produto em níveis superiores ao preço de mercado e assim garantiria um lucro extra para determinado setor sem que precisasse lançar mão de nenhuma contribuição financeira nem de despesa para as contas públicas, embora o efeito econômico da medida seja equivalente ao de um subsídio concedido diretamente pelo governo.

Nos dois exemplos vê-se a relevância da consideração da expressão "sustentação de renda ou de preços", pois assim podem ser atingidas algumas práticas estatais que tenham impacto direto ou indireto nas rendas do receptor do benefício, sem que isso implique uma contribuição financeira ou despesa para os cofres públicos.

4.1.3.1.1.1.2 Governo ou Órgão Público

O artigo 1º do ASMC destaca, expressamente, a necessidade de o subsídio ter origem governamental, não importando se diretamente ou por interposta pessoa, entidade pública ou privada[131].

Uma vez comprovada a origem governamental, ainda que de maneira indireta, atende-se ao critério para a identificação do subsídio.

4.1.3.1.1.1.3 Interior do Território de um Membro

Embora o GATT/1994 não tenha se referido à "fonte governamental" da ajuda, exigiu que fosse concedida no "país de origem ou de exportação", ou seja, "no interior do território de um membro".

---

131 Apenas o artigo XVI do GATT/1994 não faz referência expressa à origem governamental do subsídio, pois esse artigo apenas listou os casos nos quais se aplicam as medidas compensatórias e os direitos *antidumping*.

Em tese, o membro poderá fornecer subsídio a empresa ou grupo de empresas em seu próprio território ou em território de outro Estado, e o produto subsidiado poderá concorrer com produtos de terceiros membros no mercado doméstico destes ou no mercado internacional. Pelas regras da OMC, que dispõe, de maneira expressa, "no território de um membro", *a priori*, essas situações não seriam alcançadas pelo ASMC[132].

O OSC/OMC interpretou os dispositivos que tratam do elemento territorial quando analisou três programas de incentivos fiscais para empresas americanas sediadas em outros países que destinavam grande parte de sua produção à exportação: Domestic International Sales Corporations (DISC)[133], Foreign Sales Corporations (FSC) e Extraterritorial Income Exclusion Act (ETI)[134]. Nessas disputas, o OSC/OMC entendeu que a renúncia fiscal seria ilegal e se caracterizaria como um subsídio, ainda que a empresa não estivesse fisicamente em território norte-americano[135].

Embora o OSC/OMC não tenha declarado expressamente uma ampliação interpretativa do elemento "no território de um membro", não interpretou o ASMC de maneira restritiva. Se assim o fizesse,

---

132   Madrid aponta ainda, como potencial infração ao elemento territorial, a situação na qual um membro ofereça pagamentos a uma empresa, situada em território de outro membro, para que esta importe produtos nacionais do membro que concede os subsídios (MADRID, G. E. L. H. de. **El derecho de las subvenciones en la OMC**. Madrid: Marcial Pons, 2005. p. 137).

133   Relatório do GE/OMC adotado em 07 de dezembro de 1981, BISD23S/98 e BISD28S/114.

134   Relatório do GE/OMC WT/DS/108/R adotado em 20 de março de 2002, na forma do relatório do OPA/OMC WT/DS108/AB/R e Relatório do GE/OMC WT/DS108/RW, adotado em 29 de janeiro de 2002, na forma do Relatório do OPA/OMC WT/DS108/AB/RW.

135   Mais sobre o assunto, ver: TAVORALO, A. T. A natureza jurídica dos direitos antidumping. **Cadernos de Direito Tributário e Finanças Públicas**, São Paulo, v. 5, n. 8, p. 47-48, jan./mar. 1997.

não teria declarado a prática do governo norte-americano como inconsistente com o acordo.

4.1.3.1.1.1.4 Vantagem ou Benefício

As disposições normativas fazem referência à percepção de benefícios e de vantagens, mas não mantêm uma abordagem linear no uso das expressões. Por vezes, os benefícios relevantes são os "meramente outorgados", ou seja, postos à disposição dos destinatários, outras vezes são os "efetivamente recebidos" pelos destinatários e, por fim, os "efetivamente usufruídos" por estes.

Diante dessa miscelânea de sentidos, o OSC/OMC decidiu que o benefício deverá ser outorgado e usufruído efetivamente, pois exige-se o nexo de causalidade entre a concessão do benefício e o dano, efetivo ou potencial, ao setor produtivo nacional.

Como não há no ASMC uma definição de benefício, o OSC/OMC estabeleceu que se trata de um conceito relativo e poderá ser constatado em cada caso, tendo como referência aquilo que seria oferecido pelo mercado privado nas mesmas condições da prática sob investigação.

Para o GATT/1994, o subsídio deve ter como "efeito direto ou indireto a elevação das exportações ou redução das importações", que equivaleriam a vantagem ou "benefício" para a indústria nacional do membro demandado.

No nosso entendimento, a existência da vantagem, como critério introduzido pelo GATT/1994 e repetido pelo ASMC, serve apenas como um pré-requisito de admissibilidade da investigação, e não como elemento autônomo delimitador da existência do subsídio. Em outros termos, a existência da vantagem é apenas a materialização do nexo causal[136], a que todos os textos normativos fazem referência, é o

---

136   O Trade Act Agreement norte-americano de 1974 determinou que, para a aplicação de medidas retaliatórias, o Departamento de Comércio deveria indicar se

pré-requisito para autorizar o membro demandante a adotar medidas de defesa comercial.

4.1.3.1.1.2 INTERPRETAÇÃO DO OSC/OMC

Os dois principais elementos da definição de subsídio, insistentemente apontados na jurisprudência do artigo 1º do ASMC são a "contribuição financeira" e o "benefício conferido"[137].

O OPA/OMC destacou o vazio de significação que existe no ASMC para delimitar os institutos da "transferência de fundos" e do "benefício". Para o OPA/OMC, contribuição financeira não é sinônimo de benefício, mas está contida neste, enquanto gênero do qual ela (a contribuição) seria mera espécie. Ademais, decidiu que a determinação do benefício depende da comparação das condições de mercado, ou seja, o benefício só existirá nos casos em que haja vantagem comparativa, não compatível com o que é oferecido normalmente pelo setor privado. Concordou também que não há benefício em abstrato. Deverá ser recebido e usufruído pelo beneficiário. Em outros termos, o foco para determinar a existência do subsídio é o aproveitamento do receptor e não apenas o custo do governo para a concessão da vantagem.

Ainda interpretando o artigo 1º do ASMC, o OPA/OMC entendeu que a existência do benefício deve ser demonstrada no lapso temporal no qual a contribuição financeira foi concedida[138].

---

o subsídio realmente existia e depois a Comissão de Comércio Internacional deveria determinar se houve grave dano à indústria nacional – a isso se chamou teste de especificidade (WILCOX, W.K. GATT-based protectionism and the definition of a subsidy. **Boston University International Law Journal**, n. 16, p. 136, 1998).

137 Relatório do OPA/OMC WT/DS138/AB/R, parágrafo 60, adotado em 08 de março de 2002.

138 US-Lead and Bismuth II, Relatório do OPA/OMC WT/DS/138/AB/R, parágrafo 60.

Tanto o GE/OMC quanto o OPA/OMC, no caso Canada-Aircraft, rejeitaram o uso da alínea k do Anexo I do ASMC para a interpretação do termo "benefício" do artigo 1º. Afirmaram que essa alínea será aplicável tão-somente para determinar se existe ou não um subsídio proibido à exportação, nos termos do artigo 3º, e não para determinar se o subsídio existe ou não nos termos do artigo 1º[139].

No que concerne ao artigo 3º, que condiciona a existência do subsídio *de facto* ou *de jure* ao desempenho da exportação do beneficiário, no caso Canada-Autos, o OPA/OMC estabeleceu uma precisa distinção entre ambos. Na sua visão, o subsídio será *de jure* quando puder ser demonstrado por meio do emprego de palavras nos instrumentos normativos administrativos ou legais, seja expressa ou implicitamente[140]. Neste ponto, o OPA/OMC inova quando inclui a possibilidade implícita de determinação do subsídio *de jure*, que era, até então, uma característica exclusiva do subsídio *de facto*.

Quanto ao subsídio *de facto*, o GE/OMC entendeu – no caso Australia-Automotive Leather II – que ocorrerá quando os padrões adotados para sua concessão, na prática, mantiverem uma grande dependência (*close connection*) com os resultados alcançados ou alcançáveis pelo beneficiário, com suas exportações[141].

O OPA/OMC, no caso Canada-Aircraft, enfatizou que a palavra-chave do artigo 3.1, *a* é **vinculado** (*contigent*), pois seu sentido original, como apontado pelo GE/OMC, é "condicional" ou "dependente da existência de algo".

Para o OPA/OMC, o sentido da palavra **vinculado** é o mesmo na **vinculação de facto e de jure**. O que diferencia os dois tipos de vinculação é que a vinculação *de jure* deverá ser provada com base nas

---

139   Canada-Aircraft, Relatório do OPA/OMC WT/DS70/AB/R, parágrafos 156 e 159.
140   Canada-Aircraft, Relatório do OPA/OMC WT/DS70/AB/R, parágrafo 100.
141   Australia-Automotive Leather II, Relatório do GE/OMC WT/DS126/R, parágrafo 9.55.

palavras do texto normativo e a *de facto* tem a prova mais complexa, pois será aferida por uma confluência de fatos que soem como efetiva concessão de um subsídio, incluindo os termos, a estrutura e a circunstância nos quais fora ou possa ser concedido[142].

Examinando a nota de rodapé 4[143] do artigo 3º, o OPA/OMC menciona que a satisfação dos padrões que determinarão a existência de uma vinculação *de facto* às exportações para a concessão do subsídio dependerá de dois elementos, ou seja, a concessão do subsídio e sua ligação à exportação ou aos ganhos de exportação, vigentes ou antecipados[144]. Todos os fatos devem ser considerados na investigação, não havendo superioridade entre eles. Se houver fatos que indiquem a vinculação do subsídio à exportação, estes deverão ser considerados, pois todos podem ser tidos como relevantes. O fato de o

---

142   Isso se deu nos casos Canada-Aircraft, Relatório do OPA/OMC WT/DS70/AB/R, e Australia-Automotive Leather II, Relatório do GE/OMC WT/DS126/R.

143   A interpretação da nota 4 do artigo 3º, com a delimitação de elementos objetivos para a identificação do subsídio de fato, inova e é bem-vinda na medida em que retira da análise fática – que não é fácil – entendimentos políticos que poderiam variar caso a caso, gerando tratamento não isonômico entre países com situações semelhantes.

144   "Australia-Automotive Leather II – Based on the explicit language of Article 3.1(a) and footnote 4 of the SMC Agreement, in our view the determination of whether a subsidy is 'contingent [...] in fact 'upon export performance require us to examine all the facts concerning The grant or maintence of the challenged subsidy, including the nature of subsidy, its structure and operation, and circumstances in which it was provided. In this context, Articles 11 of DSU requires a panel to make an objective of the facts of the case. Obviously, the facts to be considered will depend on the specific circumstances of the subsidy in question, and will vary from case to case. In our view, all facts surrounding the grant and/or maintenance of the subsidy in question may be taken into consideration in the analysis. However, taken together, the fact surrounding the grant or maintenance of the subsidy is conditioned upon actual or anticipated exportation or export earning. The outcome of this analysis will obviously turn on the specific facts relating to each subsidy examined." (Australia-Automotive Leather II, Relatório do GE/OMC WT/DS126/R, parágrafos 9.56 e 9.57 e WTO, v. 2, p. 904, item 41, 2004)

bem ou o serviço ser exportado não é o único critério a ser considerado para a configuração do subsídio.

O GE/OMC concluiu que:

[...] the closer a subsidy brings a product to sale on the export market, the greater the possibility that the facts may demonstrate that de subsidy would not have been granted but for anticipated exportation or export earnings[145].

Esse entendimento jamais poderá se aproximar de uma presunção legal. É necessário observar se cada um dos dois elementos ressaltados está presente no caso sob investigação.

O GE/OMC no caso do Australia-Automotive Leather II delimitou um critério temporal para os "fatos relevantes", que é "o momento no qual as condições para pagamento foram estabelecidas, não sendo possível mais nenhuma mudança subseqüente"[146].

Quanto ao artigo 3.2[147] do ASMC, a jurisprudência do GATT/1947 normalmente entendia que legislações "vinculadas" ou "obrigatórias" poderiam ser mais facilmente questionadas que aquelas meramente "discricionárias" ou "facultativas", o que foi mantido pelo OSC/OMC.

O GE/OMC, no caso Indonesia-Autos, interpretou as expressões "deslocamento" e "impedimento" presentes no artigo 6.3, a e b. Segundo sua análise não é necessário que o reclamante demonstre declínio nas vendas para que se prove a existência de deslocamento ou impedimento das vendas, pois "declínio" é inerente ao significado ordinário de deslocamento, enquanto a expressão "vendas impedidas" é inerente ao significado da palavra impedimento[148].

---

145   Canada-Aircraft, Relatório do OPA/OMC WT/DS70/AB/R, parágrafo 174.
146   Australia-Automotive Leather II, Relatório do GE/OMC WT/DS126/R, parágrafo 9.70.
147   "Artigo 3.2 – O membro deste acordo não concederá ou manterá os subsídios mencionados no parágrafo 1."
148   Indonesia-Autos, Relatório do GE/OMC WTWT/DS54/R, parágrafo 14.208.

Vistos os pontos destacados pelos acordos e pela jurisprudência do OSC/OMC, passemos à proposta de uma definição doutrinária.

4.1.3.1.1.3 Exceções ao Subsídio Específico no ASMC e no AAG

São considerados subsídios legítimos, ainda que específicos: a) as disposições do artigo 13 do AAG: a.1) programas de pesquisa e consultoria rural; a.2) controle de pragas e pestes; a.3) serviços de promoção e *marketing*; a.4) incentivos fiscais a fazendeiros, desde que não vinculados ao desempenho da produção; a.5) pagamentos para programas de regiões menos favorecidas e para programas ambientais; b) as disposições do ASMC nos artigos 6.7, 6.9, 8.2 e 27: b.1) subsídios acessíveis a todos, sem direcionamento a indústrias e firmas específicas; b.2) assistência a regiões desfavorecidas, com alto nível de desemprego em longo prazo ou ainda com renda *per capita* reprimida; b.3) assistência para promover adaptação a novas leis ou regulamentações ambientais, para promover a adaptação de instalações de empresas em funcionamento há pelo menos 2 anos e é limitada a 20% dos custos de adaptação, não cobre o custo de substituição e operação do investimento assistido, a ajuda é limitada diretamente a uma redução planejada da poluição de uma firma e não cobre nenhum lucro da produção e está disponível para todas as firmas que poderão adotar o novo equipamento ou processo; b.4) alguns programas de manutenção de subsídio mantidos por países em desenvolvimento[149]; b.5) isenções, em favor dos produtos exportados, de tributos e outros direitos habitualmente aplicados ao produto similar quando destinado ao consumo interno, e a remissão de tais tributos além de outros

---

149   O artigo 27 do ASMC e os artigo 21, §§ 4°, 8°, 10 e 14, e artigo 74, parágrafo único, todos do Decreto n° 1.751/1995 conferem tratamento especial para países em desenvolvimento quando estes estejam sendo investigados por outro membro pela prática de concessão de subsídio específico, reconhecendo sua importância para o progresso desses países.

direitos, desde que o valor não exceda os totais devidos ou pagos ou, ainda, quando se estabeleça ou altere alíquotas genericamente aplicáveis por qualquer nível de governo com competência para fazê-lo; c) as pesquisas realizadas por empresas, estabelecimentos de pesquisa ou de educação superior vinculados à pesquisa por relação contratual se o subsídio cobrir até o máximo de 75% dos custos da pesquisa industrial, ou 50% dos custos das atividades pré-competitivas de desenvolvimento. A exceção a esta regra se encontra nas pesquisas relacionadas às aeronaves civis.

Para beneficiar-se das disposições do item b.2 do parágrafo anterior, "assistência a regiões desfavorecidas", deve-se observar que: a) os programas regionais de subsídios façam parte integrante de uma política de desenvolvimento regional internamente coerente e aplicável de maneira genérica; b) os subsídios para o desenvolvimento regional não sejam concedidos a áreas geograficamente isoladas sem nenhuma ou quase nenhuma importância para o seu crescimento; c) cada região desfavorecida constitua área geográfica contínua claramente designada, com identidade econômico-administrativa definível; d) a região seja considerada desfavorecida a partir de critérios imparciais e objetivos, expressos em norma ou ato normativo de maneira a permitir a verificação, e que seja demonstrado que suas dificuldades não são decorrentes apenas de circunstâncias temporárias; e e) os critérios incluam medidas de desenvolvimento econômico apuradas ao longo de um período de 3 anos, baseadas em renda *per capita* ou em renda familiar *per capita* ou ainda produto interno bruto *per capita*, igual ou inferior a 85% da média do território em causa.

4.1.3.1.1.4 Definição Sugerida

Subsídio é o aporte econômico, advindo de qualquer esfera da administração estatal, que beneficie empresa ou setor produtivo – direta ou indiretamente, por ação ou por omissão – em seu território ou fora dele, reduzindo, de maneira não desprezível, a vantagem comparativa dos produtos estrangeiros no mercado interno ou do produto nacional no mercado internacional.

Subsídio relevante é aquele que seja direcionado, discriminatório, ou seja, específico, nos termos do artigo 3º do ASMC.

4.1.3.1.2 Membro Interessado e Parte Interessada

A expressão membro interessado refere-se ao membro da OMC que tenha interesse na controvérsia posta ao OSC/OMC, já a expressão parte interessada está disposta no artigo 12.11 do ASMC e corresponde a: a) exportador, produtor estrangeiro ou importador de produto objeto de investigação; b) associação comercial ou empresarial cujos membros, em sua maioria, sejam produtores, exportadores ou importadores de produto objeto de investigação; c) produtor do membro importador de produto similar; e d) associação comercial ou empresarial cujos membros, em sua maioria, produzam, no território do membro importador, o produto similar objeto de investigação.

Além de todos os sujeitos apontados, as partes contratantes poderão eleger outras partes interessadas, nacionais ou estrangeiras, para efeito de participação no procedimento doméstico de investigação, pois a lista do parágrafo anterior não é exaustiva.

Embora o ASMC não confira a condição de parte interessada, oferece privilégios aos "usuários industriais do produto investigado" e aos "representantes das organizações de consumidores" quando o produto for habitualmente comercializado no varejo. Ambos têm o direito objetivo de aportar informações importantes sobre a existência do subsídio, do dano e do nexo causal no processo de investigação.

No que se refere às pequenas empresas, estas deverão ter a assistência das autoridades nacionais investigadoras no sentido de suprir suas dificuldades para o fornecimento das informações solicitadas no decurso da investigação.

4.1.3.1.3 Indústria Nacional, Indústria Doméstica e Produtores Nacionais

O ASMC, em sua redação original, adotou as expressões *domestic producers* – traduzida para o português como produtores nacionais – e *domestic industry* – traduzida para o português como produção nacional e indústria nacional.

A expressão produção nacional não consta no texto em português, e, embora entenda-se mais adequada que a expressão indústria doméstica, não a utilizaremos, a fim de preservar a técnica legislativa adotada pelo Congresso Nacional quando da internalização do pacote GATT/1994.

A expressão indústria nacional assume no ASMC um sentido jurídico próprio e é utilizada para indicar os produtores nacionais cuja produção conjunta de produto similar represente mais de 50% do total da produção do produto nacional similar ao produto dito subsidiado[150].

Produtores nacionais são aqueles que fabricam, no território de membro da OMC, produto similar àquele pretensamente subsidiado.

4.1.3.1.4 Produto Similar

A única definição de produto similar, no ASMC, é a da nota 46 do artigo 15, que o define como produto idêntico, isto é, igual em todos os aspectos ao produto sob investigação ou, na ausência de tal produto, a outro que, embora não sendo igual em todos os aspectos, tenha características muito parecidas com aquelas do produto investigado.

A identificação do produto similar é uma questão crítica do ASMC, pois é essencial para a determinação da abrangência da

---

150   ASMC: "Nota 39 – Os membros têm consciência de que, no território de determinados membros, empregados dos produtores nacionais do produto similar ou representantes desses empregados podem formular ou apoiar petições para estabelecimento de investigação à luz do parágrafo 1."

investigação da "indústria doméstica" do produto, do montante do dano e do subsídio concedido. Outro fator relevante para a delimitação do que seja produto similar é a possibilidade de produtos da mesma categoria, embora não sendo exatamente os mesmos produtos, poderem sofrer medidas de defesa comercial no país importador[151]. A delimitação entre o que seja um "produto similar" e um "potencial produto similar" é um tema árduo que é recorrente no OSC/OMC e está presente na Agenda Doha.

Czako, Human e Miranda[152] apontam alguns critérios comumente utilizados pelas autoridades investigadoras nacionais para identificar o produto similar: a) as características físicas do produto; b) o quanto seu consumo pode ser substituível por outro; c) a matéria-prima utilizada na sua fabricação; d) o método e a tecnologia utilizados na sua produção; e) sua função e uso final; f) as especificações industriais; g) seu valor de mercado; h) sua qualidade; i) a classificação tarifária; j) os canais de distribuição e comercialização do produto; l) a utilização de equipamentos e pessoal comuns na produção de ambos os produtos; m) a percepção que causa para os consumidores e produtores; e n) sua marca comercial e prestígio no mercado.

Na interpretação da expressão produto similar (*like product*) da nota de rodapé 46 do artigo 15, o GE/OMC, no caso Indonesia-Autos, e o OPA/OMC, no caso Korea-Alcoholic Beverages, entenderam que as características físicas, embora relevantes para a determinação de similaridade de um produto, não são suficientes por si só,

---

151 Exemplo: saco de papel. Pode se destinar a indústria farmacêutica, padarias, embalagem de produtos para exportação, caixas de uso em supermercados etc. Embora os produtos tenham composições diferentes, forma de fabricação e mercados distintos, no atual sistema, podem ser atingidos por medidas de defesa comercial idênticas.

152 CZAKO, J.; HUMAN, J.; MIRANDA, J. **World trade organization**: a handbook on anti-dumping investigation. Cambridge: Cambridge University Press, 2003. p. 11-12.

é cabível um exame caso a caso. Em última análise, há um forte juízo de discricionariedade para a formulação de um entendimento final quanto à similaridade do produto[153].

Embora possa se recorrer a uma mudança futura, no transcorrer da investigação, a determinação do "produto similar" deve ser priorizada, pois dela derivará a legitimidade da indústria doméstica para peticionar. Em outros termos, dessa determinação derivará uma das condições para se iniciar um procedimento válido de investigação de subsídio.

4.1.3.1.5 Mercado Nacional e Mercado Doméstico

Para o ASMC, a expressão *domestic market*[154], traduzida no texto em português como "mercado nacional", se refere sempre ao mercado do membro demandante, ou seja, do país importador do produto dito subsidiado. Já a expressão *home market*[155] foi adotada duas vezes, acompanhada da palavra *inputs*, e foi traduzida para o português como "insumos do mercado interno" ou como "insumos nacionais", sempre do membro demandado.

Para referir-se ao mercado do membro que concede o subsídio, o ASMC usou simplesmente a palavra mercado (*market*).

---

153 "We are aware that there are innumerable differences among passenger cars and that the identification of appropriate deciding lines between them may not be a simple task. However, this does not in our view justify limping all such products together where the differences among the products are so dramatic...We must endeavor to find some reasonable way to assess the relative importance of the various differences in the minds of consumers and to devise some sensible means to categorize passenger cars." (Indonesia–Autos, Relatório do GE/OMC WT/DS54/R). No caso Japan–Alcoholics Beverages (WT/DS8, 10 e 11/AB/R) de 1º de novembro de 1996, parágrafo 6.21, o OPA/OMC decidiu que, por se tratar de um tema muito árduo e fluido nos acordos da OMC, deveria ser analisado em cada caso concreto.

154 Artigo 11.2, *iv*, artigo 15.1, artigo 15.7 e artigo 10, nota 35, todos do ASMC.

155 Anexo I, alínea *i* e Anexo III, item II, 1, do ASMC.

4.1.3.1.6 MONTANTE DO SUBSÍDIO

Do original em inglês *amount of*, significa o valor nominal do subsídio concedido para o transporte, o fabrico e a venda do produto sob investigação.

4.1.3.1.7 INFORMAÇÃO CONFIDENCIAL E RESUMO OSTENSIVO

Conforme a nota 67 do ASMC, a confidencialidade poderá ser de dois tipos: a) informação confidencial por sua própria natureza; ou b) informação confidencial pelo fato de ter sido fornecida, sob sigilo, por qualquer das partes envolvidas na investigação. A informação confidencial poderá ser de caráter comercial ou não.

O artigo 12.5 do ASMC esclarece o que é "informação confidencial por sua própria natureza" e define como aquela cuja revelação daria significativa vantagem a um competidor ou causaria grave dano àquele que a forneceu ou àquele de quem o informante a obteve.

Há ainda uma confidencialidade institucional, disposta no artigo 11.5, que determina que, a menos que as autoridades tenham tomado a iniciativa da investigação, seja evitada toda publicidade da petição inicial da investigação.

A informação protegida por sigilo deverá ser acompanhada de um resumo ostensivo, ou seja, resumo pormenorizado no qual haja um entendimento razoável da substância da informação fornecida em sigilo. Caso não seja possível apresentar esse resumo, as autoridades deverão apresentar uma declaração com seus motivos.

Não existe uma confidencialidade de dados automática. A parte interessada deverá requerê-la ao órgão investigador e este poderá ou não acatar o pedido. Caso não concorde, desconsiderará a informação fornecida e, concordando, deverá mantê-la em arquivo confidencial, além de remeter uma versão não confidencial (geralmente o resumo fornecido) para o arquivo de consulta pública.

4.1.3.1.8 DE MINIMIS

O ASMC no artigo 6.1.*a* prescreve que o subsídio será *de minimis* quando seu montante for inferior a 5% *ad valorem* e no artigo 11.9 determina que o subsídio será *de minimis* se seu montante for inferior a 1% *ad valorem*.

Há um conflito aparente entre as regras dos artigos 6.1.*a* e 11.9, pois o primeiro aponta um *de minimis* de 5% e o segundo, um *de minimis* de 1%. Disso resulta uma falta de economia processual, pois um procedimento de investigação será iniciado, mas só será interrompido imediatamente quando o *de minimis* for inferior a 1% *ad valorem*; caso seja superior, o procedimento continuará e só levará à imposição de medidas compensatórias quando superior a 5% *ad valorem* (grave dano).

Já os artigos 27.10, 27.11 e 27.12 estabelecem que, quando se tratar de países em desenvolvimento, o subsídio será *de minimis* sempre que o montante concedido não for superior a 2% ou 3% do valor do produto investigado, calculado em base unitária.

De acordo com o artigo 11.9, essa constatação será relevante para o encerramento imediato da investigação, independentemente do estágio em que se encontre.

Outro fator que poderá levar ao encerramento da investigação é a constatação de que o volume das importações ou o dano sejam desprezíveis, ou ainda quando, oriundas de países em desenvolvimento, representem, individualmente, até 4% das importações totais de produtos similares e que a soma destas importações com as de outros países em desenvolvimento não represente mais de 9% do total de importações de produtos similares ao investigado.

4.1.3.1.9 FATOS DISPONÍVEIS E MELHOR INFORMAÇÃO DISPONÍVEL

Todo o processo de investigação deverá, como já ressaltado, obedecer ao princípio do devido processo legal. Nesse sentido, a decisão deverá ser tomada com base em indícios sustentáveis e provas robustas.

O grande problema que surge é o fato de que essas investigações dependem, em grande parte, do fornecimento de informações por parte do membro demandado, que nem sempre está disposto a fazê-lo a contento. Para situações como essa, o ASMC adotou dois escapes, o dos "fatos disponíveis" e o da "melhor informação disponível".

Os artigos 12.9 e 12.10 do ASMC, que tratam das provas na investigação, afirmam que, na hipótese de um membro recusar acesso à informação necessária ou, alternativamente, não a fornecer dentro de prazo razoável ou bloquear sensivelmente a investigação, a autoridade investigadora poderá tomar decisões – de maneira preliminar ou conclusiva, afirmativa ou negativa – com base apenas nos fatos disponíveis que serão os fatos essenciais levados em consideração na tomada da decisão de aplicar ou não medidas conclusivas.

A indicação desses fatos essenciais deverá ser feita com antecedência, para que as partes possam defender seus interesses eventualmente atingidos.

O artigo 18.6 do ASMC e o artigo 6º do Anexo V (procedimentos para obtenção de informação relativa ao grave dano) estabelecem que, quando houver celebração de compromisso entre membro demandante e demandado, o primeiro poderá requerer ao governo ou ao exportador que forneçam informações periódicas relativas ao cumprimento do compromisso e que permitam verificação de dados relevantes. No caso de violação de compromisso, as autoridades do membro demandante poderão tomar medidas, ao abrigo do ASMC, que poderão consistir na aplicação imediata de direitos provisórios com base na melhor informação disponível. Em tais situações, direitos conclusivos também poderão ser aplicados sobre mercadorias despachadas para consumo até 90 dias antes da aplicação dos direitos provisórios, porém tal retroatividade não se aplica às importações despachadas para consumo antes da violação do compromisso.

O artigo 6º do ASMC é o mais incisivo e determina que, se o membro demandado ou terceiro país não cooperarem com o processo de coleta de informação, o membro demandante decidirá com base nas provas de que disponha, juntamente com os fatos e as circunstâncias da falta de cooperação das partes referidas. E, nesses casos, o GE/OMC poderá completar o processo, se necessário, com base na melhor informação disponível.

É importante frisar que não se trata de uma sanção à parte silente, nem que se presume a ilegalidade da concessão do subsídio. São apenas mecanismos criados com o intuito de dar efetividade ao processo de investigação. Nesse sentido, a fundamentação da decisão sempre será relevante a fim de checar a necessidade do uso desses expedientes, bem como a proporção e a legalidade de seu uso.

Há ainda outra situação na qual é possível ao membro demandante fazer uso dos fatos disponíveis. Isso se dá quando as informações são solicitadas e remetidas pelo membro demandado às autoridades investigadoras e estas não se sentem seguras quanto à veracidade ou quanto à consistência das informações apresentadas. Nesses casos, podem ser realizadas visitas *in loco* para a confirmação dos dados. Essas visitas necessitam da concordância prévia das empresas investigadas e do membro demandado. Caso não concordem, o membro demandante está autorizado a fazer uso dos fatos disponíveis para tomar decisões preliminares ou conclusivas.

4.1.3.2 Subsídio Específico

Dizer que um subsídio é específico significa que é direcionado a certos beneficiários e, discriminatório de outros. A especificidade não é elemento fundamental para a caracterização do subsídio. É elemento essencial para a definição e a caracterização do subsídio relevante[156]. A

---

156 Alexander e Slotoboom concordam que a especificidade não compõe a definição de subsídio, mas tão-somente a de subsídio acionável e proibido ao que se vê na legislação européia que adota a especificidade como um critério da composição do conceito de ajuda governamental e, portanto, de subsídio. Na UE, a medida governamental só será "ajuda estatal" quando promover algum benefício a certas empresas ou produção de certos bens, isto é, quando

especificidade pode ser abordada sob quatro enfoques: a) empresarial; b) industrial; c) regional; e d) *per se* ou subsídios proibidos.

No primeiro tipo de especificidade, o governo almeja conceder subsídio a uma empresa em particular, no segundo, a um setor ou setores industriais específicos. No terceiro, o governo subsidia produtores de uma região específica e, finalmente, no quarto, o governo concede o subsídio de acordo com seu desempenho exportador ou para outorgar privilégio a produtos nacionais em detrimento de produtos estrangeiros.

Quando ações governamentais são tomadas de tal forma que os custos negativos sejam imputados no espectro de sua própria soberania territorial, parece inapropriado que as outras nações questionem tais condutas. *Contrario senso*, se a concessão do subsídio não apenas cria distorções meramente internas como também distorce, significativamente, a economia de outras nações, a partir de então, o sistema internacional tem uma preocupação legitimada. O "teste de especificidade" serve exatamente para traçar o tênue limite que separa as atividades governamentais permitidas, portanto, não acionáveis, daquelas acionáveis. Os subsídios podem ser considerados específicos *a priori*, como no caso do subsídio proibido, ou *a posteriori*, após passar pelo crivo do teste de especificidade.

Os artigos 2.3 e 3°, ambos do ASMC, estão intimamente relacionados, pois determinam que todo e qualquer subsídio proibido é específico. A exceção a essa regra é delimitada nos artigos 27.2 e 27.3, que estabelecem tratamento especial a países em desenvolvimento que

---

preencher os critérios de seletividade do artigo 87 (1) do EC. No ASMC, no entanto, seletividade não é parte da noção de subsídio, pois a especificidade é requisito da acionabilidade do subsídio e não de sua identificação como tal (ALEXANDER, P. M. The specificity test under U.S. countervailing duty law. **Michigan Journal International Law**, n. 10, p. 807-848 e SLOTOBOOM, M. M. Subsidies in WTO law and in EC law: broad and narrow definitions. **Journal of World Trade**, n. 36, p. 517-542, 2002).

terão seus subsídios qualificados como acionáveis – passíveis de comprovação –, e não como proibidos com presunção *jure at jure* da especificidade[157].

No GATT/1994 não se falou diretamente em especificidade, mas fez-se referência ao seu direcionamento para "produto determinado" que se caracteriza como um dos tipos de especificidade.

Quanto à especificidade regional, cabe ressaltar que será específico o subsídio que se direcione a determinadas empresas de uma região. *Contrario sensu*, não será específico se destinado a todas as empresas de uma determinada região.

Uma peculiaridade do sistema OMC é que os motivos de ordem interna que levam um Estado a optar pela concessão de um subsídio (seja este de ordem econômica, social, ambiental etc.) não têm a menor significância para sua especificidade. O que importa são os efeitos que causa no mercado internacional[158].

A especificidade do subsídio poderá ser *de jure* ou *de facto*. No primeiro caso, o governo, por meio de lei ou ato administrativo, concede o subsídio, extraído da literalidade do texto ou do ato legal

---

157 "As with any analysis under the SCM Agreement, the first issue to be resolved is whether the measures in question are subsidies within the meaning of Article 1 that are specific to an enterprise or industry or group of enterprises or industries within de meaning of Article 2 [...] In this case, the European Communities, the United States and Indonesia agree that these measures are specific subsidies within the meaning of those articles [...] Further, the European Communities, The United States and Indonesia agree that these subsidies are contingent upon the use of over imported goods within the meaning of Articles 3.1 (b), and that they are therefore deemed to be specific pursuant to Articles 2.3 of the Agreement. In light of views of the parties, and given that nothing in record would compel a different conclusion, we find that the measures in question are specific subsidies within the meaning of Articles 1 and 2 of SCM Agreement." (Indonesia–Autos, Relatório do GE/OMC WT/DS54/R, parágrafo 14.155)

158 É o que Santos nomeou de "teoria dos efeitos", no caso da defesa comercial da Comunidade Européia (SANTOS, A. C. dos. **Auxílios de estado e fiscalidade**. Coimbra: Almedina, 2003. p. 387).

da autoridade, limitando seu acesso a empresa ou indústria ou a um grupo destas, a ramos de produção, a regiões geográficas, ressalvadas as hipóteses previstas como subsídios não acionáveis. Na especificidade *de facto*, há uma camuflagem da intenção do governo, pois o subsídio pode ser detectado na análise da extensão da diversificação das atividades econômicas, bem como na duração de tempo em que o programa de subsídio está em operação, chegando-se à conclusão de que é efetivo ou não.

O teste de especificidade é importante porque diferencia práticas governamentais gerais e legítimas daquelas que distorcem o mercado internacional e limita o abuso da aplicação de medidas de defesa comercial. Nada obsta, no entanto, que uma prática, embora não tendo sido considerada subsídio específico, nos termos do ASMC, possa ser considerada uma infração a outras disposições dos acordos da OMC.

No que concerne ao *onus probandi*, caberá à parte que alega provar a especificidade, a menos que se trate de um subsídio proibido que se presume a especificidade. Neste caso, caberá ao membro que concede o subsídio provar que não é específico ou que não operou nexo causal com o dano alegado pelo membro demandante.

4.1.3.3 CLASSIFICAÇÃO DOS SUBSÍDIOS

4.1.3.3.1 QUANTO À FINALIDADE

Os subsídios podem se dividir em: a) subsídios à exportação; b) subsídios à produção doméstica; e c) subsídios à produção geral.

Os subsídios à exportação são proibidos pela OMC e visam beneficiar a produção destinada ao mercado externo. Contra estes podem ser aplicadas medidas compensatórias pelo país importador depois de realizada investigação doméstica, ou medidas retaliatórias depois de autorizadas pelo OSC/OMC num processo de investigação institucional na Organização.

Os subsídios domésticos gozam de grande número de exceções no GATT/1994 e, quando danosos, privilegiam a produção doméstica em detrimento da importação de produtos estrangeiros. Quando o subsídio doméstico gerar um excedente exportado, segue-se a regra do subsídio à exportação.

Já os subsídios à produção geral são concedidos independentemente da destinação interna ou externa da produção e deverão, tanto quanto os outros, passar pelo teste de especificidade para que seja constatado se são ou não uma prática danosa. Se produzirem efeitos danosos no mercado doméstico do membro demandante ou no mercado internacional, poderão ser tratados como subsídios à exportação e, quando afetarem suas vendas no mercado do membro demandado, como subsídios à produção doméstica.

4.1.3.3.2 Quanto ao Controle

Os subsídios podem ser proibidos, recorríveis e irrecorríveis, também conhecidos como vermelhos, amarelos e verdes ou, ainda, proibidos, acionáveis e não acionáveis, respectivamente. O enquadramento nessa classificação autoriza pequenas variações no trâmite do processo investigatório geral da OMC, bem como a aplicação de medidas distintas.

4.1.3.3.2.1 Subsídios Proibidos: Artigo 3º do ASMC

Os subsídios proibidos ou vermelhos, previstos no artigo 3.1 do ASMC, são presumidamente nocivos ao comércio internacional e dividem-se em dois tipos, aqueles concedidos com base nos resultados da exportação (subsídios à exportação e gerais) e os condicionados ao privilégio da produção interna em detrimento de produtos importados (subsídio doméstico)[159].

---

159 Wilcox esclarece que o Trade Agreement Act norte-americano de 1979 distinguiu os subsídios de exportação dos subsídios domésticos, o que teria sido adotado

No código de subsídio de 1979 já se havia criado uma categoria de subsídios proibidos de *per se* – os subsídios à exportação –, e o ASMC acresce a estes aqueles derivados da preferência de produtos nacionais em detrimento de produtos importados[160].

Na mesma linha do código de subsídio de 1979, o ASMC adotou uma lista ilustrativa de condutas que podem ser consideradas como subsídios à exportação. Para que se enquadre um subsídio como proibido, é obrigatório que se averigúe se essa prática está ou não excepcionada nas notas interpretativas 1 e 5 do ASMC. Contudo, o fato de uma conduta ser excetuada da condição de subsídio proibido

---

pelo GATT/1994 após a Rodada Uruguai. Ademais, o TAA teria clarificado o significado do subsídio quando especificou o sentido de "contribuição financeira", "interposta pessoa" e introduziu a lista exemplificativa de práticas proibidas e o teste de especificidade. A adoção do teste de especificidade e a colocação de algumas práticas governamentais na condição de subsídios não acionáveis, no ASMC, pós Rodada Uruguai, teriam funcionado como um limite à aplicação de medidas compensatórias pelos países (WILCOX, W. K. GATT-based protectionism and the definition of a subsidy. **Boston University International Law Journal**, n. 16, p. 139, 1998).

160   "[...] muchas controversias sobre subvenciones nacionales (como una forma de infringir el principio de igualdad de trato) fueron llevadas a través del art. III GATT y los remedios generales que ofrecía el GATT, por lo que se generó una doble jurisprudencia. Para conseguir que todos los problemas referentes a las subvenciones fuesen tratados bajo una misma normativa, el borrador de Cartland incluyó esta categoría de subvenciones junto a las subvenciones a la exportación. Sin lugar a dudas, la unificación de las normas e procedimientos en materia de subvenciones es positiva, pero del art. 3.1.b ASMC se derivan una serie de problemas [...] En conclusión, el art. III GATT y el art. 3.1.b ASMC son dos preceptos distintos. Cada uno de ellos está enquadrado dentro de unos textos que proponen marcos diferentes de arreglos de diferencias. El art. 3.1.b ASMC se convierte en una norma especial en materia de subvenciones, frente al resto de casos donde el principio de igualdad de trato resulte violado. Ademàs, el art. 3.1.b incluye las situaciones en que se supedite *de facto* la concesión de la subvención al empleo de productos nacionales con preferencia a los importados." (MADRID, G. E. L. H. de. **El derecho de las subvenciones en la OMC**. Madrid: Marcial Pons, 2005. p. 192-195)

não lhe retira a natureza de subsídio específico, podendo ser analisada pelo foco, por exemplo, do artigo 5º do ASMC, como subsídio recorrível.

Quanto ao segundo tipo de subsídio proibido (preferência de produtos nacionais em detrimento de produtos importados), somente será assim qualificado quando a concessão do subsídio estiver condicionada ao uso, por parte do beneficiário, de produtos nacionais em detrimento de produtos estrangeiros. Uma vez confirmado tratar-se de um subsídio, a aplicação do artigo 3.1.*b* prefere à aplicação do artigo III do GATT/1994.

O Anexo VII do ASMC prevê que alguns países menos desenvolvidos (conforme a classificação da ONU) podem conceder livremente os subsídios proibidos, reconhecendo aí sua importância para as políticas públicas de desenvolvimento nacional. Para os países menos desenvolvidos cujo PIB por habitante alcance a cifra de US$ 1.000 ao ano, reservou-se a nomenclatura de "outros países em desenvolvimento", aplicando-se-lhes um período de transição para a eliminação de seus subsídios. Esse período de transição finalizou em 1º de janeiro de 2003 e foi prorrogado até 31 de dezembro de 2006. Os países menos desenvolvidos que alcancem 3,25% do comércio mundial de determinado produto perdem a possibilidade de conceder um subsídio proibido.

4.1.3.3.2.2 SUBSÍDIOS PERMITIDOS OU IRRECORRÍVEIS: ARTIGO 8º DO ASMC

Subsídios não acionáveis, irrecorríveis ou verdes são aqueles não específicos (nos termos do artigo 2º do ASMC), pois são legais, e os que, embora específicos, sejam expressamente excetuados pelo ASMC, pelos objetivos que perseguem ou por causarem um pequeno impacto no comércio internacional[161].

---

161 ASMC: "Artigo 8.2 – [...] a) assistência às atividades de industrialização e desenvolvimento; b) assistência a regiões desfavorecidas; e c) assistência para adaptação das instalações já existentes a novos requisitos ambientais."

Esses subsídios não estariam sujeitos à imposição de medidas de defesa comercial por parte dos outros membros nem à discussão no sistema de solução de controvérsias da OMC.

Atualmente, a existência dessa categoria de subsídios é mais teórica que prática, pois o artigo 31 do ASMC determinou que a vigência do artigo 8º do ASMC[162] deveria ser expressamente renovada no final de 1999, o que não ocorreu. Dessa forma, todos os subsídios que se enquadravam no artigo 8º do ASMC passaram, a partir de 2000, a ser subsídios recorríveis.

Não obstante o exposto anteriormente, cabe ressaltar que, no antigo regime do artigo 9.1 do ASMC, com base em razões fundadas de que o subsídio fosse capaz de causar danos dificilmente reparáveis à indústria nacional de um membro, este poderia[163] tomar medidas legítimas na OMC para contê-lo. Investigações realizadas no território do membro demandante só poderiam ser iniciadas e processadas para averiguar se a prática (não notificada à comissão competente da OMC) era específica e se se enquadrava nas exceções estabelecidas no artigo 2º, alíneas *a*, *b* e *c*, do ASMC. Uma vez confirmada sua especificidade, a prática seria tratada como subsídio recorrível pelo OSC/OMC.

Além dos subsídios permitidos, estabelecidos no artigo 8º do ASMC, há outros que também não são passíveis de retaliação pelos membros, pois são permitidos no sistema normativo do ASMC: subsídios *de minimis* (artigo 6.1.*a*) e subsídios excepcionados no Anexo I (lista ilustrativa de subsídios à exportação).

4.1.3.3.2.3 Subsídios Recorríveis: Artigos 5º e 6º do ASMC

Os subsídios acionáveis, recorríveis ou amarelos somente serão classificados como específicos depois de passarem pelo teste de

---

162   E dos artigos 6º, § 1º e 9º do ASMC.
163   Artigo 9º do ASMC.

especificidade. E, para serem enquadrados como tal, deverão atender a dois requisitos: promoverem "efeitos desfavoráveis" aos interesses de outro membro[164] e causarem "prejuízo grave"[165].

Os efeitos desfavoráveis são configurados mediante: a) um dano a um ramo de produção nacional; e b) anulação ou redução das vantagens conquistadas no GATT/1994.

O artigo 6° do ASMC expõe uma lista exemplificativa de situações nas quais seria cabível a alegação de existência de prejuízo grave, a fim de que, no julgamento do caso concreto, o país lesado tenha referencial objetivo de análise. O prejuízo grave deve ser comprovado com base em dados reais.

Os artigos 27.8 e 27.9 do ASMC estabelecem uma flexibilização dessas regras quando o país investigado for um membro menos desenvolvido. Tais regras excepcionais são relativas a subsídios concedidos por membros menos desenvolvidos a produtos industriais, pois os produtos agrícolas estão regulados em acordo distinto. O Comitê/OMC é o órgão adequado para se peticionar a análise da legalidade de um subsídio concedido por um membro menos desenvolvido.

4.1.3.3.3 Quanto à Legalidade

Os subsídios dividem-se em permitidos ou legais e ilegais, sendo os últimos passíveis de medidas compensatórias ou de medidas retaliatórias.

Assim, será ilegal o subsídio específico ou relevante não excetuado pelos acordos e será aferido após sua submissão ao teste da especificidade nos casos em que não haja a presunção da ilegalidade.

A classificação quanto à legalidade está intimamente ligada à classificação quanto ao controle. Esta última divide os subsídios em

---

164   Artigo 5° do ASMC.
165   Artigo 6° do ASMC.

proibidos[166], recorríveis[167] e irrecorríveis[168]. Os subsídios legais poderão ser irrecorríveis ou recorríveis e os ilegais poderão ser proibidos ou recorríveis.

No caso dos subsídios irrecorríveis, há a presunção de sua legalidade e quem deverá provar a ilegalidade é o membro demandante, pois a norma privilegia o direito do membro demandado.

Para os subsídios proibidos, o membro demandado deverá provar que sua prática não causou dano ou que não operou nexo causal com o dano existente no mercado do membro demandante. Há uma inversão do ônus da prova que beneficia a parte que alega.

Para os subsídios recorríveis há aplicação da teoria geral da prova, com participação de ambas as partes, sendo possível a utilização da presunção, por meio da adoção da "melhor informação disponível". Mas, inicialmente, caberá ao membro demandante provar o alegado.

4.1.3.3.4 Quanto ao Tipo de Estímulo Oferecido

Nesta classificação, os subsídios se dividem em "subsídios tributários", "subsídios creditícios" e "subsídios privados".

A tese de Bobbio[169] de que existe um "direito premial" fundado em estímulos, induzimento ou promoção de práticas desejadas pelo Estado, para alcançar o bem social, foi amplamente acolhida. No mesmo sentido, Ferraz afirma que "o Estado cresceu para além da sua função garantidora repressiva, aparecendo muito mais como produtor de serviços de consumo social, regulamentador da economia e produtor de mercadorias"[170].

---

166   Artigo 3º do ASMC.
167   Artigo 5º do ASMC.
168   Artigo 8º do ASMC.
169   BOBBIO, N. **Dalla strutura allá funzione**. Milão: Giapichelli, 1977.
170   FERRAZ JR., T. S. Crédito-prêmio de IPI e incentivo fiscal setorial: da inaplicabilidade do artigo 41 do ADCT da CF/1988. **Crédito-prêmio de IPI**: estudos e pareceres. São Paulo: Manole, 2005. p. 35.

Enquanto o Estado social tende a fazer da intervenção e da indução os meios para alcançar o seu fim, o Estado liberal se afasta desse modelo para que a economia regule os fins possíveis. Nesse diapasão, o financiamento de atividades privadas, a tributação e a extrafiscalidade são poderosos instrumentos de intervenção estatal na economia.

No caso brasileiro, a Constituição Federal de 1988, no exercício de sua competência programática, lançou os alicerces desse Estado social e, em vários de seus dispositivos, privilegiou a desoneração tributária (artigos 3º, II, 153, § 3º, III, 155, § 2º, X, a, e XII, e), corroborando a tese de que os Direitos Financeiro, Tributário e Econômico são instrumentos que viabilizam a atuação promocional e incentivadora do Estado na economia, na produção e na sociedade. Os incentivos exsurgem como instrumentos efetivos do direito premial[171] e exercem influência direta na aplicação interna do ASMC, AAD e ASG da OMC.

A teoria do direito premial faz contraponto à teoria kelseniana[172] clássica do direito punitivo que visa repelir condutas indesejadas e estimular as desejadas por meio da imposição da sanção que adquirirá características distintas nas diversas esferas do Direito (administrativa, civil, penal, internacional etc.). Contudo esses dois modelos explicativos da aplicação do Direito pelo Estado (premial e sancionador) não são incompatíveis e podem conviver de maneira harmoniosa. Geralmente, o Estado tanto concede vantagens, inclusive subsídios, para estimular algumas condutas, quanto estabelece e aplica sanções para inibir a prática de outras.

Quanto maior a intervenção do Estado na economia, maior será a opção pela atuação direta, como instalação de empresas públicas. Vê-se que um fator interno (diminuição da atuação direta do Estado na

---

171   BECKER, A. A. **Teoria do direito tributário**. 3. ed. São Paulo: Saraiva, 1998.
172   KELSEN, H. **Teoria geral das normas**. Porto Alegre: Sérgio Antônio Fabris, 1996 e KELSEN, H. **Teoria geral do direito e do estado**. São Paulo: Martins Fontes, 2000.

economia) e outro externo (discussão da abertura de mercados na OMC, com redução de barreiras alfandegárias e fitossanitárias) são catalisadores da crescente concessão de subsídios ao setor produtivo, bem como da crescente aplicação de medidas de defesa comercial pelos países para proteger a indústria nacional e competir com produtos estrangeiros.

Classificar um subsídio como tributário ou como creditício é relevante, pois determina se a concessão realizada pelo Estado será regrada ou não pelas limitações ao poder de tributar e de isentar, pelos direitos individuais do contribuinte ou, ainda, pelas regras do Direito Financeiro ou Econômico.

Neste caso, serão adotadas as expressões "subsídio tributário", para referir-se àquele que tenha ligação direta com a regra matriz de incidência tributária, "subsídio creditício", para referir-se àquele cuja ligação se dá com as categorias do Direito Financeiro, e "subsídio privado", para referir-se àquele regido pelas regras privatísticas do Direito Civil e do código *antidumping* da OMC[173].

Os subsídios tributários e creditícios têm naturezas jurídicas distintas, que não se confundem, embora apresentem efeitos econômicos similares. Poderão ser concedidos de várias formas, por isenção, imunidades, não-incidência, créditos presumidos, redução de alíquota e da base de cálculo, suspensão, alíquota zero, remissão, anistia, abatimento,

---

173   Sobre outros modelos classificatórios que diferenciam isenção de subvenção e o fazem porque classificam a subvenção como auxílio financeiro não vinculado à regra matriz de incidência de qualquer tributo, equivalente ao que se denomina, neste livro, de subsídio tributário e subsídio creditício, ver: FERREIRA, E. P. O controlo das subvenções financeiras e dos benefícios fiscais. **Revista do Tribunal de Contas**, Lisboa, n. 1, p. 25 e ss., jan./mar. 1989; EVANS, A. **European community law of estate aid**. Oxford: Clarenton Press, 1997; COMMUNIER, J. M. **Le droit communitaire des aides d'éstat**. Paris: LGDJ, 2000; MARKUS, J. P. **Les aids publiques indirectes aux entreprises. Contribution a l'étude de la notion d'aide**. Thèse. Paris II, 1993; e MARTINS, N. Incentivos a investimentos isenção ou redução de impostos, tratamento jurídico-contábil aplicável. **Revista de Direito Tributário**, São Paulo, n. 61, p. 174-186, 1992.

reembolso, diferimento do pagamento, entre outros, assim como por empréstimos, doações, aportes de capital, garantias de empréstimos vinculadas à probabilidade de êxito das exportações, entre outros[174].

O subsídio tributário, quando destinado à melhoria dos setores produtivos, geralmente eleva a capacidade produtiva com aumento do estoque de capital fixo instalado na empresa ou ainda com ampliação do número de unidades produtivas existentes. O aporte financeiro é obtido com base no valor total ou parcial do tributo apurável, reduzindo a receita orçamentária do Tesouro, como regra decorrente de tributos diretos.

Para Borges[175], os incentivos podem ser fiscais, quando derivados de capacidade contributiva, ou extrafiscais, quando em razão de política econômica, embora doutrinariamente se diga que os incentivos fiscais sejam derivados da política econômica.

Já Tôrres[176] assevera que os incentivos fiscais[177] servem como medida para impulsionar ações ou são corretivos de distorções do

---

174 FICHERA, F. Le agevolazione fiscalli. **Rivista de Diritto Finanziario e Scienza Delle Finanze**, n. 1, p. 99-100, 1998.

175 Na doutrina brasileira, a palavra incentivo tanto pode ser aplicada para apontar o tipo de subsídio que esteja sendo concedido como também os seus efeitos. Nessa citação foi adotada o primeiro sentido (BORGES, J. S. M. Sobre as isenções, incentivos e benefícios fiscais relativos ao ICMS. **Revista Dialética de Direito Tributário**, São Paulo, n. 6, p. 69-73, mar. 1996). Com entendimento contrário Matos afirma que o incentivo "tem efeitos contrários aos da extrafiscalidade, que é uma forma de exacerbar a carga tributária com a finalidade de inibir os contribuintes de praticar determinadas condutas desinteressantes ao país" (MATTOS, A. G. de. O imposto de renda frente ao ICMS remetido como subvenção para investimento. **Revista dos Tribunais**, São Paulo, ano 4, n. 15, p. 16, abr./jun. 1996).

176 TÔRRES, H. T. **Crédito-prêmio de IPI: estudos e pareceres**. São Paulo: Manole, 2005. p. 159.

177 Os incentivos fiscais ou tributários são normas com finalidades extrafiscais que visam à promoção do desenvolvimento econômico e o fazem se valendo da exclusão total ou parcial do crédito tributário (AUGUSTO, M. F. Incentivos fiscais. In: ENCICLOPÉDIA Saraiva de Direito. São Paulo: Saraiva, 1972. v. 43, p. 221).

sistema econômico, não tendo nada a ver com a exigência de adequação de capacidade contributiva de quem suporta a obrigação ou lhe é beneficiário. Ressalta ainda que o regime constitucional brasileiro acolhe os auxílios estatais (gênero) sob a forma de isenção total ou parcial (no qual cabem os créditos presumidos, redução de alíquota etc.) e os incentivos financeiros (juro baixo em empréstimo, recursos financeiros diretos) que não os vincula à regra matriz de incidência tributária.

A concessão dos incentivos tributários deve se revestir das garantias constitucionais que protegem o contribuinte da discricionariedade, em nome do princípio da legalidade e também do tratamento igual em situações desiguais, pois em nome do princípio da igualdade impede-se que exceções sejam abertas ao arbítrio da autoridade concedente, evitando-se ilegítimos favorecimentos e ilegítimos desfavorecimentos[178].

Vale uma diferenciação quanto ao campo de incidência das normas, no que se refere ao "subsídio tributário" e ao "benefício fiscal". O primeiro é instituto de Direito Econômico ou da Concorrência, com índole internacional, aplicável à tributação, enquanto o segundo é um instituto de Direito Tributário ou Administrativo Econômico internos. Ambos os institutos representam exceções ao modelo de tributação-regra e ao princípio da generalidade da tributação e traduzem-se numa intervenção do poder público no domínio econômico, em favor de contribuintes determinados ou determináveis[179].

Não é intuito deste livro analisar aspectos teóricos e doutrinários de cada modalidade de subsídio tributário, pois o ASMC faz refe-

---

178 FERRAZ JR., T. S. Remissão e anistia fiscais: sentido dos conceitos e forma constitucional de concessão. **Revista Dialética de Direito Tributário**, São Paulo, n. 92, p. 67-73, maio 2003.
179 SANTOS, A. C. dos. **Auxílios de estado e fiscalidade**. Coimbra: Almedina, 2003. p. 320 e 322.

rência expressa ao sentido no qual utiliza cada expressão[180], daí porque, a partir desse critério e tendo em vista a lista meramente exemplificativa do artigo 1º e do Anexo I do ASMC, pode-se observar quais são os subsídios tributários – alguns específicos ou relevantes e outros não (independentemente dos que possam vir a ser criados) – que se encaixam na regra matriz de incidência tributária: a) receitas tributárias devidas e perdoadas ou não recolhidas, tolerância de dívidas tributárias ou quaisquer práticas similares que envolvam bônus às exportações; b) isenções, em favor de produtos destinados à exportação, de impostos ou taxas habitualmente aplicados sobre o produto similar quando destinado a consumo interno, e a remissão de tais impostos ou taxas em valor superior aos totais devidos ou abonados; c) concessão específica de isenção, remissão ou diferimento, total ou parcial, de impostos diretos ou impostos sociais pagos ou pagáveis por empresas industriais ou comerciais; d) na quantificação da base de cálculo de impostos dire-

---

[180] Que nem sempre coincidirá com aquele normalmente utilizado pela doutrina nacional ou o acolhido pelo sistema tributário constitucional brasileiro. Para mera exemplificação apresentam-se alguns sentidos cunhados no ASMC: a) "impostos diretos" significam impostos sobre salários, lucros, juros, rendas, direitos de autor e todas as formas de ganho, além de impostos sobre a propriedade de bens imóvel; b) "direitos de importações" são tributos aduaneiros aplicados à importação; c) "impostos indiretos" significam tributos sobre vendas, consumo, volume de negócio, valor acrescido, franquias, selos, transmissões, estoques e equipamentos, ajustes fiscais na fronteira e todos os impostos, além dos que se denominam impostos diretos de importação; d) "impostos indiretos sobre etapas anteriores" são aqueles tributos incidentes sobre bens ou serviços utilizados direta ou indiretamente no fabrico de um produto final; e) entendem-se "impostos indiretos acumulativos" como os tributos que se aplicam em etapas sucessivas, sem que existam mecanismos que permitam descontar posteriormente o imposto, caso os bens ou serviços sujeitos aos impostos utilizados numa etapa da produção sejam utilizados em etapas posteriores a ela; f) "remissão de imposto" compreende reembolso ou redução dos impostos.

tos, concessão de deduções especiais diretamente relacionadas com exportações ou com o desempenho exportador, superiores àquelas concedidas à produção para consumo interno; e) isenção ou remissão de impostos indiretos sobre a produção e a distribuição de produtos exportados, além daqueles aplicados sobre a produção e a distribuição de produto similar vendido para consumo interno; f) isenção, remissão ou diferimento de impostos indiretos sobre etapas anteriores de bens de serviços utilizados no fabrico de produtos exportados, além de isenção, remissão ou diferimento de impostos indiretos equivalentes sobre etapas anteriores de bens ou serviços utilizados no fabrico de produto similar destinado ao mercado interno, desde que, porém, impostos indiretos cumulativos sobre etapas anteriores possam ser objeto de isenção, remissão ou diferimento sobre produtos destinados à exportação, mesmo quando tal não se aplique a produtos similares destinados ao consumo interno, se os impostos indiretos cumulativos sobre etapas anteriores são aplicados aos insumos consumidos no fabrico do produto de exportação (levando-se em conta os desperdícios); e g) remissão ou devolução de direitos de importação, além daquelas práticas sobre insumos importados que sejam consumidos no fabrico do produto exportado (levando-se em conta os desperdícios normais), desde que, porém, em casos especiais, uma empresa possa utilizar certa quantidade de insumos nacionais como substitutivo equivalente aos insumos importados, com as mesmas características e com a mesma qualidade, com vistas a beneficiar-se dessa disposição, se tanto a importação quanto a exportação ocorrem dentro de prazo razoável, não superior a 2 anos.

Diferentemente dos sentidos dispostos no ASMC, a doutrina brasileira já consolidou o entendimento de que as expressões "remissão", "anistia", "reembolso" e "redução de impostos" têm sentido próprio e não se confundem.

A remissão é a dispensa ou perdão legal do pagamento do tributo, e a anistia é a dispensa do direito de punir do Estado que não apaga a infração ou o crime cometidos, excluindo e não extinguindo o crédito tributário[181].

Reembolso é a devolução do valor pago, efetiva ou presumivelmente, pelo contribuinte ao Estado, também conhecido por "crédito". Há a compensação dos tributos pagos nas operações anteriores. No caso do ICMS, não apenas o imposto pago mas também o devido nas operações anteriores serão igualmente compensáveis[182]. É um instrumento indireto de exoneração – total ou parcial – do tributo que se presume pago, embora não o tenha sido.

Redução de tributo, também chamada por alguns autores de isenção parcial – com redução de base de cálculo ou da alíquota do tributo –, é um tipo de incentivo no qual a norma que prescreve a obrigação tributária incide, para que depois se determine a redução do tributo devido, resultando num valor final menor a pagar.

Para a doutrina brasileira, remissão, isenção e diferimento[183] também são incentivos completamente distintos. Isenção, segundo Borges, é uma hipótese de não-incidência da norma que prescreve a obriga-

---

[181] Ver: BALEEIRO, A. **Direito tributário brasileiro**. 7. ed. Rio de Janeiro: Forense, 1975. p. 533; FERRAZ JR., T. S. Remissão e anistia fiscais: sentido dos conceitos e forma constitucional de concessão. **Revista Dialética de Direito Tributário**, São Paulo, n. 92, p. 70, maio 2003; FERREIRA, P. Anistia. In: ENCICLOPÉDIA Saraiva de Direito. São Paulo: Saraiva, 1978. v. 6, p. 434; e NOGUEIRA, R. B. **Curso de direito tributário**. São Paulo: RT, 1976. p. 254.

[182] Os créditos de ICMS se dão mediante convênio celebrado entre os Estados nos termos da Lei Complementar nº 24/1975 e da lei específica estadual, já os do IPI devem, simplesmente, ser precedidos de lei especial federal.

[183] O ASMC ainda aplica à palavra remissão outro sentido. "Remissão ou devolução" compreende isenção ou diferimento total ou parcial dos direitos de importação. Os membros reconhecem que o diferimento poderá não constituir subsídio à exportação quando, por exemplo, o tributo recebido é acrescido de juros adequados. No caso brasileiro, há uma garantia constitucional assegurada ao contribuinte que prevê que a concessão de subsídio tributário, por meio de remissão ou anistia de tributos, deve ser precedida de lei específica que trate exclusivamente sobre o tema (Emenda Constitucional nº 3/1993 que alterou o artigo 150, § 6º, da CF/1988).

ção tributária, legalmente qualificada. A norma de isenção incide para que não incida a norma instituidora do tributo[184]. Diferimento é o adiamento do recebimento do tributo devido em prazo superior ao normalmente praticado pelo Estado.

O subsídio creditício[185] diferencia-se do subsídio tributário pelo fato de não se vincular à regra matriz de incidência tributária. A relação obrigacional que se formará entre Estado e beneficiário será de Direito Financeiro ou Administrativo.

Um subsídio tributário, na forma de isenção, por exemplo, é um ato marcado pelo não dar, o subsídio creditício se caracteriza exatamente pelo contrário, por um dar. O primeiro, quando pago, é receita orçamentária e o segundo, despesa orçamentária. O subsídio tributário adentra no campo da legalidade tributária e o subsídio creditício está adstrito aos princípios da legalidade geral que regem o Direito Financeiro. Até o pagamento do tributo, aplica-se o regime jurídico dos tributos, após sua entrada na condição de receita pública, valerá o disposto na regulamentação financeira do Estado[186].

---

184 P. M. H. Molina (**La exención tributaria**. Madrid: Colex, 1990) diferentemente de J. S. M. Borges (Sobre as isenções, incentivos e benefícios fiscais relativos ao ICMS. **Revista Dialética de Direito Tributário**, São Paulo, n. 6, p. 69-73, mar. 1996) qualifica a isenção, segundo o que chama de moderna teoria da isenção, não como um "modo de não ser" do imposto, senão como uma modalidade peculiar de imposição da norma tributária. A norma de isenção contribui para a exata definição do fato imponível, numa valorização complexa e rica do critério de justiça que justifica o tributo.

185 Embora a doutrina geralmente use as expressões incentivo financeiro e subvenção financeira, aplicar-se-á a expressão subsídio creditício, pois entende-se que o subsídio tributário também seja um tipo de subsídio financeiro, que implica aporte de capital do Estado. A expressão subsídio financeiro será por nós utilizada como gênero do qual são espécies os subsídios tributário e creditício. Quando houver referência a entendimento doutrinário, preservar-se-á a expressão utilizada pelo autor.

186 BORGES, J. S. M. Sobre as isenções, incentivos e benefícios fiscais relativos ao ICMS. **Revista Dialética de Direito Tributário**, São Paulo, n. 6, p. 49, mar. 1996.

No Estado de Direito, as isenções (subsídios tributários) devem ser substituídas por subsídios creditícios, por ele chamados de subvenções, pois, dessa forma, a sociedade pode controlar a verdadeira quantia que o Estado destina para determinadas atividades.

A devolução do tributo, dentre os possíveis modos de apresentação dos subsídios creditícios[187], freqüentemente causa confusão quanto ao regime jurídico aplicável. Nesse caso, supõe-se que houve o ingresso da receita tributária nos cofres públicos, cessando a relação jurídico-tributária e fazendo nascer uma relação financeira. O Estado passa a ser o devedor da prestação e o administrado, o credor, contrariamente ao que ocorre numa relação tributária, quando a lei ou convênio institui a devolução do tributo.

O subsídio creditício também pode se apresentar como uma doação modal *ob causam futuram* de Direito Administrativo, por meio da qual o organismo público assume parte da carga financeira de outro organismo da esfera inferior ou de particular, com finalidade de interesse geral, embora específico e determinado[188]. Discorda-se de autores como Molina[189], para o qual o subsídio creditício, por ele chamado de subvenção, é uma atribuição patrimonial a fundo perdido, pois a doação é apenas um dos meios de concessão de subsídio creditício, mas

---

Não obstante seu enfoque econômico, um estudo especial da **Revista Conjuntura Econômica** diferencia, dentre os subsídios, aqueles que denomina fiscais daqueles ditos creditícios. Dentre as conclusões, aponta que o subsídio creditício, geralmente, equivale ao diferencial entre as taxas de juros de mercado e a taxa de juros subsidiada, não representando fluxo de despesa orçamentária nem se originando de receita que se caracterize como tributária. Defende ainda que as fontes do subsídio creditício se inserem no passivo do Orçamento Monetário (**Revista Conjuntura Econômica**. Fundação Getulio Vargas: Rio de Janeiro, p. 99, jan. 1979).

187   Empréstimos, devolução do tributo, taxas preferenciais, garantias de dividendos, taxas de redescontos preferenciais, participações públicas no capital de empresas, renúncia à remuneração do capital de uma empresa pública, injeções ou participações no capital das empresas, cessões a título gratuito de prédios e terrenos.

188   BORGES, J. S. M. **Teoria geral da isenção tributária**. 3. ed. São Paulo: Malheiros, 2001.

189   MOLINA, P. M. H. **La exención tributaria**. Madrid: Colex, 1990. p. 52.

não o único. A devolução posterior dos valores com atualização e a taxa de juro inferior às praticadas no mercado ou inferior ao custo de captação também são suficientes para caracterizar o subsídio creditício.

Santos[190] classifica o diferimento do pagamento do tributo e a renegociação da dívida tributária como tipos de empréstimo (subsídio creditício) que têm por base receitas tributárias. Embora respeitável o entendimento, não se entende adequado pelo fato de, como já referido, continuarem sendo obrigações tributárias. Nesses casos, não há que falar em subsídio creditício, embora os efeitos econômicos práticos sejam similares aos de um empréstimo de longo prazo, realizado pelo Estado.

No Direito privado, o subsídio não adquire caráter compensatório nem remuneratório e está restrito às regras privatísticas, não compatíveis com o regime jurídico dos atos públicos[191]. São doações reguladas pelas disposições do Código Civil. Quando no regime público, por sua vez, terá característica não contraprestacional, pois, para o poder público concedê-lo, é necessário apenas um interesse econômico ou social nacional que esteja especificado na lei criadora do benefício ou em texto normativo que lhe seja superior.

Essas doações poderiam ser de interesse em processos e investigações dos casos de *dumping*, que, por sua natureza, excluem do campo de análise as contribuições efetivadas ao setor produtivo pelo Estado. Como no Direito Internacional a expressão subsídio somente se aplica aos aportes financeiros estatais, não seria adequado utilizá-la para casos de *dumping*, que já contam com nomenclatura própria[192].

---

190   SANTOS, A. C. dos. **Auxílios de estado e fiscalidade**. Coimbra: Almedina, 2003. p. 393-395.

191   ATALIBA, G. Subvenção municipal a empresas, como incentivo à industrialização, a impropriedade designada "devolução do ICM". **Justitia**, São Paulo, ano XXXIII, v. 72, p. 153, 1. trimestre 1971.

192   "As exigências do regime publicístico impõem, portanto, alteração no caráter não contraprestacional das subvenções. Por isso, se estas persistem marcadas por esta indelével peculiaridade, a gratuidade que as matiza, embora mantida na estrutura

4.1.3.4 Mecanismo Multilateral de Investigação de Subsídios Destinados a Produção e Comercialização de Bens Não Agrícolas

4.1.3.4.1 Introdução

O ASMC, ao classificar os subsídios em proibidos, recorríveis e irrecorríveis, também traçou os recursos ao alcance das partes para que os combatessem. Apresentou uma via institucional multilateral (Parte X), com possibilidade de utilização do mecanismo de solução de controvérsias da OMC, e um procedimento nacional unilateral (Parte V), com a possibilidade de aplicação de medidas compensatórias.

A figura a seguir mostra algumas peculiaridades dos dois recursos, multilateral e unilateral.

FIGURA 3 – DIFERENÇAS ENTRE OS PROCEDIMENTOS DE INVESTIGAÇÃO MULTILATERAL E UNILATERAL

Foro multilateral	Foro unilateral
• Serve para discutir a compatibilidade de subsídios concedidos por um membro com as regras do ESC, independentemente do mercado que atinjam. Neste sentido, visa à extinção do subsídio.	• Serve para neutralizar subsídios concedidos a produtos que foram importados para o território do membro que pretende impor as medidas compensatórias, em razão do dano causado à indústria doméstica.
• Serve para discutir a compatibilidade das regras nacionais para a aplicação de medidas compensatórias (além da legalidade das medidas compensatórias aplicadas) por um membro, tendo como referência os critérios substantivos e adjetivos estabelecidos no ASMC.	
• Acessível apenas aos membros.	• Acessível também aos particulares representativos da indústria nacional e às "partes interessadas".
• As compensações e a suspensão de vantagens servem para compensar danos causados à indústria doméstica dos países demandantes, mas são subsidiárias à determinação de extinção do subsídio propriamente dito ou dos seus efeitos lesivos à indústria doméstica de terceiro membro.	• As medidas compensatórias apenas servem para compensar os danos causados à indústria doméstica do membro importador que as aplica. Não serve para a extinção do subsídio específico.

---

do instituto, não exclui uma compensação inserida em posição nuclear e decisiva, entre seus pressupostos." (ATALIBA, G. Subvenção municipal a empresas, como incentivo à industrialização, a impropriedade designada "devolução do ICM". **Justitia**, São Paulo, ano XXXIII, v. 72, p. 153, 1. trimestre 1971.

4.1.3.4.2 Visão Geral da Investigação de Subsídio

Nos fluxogramas dos tópicos seguintes, serão apresentadas algumas diferenças entre as investigações da OMC de subsídios proibido, recorrível e irrecorrível. Já as fases de conciliação, bons ofícios e mediação não sofrem nenhuma alteração procedimental decorrente do tipo de subsídio a ser investigado.

Se o subsídio é recorrível, os prazos são maiores, as provas exigidas do membro demandante são mais detalhadas e pode-se acordar uma compensação dos prejuízos ocasionados. Para o subsídio proibido, é prevista a convocação do grupo de especialistas que deverá se manifestar antes de o GE/OMC decidir se o classifica como tal. Para os casos de subsídios irrecorríveis, os prazos são mais curtos e há intervenção do CSMC/OMC[193].

Não obstante a extinção, por falta de renovação, dos subsídios permitidos (irrecorríveis ou verdes), vale ressaltar que o procedimento para discutir a compatibilidade de um subsídio tido como permitido não seria de competência do OSC/OMC, mas, sim, do Comitê de Subsídios da OMC.

Na fase de investigação apura-se a concessão do subsídio, o dano e o nexo causal entre ambos para, a partir de então, avaliar se o subsídio concedido é ou não compatível com o ASMC. Aplica o teste de especificidade do subsídio[194]. Finda a investigação, inicia-se uma fase

---

193 GONZÁLES, F. F. Dumping y subsidios en el comercio internacional. Buenos Aires: Ad hoc, 2001. p. 135.

194 As próprias Cortes americanas têm tido dificuldades para aplicar o teste de especificidade, pois as políticas governamentais sempre privilegiarão mais um setor ou indústria que outros. Testes mais sofisticados poderiam ser criados, mas, segundo os economistas precisariam de uma quantidade enorme de informações, de difícil levantamento e cálculo, baseados em eficiência econômica. Daí porque se optou pela praticidade e discricionariedade administrativa dos tribunais à tecnicidade econômica. Tanto quanto o teste de especificidade, o requisito da contribuição financeira é artificial e dificulta o julgamento dos casos pela administração, pois qualquer forma de contribuição governamental,

equivalente a uma execução da decisão que visa suspender a prática danosa. Não sendo possível fazê-lo, propõe-se permitir que o membro lesado, se assim o desejar, seja compensado no limite do valor do dano comprovado no procedimento no OSC/OMC.

Iniciada a investigação, há ainda a possibilidade de aplicação temporária de medidas de defesa comercial, como medida cautelar, para fins de minimização de danos de difícil reparação para o membro demandante.

A figura a seguir[195] apresenta os prazos diferenciados para a solução de controvérsias, tendo como base a classificação do subsídio.

FIGURA 4 – PRAZOS DIFERENCIADOS PARA OS SUBSÍDIOS

Procedimento	Proibidos (artigo 4º do ASMC)	Recorríveis (artigo 7º do ASMC)	Irrecorríveis (artigo 9º do ASMC)
Consultas	30 dias	60 dias	60 dias
GE/OMC	90 dias	120 dias	120 dias
OPA/OMC	30 a 60 dias	60 a 90 dias	-

Para facilitar o entendimento dos diferentes procedimentos, nos tópicos seguintes serão apresentados fluxogramas, nos quais estão em destaque os prazos e os órgãos diferenciadores do procedimento geral[196], quando comparado ao procedimento específico[197].

4.1.3.4.3 EFEITO DAS DECISÕES DO OSC/OMC

Os sistemas de solução de controvérsia do ESC e do ASMC visam, prioritariamente, soluções mutuamente acordadas entre os membros

---

ainda que não financeira, altera a realidade do fluxo do mercado (WILCOX, W. K. GATT-based protectionism and the definition of a subsidy. **Boston University International Law Journal**, n. 16, p. 139, 1998).

195   MADRID, G. E. L. H. de. **El derecho de las subvenciones en la OMC**. Madrid: Marcial Pons, 2005. p. 221.

196   Procedimento geral de investigação da OMC, regulado pelo ESC.

197   Pequenas variações do procedimento geral do ESC para o caso de investigação de subsídio estabelecido do ASMC.

envolvidos na controvérsia. Nesse sentido, medidas coercitivas mais drásticas só são tomadas em fases avançadas do procedimento. Prefere-se a retirada do subsídio específico à sua compensação e a compensação à suspensão de concessões realizadas nos acordos da OMC.

Quando se tratar de um subsídio proibido, o ASMC determina que o membro demandado o retire, uma vez confirmada essa condição. Na maioria das vezes a retirada do subsídio apenas opera efeitos *ex nunc*. Há casos em que é possível que a retirada implique um reembolso, principalmente em situações nas quais o subsídio foi concedido na forma de um pagamento único. Segundo Madrid, "não obstante, no estado atual da questão, não ficou claro que os membros tenham adotado um sistema que obrigue, em todas as situações, a recuperação do subsídio concedido [...]"[198].

No caso dos subsídios recorríveis há duas possibilidades para o membro demandado: a) fazer cessar os efeitos danosos do subsídio concedido; ou b) retirar o subsídio.

Somente se essas medidas não forem tomadas, a compensação ou a suspensão de concessões poderá ser autorizada pelo OSC/OMC, mediante procedimento prévio e específico.

4.1.3.4.4 Procedimento Multilateral de Solução de Controvérsia para Subsídio Proibido

O artigo a ser consultado é o 4º do ASMC. O procedimento consiste em: a) iniciar um procedimento de consulta com membro suspeito de conceder subsídio proibido, a fim de chegar-se a uma solução; b) passados 30 dias sem que se chegue a uma solução mutuamente acordada, qualquer dos membros envolvidos poderá submeter a controvérsia ao OSC/OMC que instaurará um GE/OMC que, por sua vez, poderá solicitar um relatório do GPE/OMC com o fito

---

198   Tradução livre do espanhol: MADRID, G. E. L. H. de. **El derecho de las subvenciones en la OMC**. Madrid: Marcial Pons, 2005. p. 227.

de confirmar se o subsídio investigado é ou não um subsídio proibido nos termos do artigo 3º do ASMC; esse relatório é vinculante do GE/OMC. Uma vez comprovado que se trata de um subsídio proibido, o GE/OMC fará as recomendações para que o membro demandado encerre a concessão do subsídio imediatamente ou, não sendo possível, mediante prazo razoável. Essa decisão será dada no prazo máximo de 90 dias e será adotada pelo OSC/OMC nos 30 dias seguintes à sua emissão, a menos que haja consenso negativo do OSC/OMC para sua aplicação ou que haja recurso interposto perante o OPA/OMC; e c) o OPA/OMC terá 30 dias, prorrogáveis por mais 30 dias, para emitir seu relatório. Caso a parte vencida não implemente a decisão do OPA/OMC, ratificada pelo OSC/OMC, no prazo que este último concedeu, poderá passar à fase de compensação e, não se chegando a uma solução mutuamente aceitável, à de autorização para suspensão de concessões.

Como já visto, é possível ainda adotar o procedimento arbitral para delimitar o *quantum* e a forma da suspensão de concessões.

FIGURA 5 - PROCEDIMENTO DE SOLUÇÃO DE CONTROVÉRSIA PARA SUBSÍDIO PROIBIDO

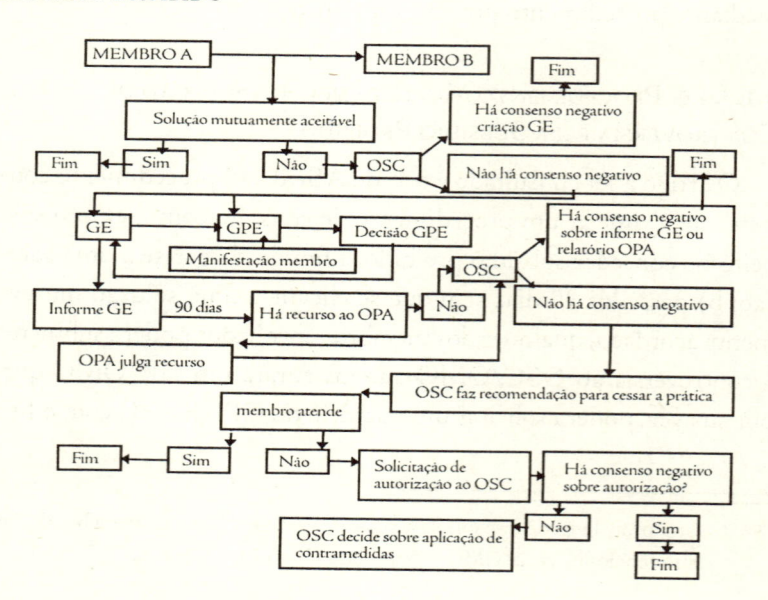

4.1.3.4.5 Procedimento Multilateral de Solução de Controvérsia para Subsídio Recorrível

O artigo a ser consultado é o 7º do ASMC. O procedimento consiste em: a) iniciar consultas com membro suspeito de conceder subsídio recorrível[199], a fim de chegar-se a uma solução mutuamente acordada; b) passados 60 dias sem que se chegue a uma solução, qualquer dos membros envolvidos poderá submeter a controvérsia ao OSC/OMC, que instaurará um GE/OMC para decidir em 120 dias a partir de sua constituição. Essa decisão será adotada pelo OSC/OMC nos 30 dias seguintes à sua emissão, a menos que haja consenso negativo da aplicação ou que haja interposição de recurso ao OPA/OMC; e c) o OPA/OMC terá 60 dias para emitir seu informe, prorrogáveis por mais 30 dias. Se for confirmado que o subsídio recorrível concedido causou efeitos desfavoráveis para o membro demandante, nos termos do artigo 5º do ASMC, o membro demandado deverá tomar as medidas para cessar os efeitos danosos do subsídio ou suspender imediatamente sua concessão. Caso a parte vencida não implemente a decisão do OSC/OMC adequadamente no prazo de 6 meses, poderá passar à fase de compensação e, não se chegando a uma solução mutuamente aceitável, à de autorização para suspensão de concessões.

Também é possível adotar o procedimento arbitral para delimitar o *quantum* e a forma da suspensão de concessões.

---

199   Ou seja, que tenha causado dano à indústria nacional, anulação ou diminuição das vantagens conferidas pelo GATT/1994 ou prejuízo grave ao setor produtivo.

FIGURA 6 - PROCEDIMENTO DE SOLUÇÃO DE CONTROVÉRSIA PARA
SUBSÍDIO RECORRÍVEL

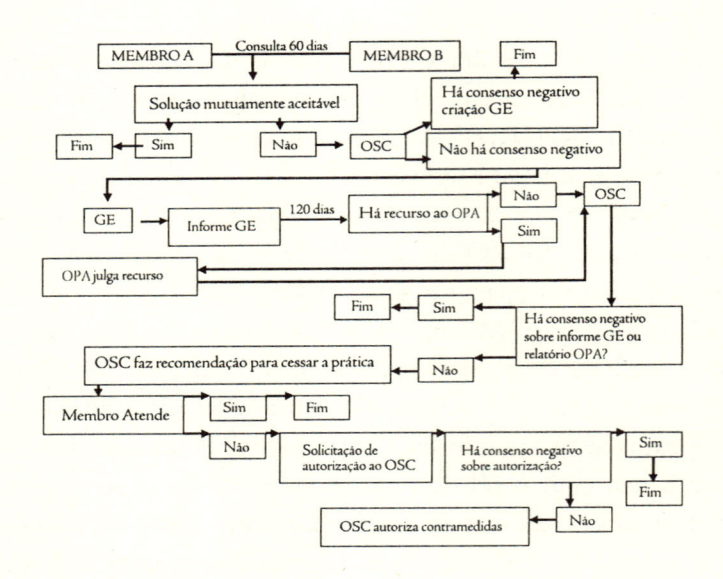

4.1.3.4.6 PROCEDIMENTO MULTILATERAL DE SOLUÇÃO DE CONTROVÉRSIA PARA SUBSÍDIO IRRECORRÍVEL

Na verdade, com a não-renovação do artigo 9º[200], os subsídios irrecorríveis passaram a ter o mesmo procedimento dos subsídios recorríveis (artigos 5º e 7º do ASMC) e têm seu procedimento de investigação estabelecido no tópico anterior. Como ainda não houve uma manifestação expressa do OSC/OMC sobre esse tema, optou-se por descrever, a título meramente didático, o antigo procedimento acolhido pelo artigo 9º do ASMC.

Em tese[201], haveria um procedimento de investigação de subsídios irrecorríveis sob a responsabilidade do Comitê de Subsídio da

---

200 E dos artigos 6º, § 1º e artigo 9º do ASMC.
201 Pelo fato de o artigo 6º, § 1º e os artigos 8º e 9º não terem sido renovados conforme previsto no artigo 31 do ASMC.

OMC. O procedimento do artigo 9º do ASMC consistiria em: a) iniciar consultas com membro que concedeu o subsídio irrecorrível[202] que tivesse causado dano à indústria doméstica de outro membro, a fim de chegar-se a uma solução mutuamente acordada; e b) passados 60 dias sem que se chegasse a uma solução conjunta, qualquer dos membros envolvidos poderia submeter a questão ao CSMC/OMC, que decidiria se houve efeitos desfavoráveis graves decorrentes da concessão do subsídio irrecorrível, num prazo de 120 dias a partir de sua constituição. Se confirmado que o subsídio irrecorrível causou efeitos desfavoráveis graves para o membro demandante, seria solicitado ao membro demandado que tomasse as medidas para cessar os efeitos danosos do subsídio. Caso a parte vencida não implementasse a recomendação num prazo de 6 meses, o CSMC/OMC poderia autorizar o membro solicitante a compensar os danos e, não se chegando a uma solução mutuamente aceitável, a suspender as concessões realizadas no âmbito da OMC.

Embora o artigo 9º seja silente, aqui também seria possível adotar o procedimento arbitral para delimitar o *quantum* e a forma da suspensão de concessões.

FIGURA 7 - PROCEDIMENTO DE SOLUÇÃO DE CONTROVÉRSIA PARA SUBSÍDIO IRRECORRÍVEL

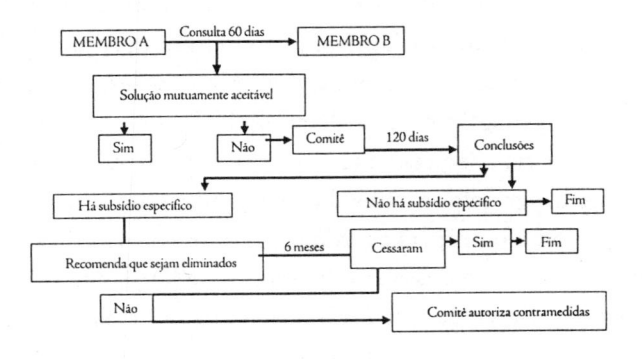

---

202   Ou seja, que tenha causado dano à indústria nacional, anulação ou diminuição das vantagens conferidas pelo GATT/1994 ou prejuízo grave ao setor produtivo.

4.1.4 Subsídio Destinado aos Bens Agrícolas

4.1.4.1 Introdução

Como visto anteriormente, o conflito internacional em matéria de subsídio já é antigo e os subsídios destinados a bens primários, desde a Carta de Havana, continuam sendo o "calcanhar de Aquiles" das negociações multilaterais. A Rodada Uruguai foi a que mais avançou nas negociações, mas ainda de maneira incipiente diante da necessidade premente de equalização das relações comerciais internacionais nesta área.

Como resultado final dessas negociações, cunhou-se o AAG, no qual foram estabelecidas disposições sobre subsídios domésticos e subsídios à exportação dos produtos primários abrangidos pelo acordo.

Esse acordo previu a redução progressiva dos subsídios destinados a bens agrícolas, bem como do protecionismo nesse setor. Tanto quanto o ASMC, o AAG concedeu tratamento diferenciado para os países menos desenvolvidos que, em sua grande maioria, dependem economicamente do comércio de produtos agrícolas.

Embora o AAG regule principalmente o tratamento governamental destinado a produtos agrícolas, há outros produtos primários abrangidos pelo acordo, como, por exemplo, peles, seda crua, desperdícios de seda, lãs e pêlos de animais. Daí porque, em sentido estrito, não seria adequado utilizar as classificações "subsídio destinado a bem agrícola" e "subsídio destinado a bem não agrícola". Contudo, como o próprio acordo se autonomeia acordo sobre agricultura, far-se-á uso dessa subdivisão, neste livro, para fins didáticos, com a ressalva de que seriam mais técnicas as classificações "subsídio destinado a produtos primários regulados pelo AAG" e "subsídio destinado a produtos primários e industrializados regulados pelo ASMC", pelo fato de que todos os produtos primários que não estão sob a égide do AAG se submetem diretamente ao ASMC, juntamente com os produtos industrializados[203].

O AAG regulou principalmente quatro pontos: a) definições introdutórias e cobertura do acordo (Parte I, artigos 1º e 2º); b) acesso a mercados, com redução de tarifas incidentes sobre produtos primários e salvaguardas especiais (Parte III, artigos 4º e 5º); c) limitações ao uso de subsídios domésticos para produtos agrícolas, estabelecendo teto anual de ajuda (ou Medida Agregada de Apoio), abaixo do qual podem ser livremente concedidos (Parte IV, artigos 6º e 7º e Anexos 2 a 4, todos do AAG); e d) limitações no uso de subsídios à exportação de bens agrícolas (Partes IV, V e VI, artigos 8º, 9º e 10, e Seção II da lista específica de cada membro e artigo 9.1 do ASMC)[204].

No que se refere aos recursos disponíveis ao país importador de produto primário subsidiado, o AAG determinou moderação no seu uso, estabelecendo restrição temporal para que fosse permitida a adoção de medidas compensatórias. A esta determinação se deu o nome de "cláusula de paz".

4.1.4.2 DEFINIÇÕES

4.1.4.2.1 INTRODUÇÃO

O AAG não trouxe muitas definições, um dos motivos pode ser o fato de que o artigo 21 determinou que lhe são aplicáveis as disposições do GATT/1994 e dos demais acordos multilaterais de comércio que figuram no Anexo1A do acordo constitutivo da OMC. Nes-

---

203 Um tema árduo do OSC/OMC é o caso dos produtos primários derivados da pesca que estão fora do âmbito normativo do AAG, causando uma série de controvérsias na OMC.

204 MADRID, G. E. L. H. de. **El derecho de las subvenciones en la OMC**. Madrid: Marcial Pons, 2005. p. 253. Tanto o limite ou teto para concessão dos subsídios domésticos quanto os subsídios à exportação estão descritos em listas específicas separadas por membro.

se sentido, é defensável a interpretação de que, na aplicação normativa do AAG – inclusive na complementação do significado dos seus institutos –, tenhamo-lo como *lex specialis*, enquanto os outros acordos, inclusive o ASMC, seriam *lex generalis*. Em caso de conflito de conceitos, aplica-se o disposto no AAG.

Para apresentar alguns dos conceitos estabelecidos no AAG, serão utilizadas as disposições do próprio acordo por serem claras e objetivas.

4.1.4.2.2 Medida Agregada de Apoio (MAA), MAA Total, MAA Total de Base, MAA Total Corrente

Medida Agregada de Apoio (MAA) é o montante de apoio anual fornecido aos produtores agrícolas de determinado produto agrícola básico ou aos produtores agrícolas em geral.

Quando se destinar a produtores de um produto agrícola específico, deverá ser calculada separadamente, produto a produto, e será sempre calculada no valor mais próximo possível da primeira venda realizada.

Para o cálculo da MAA, devem-se levantar: a) o montante dos subsídios governamentais que promovem "apoio de preço do produto no mercado"[205]; b) os "pagamentos diretos não isentos"[206], que

---

205 Por "Apoio de Preço de Mercado" (APM) entende-se o valor resultante da diferença entre um preço de referência externo fixo (Preço de Mercado – PM) e o preço administrativo praticado (PA), multiplicado pela quantidade de produção com direito a receber este preço administrativo (ÄP) (Anexo 3, parágrafo 8).
O "preço de referência fixo" se baseia nos preços dos anos 1986 a 1988 e é o valor unitário FOB médio do produto agrícola básico líquido em um país exportador ou o valor CIF médio líquido do produto agrícola básico em um país importador.
$APM = (PM - PA) \times (ÄP)$

206 "Pagamentos Diretos Não Isentos" (PDNI) são fatores distintos do preço e, geralmente, são quantificados pelos desembolsos orçamentários conferidos aos produtores (Anexo 3, parágrafo 12).

visam compensar o produtor pelos preços baixos de seus produtos; c)"outras medidas não isentas"[207], das quais são exemplos subsídios para insumos, medidas de redução do custo de comercialização; d) a existência de renúncia fiscal de governo ou de órgão público; e e) o apoio concedido em nível nacional, regional ou local. Devem ser excluídos desse cálculo os tributos específicos ou gravames, pagos pelos produtores.

A MAA Total é a soma de todo o apoio interno fornecido em favor dos produtores agrícolas, obtida pela soma das medidas agregadas de apoio para produtos agrícolas básicos com as medidas agregadas de apoio não especificado por produto e com as medidas equivalentes de apoio para produtos agrícolas que sejam especificados na Parte IV da lista de cada membro, calculadas em conformidade com o AAG.

MAA Total de Base é o apoio financeiro concedido durante um período-base, ou seja, um período de tempo determinado. E o MAA Total Corrente é o apoio financeiro concedido durante qualquer ano do período de implementação do MAA.

4.1.4.2.3 Produto Agrícola Básico

É o produto mais próximo possível do estado que estaria na primeira venda, conforme as especificações da lista de cada membro e do material de apoio correspondente.

---

[207] "Outras Medidas Não Isentas" (OMNI) são subsídios destinados a insumos e medidas para redução dos custos de comercialização e também serão mensuradas por meio dos desembolsos orçamentários, mas, quando este critério não for eficiente para refletir a extensão do subsídio concedido, será calculado pela diferença entre o preço do produto ou serviço subsidiado (PPS) e um preço de Mercado para Produto ou Serviço Semelhante (PSM), multiplicado pela quantidade desse produto ou serviço (ÄPS) (Anexo 3, parágrafo 13).
$OMNI = (PPS - PSM) \times (ÄPS)$

4.1.4.2.4 Desembolsos Orçamentários

São acolhidos no AAG como a dispensa direta de crédito pelo Estado aos produtores (subsídio creditício) e a renúncia fiscal (subsídio tributário)[208].

4.1.4.2.5 Medida Equivalente de Apoio

Montante anual fornecido aos produtores de um produto agrícola básico por meio da aplicação de uma ou mais medidas de apoio, cujo cálculo em conformidade com a metodologia da MAA é impraticável, excetuando o apoio fornecido aos programas que possam ser considerados isentos de redução em virtude do Anexo 2 do AAG[209].

4.1.4.2.6 Subsídio, Subsídios à Exportação e Especificidade

O AAG não apresenta uma definição de subsídio, mas apenas de subsídio à exportação. Já foi destacado que, por força do artigo 21 do AAG, o ASMC é um importante instrumento para sua interpretação.

Nesse sentido, subsídios à exportação são aqueles subordinados ao desempenho das exportações dos produtores, incluindo aqueles listados no artigo 9º, tais como:

- Concessão, pelos governos ou por organismos públicos, de subsídios diretos, incluindo pagamento em espécie, a uma empresa, setor da produção, produtores de um produto agrícola, cooperativa ou outra associação desses produtores ou a quaisquer entidades que operem no domínio da comercialização subordinada aos resultados da exportação.

---

208 Mais sobre esses tipos de subsídios, ver tópico 4.1.3.3.4.
209 Artigo 1º, d, do ASMC.

- Venda ou distribuição para exportação, pelos governos ou por seus organismos, de estoques não comerciais de produtos agrícolas, a preço inferior ao comparável cobrado por um produto similar, aos compradores no mercado interno.

- Pagamentos efetuados para exportação de um produto agrícola financiado por meio de medidas governamentais, que representem ou não um ônus ao erário público, incluindo os pagamentos oriundos de receitas provenientes de uma taxa imposta ao referido produto agrícola ou a um produto agrícola a partir do qual produto exportado seja obtido.

- Concessão de subsídios para reduzir os custos da comercialização dos produtos agrícolas exportados (com exceção dos serviços de promoção das exportações e dos serviços consultivos normalmente disponíveis), incluindo os custos de manuseio, de melhoria da qualidade e outros custos de processamento, assim como os custos de transporte e frete internacionais.

- Custos de transporte e de frete internos relativos a carregamentos para exportação, assegurados pelos governos, em condições mais favoráveis do que para os carregamentos internos.

- Subsídios aos produtos agrícolas subordinados à sua incorporação em produtos a serem exportados.

No que concerne à especificidade, não parece adequado adotá-la nos termos em que é estabelecida no ASMC para o AAG, pois este acordo regula a redução de subsídios para produtos primários determinados, dando à especificidade um sentido próprio distinto do adotado no ASMC.

4.1.4.3 Classificação dos Subsídios Destinados a Bens Agrícolas

4.1.4.3.1 Quando Destinados à Produção Agrícola Doméstica

O AAG visa eliminar o protecionismo e estabelece três tipos de subsídios domésticos: a) a caixa amarela, que inclui as políticas domésticas com grande efeito potencial de distorcer a produção e o comércio agrícola, as quais devem ser eliminadas aos poucos; b) a caixa verde, que agrupa políticas domésticas com pequeno efeito potencial de distorção da produção e do comércio agrícola e, por isso, são toleradas indefinidamente; e c) a caixa azul, que inclui políticas danosas, mas temporariamente aceitas porque indicam a boa vontade do país de retirá-las no futuro.

Os subsídios domésticos estão regulados nos artigos 6º e 7º e nos Anexos 2 e 4 do AAG e são permitidos desde que obedeçam aos limites anuais de cada membro (MAA), estabelecidos na lista específica de compromissos.

As práticas governamentais que não componham o cálculo do MAA não se enquadram no conceito estrito de subsídio doméstico e, por isso, são permitidas. Nesse mesmo sentido, há algumas práticas estabelecidas no artigo 6º que, por não se sujeitarem ao compromisso geral de redução, também não se configuram como subsídios ilegais.

4.1.4.3.1.1 Subsídios Agrícolas Amarelos (Caixa Amarela)

Existia uma forte inclinação a entendê-los como os mais prejudiciais ao comércio e, por esse motivo, houve um comprometimento dos membros no sentido de limitar sua concessão. Se a prática investigada pertencer à caixa amarela e também estiver descrita em lista de compromisso de redução da MAA Total, ela será considerada e tratada como um subsídio proibido.

A regra do limite da MAA Total serve para os países que incluíram compromissos de redução de ajudas domésticas na Parte IV,

Seção I, do AAG. Todos os outros membros estão sujeitos ao limite de *minimis* estabelecido no artigo 6.4 do AAG.

Dessa maneira, pela regra original do AAG, primeiro deve-se identificar se o membro que concedeu o subsídio está sujeito a um compromisso de ajuda e, em caso positivo, se essa ajuda é superior aos níveis permitidos àquele compromisso. Caso o membro não esteja sujeito a compromisso de redução, o subsídio será proibido desde que não figure nas exceções da caixa verde e da caixa azul[210].

O cálculo do subsídio pertencente à caixa amarela atenderá ao disposto nos Anexos 2 e 3 do AAG, para, a partir de então, aferir-se sua legalidade.

4.1.4.3.1.2 Subsídios Agrícolas Azuis (Caixa Azul)

Tanto quanto os subsídios da caixa verde, os subsídios agrícolas azuis são práticas governamentais que estão fora do cálculo da MAA e não se sujeitam aos compromissos de redução. São eles: a) subsídios *de minimis*, ou seja, equivalente a 5% do valor total da produção de um produto agrícola básico durante o ano correspondente ou do valor da produção agrícola total e, para os países menos desenvolvidos, o percentual do *de minimis* é 10% (artigo 6.4.*a* e *b*); e b) pagamentos diretos conferidos a programas de limitação da produção (artigo 6.5), desde que: b.1) baseiem-se em áreas de produção fixas; b.2) realizem-se no limite de 85% do nível de produção de base; ou b.3) sejam relativos a rebanhos e concedidos a um número fixo de cabeças.

4.1.4.3.1.3 Subsídios Agrícolas Verdes (Caixa Verde)

Previstos na lista ilustrativa do Anexo 2, parágrafo 1, do AAG, são aqueles que não se sujeitam a compromisso de redução, por se-

---

210 MADRID, G. E. L. H. de. **El derecho de las subvenciones en la OMC**. Madrid: Marcial Pons, 2005. p. 255.

rem considerados menos danosos ao comércio e à produção dos bens agrícolas ou por serem adotados em percentual inferior ao *de minimis*.

Para que os subsídios agrícolas se classifiquem como verdes, não devem implicar transferências por parte dos consumidores e não ter como efeito prestar sustentação de preços aos produtores. Mesmo que a prática governamental não conste na lista, mas atenda a esses requisitos, será considerada permitida pelos AAG.

São subtipos dos subsídios da caixa verde: a) programas governamentais de serviços; b) retenção de estoques públicos para segurança alimentar; c) ajuda alimentar interna; e d) pagamentos direto aos produtores.

4.1.4.3.1.4 Programas Governamentais de Serviços

Estão relacionados com programas que proporcionam serviços ou vantagens à agricultura ou à comunidade rural e não implicam pagamentos diretos aos produtores ou aos processadores quando se destinarem: a) à pesquisa, incluindo as pesquisas de caráter geral, as ligadas aos programas de proteção do ambiente e a produtos determinados; b) ao combate a pragas e doenças; c) a serviços de formação, seja generalista, seja especializada; d) a serviços de divulgação e consultoria, incluindo o fornecimento de meios destinados a facilitar a transferência de informações e dos resultados da pesquisa para produtores e consumidores; e) a serviços de inspeção por razões ligadas a saúde, segurança, classificação ou padronização; f) a serviços de comercialização e promoção, incluindo as informações sobre os mercados, de consultoria e promoção relacionadas com determinados produtos, com exclusão das despesas para fins não especificados que possam ser utilizadas pelos vendedores para reduzir os seus preços de venda ou conferir uma vantagem econômica direta aos compradores; e g) a serviços de infra-estrutura, incluindo redes elétricas, estradas e outros meios de transporte, mercados, instalações portuárias etc.

4.1.4.3.1.5 Retenção de Estoques Públicos para Segurança Alimentar

Os gastos (ou renúncia fiscal) relacionados com formação e manutenção de estoques de produtos que sejam parte integrante de um programa de segurança alimentar estabelecido na legislação nacional também são legítimos, podendo, ainda, ser incluída a ajuda pública à armazenagem privada de produtos.

O volume e a formação desses estoques corresponderão a objetivos predeterminados exclusivamente relacionados com a segurança alimentar. O processo de formação e escoamento deverá ser transparente do ponto de vista financeiro. As compras de produtos alimentares pelas entidades públicas deverão ser efetuadas por preços correntes do mercado e as vendas desses produtos, por preços não inferiores ao preço corrente do mercado interno.

Os programas estatais de estoques públicos, para fins de segurança alimentar nos países em desenvolvimento, cujo funcionamento seja transparente e assegurado em conformidade com diretrizes ou critérios objetivos, publicados oficialmente, serão considerados conformes com o AAG, desde que a diferença entre o preço de compra e o preço de referência externo seja tomada em conta na MAA.

4.1.4.3.1.6 Ajuda Alimentar Interna

São gastos (ou renúncia fiscal) relacionados com o fornecimento de ajuda alimentar interna a segmentos necessitados da população, mediante critérios claramente definidos ligados a objetivos nutricionais. Essa ajuda consistirá no fornecimento direto de produtos alimentares aos interessados ou no fornecimento, aos que satisfaçam as condições necessárias, de meios que lhes permitam comprar produtos alimentares ao preço de mercado ou a preço subsidiado. As compras de produtos alimentares pelas entidades públicas serão efetuadas ao preço de mercado, devendo o financiamento e a administração da ajuda serem transparentes.

4.1.4.3.1.7 Pagamentos Direto aos Produtores

Também é permitido o apoio fornecido sob a forma de pagamentos direto aos produtores (ou de receitas não recebidas, incluindo os pagamentos em espécie), e a solicitação da isenção dos compromissos de redução deve ser conforme os critérios de base enunciados. São exemplos desses tipos de subsídios: a) apoio desvinculado de renda; b) participação financeira do Estado em programas de seguro de renda que estabeleçam um dispositivo de segurança relativo aos rendimentos; c) pagamentos efetuados, quer diretamente, quer por meio de uma participação financeira do Estado, em programas de seguro de safras a título de ajuda em caso de catástrofes naturais; d) auxílio ao ajustamento de produtores para que cessem suas atividades; e) auxílio de ajustamento para programas de retirada de recursos da produção ou para investimento; f) pagamentos a título de programas de proteção ambiental; e g) pagamentos a título de programas de ajuda regional.

4.1.4.3.2 Quanto à Legalidade: Subsídios Legais e Ilegais

Existem dois períodos bem determinados para a análise e a classificação de um subsídio, destinado a produto primário, como legal ou não.

O primeiro deles, que vai de 1º de janeiro de 1995 a 31 de dezembro de 2003, tem como permitidos ou legais os seguintes subsídios: a) para os membros que firmaram compromissos de redução nas suas listas, aqueles que não superem o valor MAA Total acordado na Parte IV, Seção I, das suas listas e b) para os membros que não firmaram compromissos nas suas listas, os que: b.1) não superem o nível *de minimis* estabelecido no artigo 6.4 do AAG; b.2) sejam deduzidos de qualquer das medidas estabelecidas do Anexo 2 do AAG (caixa verde); e b.3) se dêem por meio de pagamentos realizados no marco de programas de limitação de produção do artigo 6.5 do AAG; c) quando praticados pelo governo de países em desenvolvimento, somam-se aos itens imediatamente anteriores: c.1) as medidas de ajuda, direta ou indireta, tomadas para incentivar o desenvolvimento agrícola e rural, como parte integrante dos programas de desenvolvimento dos países; c.2) os subsídios ao investimento que estejam geralmente disponíveis para a agricultura; c.3) os subsídios aos insumos agrícolas que estejam geralmente disponíveis para os produtores que tenham rendimentos baixos ou sejam dotados de recursos limitados; e c.4) o apoio interno aos produtores, destinado a incentivar a substituição de culturas narcóticas ilícitas. Todas essas práticas estão isentas dos compromissos de redução de subsídio doméstico e não devem ser incluídas no cálculo da MAA Total Corrente[211] e d) todas as práticas que atendam aos critérios do Anexo 2, ainda que não descritas na lista ilustrativa.

Por exclusão, consideravam-se proibidos todos os outros tipos de subsídios concedidos, além dos subsídios à exportação, dispostos no tópico 4.1.4.2.6. Ademais, os membros que não tivessem estabelecido um compromisso de redução não poderiam conceder subsídios domésticos que estivessem contidos no cálculo da MAA, embora pudessem conceder um subsídio *de minimis* ou ainda da caixa verde.

Com o fim do prazo da "cláusula de paz", em 31 de dezembro de 2003, ampliou-se a margem dos subsídios sujeitos à aplicação de medidas compensatórias do ASMC e, da mesma forma ocorrida no ASMC, a caixa verde ou os subsídios agrícolas irrecorríveis, na prática, deixaram de existir, pois os subsídios domésticos isentos do cômputo da MAA Total, estabelecidos no Anexo 2 do AAG, passaram a ser considerados subsídios recorríveis. A partir de então, quando concedidos em desacordo com o AAG, podem ser combatidos pelos outros membros, fazendo-se uso do GATT/1994 e dos artigos 5º e 6º do ASMC[212].

---

211 Artigo 6.2 do AAG.
212 "Desta maneira, a partir de 2004, os membros podem fazer uso dos recursos do GATT/1994 e ASMC, como também adotar as medidas compensatórias, contra um maior número de subsídios para produtos primários, sem estar sujeito a uma obrigação de devida moderação. A expiração da 'cláusula de paz' poderá dar lugar a um aumento de controvérsias, perante o OSC/OMC, referentes a subsídios concedidos para produtos primários, como também a um aumento do estabelecimento de medidas compensatórias." (MADRID, G. E. L. H. de. **El derecho de las subvenciones en la OMC**. Madrid: Marcial Pons, 2005. p. 288)

A figura a seguir, apresentada por Madrid, demonstra didaticamente a mudança de paradigma do AAG, com a ampliação da aplicabilidade do ASMC:

FIGURA 8 – EVOLUÇÃO DO SISTEMA DE RECURSOS DOS MEMBROS ANTES E DEPOIS DA EXPIRAÇÃO DA "CLÁUSULA DE PAZ"

Tipo de Subsídio	Até 2003			Após 2004		
	MC	5/6	GATT	MC	5/6	GATT
Subsídio doméstico isento do cálculo da MAA do Anexo 2	Não	Não	Não	Sim	Sim	Sim
Subsídio doméstico isento do cálculo da MAA do artigo 6º	Sim	Não, se S ≤ 1992	Não, se S ≤ 1992	Sim	Sim	Sim
Subsídios à exportação de conformidade com os artigos 8º e 10	Sim	Não	Não	Sim	Sim	Sim

Legenda:
MC – aplicabilidade de medidas compensatórias
5/6 – aplicabilidade dos artigos 5º e 6º do ASMC
GATT – aplicabilidade do artigo XXIII do GATT/1994
S – subsídio

Fonte: Tradução livre da figura proposta por MADRID, G. E. L. H. de. **El derecho de las subvenciones en la OMC**. Madrid: Marcial Pons, 2005. p. 288.

4.1.4.4 CLÁUSULA DE PAZ

A cláusula de paz, estabelecida no artigo 13 do AAG, foi um mecanismo adotado para viabilizar o fechamento do acordo, concedendo aos membros um prazo de 9 anos para que se preparassem para uma redução drástica na concessão de subsídios a produção e comercialização de produtos primários. Em termos práticos, ela significou a renúncia dos membros – em alguns casos específicos – à utilização dos recursos do GATT/1994 e do ASMC para combater o subsídio concedido a produto primário.

No caso dos subsídios domésticos, ficou estabelecido:

- no artigo 13.*a* do AAG, que não seriam cabíveis procedimentos que implicassem a adoção de medidas compensatórias – aplicação do artigo XVI do GATT/1994 (medidas compensatórias), da Parte III do ASMC (subsídios proibidos por causarem efeitos desfavoráveis ao interesse de um membro), do artigo II do GATT/1994, na acepção do n° 1, alínea *b* (outros direitos ou encargos) ou do artigo XXIII do GATT/1994 (anulação de alguma vantagem concedida) – quando o subsídio em questão satisfizesse plenamente as disposições do Anexo 2 do AAG. *Contrariu sensu*, se o subsídio concedido não atendesse às disposições do Anexo 2, o membro lesado poderia fazer uso dos recursos anteriormente descritos, sem restrições;

- no artigo 13 *b*, que: a) se o subsídio doméstico estivesse conforme as disposições do artigo 6° do AAG (caixas amarela e azul), com especial enfoque nos seus parágrafos 2° e 5°, ou fosse concedido no nível *de minimis*, estaria imune da imposição de medidas compensatórias; b) caso o subsídio descrito no item anterior causasse um dano ou ameaça de dano, nos termos do artigo VI do GATT/1994 e da Parte V do ASMC, poderiam ser aplicadas as medidas compensatórias, mas, ainda assim, exigia-se uma devida moderação para iniciar-se qualquer investigação que pudesse levar à sua imposição; c) se o subsídio doméstico não fosse concedido a um produto básico específico em nível superior ao estabelecido na campanha de comercialização de 1992, estaria imune da aplicação de medidas fundadas no artigo XVI.1 do GATT/1994 e nos artigos 5° e 6° do ASMC (efeitos danosos e grave dano) assim como da aplicação das medidas fundadas no artigo II do GATT/1994, nos termos do artigo XXIII.1.*b* do GATT/1994.

Para os subsídios à exportação, ficou estabelecido que:

- Se estivessem em conformidade com os artigos 8º a 10 do AAG e previstos na lista de cada membro: a) não poderiam ser interpelados no OSC/OMC, nem com base no artigo XXIII do GATT/1994 nem nos artigos 3º, 5º e 6º do ASMC, no período de 1995 a 2003, quando estivessem em conformidade com os artigos 8º a 10 do AAG; b) poderiam sofrer medidas compensatórias quando houvesse um dano ou uma ameaça de dano, tendo como base o volume, o efeito nos preços, de acordo com o artigo VI do GATT/1994 e Parte V (medidas compensatórias) do ASMC, sendo preservado também o dever da devida moderação para se iniciar uma investigação.

- Se estivessem em desacordo com os artigos 8º a 10 do AAG, poderiam sofrer tanto a investigação como as medidas retaliatórias, derivadas dos procedimentos multilateral (OSC/OMC) e unilateral (investigação doméstica) de investigação.

4.1.4.5 Compromissos em Matéria de Subsídio à Exportação

No que se refere aos subsídios à exportação de bens primários, os membros se comprometeram: a) a reduzir esses subsídios para determinados produtos, o que ficaria estabelecido na Seção II, Parte VI, da lista de compromissos específicos do AAG, de cada membro; b) a reduzir a concessão de certos tipos de subsídios à exportação, em níveis superiores aos estabelecidos na sua lista de compromissos, descritos no artigo 9.1 do AAG; c) quando os produtos não constarem na lista de compromissos, a não conceder subsídios à sua exportação em nenhum montante; e d) a não conceder subsídios à exportação aos produtos não enumerados no artigo 9.1 quando sua concessão pudesse representar um prejuízo ou ameaça de prejuízo às concessões realizadas pelos membros em matéria de subsídio à exportação.

4.1.4.6 Mecanismo Multilateral de Investigação de Subsídio Destinado à Produção de Bens Agrícolas

O AAG, contrariamente ao ASMC, não faz referência expressa aos tipos de recursos disponíveis aos membros no caso de serem praticados atos governamentais incompatíveis com as disposições do acordo. No entanto, nos seus artigos 3º, 19 e 21, aponta alguns padrões que deverão ser seguidos pelos membros quando houver controvérsia fundada em suas disposições.

O artigo 3º estabelece as situações nas quais os membros estariam descumprindo as disposições do AAG: a) quando ultrapassem – no ato da concessão de subsídios domésticos e de subsídios à exportação – os tetos estabelecidos na Parte IV da lista de cada membro, que é parte integrante do GATT/1994; b) ressalvadas as exceções do artigo 6º, quando os membros concedam subsídios para os produtores nacionais, excedendo os níveis de compromisso especificados na Seção I da Parte IV das suas listas; e c) ressalvadas as exceções dos artigos 9.2.*b* e 9.2.4, quando os membros concedam subsídios à exportação previstos no artigo 9.1 para produtos agrícolas ou grupos de produtos especificados na Seção II da Parte IV das suas listas, excedendo os níveis de compromisso em matéria de despesas orçamentárias e de quantidades ali especificadas, ou ainda quando concedam subsídios para produtos agrícolas não especificados na mesma seção das suas listas.

Como a lista de cada membro é parte integrante do GATT/1994, qualquer transgressão a essas regras daria direito ao membro lesado de se socorrer dos recursos do GATT/1994 e do ASMC, alegando anulação ou prejuízo de vantagens resultantes do GATT/1994 ou ocorrência de grave dano ao interesse de outro membro, conforme dispõe o artigo 5º do ASMC.

O artigo 19 indica que as disposições dos artigos XXII e XXIII do GATT/1994, tal como dispõe o ESC, se aplicam às consultas e à resolução de litígios no âmbito do AAG. Por fim, o artigo 21 ratifica esse entendimento quando afirma que as disposições do GATT/1994 e dos outros acordos comerciais multilaterais constantes do Anexo 1 do Acordo Constitutivo são aplicáveis, sob reserva das disposições do AAG.

O artigo 13 fez referência a um período de 9 anos, durante o qual não se poderia fazer uso de mecanismos de defesa comercial para se combater alguns subsídios destinados a bens primários regulados pelo AAG. Esse prazo expirou em 31 de dezembro de 2003, autorizando as partes a utilizarem amplamente as disposições do GATT/1994 e do ASMC para a resolução de suas controvérsias referentes ao descumprimento do AAG.

Como já esclarecido, o procedimento de investigação de subsídio nesses casos seguirá o mesmo procedimento do OSC/OMC estabelecido no ASMC (procedimento específico de solução de controvérsias)[213] ou o procedimento geral[214] do OSC/OMC quando a violação se fundamentar em outras disposições do GATT/1994 que não aquelas relativas à concessão de um subsídio proibido agrícola ou um subsídio doméstico agrícola recorrível.

O Comitê sobre Agricultura da OMC tem centralizado as reclamações sobre subsídios agrícolas proibidos e domésticos, mas não está habilitado para fazer recomendações ou adotar diretrizes para clarificar as disposições do AAG. Essa é uma atribuição do OSC/OMC, que seguirá as disposições procedimentais do AAG e do ASMC, principalmente.

---

213 Ver tópico 4.1.3.4.
214 Ver capítulo III.

4.1.4.7 Efeito das Decisões do OSC/OMC em Matéria de Subsídio Regulado pelo AAG

Viu-se que as decisões do OSC/OMC, nas controvérsias originárias de descumprimento do ASMC, têm como efeito, para o subsídio proibido, a determinação de que o membro demandado o retire, medida esta que, como regra, opera efeitos *ex nunc*, sendo possível, em alguns casos, que a retirada implique o dever de reembolso. Para os subsídios recorríveis, determina-se que, à escolha do membro demandado, cessem-se os efeitos danosos do subsídio concedido ou que lhe sejam retirados.

O problema se dá no caso de descumprimento das disposições do AAG, pois este não estabelece qual seria o efeito da decisão que declara a incompatibilidade do subsídio proibido com as disposições do acordo.

Madrid[215], ao estudar o tema, aponta as duas opções teóricas possíveis: a) aplicação do artigo 19.1 do ESC, que obriga, de maneira genérica, que a parte perdedora ponha suas práticas em conformidade com os acordos da OMC; e b) aplicação do artigo 4.7 do ASMC, que obriga a parte perdedora a retirar o subsídio proibido concedido. Segundo o autor, o tema já foi discutido pelo OSC/OMC, pelo menos quatro vezes[216], e não parece ter havido um direcionamento claro para aplicação do artigo 4.7 do ASMC, o que de certa forma enfraquece a cogência do sistema OMC.

---

215   MADRID, G. E. L. H. de. El derecho de las subvenciones en la OMC. Madrid: Marcial Pons, 2005. p. 289.

216   Canada-Dairy – Relatório do GE/OMC (WT/DS103/RW), parágrafo 6.99 – determinando que a medida fosse colocada em conformidade com o AAG; US-Cotton – Relatório do GE/OMC (WT/DS267/R) – determinando, nos termos do artigo 4.7 ASMC, que os EUA retirassem os subsídios proibidos imediatamente, o que foi alterado pelo OPA/OMC (WT/DS267/AB/R), que recomendou aos EUA que colocassem suas práticas em acordo com as obrigações contraídas na OMC, e, neste mesmo sentido, o relatório do GE/OMC (WT/DS265, 266 E 283/R) do EC-Sugar.

Assim, parece ser lucrativo que um membro infrator não adote as regras para subsídios proibidos do AAG, pois o efeito *ex nunc* da decisão do OSC/OMC será apenas recomendar que as práticas governamentais se adéqüem às regras do AAG[217].

4.2 Subsídio no Brasil: Mecanismo Unilateral de Investigação de Subsídio a Produção e Comercialização de Bens Agrícolas e Não Agrícolas

4.2.1 Introdução

Visto o procedimento multilateral do OSC/OMC para os casos de investigação de um subsídio concedido ou para o questionamento de medidas compensatórias aplicadas por um membro, passa-se ao procedimento de investigação unilateral doméstica, conduzida para averiguar dano ou ameaça de dano à indústria nacional, causado pela importação de produto estrangeiro subsidiado[218].

O membro importador não é obrigado a aplicar medidas compensatórias, mas, quando opte por fazê-lo, deverá seguir atentamente o procedimento delineado no ASMC e no AAG, além de atender a todos os requisitos materiais e formais concernentes ali dispostos[219].

Embora não haja uma obrigatoriedade, nos acordos do GATT/1994, de que exista uma lei nacional prévia sobre o processo de investi-

---

217 Sobre o "lucro" em desatender a uma determinação do OSC/OMC, ver BERER, F. Proposta para evitar o descumprimento lucrativo das normas da OMC. In: LIMA-CAMPOS, Aluísio (Org.). **Ensaios em comércio internacional, antidumping, disputas comerciais e negociações multilaterais**. São Paulo: Singular, 2006. p. 303-333.
218 O artigo 74 do Decreto nº 1.751/1995 determina aplicação das suas disposições para as investigações derivadas de produtos primários regulados pelo AAG.
219 Artigo 10 do ASMC.

gação ou de que se crie um órgão específico para conduzi-la, é inevitável que primeiro se tenha ratificado validamente o pacote GATT/1994, com seus Anexos, segundo critérios constitucionais nacionais, e que se promova a estruturação institucional para realizar o procedimento de investigação ou da aplicação das medidas compensatórias.

O modelo de solução de controvérsias adotado pela OMC privilegia procedimentos consensuais, nos quais se incluem técnicas de negociação, inquérito, mediação, conciliação, arbitragem e solução administrativa ou judicial.

No Brasil, os acordos decorrentes da OMC já foram efetivamente incorporados ao ordenamento jurídico nacional, e o procedimento acolhido é o administrativo cuja responsabilidade: a) de investigação e apuração é da Secretaria de Comércio Exterior (Secex) e do Departamento de Defesa Comercial (Decom); b) de emissão de pareceres opinativos é do Comitê Consultivo de Defesa Comercial (CCDC)[220]; c) da aplicação de contramedidas é de[221] um órgão do Conselho de Governo, Câmara de

---

220 Portaria Interministerial MICT/MF n° 14/1995: "Artigo 2° – O CCDC será presidido pelo Secretário de Comércio Exterior que representará o MICT, e será integrado por representantes dos seguintes órgãos: Ministério da Fazenda – MF; Ministério das Relações Exteriores – MRE; Ministério da Agricultura, do Abastecimento e da Reforma Agrária – MAARA; Ministério do Planejamento e Orçamento – MPO; e Secretaria Executiva da Câmara de Comércio Exterior." Portaria Interministerial MICT/MF n° 21/1998: "Artigo 1° – Os artigos 2°, 3° e 4° da Portaria Interministerial MICT/MF n° 14, de 4 de setembro de 1995, passam a vigorar com a seguinte redação: 'Artigo 2° – [...] § 4° – A Secretaria Executiva do CCDC será exercida pelo Diretor do Departamento de Defesa Comercial – Decom, da Secex, que proverá os meios necessários ao seu funcionamento. Artigo 3° – O CCDC formulará recomendações, com base em parecer da Secex, sobre: arquivamento de processos; prorrogação de prazo de investigação; homologação ou término de compromissos; e encerramento de investigação, com ou sem aplicação de direito *antidumping* ou compensatório."

221 Decreto n° 4.732/2003: "Artigo 2° – Compete à Camex, dentre outros atos necessários à consecução dos objetivos da política de comércio exterior: [...] XV – fixar direitos *antidumping* e compensatórios, provisórios ou definitivos, e

Comércio Exterior (Camex); e d) da execução ou cobrança dos valores devidos é da Secretaria da Receita Federal (SRF/MF)[222].

O quadro normativo doméstico está disposto, principalmente, nos seguintes atos legais: Lei nº 9.019/1995, Decreto nº 1.751/1995, Portaria MICT/MF nº 14/1995, Circular/Secex nº 20/1996, Portaria MICT/MF nº 21/1998, Lei nº 9.784/1999, Decreto nº 4.732/2003 e Regimento Interno da Camex.

A investigação determinará: a) a veracidade ou não da concessão de um subsídio; b) se esse subsídio é específico; c) seu montante; d) se houve um dano ou há uma ameaça de dano à indústria doméstica ou, ainda, o retardamento de sua implantação; e e) se esse dano é ou poderá ser conseqüência do subsídio específico concedido. Uma vez constatadas essas hipóteses, o Brasil poderá adotar medidas compensatórias.

---

salvaguardas; XVI – decidir sobre a suspensão da exigibilidade dos direitos provisórios; XVII – homologar o compromisso previsto no art. 4º da Lei nº 9.019, de 30 de março de 1995; XVIII – definir diretrizes para a aplicação das receitas oriundas da cobrança dos direitos de que trata o inciso XV deste artigo; e [...]"Regimento Interno da Câmara de Comércio Exterior: "Artigo 3º – O Conselho de Ministros é o órgão de deliberação superior e final da Camex. Artigo 4º – Compõem o Conselho de Ministros: I – o Ministro do Desenvolvimento, Indústria e Comércio Exterior que o presidirá; II – o Chefe da Casa Civil da Presidência da República; III – o Ministro das Relações Exteriores; IV – o Ministro da Fazenda; V – o Ministro da Agricultura, Pecuária e do Abastecimento; e VI – o Ministro do Planejamento, Orçamento e Gestão."

[222] Lei nº 9.019/1994: "Artigo 5º – Compete à Secretaria de Comércio Exterior (Secex), do Ministério da Indústria, do Comércio e do Turismo, mediante processo administrativo, apurar a margem de *dumping* ou montante de subsídio, a existência de dano ou ameaça de dano, e a relação causal entre esses. Artigo 6º – Compete aos Ministros da Fazenda e da Indústria, do Comércio e do Turismo, mediante portaria conjunta, fixar os direitos provisórios ou definitivos, bem como decidir sobre a suspensão da exigibilidade dos direitos provisórios, a que se refere o artigo 3º desta lei. Artigo 7º – [...] § 1º – Será competente para a cobrança dos direitos *antidumping* e compensatórios, provisórios ou definitivos, quando se tratar de valor em dinheiro, bem como, se for o caso, para sua restituição, a SRF do Ministério da Fazenda."

Uma investigação doméstica de subsídio será iniciada mediante iniciativa escrita da indústria nacional ou, *ex officio*, pela autoridade administrativa. As alegações desprovidas de qualquer indício de veracidade devem ser desconsideradas no procedimento de investigação.

A indústria doméstica deverá atender aos requisitos de aceitabilidade da petição inicial sob pena de a autoridade investigadora determinar sua emenda, para nova submissão. Uma vez ultrapassada essa fase, o governo do membro investigado deverá ser notificado para iniciar um procedimento prévio de consulta, com natureza eminentemente diplomática. Infrutífera tal etapa, inicia-se o procedimento de investigação doméstica[223] ou, quando cabível, uma investigação no OSC/OMC[224].

O bem jurídico a ser resguardado na investigação do subsídio é a defesa da indústria nacional. São partes legítimas no procedimento administrativo: a) exportador; b) produtor estrangeiro; c) importador do produto; e d) associação comercial ou empresarial (nacional ou do país investigado) cujos membros, em sua maioria, sejam produtores de produto similar ao investigado. Embora o Decreto nº 1.751/1995 não lhes faça referência, mas tendo em vista o disposto no artigo 19.2 do ASMC, são partes legítimas para peticionar ao Decom pela revisão de medidas compensatórias conclusivas aplicadas: a) os usuários industriais dos produtos importados; e b) a associação de consumidores que se sintam prejudicados pelos efeitos da cobrança de um direito compensatório conclusivo, quando o produto for vendido no varejo. Qualquer dessas partes poderá recorrer ao Poder Judiciário, caso seja impedida de exercer seu direito de petição.

---

223 Somente nos casos em que o produto subsidiado entra no território do membro demandante.
224 Nos casos em que o produto subsidiado compete com os produtos similares do membro demandante no território do membro demandado ou em território de terceiros países ou quando houver imposição de medidas compensatórias em procedimento doméstico, sem que tenha seguido o procedimento do ASMC.

No que concerne à forma, como regra, o processo administrativo não é formal, a menos que, como ocorre no caso do Decreto nº 1.751/ 1995, haja norma específica que assim o determine. Já quanto aos seus efeitos, o imediato da investigação é sua conclusão com reconhecimento ou não da existência de um subsídio específico, do dano à indústria nacional e do nexo entre ambos, e o efeito mediato será a cobrança ou não das medidas compensatórias.

4.2.2 O Decreto nº 1.751/1995 e sua Função Regulamentar

É poder-dever da administração pública regulamentar as normas gerais (ato normativo derivado) exaradas pelo detentor originário da atividade legislativa: o Poder Legislativo. Este poder-dever, legitimado no artigo 84, IV, da Constituição Federal, restringe o poder regulamentar aos ditames da lei.

Zainaghi[225] afirma que, no exercício desse poder regulamentar, a administração pública "não pode exigir que o administrado faça, deixe de fazer ou proibir que faça alguma coisa, senão em virtude de lei, aqui entendida no sentido de lei formal, ou seja, aquele ato emanado dos órgãos de representação do povo e elaborado de acordo com o processo legislativo, previsto na própria Constituição".

Para Di Pietro[226], a administração pública não pode, por simples ato administrativo, conceder direitos de qualquer espécie, criar obrigações ou impor vedações aos administrados. Para tanto, ela depende de lei (e não de decreto, regulamento, resolução, portaria ou outros). Daí porque falar-se em atos vinculados e atos discricionários.

---

225 ZAINAGHI, D. H. de C. G. M. et al. O princípio da motivação no processo administrativo. In: FIGUEIREDO L. do V. (Coord.). **Ato administrativo e devido processo legal**. São Paulo: Max Limonad, 2001. (Coleção Oswaldo Aranha Bandeira de Mello). p. 117.
226 DI PIETRO, M. S. Z. **Direito administrativo**. São Paulo: Atlas, 1998. p. 61

Os atos administrativos vinculados são aqueles que estão de tal forma previstos no texto da lei que não dão à autoridade administrativa a possibilidade de escolha de uma, dentre as várias possibilidades de atuação. No ato administrativo vinculado, o administrador está diante de um conceito unissignificativo[227]. Sendo, portanto, única a possibilidade de interpretação e aplicação do texto da lei.

Os atos administrativos discricionários são derivados de conceitos plurissignificativos[228]. Isso não significa que haja uma amplitude ilimitada de interpretação do caso concreto, pois a situação prática excluirá, dentre as possibilidades existentes, aquelas que não atendam ao princípio da razoabilidade, da igualdade, da imparcialidade e da finalidade da lei e do ato a ser perpetrado.

Não se pode interpretar discricionariedade como liberdade absoluta do administrador, arbitrariedade, nem como subjetividade dele, mas tão-somente como uma competência que possibilita a aplicação do Direito, segundo a oportunidade e a conveniência da administração, para alcançar o bem geral.

Outra característica importante do ato discricionário é que não dispensa a motivação, já que é passível de controle no Poder Judiciário. A Lei nº 9.784/1999 fornece um rol de atos discricionários que deverão ser obrigatoriamente motivados. São os que: a) **neguem, limitem ou**

---

227 GODOY, S. M. de P. Legalidade, vinculação e discricionariedade. Alguns aspectos da Lei 9.784, de 29 de Janeiro de 1999. In: FIGUEIREDO L. do V. (Coord.). **Ato administrativo e devido processo legal.** São Paulo: Max Limonad, 2001. (Coleção Oswaldo Aranha Bandeira de Mello). p. 170.

228 "Em um rigor técnico, não há de falar em poder discricionário e, sim, competência discricionária. O poder pressupõe a manifestação do *ius imperium* do Estado e a competência vai significar que é regrada, disciplinada pelo Direito, subordina-se ao ordenamento jurídico." (GODOY, S. M. de P. Legalidade, vinculação e discricionariedade. Alguns aspectos da Lei 9.784, de 29 de janeiro de 1999. In: FIGUEIREDO L. do V. (Coord.). **Ato administrativo e devido processo legal.** São Paulo: Max Limonad, 2001. (Coleção Oswaldo Aranha Bandeira de Mello). p. 170.

afetem direitos; b) **imponham ou agravem deveres, encargos e sanções**; c) decidam processos administrativos de concurso ou seleção pública; d) dispensem ou declarem inexigibilidade do processo licitatório; e) **decidam recursos administrativos**; f) **decorram de exame do ofício**; g) deixem de aplicar jurisprudência firmada sobre questão ou **discrepem de pareceres, laudos, propostas e relatórios oficiais**; e h) importem anulação, revogação, suspensão ou convalidação de ato administrativo. A doutrina tem defendido que **atos ampliativos de direitos** devem ser obrigatoriamente motivados, como também os **pareceres** que, por sua própria natureza (embora não sejam ato administrativo propriamente dito), requerem fundamentação e motivação[229].

Quando a lei exigir motivação e o ato praticado for discricionário, sua falta o torna inválido. Entretanto, se a lei não a exigir, o ato poderá ser convalidado por motivação ulterior se a administração demonstrar de maneira inquestionável que: a) o motivo extemporaneamente alegado preexistia; b) o motivo era idôneo para justificar o ato; ou c) o alegado motivo foi a razão determinante da prática do ato.

Merecem destaque os atos "políticos e de governo" – presentes em algumas etapas da investigação de subsídio que, para alguns, podem ser praticados sigilosamente. Este livro compartilha do entendimento de Cunha[230] que analisou o tema nos seguintes termos:

> [...] O sigilo deste ato é relativo a um tempo e espaço e portanto se hoje não é passível de controle – que em última instância justifica a necessidade de motivação – amanhã poderá sê-lo [...] Dessa forma, a motivação irá ocorrer; apenas não se exigirá sua publicização, excepcionando-se assim o art. 2°, VII, da Lei 9.784/ 1999, porque o seu aperfeiçoamento também foi diferenciado:

---

229   Os nossos grifos apontam várias situações corriqueiras do processo de investigação de subsídio, nas quais a motivação do ato será obrigatória.
230   CUNHA, E. M. Princípio da motivação e a Lei 9.784/99. In: FIGUEIREDO L. do V. (Coord.). **Ato administrativo e devido processo legal**. São Paulo: Max Limonad, 2001. (Coleção Oswaldo Aranha Bandeira de Mello). p. 36.

se o ato administrativo em geral só se aperfeiçoa cumprida sua publicidade, e na circunstância de sigilo permite-se a dispensa, igualmente a publicação de sua justificação não se fará, por óbvia conseqüência, indispensável. Há que se ter cautela para que a prática de atos sigilosos[231], sob o argumento da supremacia do interesse público, não sirva simplesmente para impedir o controle da administração pelo cidadão, tendo em conta que a transparência da atividade estatal não se fez presente.

Quanto ao controle do ato discricionário, poderá ser pela via recursal administrativa ou pela via judicial[232], já que a nossa Constituição privilegia a jurisdição estatal única. Cabe ao Poder Judiciário aferir os limites da discricionariedade do ato, investigando seu motivo, sua finalidade e sua causa (aqui chamado de mérito processual), sem interferir no seu mérito administrativo, que é função da administração pública.

No caso específico do processo de investigação do subsídio relevante, o peticionário nacional ou as partes legalmente interessadas poderão acionar o Poder Judiciário para sanar a lesão ou a ameaça de direito, causada pelo agente público. A indústria estrangeira investigada, além de poder recorrer ao Poder Judiciário brasileiro, poderá também oferecer denúncia, por meio do membro ao qual pertença, diretamente ao OSC/OMC, alegando não-cumprimento das normas gerais e obrigatórias do ASMC.

---

231   "O sigilo é excepcional e depende de lei oportuna, invocada fundadamente que só pode prevê-lo para casos de 'segurança da sociedade e do Estado' (artigo 5°, XXXIII, da CF/88). É também possível restringir-se a publicidade dos atos processuais quando a defesa da intimidade ou o interesse social o exigirem (artigo 5°, inciso LX, da CF/88)." (CUNHA, E. M. Princípio da motivação e a Lei 9.784/99. In: FIGUEIREDO L. do V. (Coord.). **Ato administrativo e devido processo legal**. São Paulo: Max Limonad, 2001. (Coleção Oswaldo Aranha Bandeira de Mello).

232   CF/1988: "Artigo 5° - [...] XXXV - a lei não excluirá da apreciação do Poder Judiciário lesão ou ameaça a direito;"

4.2.3 FASE PRELIMINAR DA INVESTIGAÇÃO DO SUBSÍDIO

A autoridade investigadora – *ex officio* ou a pedido escrito da indústria nacional[233] – dará início à fase preliminar da investigação de subsídio específico[234].

O procedimento será interrompido imediatamente, sem que se inicie a investigação, se a autoridade observar que: a) a indústria peticionante não atende aos critérios de representatividade exigidos pelo ASMC; b) o dano é inferior a 1% *ad valorem*; c) a petição não atende aos critérios exigidos pelo ASMC e pelo Decreto n° 1.751/1995; d) não houve adequação da forma e no prazo hábil; ou e) o volume das importações é insignificante, ou seja, inferior a 3% das importações daquele produto[235].

Uma vez atendidos os requisitos, a autoridade investigadora iniciará um procedimento obrigatório e preliminar de consultas com o membro exportador para que cheguem a uma solução mutuamente satisfatória, antes de iniciar a investigação. Podem participar desse procedimento de consultas bilaterais tanto os membros envolvidos quanto as partes interessadas nos termos do artigo 12.9 do ASMC.

Embora a consulta preliminar seja obrigatória, seu início não impede que o membro demandante aplique medidas compensatórias provisórias, desde que o faça amparado por um procedimento preliminar específico, no qual apure a verossimilhança do nexo causal entre subsídios específicos concedidos e dano alegado (ou ameaça de dano) à indústria doméstica ou retardamento de sua implantação.

No Brasil, a Secex é o órgão da administração direta federal que tem a competência de apurar a existência e o montante do subsídio, a ameaça ou o dano à indústria nacional e o nexo causal entre ambos, além de propor à Camex a aplicação de medidas compensatórias provisórias ou conclu-

---

233   Ver definição de indústria nacional no tópico 4.1.3.1.3.
234   Artigo 11 do ASMC e artigos 25 e 33 do Decreto n° 1.751/1995.
235   Artigos 21, § 7°, 25, 26 e 30, § 1°, todos do Decreto n° 1.751/1995.

sivas. Para tanto, a Secex se utiliza, em sua estrutura organizacional, de um departamento interno específico que cuida da matéria, o Decom[236].

Ao final da investigação e antes de remeter o parecer à Camex, para que decida se aplica ou não as medidas compensatórias, a Secex deverá, em instância consultiva, acionar o CCDC, a fim de receber recomendações, com base no parecer já concluído, sobre: a) arquivamento de processos; b) prorrogação de prazos de investigação; c) homologação ou término de compromissos; e d) encerramento de investigação com ou sem aplicação de medidas compensatórias. Essas recomendações deverão ser encaminhadas, juntamente com o parecer da Secex, à Camex para que profira a decisão final.

A investigação deverá ser concluída no prazo máximo de 1 ano, contado da abertura, exceto em circunstâncias excepcionais quando o prazo poderá chegar a 18 meses[237].

4.2.3.1 Critérios Formal, Material e Subjetivo da Petição Inicial

Para que uma investigação unilateral tenha curso, é necessário que a autoridade investigadora tenha acesso a um mínimo de informações que levem à conclusão de que um subsídio foi concedido e que causou ou poderá causar dano ou ainda possa retardar a implantação da indústria nacional.

A petição inicial deverá ser apresentada pela indústria nacional, atendendo aos critérios formais e materiais previstos na Circular/Secex nº 20/1996[238]. São requisitos exigidos: a) o peticionário deverá

---

236 Artigo 5º da Lei nº 9.019/1995, artigos 2º, 3º e 25 do Decreto nº 1.751/1995 e nota 2 da introdução da Circular/Secex nº 20/1996.
237 Artigo 49 do Decreto nº 1.751/1995 e artigo 11.11 ASMC.
238 Como o artigo 5º da Lei nº 9.019/1999 confere à Secex a competência para apurar a margem de *dumping* ou o montante de subsídio, por intermédio de processo administrativo, coube-lhe regulamentar a matéria procedimental, o que fez por meio dessa circular.

ser identificado e indicar o valor e o volume de sua produção; b) indicar, na medida do possível, o volume e o valor da produção de outros fabricantes de produtos similares[239] e anexar a manifestação do apoio destes à petição; c) caso haja importadores deste produto subsidiado, de que tenha conhecimento, indicar suas qualificações detalhadas.

A partir de então, o peticionário deverá ponderar os três principais requisitos da concessão de medidas compensatórias: a) a existência de um subsídio relevante, com um benefício usufruído; b) o dano efetivo, a ameaça de dano ou o retardamento na implantação da indústria nacional; e c) a existência de um nexo causal entre o mencionado nos itens a e b.

Deverá fornecer todas as informações que o levaram à conclusão de que houve um nexo causal e, para tanto, deverá fazer referência a valores em dólares estadunidenses, à taxa de câmbio e à metodologia utilizada na conversão da moeda.

No que se refere à existência de subsídio, o peticionário deverá apresentar as seguintes informações: a) classificação dos produtos; b) país de origem[240]; c) país de procedência; d) nome e endereço dos produtores no país de origem e dos exportadores para o Brasil; e)

---

239   Conforme o artigo 4º, parágrafo único, do Decreto nº 1.751/1995 e o artigo 15, nota 46, do ASMC, considera-se produto similar o produto idêntico, igual sob todos os aspectos ao produto investigado, ou, na sua ausência, outro que, embora não exatamente igual sob todos os aspectos, apresente características muito próximas às do produto investigado.

240   É importante diferenciar os termos "país de procedência" e "país de origem". O primeiro se refere ao país no qual os produtos estavam quando foram exportados para o país importador. País de origem faz referência ao país onde foi realmente produzido o produto. Numa economia global sem fronteiras, torna-se difícil identificar o país de produção e o de origem. Geralmente, buscam-se as regras gerais "de origem" para identificar em que país foi realizada uma proporção maior do processo produtivo. A diferenciação desses dois termos "origem" e "procedência" evita que o membro demandado utilize interposto Estado (país de procedência) para distribuir sua produção subsidiada sem que, com isso, seja investigado.

autoridade fornecedora dos subsídios e seus objetivos; f) tipo de subsídio e forma pela qual é concedido (anexar cópia da legislação pertinente, se houver); g) abrangência dos subsídios; h) volume e quantidade do produto beneficiado pelo programa de subsídio; i) na medida do possível, o montante outorgado aos produtores e/ou aos exportadores do produto em questão, explicitando a metodologia do cálculo; j) data do início da implementação do programa; l) vigência do programa; e m) preço de exportação para o Brasil.

Demonstrado o subsídio, o peticionário delimitará e, se possível, quantificará o dano e deverá, para tanto, fornecer: a) a evolução, em quantidade e valor, das exportações do produto dos 5 anos anteriores até os meses já transcorridos do ano em curso, segundo o país de origem; b) se for do seu conhecimento, a qualificação das principais firmas importadoras do produto; c) os preços médios mensais de exportação para o Brasil, por país de origem, dos 5 anos anteriores até os meses já transcorridos do ano em curso; d) as informações sobre o potencial das exportações para o Brasil, capacidade produtiva efetiva e/ou potencial dos países exportadores para o Brasil; e) a estimativa da evolução do consumo aparente (apresentar metodologia utilizada) nos últimos 5 anos até os meses já transcorridos do ano em curso; f) as formas de concorrência predominantes neste mercado (preço, diferenciação do produto, assistência técnica, rede de distribuição, propaganda); g) no caso do setor agrícola, descrever as práticas governamentais de preços aplicadas ao produto; h) em caso de produto sazonal, fornecer as informações solicitadas, agregadas segundo os períodos relevantes, indicando, no caso de produtos agrícolas, época de plantio, de colheita e de comercialização; i) as linhas de produção da empresa; e j) o valor do faturamento total e o faturamento por linha de produção.

Para o produto em questão e o das demais linhas relevantes de produção – isto é, aquelas que, em conjunto com a fabricação do produto em exame, representem pelo menos 70% do faturamento total da empresa –, o peticionário deverá fornecer separadamente: a) a evolução da capacidade instalada, especificando o regime operacional (1, 2 ou 3 turnos) e o grau de ocupação e, no caso de produtos agrícolas, informar também a área plantada; b) a produção anual, quantidade e valor e, no caso de produtos agrícolas, informar a quantidade de sementes plantadas e a produtividade; c) as vendas anuais para o mercado interno, quantidade e valor – totais e segundo os tipos de mercado; d) a exportação anual, quantidade e valor; e) a evolução dos preços mensais no mercado interno; f) a evolução dos estoques anuais; e g) a evolução do emprego na produção, na administração e nas vendas.

Quando se tratar de produto similar, o peticionário deverá: a) apresentar as condições de fornecimento dos principais insumos, indicando os principais fornecedores por insumo; b) fornecer as demonstrações financeiras e o balanço patrimonial auditado; e c) apresentar o demonstrativo de resultados da linha de produção do produto em questão.

Finalmente, o peticionário deverá indicar em qualquer caso: a) os principais clientes com suas respectivas participações no total das vendas da empresa, bem como suas áreas de atividade; b) os canais de distribuição e suas respectivas participações no total das vendas da empresa; e c) as políticas de comercialização por tipo de cliente e região geográfica.

A aplicação das medidas compensatórias estará vinculada à demonstração do nexo de causalidade entre a concessão de subsídios à exportação do produto, por um determinado país, e o conseqüente dano à indústria doméstica. Para demonstrar o nexo de causalidade, caberá ao peticionário: a) indicar a forma sob a qual as importações subsidiadas estão causando dano à indústria doméstica; e b) enumerar outros possíveis fatores conhecidos, além das importações do produto subsidiado, que possam causar danos à indústria doméstica (por exemplo: volume e preços de importação de produtos não subsidiados, impacto de alterações no imposto de importação sobre os preços domésticos, contração na demanda ou mudança nos padrões de consumo, práticas restritivas ao comércio pelos produtores domésticos estrangeiros e a concorrência entre eles, progresso tecnológico, desempenho do exportador e produtividade da indústria doméstica).

Tendo sido demonstrada a existência do subsídio, do dano e do nexo, resta à parte peticionar a aplicação de medidas compensatórias, para neutralizar os efeitos do subsídio concedido e compensar os danos apurados por meio da cobrança de medidas compensatórias.

Depois de estar devidamente instruída com os documentos comprobatórios dos fatos alegados, a petição deverá ser entregue, em quatro vias, no protocolo do Decom na Secex.

4.2.3.2 Assistência à Indústria Doméstica

O ASMC prevê que cada membro deverá fornecer assistência ao setor produtivo nacional, para que possa ter acesso às informações necessárias à instrução válida da petição inicial. É evidente que os agentes que concederão a assistência sejam distintos daqueles que tomarão as decisões provisória ou final, como forma de preservar a isonomia, a legalidade e a moralidade administrativa do processo de investigação[241].

As pequenas e médias indústrias terão um tratamento especial do Estado para que acessem as informações e possam exercer seu direito de petição. Ademais, essa assistência também pode ser estendida ao acesso irrestrito às informações, não confidenciais, compiladas em órgãos governamentais, que possam ser úteis aos peticionários para a formulação de suas petições.

Em virtude da dificuldade para a produção da prova no processo de subsídio, que requer acesso a dados sigilosos das empresas e dos governos envolvidos, a legislação andou bem quando exigiu apenas a apresentação de "elementos de prova" e não de "prova" que será produzida no processo de investigação. Durante a investigação, os elemen-

---

241   Artigo 36 do Decreto n° 1.751/1995 e artigo 13 do ASMC.

tos de prova da existência de subsídio relevante e do dano por ele causado serão considerados simultaneamente[242].

É importante ressaltar que vale para o processo administrativo a regra geral da proibição do uso de prova adquirida por meio fraudulento. Nesse sentido, dados sigilosos das empresas investigadas ou dos governos somente poderão vir a público quando divulgados pelos detentores legais destes, com sua autorização ou mediante autorização judicial. Daí a importância da produção das provas indiretas (elementos de prova), como fornecimento de formulários usados pelos governos, encartes com publicação de incentivos que possam ser entendidos como direcionados para a exportação, declarações públicas das empresas ou dos governos etc.

Na prática, o que as partes têm feito é apresentar os elementos de prova ao Decom e, no mesmo ato, solicitar a confirmação daqueles dados que possam ser acessados pela Secex – por meio do banco de dados do governo federal –, ainda que preservada a proibição de divulgação no artigo 198 do Código Tributário Nacional[243].

4.2.3.3 Emendas à Petição Inicial e Inépcia

Para que a petição inicial seja considerada apta a deflagrar uma investigação de subsídio, deverá atender a todos os requisitos já destacados nos tópicos anteriores. Nesse sentido, a aceitação da petição inicial pelo Decom, assim como num processo judicial, não implica reconhecimento dos fatos alegados, mas tão-somente que o documento esteja apto (parte legítima, destinado à autoridade competente, informações mínimas presentes para justificar a abertura de uma inves-

---

242 Artigo 35, *caput*, do Decreto nº 1.751/1995.
243 CTN: "Artigo 198 – Sem prejuízo do disposto na legislação criminal, é vedada a divulgação, para qualquer fim, por parte da Fazenda Pública ou de seus funcionários, de qualquer informação, obtida em razão do ofício, sobre a situação econômica ou financeira dos sujeitos passivos ou de terceiros e sobre a natureza e o estado dos seus negócios ou atividades."

tigação, forma atendida etc.) a deflagrar uma seqüência de atos administrativos (notificação do outro membro, iniciação de consulta, abertura da investigação e aplicação de medidas compensatórias provisórias), que comprovem o direito e o dano alegados pelo peticionário.

A Secex examinará, preliminarmente, a petição com o objetivo de verificar se está devidamente instruída ou se são necessárias informações complementares. O resultado desse primeiro exame será comunicado ao peticionário no prazo de 20 dias contados a partir da data de entrega da petição[244]. Um segundo exame será realizado quando forem solicitadas informações complementares, para verificar se ainda são necessárias novas informações ou se a petição está devidamente instruída. O resultado desse segundo exame também será comunicado ao peticionário no prazo de 20 dias contados da data da entrega das informações complementares[245]. Caberá então um terceiro e último exame cujo resultado será comunicado no prazo final de 20 dias contados da data de entrega das últimas informações. A petição, então, será considerada definitivamente apta a deflagrar os atos seguintes, se adequada às exigências normativas.

A petição será considerada inepta, encerrando-se o procedimento, quando: a) não houver elementos de prova suficientes de existência de subsídio ou de dano por ele causado; b) não tiver sido apresentada pela indústria doméstica[246] ou em seu nome; e c) os produtores domésticos

---

244   Artigo 26 do Decreto n° 1.751/1995.
245   Artigo 26, § 1°, do Decreto n° 1.751/1995.
246   Para fins de apuração do subsídio, considera-se como apresentada pela indústria doméstica ou em seu nome a petição que for apoiada por produtores que respondam por mais de 50% da produção total de produto similar realizada pela parcela da indústria doméstica que tenha expressado apoio ou rejeição à petição, desde que aqueles que a apóiam correspondam a mais de 25% da produção doméstica total. No caso de indústria fragmentária, que envolva número especialmente alto de produtores, poderá se confirmar apoio ou rejeição mediante a utilização de técnicas de amostragem estatisticamente válidas (artigos 28 e 30, § 1°, do Decreto 1.751/1995 e artigos 11.4 e 16 ASMC).

que apóiam a petição inicial representem menos de 25% da produção nacional do produto similar, caracterizando, dessa forma, a inexistência de representatividade do peticionário[247]. Nada obsta, no entanto, que seja reapresentada quando corrigida ou complementada[248].

4.2.3.4 Verificação do Montante do Subsídio *de minimis*, do Volume da Importação e da Dimensão do Dano

Por uma questão de economia processual é importante que a autoridade administrativa, antes de iniciar o procedimento de investigação, constate previamente a ocorrência de três situações, nas quais o ASMC determina o encerramento imediato da investigação: a) o montante do subsídio seja *de minimis* (inferior a 1% *ad valorem*); b) o volume das importações seja insignificante[249]; e c) o dano seja insignificante.

Neste ponto, sendo identificada a existência de qualquer uma delas e não havendo necessidade de dilação probatória (diferente da mera comprovação documental), passa a ser direito da parte investigada que o procedimento de investigação seja interrompido imediatamente, conferindo-lhe um direito objetivo à interposição de mandado de segurança para sanar o ato do agente público.

Como já destacado no tópico 4.1.3.1.8, há um conflito aparente entre os artigos 6.1.*a* e 11.9 do ASMC, pois o primeiro dispõe sobre um *de minimis* de 5% e o outro, de um *de minimis* de 1%. A interpretação possível

---

247 Artigo 30, § 1°, do Decreto n° 1.751/1995.
248 Artigo 26, § 2°, do Decreto n° 1.751/1995.
249 Artigo 21, §§ 3° e 4°, do Decreto n° 1.751/1995 – Diz-se que o volume da importação é insignificante quando o volume de importações provenientes de determinado país for inferior a 3% do total das importações brasileiras de produto similar, exceto quando os países que, individualmente, respondem por menos de 3% das importações de produto similar importado pelo Brasil sejam – coletivamente – responsáveis por mais de 7% das importações do produto. Para os países em desenvolvimento, quando o volume for inferior a 4% individualmente ou, coletivamente, seja responsável por mais de 9% das importações totais do produto.

é aquela que determina interrupção imediata da investigação quando o *de minimis* for inferior a 1% *ad valorem*, e, caso seja superior, o procedimento de investigação continua e somente resultará na imposição de medidas compensatórias quando for superior a 5% *ad valorem*[250].

4.2.3.5 COMUNICAÇÃO DO PEDIDO DE INVESTIGAÇÃO, PROCEDIMENTO DE CONSULTA E ABERTURA OU NÃO DA INVESTIGAÇÃO

Depois de aceita a petição, mas antes de aberta a investigação, os governos cujos produtos possam vir a ser atingidos serão notificados da solicitação de abertura de investigação e terão prazo de 10 dias para manifestar seu interesse de iniciar um procedimento de consulta, que deverá ser realizada no prazo de 30 dias contados da data de expedição da notificação[251]. Essa fase preliminar é obrigatória e sua inexistência invalida todos os atos posteriores.

Para a determinação da abertura de investigação, serão considerados os seguintes requisitos:

- A representatividade do peticionário, isto é, se a petição foi apresentada pela indústria doméstica ou em seu nome ou, ainda, apoiada por mais de 25% dos produtores nacionais do produto similar.
- Correção e adequação dos elementos de prova apresentados, indicativos da existência de subsídio, do dano e da relação causal entre eles.
- Existência de indícios suficientes que justifiquem a abertura da investigação.
- O cálculo do montante do subsídio não ser inferior a 1% *ad valorem*.
- O volume da importação e do dano não ser desprezível.

---

250 Para *de minimis* de países em desenvolvimento, ver nota anterior.
251 Artigo 27 do Decreto nº 1.751/1995.

O peticionário será notificado da determinação positiva ou negativa da abertura da investigação no prazo de 50 dias contados da data de expedição da comunicação de que a petição encontra-se devidamente instruída[252].

É importante não confundir o despacho que declara inepta a petição inicial com o despacho que determina que não se inicie a investigação. A primeira situação se dá quando o peticionário não apresenta os elementos de prova necessários para que se proceda à investigação ou não seja parte legítima, e a segunda, quando o subsídio não comporte investigação administrativa, seja quanto à matéria, seja quanto ao seu montante seja quanto ao montante do dano.

Antes da determinação de abertura de uma investigação, não deverão ser divulgados a existência e o teor da petição inicial. Havendo determinação positiva, a investigação será aberta e deverá ser publicada, no DOU, uma Circular/Secex que contenha: a) a determinação de abertura da investigação; b) o produto envolvido; c) o membro exportador envolvido; d) a data do início da investigação; e) os fundamentos do subsídio alegado; f) o resumo dos fatos nos quais se fundamentam a existência do dano; g) o endereço para o qual as partes interessadas devem endereçar suas petições; e h) os prazos para manifestação das partes interessadas.

A partir de então, os governos e as partes interessadas serão notificados e será concedido prazo de 20 dias contados da data da publicação da determinação para habilitação de outras partes que se considerem interessadas, com a respectiva indicação dos representantes legais[253].

Aberta a investigação, a Secex deverá adotar as seguintes providências: a) fornecimento de texto completo da petição aos produtores e aos exportadores conhecidos e às autoridades do membro exportador; e b) comunicação à SRF/MF para que adote as providências cabí-

---

252   Artigo 30, *caput*, do Decreto n° 1.751/1995.
253   Artigos 30, §§ 2° ao 4°, e 32 do Decreto n° 1.751/1995 e artigo 11.5 ASMC.

veis que possibilitem a posterior aplicação de medidas compensatórias provisórias na importação de produtos objeto de investigação[254].

4.2.4 A INVESTIGAÇÃO DO SUBSÍDIO

4.2.4.1 DETERMINAÇÃO DO PERÍODO DA INVESTIGAÇÃO DA EXISTÊNCIA DO SUBSÍDIO, DA EXISTÊNCIA DO DANO E DETERMINAÇÃO DO PRODUTO

É necessária a determinação do período de investigação da existência do subsídio e de investigação da existência ou da ameaça de um dano.

O período de investigação da existência do subsídio é lapso temporal levado em conta pela autoridade investigadora, a fim de averiguar se o subsídio foi concedido. Esse período também delimita quais dados poderão ser utilizados na investigação.

Na investigação de subsídio, esse prazo compreende os 12 meses mais próximos possíveis, anteriores à data da abertura da investigação, podendo retroagir até o início do ano contábil do beneficiário, encerrado mais recentemente, e para o qual estejam disponíveis dados financeiros e outros dados relevantes e confiáveis. Em circunstâncias excepcionais, o período objeto da investigação poderá ser inferior a 12 meses, mas nunca inferior a 6 meses[255].

O período de investigação da existência de dano é lapso temporal levado em conta pela autoridade investigadora, a fim de averiguar se o dano existiu ou ameaça existir, e deverá ser suficientemente representativo, para permitir uma melhor análise dos dados colhidos, e não será inferior a 3 anos, incluindo necessariamente o período de investigação da existência de subsídio relevante[256].

---

254 Artigo 31 do Decreto nº 1.751/1995 e artigo 22 do ASMC.
255 Artigo 35, § 1º, do Decreto nº 1.751/1995.
256 Artigo 35, § 2º, do Decreto nº 1.751/1995.

A determinação do produto se dará por meio da classificação aduaneira competente e ocorre no momento da aceitação da petição como formalmente apta a dar andamento a uma investigação.

O problema surgirá para determinar o produto similar, como já abordado no tópico 4.1.3.1.4, pois essa delimitação interfere diretamente na determinação da legitimidade da indústria nacional, do dano e do montante do subsídio. Nesse sentido, antes mesmo da abertura da investigação e da notificação do outro membro para iniciar um procedimento de consulta, é necessário que já tenha havido uma determinação preliminar de qual seja o produto investigado e de quais sejam seus produtos nacionais similares[257].

O ato administrativo de determinação de quais sejam os produtos similares ao investigado pela autoridade investigadora tem alto grau de discricionariedade. Como já referido no tópico 4.1.3.1.4, são critérios comumente utilizados pelas autoridades investigadoras nacionais para identificar o produto similar: a) as características físicas do produto; b) o quanto seu consumo pode ser substituível por outro; c) a matéria-prima utilizada na sua fabricação; d) o método e a tecnologia utilizados na sua produção; e) sua função e uso final; f) as especificações industriais; g) seu valor de mercado; h) sua qualidade; i) a classificação tarifária; j) os canais de distribuição e comercialização do produto; l) a utilização de equipamentos e pessoal comuns na produção de ambos os produtos; m) a percepção que causa para os consumidores e os produtores; e n) sua marca comercial e prestígio no mercado.

---

257 Como já ressaltado, a definição da nota 46 do artigo 15 aborda o produto similar como o produto igual em todos os aspectos ao produto sob investigação ou, na ausência de tal produto, outro produto que, embora não sendo igual em todos os aspectos, tenha características muito parecidas com aquelas do produto investigado.

4.2.4.2 Determinação Preliminar da Existência do Subsídio, do Dano e do Nexo

4.2.4.2.1 Envio de Cópia da Petição Inicial e dos Questionários

Todas as informações requeridas numa investigação, inclusive os termos da petição inicial, serão comunicadas aos governos e às partes interessadas conhecidas, por meio de uma versão não confidencial (caso haja informação sigilosa), que terão ampla oportunidade de apresentar por escrito os elementos de prova que considerarem pertinentes. Serão levadas em conta as dificuldades encontradas pelos interessados no fornecimento dessas informações e, como já dito, na medida do possível, lhes será prestada assistência[258].

As partes nacionais conhecidas e os governos dos países exportadores receberão questionários e terão até 40 dias para remeter suas respostas. Esse prazo será contado a partir da data de expedição dos referidos questionários. O prazo para a devolução dos questionários poderá ser prorrogado por mais 30 dias, quando demonstrada a necessidade, desde que devidamente justificado e levando-se em consideração os demais prazos a serem cumpridos no curso da investigação[259].

As partes nacionais, principalmente a indústria doméstica e os importadores, receberão questionários que os auxiliarão na aferição e

---

258 Artigo 36 do Decreto nº 1.751/1995 e artigo 13 do ASMC.
259 Artigo 37, *caput* e § 1º, do Decreto nº 1.751/1995. Observe-se que o ASMC estabeleceu, no seu artigo 12, o prazo de 30 dias e que a legislação nacional ampliou o prazo para 40 dias. Neste sentido, a regra mais benéfica deverá ser a aplicada para as partes. Por outro lado, o Decreto nº 1.751/1995 estabeleceu expressamente o prazo para as partes nacionais e estrangeiras, enquanto o ASMC somente referiu-se ao prazo para os exportadores e produtores estrangeiros, mantendo-se silente em relação às partes nacionais (importadores e produtores). Ainda que o decreto não houvesse se manifestado sobre o tema, isso poderia ser resolvido com a aplicação do princípio constitucional da isonomia ao processo administrativo.

na quantificação do dano, do volume das importações e do preço praticado no mercado interno. Já o membro investigado e as empresas estrangeiras receberão questionários que os auxiliem na aferição e na quantificação do subsídio concedido pelo governo e do benefício auferido para indústria estrangeira.

4.2.4.2.2 Processamento das Respostas dos Questionários, Acesso à Informação, Esclarecimento de Informação Lacunosa ou Obscura e Análise das Informações Recebidas

Findo o prazo para serem enviadas as respostas dos questionários, as autoridades investigadoras iniciarão a análise das respostas. O envio tardio do questionário não deve, por si só, gerar uma presunção de culpa ou de veracidade dos fatos alegados pela parte demandante na petição inicial, mas poderá, em alguns casos, com outras situações fáticas, levar à aplicação de medidas compensatórias provisórias, com base na melhor informação disponível.

Ao iniciar a análise dessas respostas, a autoridade examinará alguma eventual solicitação de preservação de dados sigilosos, como já visto anteriormente. Nesse sentido, o pedido de sigilo de dados deverá ser acompanhado da justificação e de um relatório não confidencial para que as partes possam acessá-lo. Caso a autoridade investigadora não considere justificável o pedido (por falta de cumprimento dos requisitos para tal ou por entender inadequado ao caso), comunicará à outra parte para que o adéqüe, sob pena de desconsiderar a informação em caráter definitivo.

As partes envolvidas na investigação e as partes interessadas terão amplo acesso às respostas dos questionários, como também às versões não sigilosas dos relatórios enviados ao Decom.

Quando houver respostas lacunosas ou obscuras, a autoridade investigadora poderá solicitar esclarecimentos adicionais. Para esses casos, o ASMC não estabelece qual seria o prazo para as empresas ou governos enviarem tais respostas, o que deverá ser estabelecido expressamente pela Secex no corpo do questionário complementar. Além de enviar pedido de esclarecimento, o membro demandante poderá realizar uma visita *in loco*, a fim de esclarecer os pontos que entenda necessários. O procedimento dessa visita esta descrito no tópico 4.2.4.3.2.1.

Uma vez respondidos os questionários, caberá ao Decom iniciar o processo de análise dos dados que visará, inicialmente, formular um parecer para corroborar a decisão da Camex de aplicar ou não as medidas compensatórias provisórias. Essa análise se compõe de uma determinação da existência de um subsídio específico concedido, de um dano, ameaça de dano ou retardamento de implantação da indústria nacional e ainda de um nexo entre estes.

4.2.4.2.3 DETERMINAÇÃO PRELIMINAR DO SUBSÍDIO, DO DANO, DA AMEAÇA DE DANO, DO RETARDAMENTO DE IMPLANTAÇÃO DA INDÚSTRIA NACIONAL[260] E DO NEXO

Embora o ASMC não obrigue que se determine preliminarmente a existência do subsídio, do dano e do nexo, será imprescindível quando se queira aplicar as medidas compensatórias provisórias. Essa determinação é um juízo de valor provisório e precário e visa simplesmente fundamentar a aplicação de medidas compensatórias em caráter "cautelar" para fazer cessar os efeitos dano em curso.

Muitas vezes a imposição de medidas compensatórias provisórias serve como uma ferramenta política para se firmar um acordo de compromisso de preços, suspendendo o curso da investigação. Os critérios para sua aplicação serão os mesmos da medida compensatória em caráter conclusivo (subsídio, dano e nexo), mas, aqui, meros elementos de prova serão suficientes para sua determinação.

---

260   Para facilitar a leitura do texto, a tríade dano, ameaça de dano e retardamento da implantação da indústria nacional será referida apenas como "dano".

Uma determinação preliminar somente será cabível quando a Camex chegar à conclusão de que a medida compensatória provisória é necessária para prevenir danos durante o processo de investigação.

Em obediência ao princípio da publicidade e para preservar o direito à ampla defesa, o ato que contiver a determinação preliminar e estabelecer a imposição das medidas compensatórias provisórias deverá ser publicado contendo as principais informações que lhe sejam relativas (partes afetadas, produto, valor, duração, fundamento da decisão etc.).

4.2.4.2.4 Modalidades, Montante, Duração e Características das Medidas Preliminares ou Provisórias

As medidas compensatórias provisórias somente serão aplicadas se[261]: a) a investigação tiver sido aberta de acordo com os procedimentos anteriormente citados; b) o ato que contenha a determinação de abertura tiver sido publicado e tiver sido dada oportunidade para que as partes e os governos interessados se manifestem; c) tenha ocorrido uma determinação preliminar do Decom, da existência de subsídio relevante e de dano à indústria doméstica decorrente das importações de produto subsidiado; d) a Camex julgar que tais medidas são necessárias para impedir que ocorra um dano maior à indústria durante o período de investigação; e) houver decorrido pelo menos 60 dias da data da abertura da investigação; e f) o valor da medida compensatória provisória não exceder o montante do subsídio relevante, preliminarmente determinado.

As medidas compensatórias serão aplicadas pela imposição de taxa[262] *ad valorem* ou específica no ato da nacionalização do produto investigado ou por meio de garantia real (depósito em dinheiro) ou

---

261   Artigo 44 do Decreto nº 1.751/1995 e artigo 17.1 do ASMC.
262   A palavra taxa foi adotada apenas didaticamente e não representa o tipo tributário específico do sistema tributário brasileiro, como se verá no capítulo VII deste livro.

fidejussória (fiança bancária) e terão como limite o montante do subsídio provisoriamente quantificado.

Quando houver a prestação de garantia, a cobrança dos direitos provisórios poderá ser suspensa pela Camex até que se chegue a uma decisão final sobre a imposição de medidas compensatórias. O desembaraço aduaneiro dos bens objeto de medidas compensatórias provisórias dependerá da prestação de garantia.

A vigência das medidas compensatórias provisórias será limitada a um período não superior a 4 meses. Contrariamente ao disposto no código *antidumping*, não há previsão de prorrogação desse prazo e sua imposição não é suficiente para encerrar o procedimento de investigação, pois pressupõe-se a necessidade de continuidade da investigação, a fim de averiguar se é indispensável ou não a imposição de medidas compensatórias conclusivas.

4.2.4.3 Determinação Final da Existência do Subsídio, do Dano e do Nexo

4.2.4.3.1 Realização de Audiências e Oitiva dos Membros Interessados e das Partes Interessadas

As partes e os governos envolvidos disporão de ampla oportunidade de defesa de seus interesses. Assim, caso haja solicitação, serão realizadas audiências nas quais as partes e os membros interessados possam encontrar aqueles que tenham interesses antagônicos, para que apresentem suas interpretações da legislação e dos fatos alegados[263].

Não existirá nenhuma obrigatoriedade de comparecimento a tais audiências e, por isso, a ausência de uma das partes não poderá ser usada em prejuízo de seus interesses[264].

---

263 Artigo 41, *caput*, do Decreto nº 1.751/1995.
264 Artigo 41, § 3º, do Decreto nº 1.751/1995.

As partes e os governos interessados deverão indicar seus representantes legais em até 5 dias anteriores à realização da audiência e enviar, por escrito, em até 10 dias antes da sua realização, os argumentos a serem apresentados.

As informações fornecidas oralmente só serão levadas em consideração se forem apresentadas por escrito e colocadas à disposição das outras partes e governos interessados no prazo de 10 dias após a realização da audiência, observado, quando couber, o direito de sigilo[265]. O Decreto nº 1.751/1995, em seu artigo 36, confere somente à parte interessada a oportunidade de oferecer informações por escrito e, por ser mais restritivo que o ASMC, sem que a lei o tenha sido, extrapolou seu poder regulamentar. Disso conclui-se que é possível às partes interessadas apresentarem informações orais, desde que as entreguem, na forma escrita, posteriormente.

A audiência é uma oportunidade para que as autoridades possam apresentar os pontos principais da investigação, ouvir as argumentações contrárias e apresentar os procedimentos posteriores, privilegiando o princípio da ampla defesa.

As oitivas podem ocorrer a qualquer tempo, inclusive antes de iniciada a investigação, e tanto podem esclarecer dados relativos a existência e montante do subsídio específico quanto à apuração do dano. Esse mecanismo poderá ser utilizado para atender às disposições do artigo 12.12 do ASMC, que determina que usuários industriais do produto investigado e associação de consumidores podem aportar informações relevantes ao processo.

4.2.4.3.2 Requisição de Informação Suplementar e Fatos Disponíveis

As informações adicionais ou complementares serão solicitadas e recebidas, por escrito, ao longo da investigação. O prazo para o forne-

---

[265] Artigo 41, § 4º, do Decreto nº 1.751/1995.

cimento das informações solicitadas será estipulado em função de sua natureza e poderá ser prorrogado a partir de uma solicitação justificada[266].

Se as partes ou governos interessados negarem acesso aos dados necessários, fornecerem-nos fora do prazo determinado ou criarem obstáculos à investigação, o parecer com vistas às determinações preliminares ou finais poderá ser elaborado com base na "melhor informação disponível"[267].

Os artigos 48 e 20, § 3º, do Decreto nº 1.751/1995 determinam que os fatos disponíveis serão suficientes para fundamentar decisões provisórias ou conclusivas da Secex sempre que: a) houver descumprimento das obrigações derivadas de compromissos de preços regularmente firmados pelos membros envolvidos; b) forem necessários a uma conclusão final; e c) houver omissão de dados por parte da empresa envolvida e que, com isso, não seja possível calcular o montante do subsídio, devendo-se fazer uso do cálculo por amostragem.

Quando uma ou várias empresas selecionadas não fornecerem as informações solicitadas, será feita outra seleção. Caso não haja tempo hábil para uma nova seleção ou as novas empresas também não forneçam as informações requeridas, as determinações ou decisões serão baseadas nas informações disponíveis[268].

O artigo 79, § 1º, do Decreto nº 1.751/1995 fornece uma noção daquilo que se entende por "informações disponíveis" quando permite que se chegue às "determinações", desde que "baseadas nos fatos disponíveis". Em outros termos, a informação disponível não pode

---

266 Artigo 37, § 3º, do Decreto nº 1.751/1995.
267 Artigo 37, § 3º, do Decreto nº 1.751/1995. Conforme o artigo 79 do Decreto nº 1.751/1995, melhor informação disponível são os dados disponíveis, dentre eles os contidos na petição de abertura da investigação, que poderão servir de base para as determinações, além das informações verificáveis que tenham sido adequadas e tempestivamente apresentadas. Ver também tópico 4.1.3.1.9.
268 Artigo 20, § 3º, do Decreto nº 1.751/1995.

ser "de ouvir dizer", mas tem de estar vinculada a "fatos" postos à disposição da administração pública. Ademais seu § 8º estabelece que as informações secundárias devam ser confrontadas com as informações fornecidas por fontes independentes e por outras partes. A própria norma apresentou os limites da discricionariedade do administrador para fazer uso de informações que considere válidas. Essa regra também se aplica aos casos nos quais as informações requeridas pelas partes sejam falsas ou tendenciosas.

4.2.4.3.2.1 INVESTIGAÇÃO *IN LOCO*

Em caso de necessidade, serão realizadas investigações no território nacional do membro exportador ou em empresas localizadas em outros países, desde que previamente autorizadas por elas e pelos representantes do governo do membro visitado. Da mesma forma, poderão ser realizadas investigações em empresas localizadas em território do membro demandante, desde que previamente autorizadas por elas[269].

Antes da visita, dar-se-á conhecimento às empresas da natureza geral da informação pretendida e, durante a visita, poder-se-ão formular pedidos de esclarecimentos suplementares das informações obtidas, por meio do questionário[270]. Os resultados dessas investigações serão anexados ao processo, observado o direito ao sigilo.

4.2.4.3.3 DETERMINAÇÃO DA ESPECIFICIDADE

Esse é um ponto crucial da investigação, pois somente o subsídio específico é passível de medida compensatória.

Aplica-se o teste de especificidade, nos termos já descritos no tópico 4.1.3.2, e observa-se se ela é decorrente de disposição de lei (*de jure*) ou de prática da administração pública (*de facto*).

---

269 Artigo 40, §§ 1º e 2º, do Decreto nº 1.751/1995.
270 Artigo 78 do Decreto nº 1.751/1995.

Ressalte-se que contra o subsídio proibido pesa a presunção da especificidade, não sendo necessário nenhum teste para assim classificá-lo.

4.2.4.3.4 Cálculo do Montante do Subsídio e Valoração do Subsídio *de minimis*

Para a aplicação de medidas compensatórias, o montante de subsídio relevante será calculado por unidade do produto subsidiado[271] exportado para o membro demandante, com base no benefício usufruído[272] durante o período de investigação da existência de subsídio[273].

Quando não for possível o cálculo por unidade de produto, o cálculo do montante será feito, se apropriado, dividindo-se, de maneira adequada, o valor do subsídio total pelo volume de fabricação, ou de produção, ou de venda ou de exportação do produto a que se refira, durante o período de investigação de existência do subsídio[274].

Quando o subsídio for concedido para a aquisição presente ou futura de ativos fixos, o montante será calculado por meio do rateio, por um período que corresponda ao da depreciação normal[275] de tais ativos na indústria em questão[276]. Caso não possa ser relacionado à

---

271 Artigo 4º, parágrafo único, do Decreto nº 1.751/1995 e artigo 14 do ASMC.
272 A referência ao benefício efetivamente usufruído tem sentido quando se busca um nexo de causalidade entre a concessão do subsídio e o dano à indústria nacional e na medida em que se devem buscar requisitos objetivos para o cálculo das medidas compensatórias. Ver também artigo 14 do ASMC.
273 Artigo 14 do Decreto nº 1.751/1995.
274 Artigo 17 do Decreto nº 1.751/1995.
275 A discricionariedade da administração pública para determinar o que seja um "período que corresponda ao da depreciação normal" tem causado alguns problemas, principalmente por conta da tabela adotada pela SRF/MF para apurar a depreciação de máquinas de grande porte, exportadas para o Brasil, a título definitivo ou nacionalizadas (com despacho para consumo), depois de findo o regime aduaneiro especial.
276 Artigo 18 do Decreto nº 1.751/1995.

aquisição de ativos fixos, o montante do benefício, recebido durante o período de investigação da existência de subsídio, deverá ser atribuído a este período, a não ser que existam circunstâncias excepcionais que justifiquem uma atribuição a período distinto[277].

Tanto no caso da concessão de subsídio para aquisição de ativos fixos quanto quando não se puder fazer tal relação, o montante de subsídio total, calculado de acordo com os períodos definidos anteriormente, deve ser dividido pelo volume de fabricação, de produção, de venda ou de exportação do produto em causa[278].

Na determinação do montante do subsídio, devem-se deduzir do total do subsídio os seguintes elementos: a) os gastos incorridos para "fazer jus" ao subsídio ou para beneficiar-se dele; ou b) os tributos incidentes sobre a exportação do produto, quando destinados especificamente a neutralizar o subsídio[279].

O montante do subsídio será determinado para cada um dos conhecidos exportadores ou produtores do produto sob investigação[280]. Caso o número de exportadores, produtores, importadores conhecidos ou os tipos de produtos ou de transações sob investigação sejam expressivos de tal forma que tornem impraticável a determinação de montante individual do subsídio, esta poderá se limitar: a) a um número razoável de partes interessadas, transações ou produtos, por meio de amostragem estatisticamente válida, com base nas informações disponíveis no momento da seleção; ou b) ao maior volume de produção, vendas ou exportação que seja representativo e que possa ser investigado levando-se em conta os prazos determinados[281].

---

277 Artigo 19 do Decreto nº 1.751/1995.
278 Artigo 17 do Decreto nº 1.751/1995.
279 Artigo 16 do Decreto nº 1.751/1995. É poder-dever, por tratar-se de direito do peticionário.
280 Artigo 20, caput, do Decreto nº 1.751/1995.
281 Artigos 17 e 20, § 1º, do Decreto 1.751/1995.

A determinação do montante de subsídio relevante para cada um dos conhecidos exportadores ou produtores ou para cada exportador ou produtor que não tenha sido incluído na seleção, mas apresente informações em tempo hábil, será – como regra geral – feita de modo individual. Excetuam-se dessa sistemática as situações nas quais o número de exportadores ou produtores seja expressivo e as situações em que a análise de casos individuais resulte numa sobrecarga desproposidada, impedindo a conclusão da investigação dentro dos prazos legais[282].

Não obstante o exposto, a seleção só ocorrerá depois de consultados o governo do país exportador, os exportadores, os produtores e os importadores e obtidas as suas anuências, desde que tenham fornecido informações necessárias para a seleção de amostra representativa[283].

4.2.4.5 Determinação da Indústria Doméstica Afetada, do Dano e da Ameaça de Dano

A indústria nacional será aquela que produz o produto nacional igual ao produto importado e, quando não for possível determiná-la nesses termos, a indústria nacional que produza uma linha de produtos o mais similar possível do produto investigado.

O dano será entendido no sentido de dano material ou ameaça de dano material à indústria doméstica[284] já estabelecida ou o retardamento sensível da implantação de sua indústria[285].

Para a determinação do dano, deverá ser avaliada a evolução dos seguintes indicadores: a) importações (valor e quantidade, participação das importações no total importado e no consumo aparente, preços); e

---

282   Artigo 20, *caput* e § 1°, do Decreto n° 1.751/1995.
283   Artigo 20, § 3°, do Decreto n° 1.751/1995.
284   Considera-se indústria doméstica a totalidade de produtores nacionais de produto similar ao importado ou aqueles cuja produção conjunta constitua parcela significativa da produção nacional total da mercadoria em análise.
285   Artigo 21, *caput*, do Decreto n° 1.751/1995 e artigo 15 do ASMC.

b) indústria doméstica (vendas e participação no consumo aparente, lucros, produção, capacidade produtiva e grau de ocupação, estoques, produtividade, empregos e salários, preços domésticos, participação no mercado, capacidade de captar recursos ou investimentos e retorno dos investimentos)[286].

Na determinação da existência de ameaça de dano, devem-se buscar fatos e motivos suficientemente convincentes para que se justifique a aplicação de uma medida tão grave quanto a restrição comercial contra outro membro da OMC[287]. Devem ser pesquisadas alterações nas condições de mercado de tal forma gravosas que o dano à indústria nacional se torne inevitável, e, para tanto, serão considerados, conjuntamente, os seguintes fatores: a) natureza do subsídio em causa e os seus prováveis efeitos sobre o comércio; b) significativa taxa de crescimento das importações do produto subsidiado, indicativa de provável aumento substancial dessas importações; c) suficiente capacidade ociosa ou iminente aumento substancial na capacidade produtiva do produtor estrangeiro; d) importações realizadas a preços que provoquem redução nos preços domésticos ou que impeçam o aumento deles; e e) estoques do produto sob investigação[288].

Caso existam produtores nacionais vinculados a exportadores ou a importadores ou sejam eles próprios importadores do produto alegadamente subsidiado ou de produto similar proveniente de outros países, tais produtores não serão obrigatoriamente incluídos na definição de indústria doméstica, podendo esta ser interpretada quanto ao restante dos produtores nacionais[289].

Quando o território brasileiro puder ser dividido em dois ou mais mercados competidores e as importações do produto subsidiado se

---

286   Artigo 21 do Decreto n° 1.751/1995 e artigo 15 do ASMC.
287   Ver artigo 23 do Decreto n° 1.751/1995.
288   Artigo 23 do Decreto n° 1.751/1995 e artigo 15 do ASMC.
289   Artigo 24, I, do Decreto n° 1.751/1995 e artigo 16 do ASMC.

concentrarem em um desses mercados, o conjunto de produtores de cada um desses mercados poderá ser considerado como indústria doméstica quando: a) os produtores em atividade, nesse mercado, venderem toda ou quase toda sua produção de produto similar nesse mesmo mercado; e b) a demanda local não for suprida por produtores de produto similar, estabelecidos em outro ponto do território nacional, em proporção substancial[290].

4.2.4.3.6 Determinação do Nexo Causal

O nexo de causalidade é elemento essencial para que se permita a aplicação de medidas compensatórias. Em razão de tal importância, deve ser comprovado em que medida as importações alegadamente subsidiadas são responsáveis pelo dano causado à indústria doméstica.

A comprovação do nexo de causalidade se dá conjuntamente com outros fatores[291] que possam ter causado o dano na mesma ocasião. Se comprovado que, embora havendo um dano, este foi provocado por motivos alheios à importação do produto alegadamente subsidiado, não se poderá atribuir o nexo causal às importações[292], nem computá-las para cálculo das medidas compensatórias. Quando houver dúvida sobre a real causa do dano (as importações ou se foram motivos alheios a elas), entendemos que devem prevalecer os princípios gerais do devido processo legal, e o administrador deverá ter como referência as provas acostadas aos autos, que só gerarão restrição a direito alheio quando sejam suficientes para chegar-se à origem do dano.

---

290   Artigo 21, II, do Decreto nº 1.751/1995 e artigo 16 do ASMC.
291   Tais quais, os descritos, a título de exemplo, no artigo 22 do Decreto nº 1.751/1995: a) o volume e preços de importações não beneficiadas por subsídio; b) impacto no processo de liberalização de mercados; c) contração na demanda do produto ou mudança de padrão de consumo; d) concorrência comercial; e) progresso tecnológico; f) causas conjunturais; g) desempenho exportador e produtividade da indústria afetada.
292   Artigo 22 do Decreto nº 1.751/1995 e artigo 15.5 do ASMC.

Nesses casos, a falta de manifestação da parte (que poderá sofrer a aplicação das medidas compensatórias) equivaleria a uma revelia do Processo Civil e, como tal, deve ser ponderada de maneira mais gravosa por parte da administração pública, como prevê o artigo 79, § 1º: "as partes e os governos interessados serão também notificados de que o não fornecimento ou fornecimento parcial da informação requerida, dentro do prazo fixado, permitirá estabelecer determinações com base nos fatos disponíveis e de que o resultado poderá ser menos favorável àquela parte, do que seria, caso ela tivesse cooperado". No entanto, se a parte apresenta sua defesa e restam dúvidas quanto a real causa do dano, deve-se presumir pela legalidade das exportações.

4.2.4.3.7 Acordos de Restrição Voluntária e Compromissos de Preço

Esses acordos podem ocorrer a qualquer tempo, antes, durante e depois do processo de investigação de subsídio. Aqui também vale a regra de que uma decisão mutuamente acordada é sempre preferível à aplicação de medidas de restrição ao comércio.

Os membros poderão chegar a um acordo que estabeleça um compromisso de eliminação ou redução dos subsídios específicos concedidos (acordos de restrição voluntária) ou a um acordo no qual se estabeleça uma revisão dos preços das exportações destinadas ao país demandante (compromisso de preços).

É um ato inspirado na solução diplomática de controvérsia entre os membros, com a peculiaridade de que não é realizado entre chancelarias, mas é proposto pelo governo exportador ou pela empresa exportadora perante o Decom ou pela própria Secex e posteriormente passa à homologação da Camex, por ato político, que não está obrigada a aceitá-lo e o fará quando entender que seja suficiente para cessar o dano e atenda aos critérios de conveniência e oportunidade da administração pública.

O governo do membro exportador e os exportadores poderão propor compromissos ou estudar a conveniência de aceitar aqueles propostos pela Secex somente depois desta haver chegado a uma determinação preliminar positiva da existência de subsídio relevante e do dano por ele causado. No entanto, não estão obrigados a propor compromissos nem a aceitá-los[293]. A Camex poderá recusar ofertas de compromissos quando forem consideradas ineficazes. Nesses casos, serão fornecidos aos governos ou aos exportadores os motivos pelos quais o compromisso foi julgado inaceitável, sendo-lhes oferecida oportunidade de manifestação[294]. Cabe recurso da decisão que recuse a oferta de compromisso.

Se houver decisão positiva, será publicada no DOU a homologação do compromisso e – conforme o caso – a decisão quanto ao prosseguimento ou à suspensão da investigação, notificando-se as partes e os governos interessados. A investigação poderá prosseguir por uma decisão do governo do membro exportador ou das autoridades envolvidas[295].

As partes e os governos interessados serão notificados sobre o término do compromisso e sobre as medidas compensatórias provisórias aplicadas. Será publicado, no DOU, ato sobre a matéria[296].

Como regra, a celebração de compromissos com esse teor suspende o curso da investigação – sem aplicação de medidas compensatórias provisórias ou conclusivas –, que poderá continuar se o membro exportador a solicitar e o Decom entender necessário. A formulação desses acordos gera como obrigação acessória a apresentação de informações periódicas. Essa suspensão não se confunde com as causas de encerramento da investigação sem aplicação de medidas compensatórias[297].

---

293   Artigo 45, §§ 1º e 2º, do Decreto nº 1.751/1995 e artigo 18 do ASMC.
294   Artigo 45, §§ 4º e 5º, do Decreto nº 1.751/1995.
295   Artigo 46 do Decreto nº 1.751/1995.
296   Artigo 48, parágrafo único, do Decreto nº 1.751/1995.
297   Há ainda uma outra possibilidade de "suspensão", presente na legislação de subsídio, que não se confunde com nenhuma dessas duas citadas, é a suspensão da

O prazo de duração de um compromisso de preços ou de um acordo de restrição voluntária será de, no máximo, 5 anos[298].

O artigo 4º da Lei nº 9.019/1995 estabelece que, nos casos em que haja suspensão da investigação com formulação de acordo entre as partes e posterior violação desse acordo, a investigação poderá ser retomada com aplicação de medidas compensatórias provisórias, ou, se a investigação já tiver sido encerrada, aplicam-se as medidas compensatórias conclusivas. Já o artigo 53, §§ 1º e 2º, do Decreto nº 1.751/1995 complementa essa informação estabelecendo que as medidas compensatórias conclusivas devam ser suspensas enquanto estiver em curso um acordo regularmente cumprido pelas partes em questão.

Na hipótese de ter sido aceito um compromisso, com o subseqüente prosseguimento da investigação: a) se a Secex chegar a uma determinação negativa de subsídio relevante ou de dano dele decorrente, a investigação será encerrada e o compromisso automaticamente extinto, exceto quando a determinação negativa resulte, em grande parte, da própria existência do compromisso, caso em que poderá ser requerida sua manutenção por período razoável; e b) se as autoridades envolvidas concluírem, com base em parecer da Secex, que houve concessão de subsídio relevante e houve dano dele decorrente, a investigação será encerrada e a aplicação da medida compensatória conclusiva ficará suspensa enquanto vigorar o compromisso[299].

---

aplicação das medidas compensatórias pela Camex, que se dará por um período máximo de 1 ano, mediante um pedido próprio da parte interessada, desde que ouvida a indústria nacional, quando: a) ao final da investigação que prosseguiu após a celebração de compromissos de preço, chegar-se a uma determinação positiva (artigo 53, II, do Decreto nº 1.751/1995); b) por razões de interesse nacional; c) ocorram alterações temporárias nas condições de mercado (BARRAL, W.; BROGINI, G. **Manual prático de defesa comercial**. São Paulo: Aduaneiras, 2006. p. 174).

298   Ver artigo 9º, II, da Lei nº 9.019/1995 e também o artigo 53, §§ 1º e 2º, do Decreto nº 1.751/1995.

299   Artigo 53 do Decreto nº 1.751/1995.

4.2.4.3.8 Realização de Audiência Final

Antes de ser formulado o parecer com vistas à determinação final, será realizada audiência, convocada pela Secex, na qual as partes e os governos interessados serão informados sobre os fatos essenciais sob julgamento que formam a base do parecer.

A Confederação da Agricultura e Pecuária (CNA), a Confederação Nacional da Indústria (CNI), a Confederação Nacional do Comércio (CNC) e a Associação do Comércio Exterior do Brasil (AEB) também serão informadas a respeito de tais fatos e terão o prazo de 15 dias, juntamente com as outras partes interessadas, contados da realização da audiência, para manifestarem-se a respeito das informações trazidas pela Secex.

Findo esse prazo, a instrução do processo é tida como encerrada, e as informações recebidas posteriormente não serão consideradas para fins de determinação final[300].

Assim como nas audiências requeridas pelas partes durante o curso da instrução do processo de investigação, na audiência final, cujo julgamento de sua conveniência e necessidade é exclusivo da Secex, não é obrigatório o comparecimento de qualquer das partes envolvidas e o não-comparecimento não gera nenhum ônus a elas.

4.2.4.3.9 Finalização da Investigação com e sem Aplicação de Medidas Compensatórias Conclusivas

O procedimento unilateral pode ser finalizado de duas maneiras: a) as partes, por mútuo acordo, estabelecem compromissos; ou b) o membro importador impõe uma medida compensatória e, para evitar isso, caberá ao membro exportador suspender a concessão do subsídio específico investigado.

---

300   Artigo 43 do Decreto nº 1.751/1995.

As decisões finais sobre aplicação de medidas compensatórias provisórias, prorrogação dessas medidas, aceitação ou término de compromisso, encerramento da investigação (quando for determinada a existência de subsídio relevante, de dano e de relação causal), suspensão de direito conclusivo e alteração ou revogação de direito conclusivo ou compromisso, em função de revisão deles[301], serão tomadas pela Camex, com base em parecer formulado pelo Decom ouvido o CCDC[302].

Haverá encerramento da investigação sem aplicação de medidas compensatórias conclusivas sempre que: a) não haja comprovação suficiente da existência de subsídio, dano e nexo; b) o montante de subsídio relevante seja *de minimis*, ou seja, inferior a 5%[303]; c) o volume de importações, real ou potencial, do produto subsidiado ou o dano causado sejam insignificantes; d) a Secex deferir[304] o pedido do peticionário para arquivamento; e) haja uma conclusão final negativa em função da aplicação de medidas compensatórias provisórias; e f) quando, no curso da investigação, houver restituição de medidas compensatórias provisórias.

A investigação somente será encerrada pela Camex, com a cobrança de direito compensatório conclusivo, quando a Secex tiver chegado a uma determinação final da existência de subsídio relevante, de dano e

---

301 Artigo 73, § 2°, do Decreto n° 1.751/1995.

302 O CCDC é composto de um representante de cada um dos seguintes Ministérios: Ministério do Desenvolvimento Indústria e Comércio, Ministério da Fazenda, Ministério do Planejamento e Orçamento, Ministério da Agricultura, Ministério das Relações Exteriores, além de um representante da Câmara de Comércio Exterior. O Comitê tem caráter consultivo, tendo como atribuição principal analisar os pareceres técnicos, que servirão de base para as decisões da Secex ou dos ministros referidos anteriormente, e formular recomendações, as quais serão encaminhadas, juntamente com os pareceres, às autoridades competentes.

303 Embora o Decreto n° 1.751/1995 não faça referência a essa porcentagem, vale a regra geral do ASMC, para grave dano, consignada no artigo 6.1.*a*.

304 Artigo 51 do Decreto n° 1.751/1995.

de nexo causal entre eles[305] e quando, além disso, houver um compromisso de preço em vigor e este esteja sendo descumprido pela parte demandada.

Em circunstâncias excepcionais, mesmo havendo comprovação de subsídio relevante e de dano dele decorrente, a Camex poderá decidir-se, em face de razões de interesse nacional[306], pela suspensão da aplicação da medida compensatória ou pela não-homologação de compromissos ou, ainda, pela aplicação de medidas compensatórias em valor diferente que o recomendado, desde que não exceda o montante do subsídio relevante[307].

Essa decisão, embora seja um ato político, deverá ser fundamentada e tem os limites da discricionariedade previstos na própria Lei nº 9.019/1995 que é regulada pelo Decreto nº 1.751/1995, o que impede o agente público de restringir direito do peticionário, por meio de regulamento, como o fez o mesmo decreto. A parte lesada poderá obstar a restrição ao seu direito pela via judicial e anular o ato administrativo praticado com abuso de suas funções e fora dos limites legais[308].

---

305   Artigo 52 do Decreto nº 1.751/1995.
306   "O objetivo da cláusula do interesse público (ou interesse nacional) é permitir que se faça uma avaliação global sobre os efeitos que a aplicação de uma medida compensatória pode acarretar, na esfera doméstica, para o país que aplica esta medida. Sabe-se que as medidas compensatórias atingem produtos específicos, mas os impostos normalmente alcançam outros setores e, fora do âmbito produtivo, também podem atingir a economia como um todo e os consumidores em particular. Por conta disso, a cláusula do interesse nacional serviria como uma saída para situações em que se verifica, após análise do custo benefício de uma medida compensatória, que os efeitos setoriais de proteção para a indústria nacional podem causar sérias distorções no conjunto da economia." (BARRAL, W.; BROGINI, G. **Manual prático de defesa comercial**. São Paulo: Aduaneiras, 2006. p. 175-176)
307   Artigo 73, § 3º, do Decreto nº 1.751/1995.
308   Sobre revisão judicial dos atos administrativos decorrentes da investigação de subsídio, ver tópicos 4.2.4.6.3 e 7.2.

4.2.4.4 Montante, Prazo de Vigência, Cobrança, Retroatividade das Medidas Compensatórias Preliminares e Conclusivas

O limite máximo da medida compensatória é o valor do subsídio concedido, mas, se um valor inferior é suficiente para neutralizar o dano causado, deverá ser adotado.

As diretrizes para que se calcule o valor da medida compensatória estão descritas no artigo 14 do ASMC, e ter-se-á como referência o benefício que extrapolou o que o beneficiário teria captado do setor privado em condições normais de mercado. Em outros termos, aquilo que foi concedido de modo compatível com o mercado privado não será considerado para o cálculo da medida compensatória.

Como assevera Madrid, "já que o ASMC não contém nenhuma metodologia concreta para cálculo da quantia do benefício, os membros da OMC podem eleger aquela que considerem mais adequada, sempre que razoável"[309]. Essa questão tem causado uma série de questionamentos perante o OSC/OMC, principalmente quando o limite do subsídio concedido não é suficiente para cobrir o dano causado à indústria doméstica do membro importador. Nesse caso, como há referência expressa ao teto máximo do subsídio concedido, a medida não poderá ultrapassar esse valor. Esse é o conflito que surge entre o critério do "benefício extra", adotado pela OMC, e o critério do "dano efetivo" pleiteado por alguns.

Quanto a vigência ou duração da aplicação de medidas compensatórias, a regra geral é que somente deverão ser aplicadas pelo tempo necessário para neutralizar os danos causados à indústria nacional. O parecer da Secex apresentará o prazo recomendado, e a Camex decidirá sobre sua aplicação, por meio de publicação de uma resolução, a partir da qual já há a possibilidade de cobrança das medidas compensatórias.

---

309 Tradução livre do original em espanhol (MADRID, G. E. L. H. de. **El derecho de las subvenciones en la OMC**. Madrid: Marcial Pons, 2005. p. 238).

O período máximo de vigência de uma medida compensatória conclusiva será de 5 anos e poderá ser prorrogado por mais 5 anos em alguns casos de revisão[310], com conclusão por nova aplicação de direitos conclusivos.

A medida compensatória será cobrada independentemente de quaisquer obrigações de natureza tributária relativas à sua importação, nos valores adequados a cada caso, sobre todas as importações do produto que tenham sido consideradas como subsidiadas e danosas à indústria doméstica, qualquer que seja sua procedência. Não será cobrada de importações procedentes ou originárias de países que tenham renunciado ao subsídio ou cujos compromissos tenham sido aceitos, ou originárias de exportadores com os quais tenham sido acordados compromissos de preço[311].

As medidas compensatórias conclusivas, como regra geral, são exigíveis de produtos que tenham sido despachados para consumo após a data de publicação da resolução da Camex (que contenha a confirmação da existência do subsídio acionável[312]), e não serão cobradas de produtos que tenham sido despachados para consumo antes da data de abertura da investigação[313].

Excepcionalmente, as medidas compensatórias conclusivas: a) poderão ser cobradas sobre produtos que tenham sido despachados para consumo até 90 dias antes da data de aplicação das medidas compensatórias provisórias, sempre que se determine que o dano seja causado por volumosas importações, em período relativamente curto[314]; e b) quando houver violação de compromisso, vale a regra da letra a, ressalvadas as importações que tenham sido despachadas antes da violação do compromisso[315].

---

310   Ver tópicos 4.2.4.6.2.1.3, 4.2.4.6.2.1.4 e 4.2.4.6.2.1.5.
311   Artigo 58 do Decreto nº 1.751/1995.
312   Artigo 52 do Decreto nº 1.751/1995.
313   Artigo 64, parágrafo único, do Decreto nº 1.751/1995.
314   Artigo 64 do Decreto nº 1.751/1995 e artigo 20 do ASMC.
315   Artigo 65 do Decreto nº 1.751/1995.

FIGURA 9 – APLICAÇÃO RETROATIVA DE MEDIDAS COMPENSATÓRIAS CONCLUSIVAS

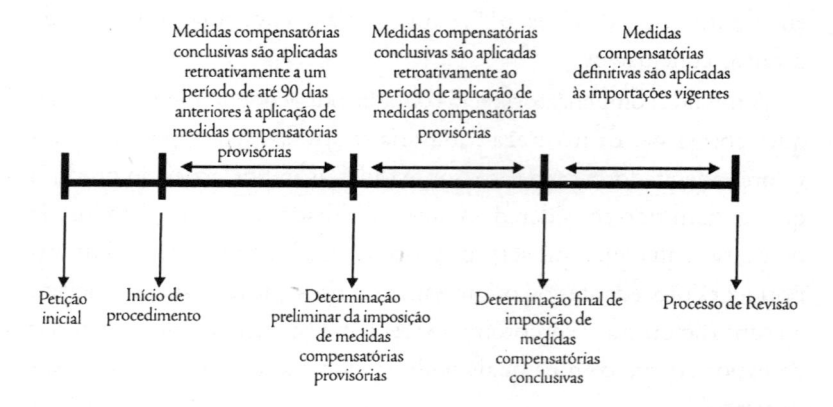

Medidas compensatórias conclusivas são aplicadas retroativamente a um período de até 90 dias anteriores à aplicação de medidas compensatórias provisórias	Medidas compensatórias conclusivas são aplicadas retroativamente ao período de aplicação de medidas compensatórias provisórias	Medidas compensatórias definitivas são aplicadas às importações vigentes

Petição inicial → Início de procedimento → Determinação preliminar da imposição de medidas compensatórias provisórias → Determinação final de imposição de medidas compensatórias conclusivas → Processo de Revisão

Fonte: Baseado na figura 1.7 de CZAKO, J.; HUMAN, J.; MIRANDA, J. **World trade organization**: a handbook on anti-*dumping* investigation. Cambrige: Cambrige University Press, 2003. p. 81.

O direito compensatório será calculado com base na aplicação de alíquotas *ad valorem*[316] – sobre o valor aduaneiro, CIF, da mercadoria – ou específicas – fixadas em dólares estadunidenses e convertidas em moeda nacional – ou fixas ou variáveis, ou pela conjugação desta últimas.

As medidas compensatórias aplicadas às importações originárias de exportadores ou produtores conhecidos que não tenham sido selecionados, mas tenham fornecido as informações solicitadas, não poderão exceder à média ponderada do montante de subsídio estabelecido para o grupo selecionado de exportadores ou produtores. Não serão levados em conta montantes zero ou *de minimis*[317].

---

316 Artigo 55, §§ 1º ao 3º, do Decreto nº 1.751/1995 e artigo 6.1 do ASMC. Calculada pelo valor da mercadoria importada ou vendida, e não por volume, peso, espécie ou quantidade.

317 Artigo 56, §§ 1º e 2º, do Decreto nº 1.751/1995.

4.2.4.5 Reembolso de Medidas Compensatórias Aplicadas

Caso a decisão final seja pela não existência de subsídio relevante ou de dano dele decorrente, ou pela existência de ameaça de dano material ou de retardamento sensível no estabelecimento de uma indústria, sem que tenha ocorrido dano material, o valor das medidas compensatórias provisórias, se garantido por depósito, será devolvido ou, no caso de fiança bancária, esta será extinta[318].

Se a determinação final for pela existência de subsídio relevante e de dano dele decorrente, observar-se-ão as seguintes condições: a) caso o valor do direito aplicado pela decisão final seja inferior ao valor do direito provisoriamente recolhido ou garantido por depósito, o excedente será devolvido; b) caso o valor do direito aplicado pela decisão final seja superior ao valor do direito provisoriamente recolhido ou garantido por depósito, a diferença não será exigida; e c) caso o valor do direito aplicado pela decisão final seja igual ao valor do direito provisoriamente recolhido ou garantido por depósito, esta importância será, de imediato, convertida em medida compensatória conclusiva[319].

No caso de garantia por fiança bancária, quando o valor da medida compensatória conclusiva aplicada for superior ou igual ao valor da medida compensatória provisória, a pecúnia dada em garantia será imediatamente recolhida em caráter definitivo aos cofres públicos.

Quando o valor da medida compensatória conclusiva aplicada for inferior ao valor da medida compensatória provisória somente será recolhida, aos cofres públicos, a importância equivalente ao valor estabelecido pela decisão final.

---

318 Artigo 60 do Decreto nº 1.751/1995.
319 Artigo 62 do Decreto nº 1.751/1995.

O recolhimento dessas importâncias, em qualquer das duas situações anteriores, acarretará a extinção da fiança. Se houver inadimplemento, a fiança será automaticamente executada, independentemente de aviso judicial ou extrajudicial[320].

4.2.4.6 REVISÃO DAS DECISÕES

4.2.4.6.1 INTRODUÇÃO

O artigo 23 do ASMC determina que sejam estabelecidos órgãos e procedimentos de revisão nacionais, acionáveis por qualquer parte que se sinta prejudicada. Além desta via, há um procedimento recursal multilateral do OSC/OMC, que atenderá às demandas dos membros envolvidos na investigação.

No Brasil, o tema dos subsídios é derivado do tratado internacional (GATT/1994 e ASMC) e, nos termos do artigo 109 da Constituição de 1988, está submetido à estrutura organizacional de alguns ministérios, com interesse direto da União, tendo a *vis atrativa* da Justiça Federal, com possibilidade de interposição de recurso aos Tribunais Regionais Federais, ao Superior Tribunal de Justiça (violação de norma federal, tratado ou em caso de competência originária) e ao Supremo Tribunal Federal (violação constitucional e em caso de competência originária).

No que concerne à revisão administrativa, serão aplicáveis as disposições da legislação infraconstitucional sobre subsídios e medidas compensatórias, principalmente do Decreto nº 1.751/1995, e da legislação específica sobre o processo e recurso administrativo, incluindo a Lei nº 9.784/1999.

---

320   Artigo 63 do Decreto nº 1.751/1995.

4.2.4.6.2 Revisão Administrativa Unilateral

4.2.4.6.2.1 Das Decisões Interlocutórias, Preliminares e Conclusivas da Aplicação de Medidas Compensatórias

4.2.4.6.2.1.1 Atos Discricionários, Atos Vinculados e Classificação dos Atos Administrativos do Processo de Investigação de Subsídio

Primeiramente deve-se ressaltar que não existe uma definição legal de ato administrativo, o que gera uma vasta eleição de critérios doutrinários para sua delimitação. Partiremos da definição apresentada por Celso Antônio Bandeira de Melo[321] que o entende, sentido lato, como uma "declaração do Estado [...] no exercício de prerrogativas públicas, manifestada mediante providências jurídicas complementares da lei a título de lhe dar cumprimento, e sujeitas a controle de legitimidade por órgão jurisdicional". Por isso, consiste em providências jurídicas complementares à lei ou, excepcionalmente, vinculadas à Constituição, que produzem efeitos jurídicos modificando direitos ou obrigações. Em seu sentido estrito, é marcado pelas características da concreção e da unilateralidade.

O ato administrativo tem como pressupostos o sujeito competente, o motivo que autoriza ou exige a prática do ato e a finalidade ou bem jurídico a que deve atender. Como elementos, acresçam-se forma, objeto ou conteúdo.

A discricionariedade não é propriamente do ato administrativo, mas da prática de alguns atos pela administração[322], ou seja, há um exercício de juízo discricionário que poderá se consubstanciar na escolha: a) do

---

321 MELLO, C. A. B. de. **Curso de direito administrativo**. São Paulo: Malheiros, 2003. p. 352-353.

322 MELLO, C. A. B. de. **Curso de direito administrativo**. São Paulo: Malheiros, 2003. p. 394.

momento da prática do ato; b) da forma do ato; c) do motivo do ato; d) da finalidade do ato; e e) do conteúdo do ato. Ela existe, por definição, "única e tão-somente para proporcionar em cada caso a escolha da providência ótima, isto é, daquela que realize superiormente o interesse público almejado"[323]. Quando o bom senso indicar que, para cumprir a finalidade de determinada norma, embora haja várias possibilidades, somente uma delas é eficaz, não há que se invocar a discricionariedade do juízo da administração para validar a escolha menos adequada. Nesse ponto, haverá uma vinculação subliminar e presumida, pois a discricionariedade traz opções determinadas em lei, e não no alvedrio do administrador.

Tércio Sampaio Ferraz Júnior diferencia a "impropriamente chamada discricionariedade técnica" da "discricionariedade técnica própria" e do "conceito indeterminado de discricionariedade"[324].

Na discricionariedade técnica imprópria "a lei usa conceitos que dependem da manifestação de órgãos técnicos, não cabendo ao administrador senão uma única solução juridicamente válida do ato. Embora com base em conceitos empíricos sujeitos à interpretação técnica, é vinculado"[325]. Usa, como exemplos, as expressões "prejuízo à concorrência" e "dominação de mercado" como conceitos indeterminados a serem interpretados empiricamente por um parecer técnico[326]. En-

---

323 MELLO, C. A. B. de. **Curso de direito administrativo**. São Paulo: Malheiros, 2003. p. 399.

324 FERRAZ JR., T. S. Discricionariedade nas decisões do CADE sobre atos de concentração. **Revista do IBRAC**, São Paulo, v. 4, n. 6, p. 87-89, 1997. O autor reconhece que não há unanimidade na doutrina quanto à existência de uma discricionariedade técnica. Para um estudo mais aprofundado das duas correntes, ver também: TEIXEIRA, J. E. M. Controle judicial das decisões do CADE. **Revista do IBRAC**, São Paulo, v. 12, n. 6, p. 173-188.

325 FERRAZ JR., T. S. Discricionariedade nas decisões do CADE sobre atos de concentração. **Revista do IBRAC**, São Paulo, v. 4, n. 6, p. 88, 1997.

326 São conceitos indeterminados, mas determináveis a partir dos limites e finalidades da lei. "O juiz há de apreciar o mérito da decisão e não apenas questões

quadra-se nessa classificação o parecer do Decom, que atesta a inexistência do subsídio, do dano, do nexo ou sua presença em nível *de minimis* ou em níveis irrelevantes. Esse parecer é vinculativo de uma única decisão possível: a não-aplicação de medidas compensatórias provisórias ou conclusivas.

A discricionariedade técnica própria ocorre quando o administrador, embora "se louve em critérios técnicos, não se obriga por eles, podendo exercer seu juízo conforme critérios de conveniência e oportunidade"[327]. Cita, como exemplo, um laudo técnico que recomende tombamento de determinado bem por seu valor cultural, mas, em virtude de critérios de segurança, a autoridade opta por não realizá-lo. Nesse caso, há verdadeira discricionariedade, pois baseia-se em conceitos que envolvem valores a serem sopesados pelo administrador.

Quando o caso versar sobre defesa comercial, é crucial a apuração da existência do subsídio, do resultado potencial ou fático da importação de produtos estrangeiros, do nexo causal, da quantificação do dano e, nesse sentido, a prova técnica[328] realizada pela administração pública (Decom) é extremamente necessária, cabendo à Camex analisar a conveniência e a oportunidade da aplicação de medidas compensatórias ao caso.

---

formais de competência e moralidade cabe-lhe examinar a solidez dos critérios técnicos embasadores da decisão" (FERRAZ JR., T. S. Discricionariedade nas decisões do CADE sobre atos de concentração. **Revista do IBRAC**, São Paulo, v. 4, n. 6, p. 87-89, 1997).

[327] FERRAZ JR., T. S. Discricionariedade nas decisões do CADE sobre atos de concentração. **Revista do IBRAC**, São Paulo, v. 4, n. 6, p. 88, 1997.

[328] "O tratamento científico da prova não garante necessariamente a solução ótima de um problema jurídico, mas pelo menos permite manejá-lo de forma racional, mediante o emprego de diversas técnicas envolvendo amostragem, combinação ou comparação, descrição, contagem ou computação, probabilidade, inferências e regressão." (FONSECA, A. Papel dos tribunais administrativos e o sistema judicial. **Revista do IBRAC**, São Paulo, v. 6, n. 3, p. 19, 1999)

A seguir, são apresentados os pressupostos e a classificação de alguns dos atos da Secex, do Decom, do CCDC e da Camex na investigação de subsídio.

- Abertura da investigação do subsídio.

Tem como pressupostos de validade: a) subjetivo – capacidade concedida pela lei à Secex para declarar aberta a investigação; b) motivo – importação de produtos suspeitos de vinculação com prática de subsídio que gere ou possa gerar prejuízo da indústria nacional, sendo que a validade do ato dependerá da existência do motivo (teoria dos motivos determinantes); c) requisitos procedimentais[329] – aceitação da petição inicial; convite para consultas aos Estados de cujos produtos poderão ser investigados; análise preliminar e simultânea dos elementos de prova da existência do subsídio, dano e nexo causal; apresentação pela "indústria doméstica"[330]; d) teleológico (finalidade) – constatar a existência de um fato jurídico (imediato) e proteger a indústria nacional (mediato); e e) formalístico – por escrito, motivado e instrumentalizado por circular devidamente publicada no DOU.

Classifica-se como: a) ato de administração verificadora, pois apura e documenta a preexistência da importação de produto subsidiado, do dano, do nexo causal e da legitimidade da parte; b) concreto, esgo-

---

[329] Decreto nº 1.751/1995: "Artigo 30 – [...] § 1º – A petição será indeferida e o processo conseqüentemente arquivado, quando: a) não houver elementos de prova suficientes de existência de subsídio, ou de dano por ele causado que justifique a abertura da investigação; b) a petição não tiver sido apresentada pela indústria doméstica ou em seu nome; ou c) os produtores domésticos, que expressamente apóiam a petição, respondam por menos de 25% da produção total do produto similar realizada pela indústria doméstica."

[330] Decreto nº 1.751/1995: "Artigo 28 – [...] § 3º – Considerar-se-á como apresentada 'pela indústria doméstica ou em seu nome' a petição que for apoiada por produtores que respondam por mais de cinqüenta por cento da produção total do produto similar realizada pela parcela da indústria doméstica que tenha expressado apoio ou rejeição à petição."

tando-se nesta única aplicação; c) individual plúrimo, pois é destinado a empresas investigadas e aos membros interessados; d) vinculado ao único comportamento possível, diante das hipóteses previstas; e) declaratório da preexistência de uma situação de fato; f) simples, pois apenas depende da vontade de um órgão da administração; e g) unilateral. É um ato administrativo em sentido estrito.

• Certificação preliminar ou conclusiva, pelo Decom, da existência do subsídio que gerou ou possa gerar grave dano à indústria nacional, do nexo causal e da apuração do montante do subsídio e do valor do dano.

Tem como pressupostos de validade: a) subjetivo – capacidade concedida pela lei ao Decom para investigar o fato jurídico; b) motivo – abertura da investigação pela Secex; c) requisitos procedimentais – todos aqueles descritos no Decreto nº 1.751/1995 (subsídio); d) teleológico (finalidade) – apresentar parecer técnico conclusivo; e e) formalístico – por escrito, e motivado.

Classifica-se como: a) ato de administração contenciosa cujo parecer (a certificação) que dela decorre é ato de administração consultiva, pois visa elucidar e sugerir providências administrativas; b) concreto, esgotando-se nesta única aplicação; c) individual singular, pois destinada à Secex; d) ato administrativo vinculado, já que é um caso de discricionariedade técnica imprópria, pois a lei exige a participação do Decom, sendo extremamente detalhado na apresentação de elementos objetivos para conduzir as conclusões técnicas; e) declaratório da preexistência de uma situação de fato; f) simples, já que depende da vontade de apenas um órgão da administração; e g) unilateral. É ato administrativo em sentido estrito.

• Decisão da Camex pelo encerramento da investigação com ou sem aplicação de medidas compensatórias.

Pressupostos de validade: a) subjetivo – capacidade concedida pela lei à Camex para decidir sobre a aplicação de medidas compensatórias; b) motivo – parecer do Decom, ratificado pelo CCDC, certificando a existência do subsídio, do dano e do nexo com recomendação favorável à aplicação de medidas compensatórias; c) requisitos procedimentais – recebimento de parecer formulado pelo Decom, analisado pelo CCDC e enviado pela Secex; d) teleológico (finalidade) – proteger a indústria nacional; e e) formalístico – por escrito, motivado[331] em Portaria.

Classifica-se como: a) ato de administração contenciosa, que encerra o processo administrativo de julgamento; b) concreto, esgotando-se nesta única aplicação; c) geralmente individual plúrimo; d) quanto à aplicação da contramedida, é um caso de discricionariedade técnica própria, já que há um exercício de juízo discricionário consubstanciado na escolha do conteúdo do ato (aplicar ou não uma contramedida), e é ato administrativo vinculado quanto a montante máximo recomendado no parecer do órgão técnico, Decom, quando atestar a inexistência da tríade (subsídio, dano e nexo) ou quando atestar limiar inferior ao do montante *de minimis* ou ser irrelevante; e) constitutivo de um direito à cobrança da contramedida pelo Estado e da obrigação de pagamento do importador; f) é ato simples, pois os vários órgãos que compõem a Camex tomam a decisão em conjunto e a exteriorizam, por meio desta, como uma decisão de órgão único; e g) unilateral. Também é ato administrativo em sentido estrito.

• Ato de abertura dos processos de revisão

Tem como pressupostos de validade: a) subjetivo – capacidade concedida pela lei à Secex para declarar aberta a revisão; b) motivo – provável neutralização ou cessação do dano ou ainda necessidade de continuidade da aplicação das contramedidas; c) requisitos

---

[331] Lei nº 9.919/1995: "Artigo 6º – [...] Parágrafo único – O ato de imposição de direitos *antidumping* ou compensatórios, provisórios ou definitivos, deverá indicar o prazo de vigência, o produto atingido, o valor da obrigação, o país de origem ou de exportação, o nome do exportador e as razões pelas quais a decisão foi tomada."

procedimentais – requerimento por quem de direito, decorrência de 1 a 5 anos da aplicação das contramedidas[332]; d) teleológico (finalidade) – constatar a existência de um fato jurídico, proteger a indústria nacional ou cessar encargos aos exportadores; e e) formalístico – por escrito, motivado em circular devidamente publicada no DOU.

Classifica-se como: a) ato de administração verificadora, pois apura e documenta a cessação ou a continuidade do fato jurídico; b) concreto, esgotando-se nesta única aplicação; c) individual plúrimo, pois destinado às empresas cujos produtos foram atingidos; d) vinculado ao único comportamento possível, diante das hipóteses previstas; e) declaratório da existência de uma situação de fato; f) simples, já que depende da vontade de apenas um órgão da administração; e g) unilateral. É um ato administrativo em sentido estrito.

A certificação, do Decom, de cessação, neutralização ou continuidade do dano e o nexo causal no processo de revisão obedecerá, em linhas gerais, aos pressupostos de sua classificação no processo de investigação. É ato vinculado, pois trata-se de discricionariedade técnica imprópria.

- Decisão da Camex quanto à continuidade ou não da aplicação de medidas compensatórias

Quando atestado pelo parecer Decom que as medidas compensatórias são necessárias, é ato discricionário, dependente de critérios de conveniência e oportunidade elegíveis pela autoridade administrativa. Quando o parecer Decom for contrário à sua continuidade ou quando expirado o prazo máximo de aplicação da medida compensatória, será ato administrativo vinculado.

---

332 Quando o pedido de revisão se der antes dos 5 anos, a finalidade será comprovar interesse nacional ou mudança substancial de situação fática.

4.2.4.6.2.1.2 Revisão e Recurso Administrativos dos Atos da Secex, do Decom, do CCDC e da Camex

O direito de recorrer da decisão administrativa e dos atos intermediários e conclusivos da investigação não se confunde com o direito de iniciar um processo de revisão da medida compensatória aplicada.

O primeiro é decorrente do princípio constitucional da ampla defesa e visa atacar a decisão ou o ato e o segundo, previsto nos acordos da OMC, pressupõe a aceitação de que era cabível a aplicação da contramedida, mas possibilita aos membros ou às empresas ou à própria administração pública iniciar processo de revisão para verificar se ainda é necessária sua manutenção[333]. O recurso ataca o ato (intermediário ou conclusivo) que gerou ou possa gerar a aplicação da contramedida e, no caso da revisão, busca-se avaliar se ainda é necessária sua manutenção.

O recurso sempre será interposto pela parte lesada, e o processo de revisão poderá ser solicitado por qualquer das partes envolvidas ou ainda *ex officio* pela autoridade administrativa.

A legislação sobre subsídio e medidas compensatórias dispõe sobre o processo de investigação do subsídio e de revisão das medidas compensatórias aplicadas, mas não dispõe sobre a interposição de recurso administrativo contra atos administrativos da Secex, do Decom, do CCDC ou da Camex. Daí concluir-se que o recurso deverá seguir o rito determinado no capítulo XV da Lei nº 9.784/ 1999[334]. Referida

---

333 "Todo órgão que reivindica uma porção de autonomia tem o dever de desenvolver autocontrole, de modo a assegurar a qualidade do serviço oferecido à sociedade. Disto decorre um poder de revisão das próprias decisões e de tomar medidas reparadoras." (FONSECA, A. Papel dos tribunais administrativos e sistema judicial. **Revista do IBRAC**, São Paulo, v. 6, n. 3, p. 26, 1999)

334 Abordando um caso de defesa da concorrência (e não de defesa comercial), Fonseca descreve uma situação fática na qual o administrado recorreu da decisão de um órgão administrativo ao seu superior, nos moldes do que prevêem a Constituição Federal e a Lei nº 9.784/ 1999: "Quanto à questão de recurso administrativo, uma situação peculiar se criou com um recurso ao titular da Pasta da Justiça contra a primeira decisão do Cade no caso Gerdau.

lei regula o processo administrativo geral[335] na esfera federal e estabelece que das decisões administrativas cabe recurso, em face de razões de legalidade e de mérito, que deverá ser dirigido à autoridade que proferiu a decisão para reconsiderar ou encaminhar a autoridade superior[336] que poderá confirmar, modificar, anular ou revogar, total ou parcialmente, a decisão recorrida, **se a matéria for de sua competência**[337].

No modelo brasileiro, a instrução processual e a formulação de recomendação de aplicação das medidas compensatórias são atividades de **competência exclusiva** da tríade **Secex/Decom/CCDC**, e a decisão sobre aplicar ou não a medida protetiva é **de competência exclusiva da Camex.**

Neste ponto há infração às disposições do ASMC[338], pois não é possível que nenhum ministro individualmente possa operar como

---

O argumento que ornava o recurso dizia com o devido processo legal. Conato a este, como acreditava o recorrente, o recurso da decisão no âmbito administrativo seria uma exigência constitucional. Minou-se a autonomia da agência e, mais do que isso, pôs-se em risco a sua existência institucional. O episódio – que revelou ousada incursão do *lobby* político – não foi totalmente exaurido, visto que o precedente pode encorajar semelhante ação no futuro. Como o recurso nunca foi julgado, a omissão da autoridade ministerial enfraquece o precedente..." (FONSECA, A. Papel dos tribunais administrativos e sistema judicial. **Revista do IBRAC**, São Paulo, v. 6, n. 3, p. 35, 1999).

335   Lei nº 9.784/1999: "Artigo 69 – Os processos administrativos específicos continuarão a reger-se por lei própria, aplicando-se-lhes apenas subsidiariamente os preceitos desta Lei."

336   Artigo 56 da Lei nº 9.784/1999.

337   Artigo 64 da Lei nº 9.784/1999.

338   ASMC (Revisão Judicial): "Artigo 23 – Todo membro cuja legislação nacional contenha disposições sobre direitos compensatórios, manterá tribunais ou regras de procedimento judiciais, arbitrais ou administrativos com vista a, *inter alia*, permitir **pronta revisão** de atos administrativos relacionados com as **determinações finais e com as revisões de determinações no sentido do Artigo 21**. Esses tribunais ou procedimentos serão **independentes das autoridades responsáveis pela determinação ou pela revisão em causa** e darão possibilidade de recorrer à revisão a todas as partes interessadas que tenham participação dos procedimentos administrativos que tenham sido direta e individualmente afetadas pelos atos administrativos."

instância recursal das decisões emanadas pela Secex ou pelo CCDC, já que as competências destas são exclusivas. A mesma regra vale para o Presidente da República no caso das decisões da Camex, que também são de competência exclusiva desta. No nosso entendimento, também não é cabível a avocação de competência ao ministro ou ao Presidente da República, pois esse instituto (da avocação) pressupõe uma autorização prévia e expressa da lei[339], em casos excepcionais e por motivos relevantes. Como essa autorização legal inexiste, não foi atendido o ditame do artigo 23 do ASMC.

A regra da OMC é clara no sentido de prescrever que órgão independente (assim como o OPA/OMC não está subordinado ao OSC/OMC) do que aplicou ou revisou as medidas compensatórias possa reavaliar o mérito do ato administrativo que encerra a investigação ou a revisão destas medidas conclusivas. No sistema administrativo brasileiro não há tribunal independente da Secex/CCDC[340] ou da Camex com competência para cuidar da matéria, nem há possibilidade de pronta revisão de decisões conclusivas.

A falta de competência das autoridades superiores, Ministro do Desenvolvimento, Indústria e Comércio (no caso dos atos da Secex) e Presidente da República (no caso dos atos da Camex e do CCDC),

---

339   Lei nº 9.784/1999: "Artigo 15 – Será permitida, em caráter excepcional e por motivos relevantes devidamente justificados, a avocação temporária de competência atribuída a órgão hierarquicamente inferior."

340   Os mesmos órgãos e procedimentos utilizados na investigação do *dumping*, subsídio específico e salvaguarda serão os de sua revisão. Isso se deduz da expressa redação do artigo 68, § 2º, do Decreto nº 1.751/1995, que diz: "§ 2º – Constatada a existência de elementos de prova que justifiquem a revisão, **esta será aberta e seguirá o disposto na Seção III do Capítulo VI** e deverá ser concluída no prazo de doze meses contados da data de sua abertura. Os atos que contenham a determinação de abertura e de encerramento da revisão serão publicados no Diário Oficial da União e as partes e governos interessados conhecidos notificados. Ou seja, o mesmo órgão e procedimento utilizado na investigação do subsídio será o da sua revisão." (grifos nossos)

inviabiliza que a parte lesada recorra – fundada nas disposições da Lei nº 9.784/ 1999 – do ato administrativo.

Ademais, o sistema de defesa comercial brasileiro também não atende às exigências do ASMC por não viabilizar a **pronta revisão**[341] de atos administrativos relacionados com as **determinações finais e com as revisões**. Uma vez criado o órgão, se este não facultar à parte interessada o exercício do direito à pronta revisão, o Poder Judiciário estará apto a determinar que as autoridades iniciem o procedimento, nos termos da Lei nº 9.784/1999, e, caso não o façam, cabe a aplicação da pena de prisão, por crime de desobediência[342], pois aí há uma competência originária de investigação, prevista em lei e viabilizada por um ato administrativo (criação do órgão), que não poderá ser usurpada pelo Poder Judiciário.

Como a lei não poderá excluir da apreciação do Poder Judiciário lesão ou ameaça a direito (artigo 5º, XXXV, da CF), enquanto a administração pública não criar órgão independente ou outorgar competência às autoridades hierarquicamente superiores para que decidam, competirá ao Poder Judiciário[343] acolher o recurso e analisar na íntegra e sem ressalva o mérito das **determinações finais das investigações, bem como de suas revisões**[344], sem que isso implique nenhuma agressão ao princípio da separação dos poderes.

---

341 Nesse ponto, a palavra revisão está mal posta, pois ocupa o sentido de recurso, já que as regras da OMC exigem o decurso de prazo razoável, mínimo de 1 ano geralmente, para que se proceda à revisão das medidas.
342 Crime de desobediência (artigo 330 do Código Penal). Há corrente jurisprudencial no sentido de que se o sujeito ativo for funcionário público, no exercício de suas funções, não restaria configurado o crime de desobediência, podendo existir o de prevaricação (RTJ 103:139 e 92:1095; RT 567:397, 519:417 e 527:408).
343 Só não poderá fazê-lo de ofício, já que a jurisdição deverá ser provocada.
344 Contra esse entendimento, Rodrigues afirma que a atuação do Poder Judiciário como investigador feriria o princípio da separação dos poderes, pois caberia a este somente corrigir ilegalidades cometidas pelo órgão administrativo (RODRIGUES, J. R. P. Dumping em serviços? **Revista do IBRAC**, São Paulo, v. 5, n. 3, p. 30, 1998).

Para compensar qualquer desconhecimento técnico da matéria, por parte do juiz, este deverá ouvir peritos que esclarecerão os fatos sobre os quais se decidirá[345]. O que não se pode defender, em um Estado de Direito, é que a parte lesada tenha cerceada uma via legal de defesa e de reversão do dano, por inércia da administração pública.

Nesses casos, a parte prejudicada não poderia intentar ação direta de inconstitucionalidade por omissão ou mandado de injunção, pois não se trata de inércia em viabilizar norma constitucional de eficácia limitada.

Essas conclusões não são válidas para recursos decorrentes de ato ou conteúdo do parecer do Decom, pois há órgão superior (Secex) distinto daquele e com competência para analisar a matéria. Somente quanto aos atos da Secex, do CCDC e da Camex, como já ressaltado, as autoridades superiores não têm competência, em razão da matéria, para conhecer do recurso.

Para nós, se órgão independente não existe, cabe ao Poder Judiciário dar curso ao recurso e analisar o mérito do ato, e se existe e não atua, por majestade e excelência constitucional, cabe ao Poder Judiciário o ofício de combater a lesão ao direito. Para que haja a efetividade da prestação jurisdicional, o Poder Judiciário poderá, enquanto perdurar a inércia da autoridade administrativa em dar curso ao recurso, cautelarmente, suspender a importação do produto ou a aplicação da contramedida do interesse da parte lesada, nos termos do pedido formulado na petição inicial[346].

A solução interna da efetividade da prestação jurisdicional e da garantia do direito constitucional à ampla defesa pode levar o Estado brasileiro a outro problema, que é seu acionamento na OMC, por restrição ilegal ao comércio internacional: o Poder Executivo deixou de

---

345 GRAU, E. R. Discricionariedade técnica e parecer técnico. **Revista de Direito Público**, São Paulo, n. 93, p. 114-121, jan./mar. 1990.
346 Sobre recurso judicial em matéria de defesa comercial, ver capítulo VII.

viabilizar o cumprimento dos acordos da OMC, e o Poder Judiciário, em proteção às garantias constitucionais, desconstituiu ato administrativo daquele proibindo as importações. Para a comunidade internacional, a personalidade que se apresenta é a República Federativa do Brasil que descumpriu o dever de não promover tratamento discriminatório à importação de bens e de atender às disposições do ASMC.

Negar esse direito (do exercício da ampla defesa, que abrange o direito ao recurso) às partes lesadas causaria um choque entre a prática dos tribunais nacionais e as disposições constitucionais e dos acordos da OMC, sendo também possível o acionamento do Brasil por outro membro no OSC/OMC.

Se o argumento contrário a este entendimento for o de que outros membros da Organização também não têm órgão independente (seja administrativo, seja judicial) nem dão direito à pronta revisão, ainda assim não poderá ser sustentado para justificar, em território nacional, o não-cumprimento da garantia constitucional da ampla defesa e da limitação imposta à administração pública quando se tratar de constrição de direitos e garantias constitucionais. Já no foro internacional (OSC/OMC), o argumento poderá ser levantado e, se for aceito, do que pessoalmente duvidamos, pois justificaria a não aplicação de disposição expressa de acordo validamente firmado –, será pelo entendimento de um sistema de solução de controvérsias que utiliza instrumentos de legalidade jurisdicional (jurisdição na forma), que não se materializam por meio de sentenças com força impositiva, mas, sim, por exaltações às partes para que cumpram as disposições contratuais internacionais, sob pena de dar à parte lesada o direito de aplicar compensações, que o fará apenas se entender politicamente viável[347].

---

347 "O exercício facultativo, pela parte vencedora, dos direitos indicados no informe é prática de difícil percepção jurídica aos não habituados à realidade do direito do comércio internacional. A flexibilidade que se concede às partes para a implementação da *decisio ultima*, ao fugir do rigorismo impositivo das sentenças de direito interno, permite mais facilmente a construção de um entendimento

Ao Poder Judiciário não cabe viabilizar políticas de Estado, mas combater a lesão a direitos, principalmente as lesões a direitos de fundo constitucional.

Uma vez criado o novo órgão, havendo delegação legal de competência para a autoridade superior e dando-se às partes a oportunidade da pronta revisão, a prerrogativa da investigação é da administração pública e caberá ao Poder Judiciário, sempre que concitado pela parte lesada, revisá-lo quanto à sua legalidade, nos atos vinculados, já que, conforme asseverado por Fonseca, "ordinariamente, a discrição administrativa, de primeiro grau ou extrajudicial, não deve ser perturbada, a não ser para reparar erros *in decidendo* que fazem a decisão original inconsistente com as letras ou objetivos legais, ou ainda com interesses individuais legais protegidos"[348].

4.2.4.6.2.1.3 REVISÃO POR DECURSO DE 5 ANOS (*SUNSET REVIEWS*)

Estabelecida principalmente nos artigos 67 e 68 do Decreto nº 1.751/1995, para iniciar-se esta revisão, é necessário o cumprimento de alguns requisitos:

---

mutuamente aceitável. No contencioso internacional, em especial no do comércio, ganhar não é sinônimo de execução integral da decisão direcionada à solução do caso concreto. Há uma gama de circunstâncias e interesses políticos que condicionam a conveniência ou não da sua aplicação". (BLIACHERIENE, A. C. **Emprego dos subsídios e medidas compensatórias na defesa comercial:** análise do regime jurídico brasileiro e aplicação dos acordos da OMC. Tese (Doutorado em Direito Social) – Faculdade de Direito, Pontifícia Universidade Católica de São Paulo, São Paulo, 2006). Ver, também, FONTOURA, J. Embraer versus Bombardier, o direito e a organização mundial do comércio. **Revista Universitas/JUS Uniceub**, Brasília, edição semestral, n. 9, p. 61, jul./dez. 2002; e LAFER, C. O sistema de solução de controvérsias da Organização Mundial do Comércio. **Revista do IBRAC**, São Paulo, v. 3, n. 9, p. 1-27, 1996.

[348] FONSECA, A. Papel dos tribunais administrativos e sistema judicial. **Revista do IBRAC**, São Paulo, v. 6, n. 3, p. 22, 1999.

Requerimento apresentado a pedido de parte, pelo governo, por órgão da administração pública federal interessada ou pela Secex.

Apresentação de elementos de prova que justifiquem a abertura do procedimento de revisão, ou seja, provas de que: a) a aplicação do direito deixou de ser necessária para neutralizar o subsídio acionável; b) seria improvável que dano subsistisse ou se reproduzisse caso o direito fosse revogado ou alterado ou c) o direito existente não é ou deixou de ser suficiente para neutralizar o subsídio específico causador do dano.

Tenha decorrido, no mínimo, 1 ano da imposição de medidas compensatórias conclusivas.

Faltarem, no mínimo, 5 meses para o término da vigência da medida compensatória conclusiva, nos termos do artigo 66 do Decreto nº 1.751/1995.

Essa revisão seguirá o mesmo procedimento da investigação de subsídio, ou seja, será aberta pela Secex, dirigida pelo Decom, decidida pela Camex, com prazo máximo de duração de 1 ano, e servirá para requerer a continuidade da aplicação das medidas compensatórias (prorrogação do prazo de vigência) ou o aumento de seu valor.

Por determinação do artigo 67, § 3º, os direitos compensatórios conclusivos vigentes continuarão em vigor até que seja encerrado o processo de revisão. Isso faz que tenha duração de 6 anos (5 anos + 1 ano da revisão cujo resultado seja desfavorável à sua continuidade) ou de 11 anos (5 anos + 1 ano da revisão + 5 anos de aplicação).

4.2.4.6.2.1.4 REVISÃO ANTERIOR AO DECURSO DE 5 ANOS: POR INTERESSE NACIONAL OU POR MUDANÇA DE CIRCUNSTÂNCIAS (*INTERIM REVIEWS*)

Independentemente da revisão permitida depois de findo um período máximo de 5 anos de aplicação de medidas compensatórias conclusivas, há também a revisão permitida no meio do período de aplicação de medidas compensatórias, fundada em interesse nacional ou em causas circunstanciais.

Esse procedimento de revisão tem a peculiaridade de que o decurso do prazo mínimo de 1 ano poderá ser ainda menor pelo fato de haver interesse nacional ou em situações excepcionais de mudança substancial das circunstâncias. E o que concerne à prova a se produzir, neste caso, será que: a) a aplicação do direito deixou de ser necessária para neutralizar o subsídio acionável; b) seria improvável que o dano subsistisse ou se reproduzisse caso o direito fosse revogado ou alterado; ou c) o direito existente não é ou deixou de ser suficiente para neutralizar o subsídio acionável causador do dano.

Assim como a revisão por decurso dos 5 anos, essa revisão seguirá o mesmo procedimento da investigação de subsídio, ou seja, será aberta pela Secex, dirigida pelo Decom, decidida pela Camex, com prazo máximo de duração de 1 ano, e servirá para requerer tanto o aumento quanto a diminuição do valor ou do prazo de vigência da medida compensatória conclusiva.

4.2.4.6.2.1.5 Revisão Sumária ou Reexame Imediato

Embora prevista no artigo 69 do Decreto nº 1.751/1995, essa revisão não conta com pormenorização de prazo e procedimentos na legislação nacional. O referido artigo apenas indica que a revisão será cabível sempre que exportadores e produtores específicos não tenham sido investigados, por razões distintas de suas recusas em colaborar com a investigação.

Terá como meta quantificar as margens individuais de subsídio que beneficiaram esses exportadores ou produtores. Barral e Brogini[349] advertem que "ao contrário do que ocorre na legislação *antidumping*, na legislação sobre medidas compensatórias não consta que os produtos desses produtores não estão sujeitos aos direitos compensatórios enquanto durar a revisão sumária".

---

349   BARRAL, W.; BROGINI, G. **Manual prático de defesa comercial**. São Paulo: Aduaneiras, 2006. p. 172.

Os exportadores e os produtores em questão deverão encaminhar uma solicitação para a Secex instruída com as provas de que não foram investigados por motivos distintos de sua recusa em colaborar com a investigação.

Caberá à Secex rapidamente calcular a medida compensatória individual. O problema está em relação aos prazos, pois não há referência a eles na legislação de subsídios e medidas compensatórias, o que confere larga margem de discricionariedade ao administrador. Ainda assim a demora que cause dano poderá ser questionada perante o Poder Judiciário, que poderá controlar os fins do ato discricionário e reparar danos materiais apurados.

4.2.4.6.2.2 Revisão de Acordos de Restrição Voluntária ou de Compromisso de Preços

Seguirá as mesmas regras da revisão por decurso de 5 anos e da revisão antes do decurso de 5 anos, mesmo quando houver modificação das situações fáticas que afetem o produto em investigação.

Também aqui os compromissos permanecerão aplicados enquanto durar a investigação[350].

4.2.4.6.3 Revisão e Recurso Judicial Unilateral[351]

4.2.4.6.4 Revisão Multilateral ou do OSC/OMC

Como já mencionado, sempre que uma decisão de qualquer membro determinar a aplicação de medidas compensatórias em caráter provisório ou conclusivo, sem que tenha seguido regularmente o procedimento unilateral estabelecido no ASMC, o membro lesado poderá recorrer ao OSC/OMC, pela via do procedimento de investigação,

---

350   Ver artigos 67 e 68 do Decreto nº 1.751/1995.
351   Ver no capítulo VII, o tópico 7.2.

para comprovar a ocorrência de uma prática incompatível com as disposições dos acordos e solicitar sua retirada imediata, sob pena de se permitir a adoção de contramedidas pelo membro lesado.

Somente estão habilitados a recorrer a essa via os membros da Organização.

Petitórios de setores da indústria nacional, de importadores ou de outras partes afetadas pela decisão somente serão analisados pelo OSC/OMC se encampados por suas representações diplomáticas perante a OMC, e estas formularão quaisquer petições em nome do Estado-membro.

Capítulo V
Dumping, Medidas Retaliatórias e *Antidumping* na OMC e no Brasil

5.1 Dumping na OMC

5.1.1 Introdução

Como dito nas Definições Preliminares, tópico 1.4 do capítulo I, o artigo VI.1 do GATT/1994 define o *dumping* como a introdução de produtos, no mercado de outros países, a preços abaixo do normal. E define o "preço normal" como o preço de consumo de produto similar praticado no mercado consumidor do país exportador, em condições normais de mercado.

Somente o *dumping* que interfira, deslealmente, no mercado do membro exportador causando ou podendo causar danos à sua indústria doméstica será combatível pelas regras de defesa comercial.

Uma vez observada a existência de importações a preço de *dumping*, o membro importador poderá iniciar uma investigação doméstica de prática de *dumping*, que deverá determinar: a) a existência ou não de importações com preço de *dumping*; b) a margem do *dumping* alegado; c) se houve um dano à indústria doméstica ou há a probabilidade de que ocorra; e d) se esse dano é ou poderá ser conseqüência das importações investigadas.

Caso sejam constatadas todas essas hipóteses, uma medida específica poderá ser aplicada ou autorizada.

O membro exportador poderá acionar o OSC/OMC quando as empresas sediadas em seu território sofrerem imposição de medidas *antidumping* provisórias e de direitos *antidumping* conclusivos, sem que a investigação tenha seguido as regras multilaterais ou nacionais.

O quadro normativo vigente multilateral é composto, principalmente, do artigo VI do GATT/1994 e do "acordo para implementação do artigo VI do GATT/1994", ou seja, do AAD. Tendo em vista o disposto no artigo 71 do Decreto nº 1.602/1995, essas disposições também se aplicam à agroindústria, sendo as regras válidas para produtos primários e industrializados.

5.1.2 Evolução Histórica das Regras do Direito Internacional Econômico em Matéria de DUMPING: da Carta de Havana à Rodada Uruguai

Já havia normas relativas ao *dumping* desde 1904 (Canadá), que estimularam a criação de outras na Nova Zelândia (1905), na Austrália (1906), no Japão (1910), na África do Sul (1914), nos EUA (1916) e no Reino Unido (1931)[352].

A legislação americana de 1921 inspirou a redação das normas *antidumping* na Carta de Havana, em seu capítulo IV (Políticas Comerciais).

Com a criação do GATT/1947, regras multilaterais sobre *dumping* passaram a ser aplicadas. O artigo VI do GATT/1947 tratou especificamente das normas *antidumping*, definindo a prática de *dumping* como a introdução de mercadoria abaixo do preço normal no mercado de outro país, causando-lhe dano à indústria doméstica.

Apenas em 1967, na Rodada Kennedy, permitiu-se a aplicação do direito *antidumping* como barreira não tarifária, o que foi regulado pelo primeiro código *antidumping* com caráter multilateral, que priorizou o processo preliminar de investigação Esse código também adotou para a investigação algumas expressões que poderiam ser adotadas em sentido dúbio (indústria doméstica e produto similar) o que causou aos membros certos embaraços.

Na Rodada Tóquio, em 1979, houve a revisão do código de 1967, para ratificar a necessidade da configuração do nexo causal entre as importações a preço de *dumping* e o dano à indústria doméstica. Por isso, a Rodada Tóquio foi decisiva para a implementação do modelo regulatório atual de *dumping*.

Esse mesmo código de 1979 também inovou ao determinar tratamento diferenciado para os países em desenvolvimento e ao

---

352 BARRAL, W. **Dumping e comércio internacional:** a regulamentação antidumping após a Rodada Uruguai. Rio de Janeiro: Forense, 2000. p. 74-75.

apresentar um mecanismo de solução de controvérsias para os casos de *dumping*. Apesar de representar um avanço na regulamentação do tema, deixou vários pontos dúbios, sendo necessária sua alteração no código sobre *dumping* da Rodada Uruguai.

A Rodada Uruguai, com seus acordos de vinculação obrigatória, inclusive o AAD, foi um importante instrumento regulador do *dumping* que se caracteriza pelos seguintes pontos: a) define o *dumping*, a margem de *dumping*, o valor normal e o preço de exportação; b) aplica-se a bens primários; c) cria o Comitê sobre Práticas *Antidumping* (CPA/OMC); d) apresenta procedimento minucioso para aplicação de direitos *antidumping* e medidas *antidumping*; e e) apresenta procedimento para solução de controvérsias.

O AAD é dividido em duas partes explicitadas na figura a seguir, além de outros dois anexos.

FIGURA 10 – PARTES DO AAD

Parte	Artigos	Conteúdo
I	1º e 2º	• Princípios • Definição e Determinação de *Dumping*
I	3º e 4º	• Determinação do Dano • Definição de Indústria Doméstica
I	5º e 6º	• Condução da Investigação • Provas
I	7º e 8º	• Medidas Provisórias • Compromissos de Preço
I	9º e 10	• Imposição e Cobrança de Direitos *Antidumping* • Retroatividade
I	11	• Duração e Revisão dos Direitos *Antidumping* e dos Compromissos de Preços
I	12	• Aviso Público e Explicação das Determinações
I	13	• Revisão Judicial
I	14 e 15	• Medidas *Antidumping* em Nome de Terceiro País • Países em Desenvolvimento Membros
II	16, 17 e 18	• Comitê sobre Práticas *Antidumping* • Consultas e Solução de Controvérsias • Disposições Finais

5.1.3 Dumping e os Bens Agrícolas e Não Agrícolas

5.1.3.1 Definições Necessárias

5.1.3.1.1 Dumping

Os artigos VI e XVI do GATT/1994 tratam de direitos *antidumping* e compensatórios, mas não lhes apontam uma definição. O artigo 2º do AAD define *dumping* como a oferta de um produto no mercado de outro membro a preço inferior ao de seu valor normal, ou seja, o preço de exportação é inferior ao preço de venda no mercado exportador.

5.1.3.1.2 Membro Interessado e Parte Interessada

A expressão membro interessado indicará o membro da OMC que tenha interesse na investigação de *dumping* e na controvérsia posta ao OSC/OMC. A expressão parte interessada se refere àqueles que podem peticionar no processo de investigação unilateral, quais sejam: a) o exportador ou o produtor estrangeiro, além de seu órgão de classe ou associação; b) o importador ou o consignatário do produto investigado ou sua entidade de classe; c) os usuários industriais dos produtos importados.

Embora o AAD não os qualifique como parte interessada, oferece privilégios aos "usuários industriais" do produto investigado e aos "representantes das organizações de consumidores" quando o produto for habitualmente comercializado no varejo. Ambos têm o direito objetivo de aportar informações importantes, no processo de investigação, sobre a existência do *dumping*, do dano e do nexo causal.

5.1.3.1.3 Indústria Doméstica e Produtores Nacionais

A expressão indústria doméstica, como regra geral, assume no AAD um sentido jurídico próprio e será utilizada para indicar os produtores nacionais cuja produção conjunta de produto similar represente parcela significativa da produção nacional total.

Será excepcionalmente indústria doméstica: a) o restante dos produtores, quando estes estiverem vinculados aos exportadores ou aos importadores, ou sejam eles próprios importadores do produto alegadamente importado a preços de *dumping*; e b) o conjunto de produtores dos mercados consumidores – quando o território brasileiro puder ser dividido em dois ou mais mercados competidores.

Produtores nacionais são aqueles que fabricam, no território do membro da OMC, produto similar àquele investigado.

5.1.3.1.4 Produto Similar

De acordo com o artigo 5°, § 1°, do Decreto n° 1.602/1995, produto similar é o idêntico, igual sob todos os aspectos ao produto investigado, ou, na ausência de tal produto, outro que, embora não sendo exatamente igual sob todos os aspectos, apresente características muito próximas ao produto investigado.

Como já destacado para a investigação de subsídio, a delimitação entre o que seja um "produto similar" e um "potencial produto similar" é um tema árduo, pois produtos da mesma categoria, embora não exatamente iguais, podem sofrer direitos *antidumping*.

Analisando especificamente a investigação de *dumping*, Czako, Human e Miranda[353] apontam alguns critérios comumente utilizados pelas autoridades investigadoras nacionais para identificar o produto similar: a) as características físicas do produto; b) o quanto seu consumo pode ser substituível por outro; c) a matéria-prima utilizada na sua fabricação; d) os métodos e a tecnologia utilizados na sua produção; e) sua função e uso final; f) as especificações industriais; g) seu valor de mercado; h) sua qualidade; i) sua classificação tarifária; j) os canais de distribuição e comercialização do produto; l) a utilização de equipamentos e pessoal comuns na produção de

---

[353] CZAKO, J.; HUMAN, J.; MIRANDA, J. **World Trade Organization**: a handbook on anti-dumping investigation. Cambrige: Cambrige University Press, 2003. p. 11-12.

ambos os produtos; m) a percepção que causa para os consumidores e os produtores; e n) sua marca comercial e prestígio no mercado.

Embora possa haver uma mudança futura, a determinação do "produto similar" deve ser priorizada nas decisões preliminares da autoridade investigadora.

5.1.3.1.5 Margem de *Dumping* e Valor Normal

A margem de *dumping* é a diferença entre o valor normal, ou seja, o preço praticado no mercado interno do membro exportador, e o preço de exportação. A metodologia para seu cálculo poderá ser a das médias ponderadas dos valores das importações conhecidas, a do valor de cada operação ou a de amostragem quando houver um volume significativo de operações de exportação em exame[354].

5.1.3.1.6 Informação Confidencial e Resumo Ostensivo

Não há no Decreto nº 1.602/1995 uma definição para a expressão informação sigilosa, contudo, conforme o artigo 6.6 do AAD e o artigo 28 do referido decreto, pode-se concluir que a confidencialidade poderá ser de dois tipos: a) informação confidencial por sua própria natureza; ou b) informação confidencial pelo fato de ter sido fornecida, sob sigilo, por qualquer das partes envolvidas na investigação.

A informação confidencial por sua própria natureza caracteriza-se pelo fato de dar substancial vantagem competitiva a um competidor ou por causar grave dano àquele que a forneceu ou àquele de quem o informante obteve a informação.

Há ainda uma confidencialidade institucional, disposta no artigo 11.5 do AAD, que dispõe que, a menos que as autoridades tenham tomado a iniciativa da investigação, evitarão toda publicidade da petição inicial.

---

354 Artigos 11 e 12 do Decreto nº 1.602/1995.

A informação protegida por sigilo deverá ser acompanhada de um resumo ostensivo, ou seja, resumo pormenorizado no qual haja um entendimento razoável da substância da informação fornecida em sigilo. Caso não seja possível apresentar esse resumo, as partes deverão apresentar os motivos.

Não existe uma confidencialidade de dados automática. A parte interessada deverá requerê-la ao órgão investigador e este poderá ou não acatar o pedido. Caso não concorde, desconsiderará a informação fornecida. Sendo acatado o pedido de sigilo, deverá mantê-la em arquivo confidencial, além de remeter uma versão não confidencial (geralmente o resumo fornecido) para o arquivo de consulta pública.

5.1.3.1.7 Margem *de minimis* e Volume Insignificante

O artigo 5.8 do AAD prescreve que a margem de *dumping* será *de minimis* quando seu montante for inferior a 2%, calculado sobre o preço de exportação, e, nesses casos, deverá ocorrer o encerramento imediato da investigação, independentemente do estágio em que se encontre.

Como o *dumping* não é prática governamental, diferentemente do ASMC, não há referência à margem *de minimis* para países em desenvolvimento.

Outro fator que poderá levar ao encerramento da investigação é a constatação de que o volume das importações a preço de *dumping* ou o dano sejam desprezíveis. O volume de importações será insignificante quando for inferior a 3% das importações de produto similar, a não ser que os membros que, individualmente, respondam por menos de 3% das importações do produto similar sejam, coletivamente, responsáveis por mais de 7% das importações do produto.

5.1.3.1.8 Fatos Disponíveis e Melhor Informação Disponível

Todo o processo de investigação deverá, como já ressaltado, obedecer ao princípio do devido processo legal. Nesse sentido, a decisão deverá ser tomada com base em indícios sustentáveis e provas robustas.

O grande problema que surge é o fato de que essas investigações dependem, em grande parte, do fornecimento de informações das empresas exportadoras que nem sempre estão dispostas a fazê-lo a contento. Para essas situações, o AAD (artigo 6.10 e Anexo II) e o Decreto nº 1.602/1995 (artigos 13, § 3º, 27, § 3º, 38 e 66) adotaram dois escapes, o dos "fatos disponíveis" e o da "melhor informação disponível".

Como já ressaltado para o caso da investigação de subsídio, não se trata de uma sanção à parte silente, nem presume-se a ilegalidade do *dumping*. Esses são mecanismos criados com o intuito de dar efetividade ao processo de investigação. Nesse sentido, a fundamentação da decisão sempre será relevante, a fim de checar-se a necessidade do uso desses expedientes, bem como a proporção e a legalidade na sua aplicação.

O AAD afirma que, na hipótese de uma parte interessada negar acesso à informação necessária, ou não a fornecer dentro de prazo razoável, ou interpor sério obstáculo à investigação, poderão ser formulados juízos, preliminares ou conclusivos, afirmativos ou negativos, com base em fatos disponíveis (inclusive os da petição inicial), desde que a parte tenha sido advertida dessa possibilidade quando recebeu o questionário.

O Decreto nº 1.602/1995 estabelece que a melhor informação disponível poderá ser utilizada quando: a) não for possível o cálculo da margem individual de *dumping*, pelo fato de uma ou mais empresas selecionadas não fornecerem as informações solicitadas e não houver tempo hábil para uma nova seleção, ou as novas empresas selecionadas não fornecerem as informações solicitadas; b) as partes interessadas conhecidas receberem os questionários destinados à investigação e negarem acesso à informação, não a fornecerem no prazo determinado e criarem obstáculos à investigação; e c) houver violação do compromisso de preços, sem que a investigação tenha prosseguido para adoção de providências, com vistas à imediata aplicação de medidas *antidumping* provisórias.

5.1.3.2 Mecanismo Multilateral de Investigação de Dumping

Diferentemente do ASMC, o AAD e o ASG não prevêem um mecanismo multilateral para investigação de *dumping* e de salvaguarda. No AAD, o artigo 17 remete as controvérsias aos procedimentos estabelecidos no mecanismo de solução de controvérsias do OSC/OMC[355].

5.1.3.2.1 Efeito das Decisões do OSC/OMC

O sistema de solução de controvérsias do OSC/OMC visa, prioritariamente, soluções mutuamente acordadas entre os membros envolvidos na controvérsia. Nesse sentido, medidas coercitivas mais drásticas só são tomadas em fases avançadas do procedimento. Prefere-se o acordo, em sede de consulta, para suspensão do direito *antidumping* excessivo ou de seu caráter danoso, à compensação, e a compensação à suspensão de concessões realizadas nos acordos da OMC.

Somente se essas medidas não forem tomadas satisfatoriamente, será autorizada a compensação ou a suspensão de concessões da OMC.

5.2 Mecanismo Unilateral de Investigação de Dumping no Brasil

5.2.1 Introdução

Aqui também vale a regra de que o membro importador não é obrigado a aplicar direitos *antidumping*, mas, quando opte por fazê-lo, deverá seguir atentamente o procedimento delineado no AAD, além de atender a todos os requisitos materiais e formais concernentes à matéria.

---

355 Nesse sentido, ver o capítulo III, para visualizar o procedimento a ser adotado.

No Brasil, os acordos decorrentes da OMC já foram efetivamente incorporados ao ordenamento jurídico nacional, e o procedimento acolhido é o administrativo cuja responsabilidade: a) de investigação e apuração é da Secex e do Decom; b) de emissão de pareceres opinativos é do CCDC; c) da aplicação de medidas *antidumping* preliminares e direitos *antidumpig* conclusivos é de um órgão do Conselho de Governo, Camex; e d) da execução ou cobrança dos valores devidos é da SRF/MF.

O quadro normativo doméstico está disposto, principalmente, na Lei n° 9.019/1995, no Decreto n° 1.602/1995, na Portaria MICT/MF n° 14/1995, na Circular/Secex n° 21/1996, na Portaria MICT/MF n° 21/1998, na Lei n° 9.784/1999 e no Regimento Interno da Camex.

A investigação realizada no Brasil poderá levar à aplicação de medidas *antidumping* provisórias ou de direitos *antidumping* conclusivos quando forem determinados: a) a veracidade da prática de *dumping*; b) sua margem; c) se houve um dano ou há uma ameaça de dano à indústria doméstica ou, ainda, o retardamento de sua implantação; e d) se esse dano é ou poderá ser conseqüência das importações a preço de *dumping*.

Uma investigação doméstica de *dumping* será iniciada mediante: a) iniciativa escrita da indústria nacional ou de órgão que a represente; b) *ex officio*, pela Secex; e c) solicitação de terceiro membro que se declare prejudicado pela prática de *dumping*[356]. Quanto a este último, a legislação de *dumping* inova em relação à de subsídio e à de salvaguarda, pois prevê a possibilidade de resguardar direito de terceiro membro da OMC que declare prejuízo à sua indústria nacional, decorrente da prática de *dumping* de alguma empresa.

---

356 Conforme o artigo 62 do Decreto n° 1.602/1995, esse último caso é excepcional, e a investigação somente ocorrerá mediante prévia autorização do Conselho para o Comércio de Bens da OMC. O procedimento é o mesmo da investigação interna, e o mercado a ser analisado será o do membro peticionante.

A indústria doméstica deverá atender aos requisitos de aceitabilidade da petição inicial sob pena de a autoridade investigadora determinar sua emenda para nova submissão. Uma vez iniciada a investigação doméstica, o governo do membro investigado deverá ser notificado da disponibilidade do Brasil para iniciar um procedimento prévio de consulta, com natureza eminentemente diplomática.

Como nas outras investigações de defesa comercial, o bem jurídico a ser resguardado na investigação do *dumping* é a defesa da indústria nacional. São partes legítimas no procedimento administrativo: a) o exportador ou o produtor estrangeiro, além de seu órgão de classe ou associação; b) o importador ou o consignatário do produto investigado ou sua entidade de classe[357]; c) os usuários industriais dos produtos importados; d) a associação de consumidores, quando o produto for vendido no varejo; e e) as outras partes, assim consideradas pela Secex. Qualquer dessas partes poderá recorrer ao Poder Judiciário, caso seja impedida de exercer seu direito de petição e defesa.

No que concerne à forma, o artigo 63 do Decreto nº 1.602/1995 determina que os atos e os termos processuais não dependem de forma especial, e as partes interessadas deverão observar, na elaboração de petições e documentos, as instruções do próprio decreto e as instruções da Secex tornadas públicas antes do início do prazo processual ou que tiverem sido especificadas na comunicação dirigida à parte na elaboração de petições e documentos em geral. Ademais, os atos e os termos processuais serão escritos e as audiências, reduzidas a termo, sendo obrigatório o uso do idioma português, devendo os escritos em outro idioma virem aos autos, por tradução feita por tradutor público.

Quanto aos efeitos da investigação, o imediato é a sua conclusão com o reconhecimento ou não da existência do *dumping*, do dano à indústria nacional e do nexo entre ambos, e o efeito mediato será a cobrança ou não de direitos *antidumping*.

---

[357] Artigo 21, § 3º, do Decreto nº 1.602/1995.

5.2.2 Fase Preliminar da Investigação de Dumping

A autoridade investigadora – *ex officio* ou a pedido escrito da indústria nacional ou de outro órgão da administração pública federal – dará início à fase preliminar da investigação de *dumping*.

O procedimento será interrompido imediatamente, sem que se inicie a investigação, se a autoridade observar que: a) a indústria peticionante não atende aos critérios de representatividade exigidos pelo AAD; b) o dano é inferior a 2% *ad valorem*; c) a petição não atende aos critérios exigidos pelo AAD, pelo Decreto nº 1.602/1995 ou pela Circular/Secex nº 21/1996; d) não houve adequação da forma e no prazo hábil; ou e) o volume das importações ou o dano são insignificantes.

5.2.2.1 Critérios Formal, Material e Subjetivo da Petição Inicial

Para que uma investigação unilateral tenha curso, é necessário que a autoridade investigadora tenha acesso a um mínimo de informações que levem à conclusão de que o *dumping* foi praticado e que causou ou poderá causar dano ou, ainda, possa retardar a implantação da indústria nacional.

A petição inicial deverá ser apresentada pela indústria nacional, atendendo aos critérios formais e materiais a seguir descritos[358]: a) o peticionário deverá ser identificado e indicar o valor e o volume de sua produção; b) indicar, na medida do possível, o volume e o valor da produção de outros fabricantes de produtos similares e anexar a manifestação do apoio destes à petição; c) descrever detalhadamente o produto alegadamente importado a preço de *dumping* e o produto similar nacional; d) ponderar os três principais requisitos da concessão de direitos *antidumping* (a existência do *dumping*, do dano efetivo ou

---

358   Artigo 18 do Decreto nº 1.602/1995.

potencial, ou o retardamento na implantação da indústria nacional e o nexo causal entre estes); e) fornecer todas as informações que o levaram às conclusões (fazer referência a valores em dólares estadunidenses, à taxa de câmbio e à metodologia utilizada na conversão da moeda), inclusive mencionar o valor normal no mercado de origem, o preço de exportação e a evolução das importações; e f) indicar o membro exportador ou país de origem, nome e endereço dos produtores ou exportadores conhecidos.

Para comprovar o dano, o peticionário deverá fornecer: a) a evolução das importações do produto em questão, em quantidade e em valor, dos últimos 5 anos até os meses já transcorridos do ano em curso, segundo o país de origem; b) o nome e o endereço das principais firmas importadoras de seu conhecimento; c) os preços médios mensais de exportação para o Brasil, por país de origem, dos últimos 5 anos até os meses já transcorridos do ano em curso; d) as informações sobre o potencial de exportação para o Brasil (capacidade de produção efetiva ou potencial do(s) país(es) exportador(es) para o Brasil); e) a estimativa da evolução do consumo aparente (apresentar fontes, bem como metodologia utilizada) dos últimos 5 anos até os meses já transcorridos do ano em curso; f) as formas de concorrência predominantes nesse mercado (preço, diferenciação do produto); g) assistência técnica e rede de distribuição e propaganda; e h) no caso do setor agrícola, informações sobre as políticas governamentais de preços aplicadas ao produto.

A aplicação do direito *antidumping* estará vinculada à demonstração do nexo de causalidade entre as importações a preço de *dumping* e o dano, e, para tanto, o peticionante indicará a forma sob a qual as importações, a preço de *dumping*, estão causando dano à indústria doméstica e enumerará outros possíveis fatores conhecidos que possam causar danos à indústria doméstica, tais como, volume e preços de importação de produtos não objeto de *dumping*, impacto de alterações no imposto de importação sobre os preços domésticos, contração na demanda ou mudança nos padrões de consumo, práticas restritivas ao comércio pelos produtores domésticos estrangeiros e a concorrência entre eles, progresso tecnológico, desempenho exportador e produtividade da indústria doméstica, entre outros.

Demonstrada a existência do *dumping*, do dano e do nexo, resta à parte peticionar à aplicação do direito *antidumping* para neutralizar seus efeitos e compensar os danos apurados.

Depois de devidamente instruída com os documentos comprobatórios dos fatos alegados, a petição deverá ser entregue, em quatro vias, no protocolo do Decom.

5.2.2.2 Assistência à Indústria Doméstica

O artigo 6.16 do AAD prevê que o membro deverá fornecer assistência ao setor produtivo nacional para que possa ter acesso às informações necessárias à instrução válida da petição inicial. É evidente que os agentes que concederão a assistência sejam distintos daqueles que tomarão as decisões, provisória ou final, como forma de preservar a isonomia, a legalidade e a moralidade administrativa do processo de investigação[359].

As pequenas e médias indústrias terão um tratamento especial do Estado para que acessem as informações e possam exercer seu direito de petição. Ademais, essa assistência também pode ser estendida ao acesso irrestrito às informações, não confidenciais, compiladas em órgãos governamentais, que poderão ser úteis aos peticionários para a formulação de suas petições.

Em virtude da dificuldade para a produção da prova no processo de *dumping*, que requer acesso a dados sigilosos das empresas e dos governos envolvidos, a legislação andou bem quando exigiu apenas apresentação de "elementos de prova" e não de "prova" que será produzida no processo de investigação. Durante a investigação,

---

359 Artigo 26, parágrafo único, do Decreto nº 1.602/1995.

os elementos de prova da existência do *dumping* e do dano serão considerados simultaneamente.

É importante ressaltar que vale para o processo administrativo a regra geral da proibição do uso de prova adquirida por meio fraudulento. Nesse sentido, dados sigilosos das empresas investigadas somente poderão vir a público quando divulgados pelos seus detentores legais, com sua autorização ou mediante autorização judicial.

Na prática, o que as partes têm feito é apresentar os elementos de prova ao Decom e no mesmo ato solicitam sua confirmação daqueles dados que possam ser acessados pela Secex – por meio do banco de dados do governo federal –, ainda que preservada a proibição de divulgação, prevista no artigo 198 do Código Tributário Nacional.

5.2.2.3 Emendas à Petição Inicial e Inépcia

A aceitação da petição inicial pelo Decom, assim como num processo judicial, não implica reconhecimento dos fatos alegados, mas tão-somente que o documento está apto (parte legítima, destinado à autoridade competente, informações mínimas presentes para justificar a abertura de uma investigação, forma atendida etc.) a deflagrar uma seqüência de atos administrativos (notificação do outro membro, abertura da investigação, iniciação de consulta e aplicação de medidas *antidumping* provisórias) para comprovar o direito e o dano alegados pelo peticionário.

A Secex examinará preliminarmente a petição e o resultado desse primeiro exame será comunicado ao peticionário num prazo de 20 dias contados a partir da data de entrega da petição[360]. Um segundo exame será realizado, quando forem solicitadas informações complementares, para verificar se ainda são necessárias novas informações ou se a petição está devidamente instruída. O resultado desse segundo

---

360   Artigo 19 do Decreto nº 1.602/1995.

exame também será comunicado ao peticionário no prazo de 20 dias contados da data da entrega das informações complementares[361].

Caberá, então, um terceiro e último exame cujo resultado será comunicado num prazo final de 20 dias contados da data de entrega das últimas informações. A petição, em tal caso, será ou não considerada definitivamente apta a deflagrar os atos seguintes[362].

Será considerada inepta, encerrando-se o procedimento, quando: a) não houver elementos de prova suficientes de existência do *dumping* ou de dano por ele causado; b) a petição não tiver sido apresentada pela indústria doméstica[363] ou em seu nome; e c) os produtores domésticos que apóiam a petição inicial representem menos de 25% da produção nacional do produto similar, ou seja, inexiste representatividade do peticionário[364]. Nada obsta, no entanto, que seja reapresentada quando corrigida ou complementada.

5.2.2.4 Verificação da Margem de *Dumping de minimis*, do Volume da Importação e da Dimensão do Dano

Por uma questão de economia processual, é importante que a autoridade administrativa, antes de iniciar o procedimento de investigação, constate a ocorrência de três situações, nas quais o AAD determina o encerramento imediato da investigação, são elas: a) a margem do *dumping de minimis*; b) o volume insignificante das importações; e c) o dano insignificante.

---

361   Artigo 19, § 1°, do Decreto n° 1.602/1995.
362   Artigo 19, § 2°, do Decreto n ° 1.602/1995.
363   Decreto n° 1.602/1995: "Artigo 20 – [...] § 3° – Considerar-se-á como feita 'pela indústria doméstica ou em seu nome' a petição que for apoiada por aqueles produtores cuja produção conjunta constitua mais de cinqüenta por cento da produção total do produto similar produzido por aquela parcela da indústria doméstica que tenha expressado apoio ou rejeição à petição."
364   Artigo 21, § 1°, do Decreto n° 1.602/1995.

Nesse ponto, se for identificada a existência de qualquer uma das situações e não havendo necessidade de dilação probatória (diferente da mera comprovação documental), passa a ser direito da parte investigada que o procedimento de investigação seja interrompido imediatamente, sendo possível a interposição de mandado de segurança, caso assim não entenda a autoridade investigadora.

5.2.2.5 Comunicação do Pedido de Investigação, Procedimento de Consulta e Abertura ou Não da Investigação

Para a determinação da abertura de investigação, serão considerados os seguintes requisitos: a) representatividade do peticionário; b) correção e adequação dos elementos de prova apresentados, indicativos da existência do *dumping*, do dano e da relação causal entre eles; c) presença de indícios que justifiquem a abertura da investigação; e d) ausência de *dumping de minimis* ou volume e dano desprezíveis.

O peticionário será notificado da determinação positiva ou negativa da abertura da investigação no prazo de 30 dias contados da data de expedição da comunicação de que a petição encontra-se devidamente instruída[365].

Como já destacado para a investigação de subsídio, é importante não confundir o despacho que declara inepta a petição inicial com o despacho que determina que não se inicie a investigação.

Antes da determinação de abertura de uma investigação, não deverão ser divulgadas a existência e o teor da petição inicial. Havendo determinação positiva, a investigação será aberta e deverá ser publicada, no DOU, uma Circular/Secex que contenha: a) a determinação de abertura da investigação; b) o produto envolvido; c) o

---

365 Artigo 21, *caput*, do Decreto nº 1.602/1995.

membro exportador envolvido; d) a data do início da investigação; e) os fundamentos da petição inicial; f) o endereço para o qual as partes interessadas devem endereçar suas petições; e g) os prazos para manifestação das partes interessadas[366].

A partir de então, os governos e as partes interessadas serão notificados e será concedido prazo de 20 dias contados da data da publicação da determinação para habilitação de outras partes que se considerem interessadas, com a respectiva indicação dos representantes legais.

Aberta a investigação, deverão ser adotadas as seguintes providências pela Secex: a) fornecimento de texto completo da petição aos produtores e aos exportadores conhecidos; b) início de consulta bilateral; e c) comunicação à SRF/MF para que adote as providências cabíveis que possibilitem a posterior aplicação de medidas *antidumping* provisórias na importação de produtos objeto de investigação.

Depois de iniciada a investigação, os governos cujos produtos possam vir a ser atingidos serão notificados da solicitação de abertura de investigação e terão prazo de 10 dias para manifestar seu interesse na realização de iniciarem um procedimento de consulta, da qual também poderão participar as partes interessadas. A consulta deverá se realizar no prazo de 30 dias contados da data de expedição da notificação.

Essa fase é obrigatória e sua inexistência invalida todos os atos posteriores, não obstante isso, seu início não impede que o membro demandante aplique medidas *antidumping* provisórias, desde que o faça amparado por um procedimento preliminar específico, no qual apure a verossimilhança do nexo causal entre as importações a preço de *dumping* e dano alegado pela indústria doméstica ou retardamento de sua implantação.

---

366 Artigo 21, § 2º, do Decreto nº 1.602/1995.

5.2.3 A Investigação de Dumping

5.2.3.1 Determinação do Período da Investigação da Existência do Dumping, do Dano e Determinação do Produto

É necessária a determinação do período de investigação da existência do *dumping*, inclusive das vendas abaixo do custo, e do período da investigação do dano ou da ameaça de dano.

O período de investigação da existência do *dumping* é lapso temporal levado em conta pela autoridade investigadora, a fim de considerar dados para averiguar se este foi praticado. Esse período também delimita quais dados poderão ser utilizados na investigação.

O AAD não prevê um prazo específico, tendo este sido sugerido pelo CPA/OMC[367]. Os prazos sugeridos no ano de 2000 pelo CPA/OMC já eram praticados pelo Brasil desde 1995. O artigo 25, § 1º, do Decreto nº 1.602/1995 determina que esse prazo compreenda os 12 meses mais próximos possíveis, anteriores à data da abertura da investigação, podendo retroagir até o início do ano contábil do beneficiário, encerrado mais recentemente, e para o qual estejam disponíveis dados financeiros e outros dados relevantes e confiáveis. Em circunstâncias excepcionais, o período objeto da investigação poderá ser inferior a 12 meses, mas nunca inferior a 6 meses.

Também por recomendação da CPA/OMC e de acordo com o artigo 25, § 2º, do Decreto nº 1.602/1995, o período de investigação da existência de dano é lapso temporal levado em conta pela autoridade investigadora, a fim de averiguar se o dano existiu ou ameaça existir, e deverá ser suficientemente representativo, para permitir uma melhor análise dos dados colhidos, não será inferior a 3 anos e incluirá necessariamente o período de investigação do *dumping*.

---

367 CPA/OMC: Recommendation Concerning the Periods of data Collection for Anti-Dumping Investigation, G/ADP/6, adotado em 05 de maio de 2000.

Esses prazos podem, de maneira justificada, sofrer variação principalmente quando se tratar de produtos sazonais ou, ainda, em caso de pedido específico ou de vendas de produtos personalizados. Quando houver adoção de prazos distintos dos anteriormente destacados, as autoridades deverão publicar uma exposição dos motivos que as levaram a decidir dessa forma.

A determinação do produto se dará por meio da classificação aduaneira competente e ocorre no momento da aceitação da petição como formalmente apta a dar andamento a uma investigação.

O problema surgirá para a determinação do produto similar, como já abordado no tópico 4.1.3.1.4 do capítulo IV, pois isso interfere diretamente na aferição da parte interessada, do dano e da margem de *dumping*. Nesse sentido, antes mesmo da abertura da investigação e da notificação do outro membro, para iniciar um procedimento de consulta é necessário que já tenha havido uma determinação preliminar do produto investigado e dos produtos nacionais similares[368].

Há discricionariedade da autoridade investigadora para escolher os critérios identificadores dos produtos similares, que, como já referido anteriormente, podem ser: a) as características físicas do produto; b) o quanto seu consumo pode ser substituível por outro; c) a matéria-prima utilizada na sua fabricação; d) o método e a tecnologia utilizados na sua produção; e) a função e o uso final; f) as especificações industriais; g) o valor de mercado; h) a qualidade; i) a classificação tarifária; j) os canais de distribuição e comercialização do produto; l) a utilização de equipamentos e pessoal comuns na produção de ambos os produtos; m) a percepção que causa para os consumidores e os produtores; e n) a marca comercial e o prestígio no mercado.

---

368   O artigo 2.8 do AAD define produto similar como o produto igual em todos os aspectos ao produto sob investigação ou, na ausência de tal produto, a outro produto que, embora não sendo igual em todos os aspectos, tenha características muito parecidas com aquelas do produto investigado.

5.2.3.2 Determinação Preliminar da Existência do Dumping, do Dano e do Nexo

5.2.3.2.1 Envio de Cópia da Petição Inicial e dos Questionários

Logo depois de iniciada a investigação, devem ser remetidas cópias da petição inicial aos exportadores conhecidos e às autoridades governamentais do membro exportador, resguardadas as informações confidenciais. Em outros termos, todas as informações requeridas numa investigação serão comunicadas por meio de uma versão não confidencial (caso haja informação sigilosa), para que todos tenham ampla oportunidade de apresentarem, por escrito, os elementos de prova que considerarem pertinentes[369].

As partes interessadas[370] receberão os questionários e terão até 40 dias para remeterem suas respostas. Esse prazo será contado a partir da data de expedição dos referidos questionários. O prazo para a devolução dos questionários poderá ser prorrogado por mais 30 dias, quando demonstrada a necessidade, desde que devidamente justificado e levando-se em consideração os demais prazos a serem cumpridos no curso da investigação[371].

Diferentemente do caso de subsídio, não há previsão no AAD nem no Decreto nº 1.602/1995 de que partes nacionais (indústria doméstica e importadores) possam receber questionários para auxiliar na aferição do dano, do volume das importações e do preço praticado no mercado interno. Em nosso entender, isso não retira a possibilidade de a autoridade investigadora fazê-lo, na busca de seu

---

369 Artigo 6.1.3 do AAD.
370 O Decreto nº 1.602/1995, no artigo 27, exclui os governos dos países exportadores do envio obrigatório de questionários.
371 Observe-se que o artigo 6.2 do AAD estipula prazo mínimo de 30 dias e que a legislação nacional ampliou o prazo para 40 dias. Nesse sentido, a regra mais benéfica deverá ser a aplicada para as partes.

convencimento. Se assim não fosse, não haveria previsão de prestação de assistência para os casos de dificuldade dos interessados no fornecimento de informações[372].

Quanto às empresas estrangeiras, está expressa a idéia de que receberão questionários para auxiliar a aferição e a quantificação do *dumping* e do valor normal do produto no mercado do membro exportador. A importância disso baseia-se na necessidade de aferição individual da margem de *dumping* e, por isso, os questionários buscam informações sobre a produção e o produto, seu mercado, a estrutura jurídica da empresa, todas as transações relevantes, o processo e o volume de produção, custos, propaganda, custo de desenvolvimento, entre outros[373].

5.2.3.2.2 Processamento das Respostas dos Questionários, Acesso à Informação, Esclarecimento de Informação Lacunosa ou Obscura e Análise das Informações Recebidas

Findo o prazo para serem enviadas as respostas dos questionários, as autoridades investigadoras iniciarão sua análise. O envio tardio do questionário não deve, por si só, gerar uma presunção de culpa ou de veracidade dos fatos alegados pela parte demandante na petição inicial, mas poderá, em alguns casos, desde que em consonância com outras situações fáticas, levar à aplicação de medidas *antidumping* provisórias fundamentadas na melhor informação disponível.

Ao iniciar a análise dessas respostas, a autoridade decidirá sobre alguma eventual solicitação de preservação de dados sigilosos, como já visto anteriormente. Nesse sentido, o pedido de sigilo de dados deverá ser acompanhado da justificação e de um relatório não confidencial, para que as partes possam acessá-lo. Caso a autoridade investigadora

---

372   Artigo 26, parágrafo único, do Decreto n° 1.602/1995 e artigo 6.16 do AAD.
373   CZAKO, J.; HUMAN, J.; MIRANDA, J. **World Trade Organization**: a handbook on anti-dumping investigation. Cambridge: Cambridge University Press, 2003. p. 47.

não considere justificável o pedido (por falta de cumprimento dos requisitos para tal ou por entender inadequado ao caso), comunicará à outra parte para que corrija a situação ou desconsiderará a informação em caráter definitivo, a menos que seja comprovada por outros meios.

As partes envolvidas na investigação e as partes interessadas terão amplo acesso às respostas dos questionários, como também às versões não sigilosas dos relatórios enviados ao Decom.

Quando houver respostas lacunosas ou obscuras, a autoridade investigadora poderá solicitar esclarecimentos adicionais. Para esses casos, no silêncio do AAD e do Decreto nº 1.602/1995, a Secex indicará o prazo de resposta quando do envio do questionário complementar. Além de enviar pedido de esclarecimento (questionário complementar), o membro demandante poderá realizar uma visita *in loco*, a fim de esclarecer os pontos que entenda necessários.

Uma vez respondidos os questionários, caberá ao Decom iniciar o processo de análise dos dados, que visará, inicialmente, formular um parecer para corroborar a decisão da Camex sobre aplicar ou não as medidas *antidumping* provisórias. Essa análise se compõe de uma determinação da existência do *dumping*, de dano, ameaça de dano ou de retardamento de implantação da indústria nacional e, ainda, de nexo causal.

5.2.3.2.3 DETERMINAÇÃO PRELIMINAR DO *DUMPING*, DO DANO, DA AMEAÇA DE DANO, DO RETARDAMENTO DE IMPLANTAÇÃO DA INDÚSTRIA NACIONAL E DO NEXO

Não há obrigatoriedade de aplicação de medidas *antidumping* provisórias, no entanto, o país que desejar fazê-lo deverá realizar um procedimento de cognição sumária, a fim de determinar preliminarmente a existência do *dumping*, do dano e do nexo. O procedimento é delineado no AAD, e essa determinação preliminar é um juízo de valor provisório e precário, que visa simplesmente fundamentar a aplicação de medidas *antidumping* provisórias para fazer cessar ou reduzir os efeitos do dano em curso.

Assim como no caso de investigação de subsídio, as medidas *antidumping* provisórias servem como ferramenta política para se chegar a um acordo de compromisso de preços, suspendendo o curso da investigação de *dumping*. Os critérios para sua aplicação serão os mesmos do direito compensatório conclusivo (*dumping*, dano e nexo), mas aqui meros elementos de prova serão suficientes para sua determinação.

Uma determinação preliminar somente será cabível quando a Camex chegar à conclusão de que a medida *antidumping* provisória é necessária para prevenir danos durante o processo de investigação.

Em obediência ao princípio da publicidade e para preservar-se o direito à ampla defesa, o ato que contiver a determinação preliminar e estabelecer a imposição das medidas *antidumping* provisórias deverá ser publicado com as principais informações que lhe sejam relativas (partes afetadas, produto, valor, duração, fundamento da decisão e outros).

5.2.3.2.4 Modalidades, Montante, Duração e Características das Medidas *Antidumping* Preliminares ou Provisórias

As medidas *antidumping* provisórias somente serão aplicadas se: a) a investigação tiver sido aberta de acordo com os procedimentos anteriormente citados; b) o ato que contenha a determinação de abertura tiver sido publicado e tiver sido dada oportunidade para que as partes interessadas se manifestem; c) uma determinação preliminar do Decom da existência de *dumping* e de dano à indústria doméstica decorrente das importações de produto a preço de *dumping* tenha sido alcançada; d) a Camex julgar que tais medidas são necessárias para impedir que ocorra um dano maior à indústria durante o período de investigação; e) houver decorrido, pelo menos, 60 dias da data da abertura da investigação; e f) o seu valor não exceder a margem de *dumping* preliminarmente apurada[374].

---

374   Artigo 34 do Decreto nº 1.602/1995 e artigo 7º do AAD.

As medidas *antidumping* serão aplicadas por meio de recolhimento de um direito provisório ou de garantia (depósito em dinheiro ou fiança bancária), desde que seja assinado termo de responsabilidade. Quando houver a prestação de garantia equivalente ao valor total da obrigação, a cobrança dos direitos provisórios poderá ser suspensa pela Camex até que se chegue a uma decisão final sobre a imposição de direitos *antidumping*. O desembaraço aduaneiro dos bens objeto de medidas *antidumping* provisórias dependerá da prestação de garantia.

A vigência das medidas *antidumping* provisórias será limitada a um período não superior a 4 meses. Contrariamente ao disposto no ASMC, o AAD prevê a prorrogação desse prazo por mais 2 meses, chegando a 6 meses de imposição[375].

5.2.3.3 Determinação Final da Existência do *Dumping*, do Dano e do Nexo

5.2.3.3.1 Realização de Audiências e Oitiva das Partes Interessadas

As partes envolvidas disporão de ampla oportunidade de defesa de seus interesses. Assim, caso haja solicitação, serão realizadas audiências nas quais possam encontrar-se com aqueles que tenham interesses antagônicos, a fim de que apresentem suas interpretações da legislação e dos fatos alegados[376].

Não existirá nenhuma obrigatoriedade de comparecimento a tais audiências e, por isso, a ausência de uma das partes não poderá ser usada em prejuízo de seus interesses[377].

As partes e os governos interessados deverão indicar seus representantes legais em até 5 dias anteriores à realização da audiência

---

375 Artigo 34, § 8º, do Decreto nº 1.602/1995.
376 Artigo 31, *caput*, do Decreto nº 1.602/1995.
377 Artigo 31, § 3º, do Decreto nº 1.602/1995.

e enviar, por escrito, em até 10 dias antes da sua realização, os argumentos a serem apresentados na audiência.

As informações fornecidas oralmente somente serão levadas em consideração se forem apresentadas por escrito e colocadas à disposição das outras partes e dos governos interessados no prazo de 10 dias após a realização da audiência, observado, quando couber, o direito de sigilo.

As oitivas podem ocorrer a qualquer tempo, inclusive antes de iniciada a investigação, e podem esclarecer tanto dados relativos à existência do *dumping* e margem de *dumping* quanto os referentes à apuração do dano. Esse mecanismo poderá ser utilizado para atender às disposições do artigo 1.15 do AAD, que determina que usuários industriais do produto investigado e associação de consumidores podem aportar informações relevantes ao processo.

5.2.3.3.2 Requisição de Informação Suplementar e Melhor Informação Disponível

As informações adicionais ou complementares serão solicitadas e recebidas, por escrito, ao longo da investigação. O prazo para o fornecimento das informações solicitadas será estipulado em função de sua natureza e poderá ser prorrogado a partir de uma solicitação justificada.

Pode-se fazer uso da melhor informação disponível em quatro situações, quando: a) a parte notificada não fornecer a informação requerida dentro do prazo fixado pela autoridade investigadora; b) uma ou várias empresas selecionadas não fornecerem as informações solicitadas e não haja tempo hábil para uma nova seleção, ou as novas empresas selecionadas não fornecerem as informações solicitadas; c) as partes interessadas negarem acesso aos dados necessários, os fornecerem fora do prazo determinado ou criarem obstáculos à investigação; e d) houver violação do compromisso de preço, sem que a investigação tenha prosseguido, e, nesse caso, poderá ser aplicada medida *antidumping* provisória[378].

---

378   Artigos 13, § 3º, 27, § 3º, e 66, § 1º, do Decreto nº 1.602/1995.

Aqui também vale a assertiva de que a melhor informação disponível não pode ser "de ouvir dizer", mas deve estar vinculada a fatos e documentos postos à disposição da administração pública. Ademais, os artigos 20, § 1º, e 66, § 5º, do Decreto nº 1.602/1995 ressaltam a importância da confrontação das informações fornecidas pelas partes com as secundárias fornecidas por fontes independentes.

5.2.3.3.2.1 INVESTIGAÇÃO *IN LOCO*

Segundo o artigo 65, § 5º, do Decreto nº 1.602/1995, as visitas *in loco* destinam-se a clarificar as respostas do questionário remetido e devidamente devolvido e poderão ser realizadas apenas a pedido da empresa produtora ou exportadora, mediante notificação prévia da Secex ao representante do membro exportador e se esse não se opuser.

Daí vêem-se duas possibilidades de visita *in loco*, uma solicitada pelo produtor ou exportador estrangeiro, quando desejar esclarecer alguma informação do questionário respondido e remetido à Secex, e outra solicitada pela própria Secex, quando restarem dúvidas sobre as respostas e esta entender que é necessária a visita. Em qualquer caso, a visita deverá contar com a anuência das empresas visitadas e a não-objeção do governo do membro exportador.

Não há previsão de visitas *in loco* a empresas sediadas no próprio território nacional, a fim de se apurar o dano. Na mesma linha do que defendemos para o caso do envio de questionário, nada obsta que a autoridade assim proceda, desde que não haja objeção da empresa brasileira.

Antes da visita, dar-se-á conhecimento às empresas da natureza geral da informação pretendida e, durante a visita, poder-se-ão formular pedidos de esclarecimentos suplementares para esclarecer as informações obtidas por meio do questionário. Os resultados dessas investigações serão anexados ao processo, observado o direito ao sigilo[379].

---

[379] Artigo 65 do Decreto nº 1.602/1995.

5.2.3.3.3 Cálculo da Margem de Dumping e Valoração do Dumping de minimis

Tendo em vista a definição legal de margem de *dumping*, disposta no artigo 11 do Decreto nº 1.602/1995, antes de calculá-la, devem-se calcular o valor normal e o preço de exportação.

5.2.3.3.3.1 Valor Normal

Como bem destacam Barral e Brogini[380], três são as metodologias para o cálculo do valor normal. Essas metodologias variarão conforme o país investigado, que poderá ser uma economia de mercado, uma economia em transição ou, ainda, não se enquadrar como economia de mercado[381].

Quando o país é uma economia de mercado, o valor normal será calculado a partir das vendas representativas do mercado interno do membro exportador. Quando houver vendas em operações mercantis normais no membro exportador e não for possível se utilizar desse mecanismo, serão eleitas para o cálculo exportações processadas para um terceiro país e, assim, chega-se ao valor normal.

Quando houver condições especiais de mercado ou baixo volume de vendas, opta-se por um valor construído que deverá ser acrescido de custos administrativos, custos de comercialização e margem de lucro (razoável montante). Em todos os casos, como se trata de expressões de conteúdo variável e pouca especificação na legislação, há vasto campo de discricionariedade da autoridade investigadora que deverá exercer sua opção de forma fundamentada.

---

380 BARRAL, W.; BROGINI, G. **Manual prático de defesa comercial**. São Paulo: Aduaneiras, 2006. p. 83-88.

381 Ver artigos 6º e seguintes do Decreto nº 1.602/1995 e artigo 3º da Circular/Secex nº 59, de 28 de novembro de 2001.

Se o país é uma economia em transição[382], como regra, será tratado como economia de mercado. Contudo, quando se observar que, para o produto em investigação, o mercado não atende a uma lógica não dirigista, poderá ser tratado como país com economia não predominantemente de mercado. Os critérios de cálculo são os expostos no parágrafo seguinte.

Se o país é considerado como de economia não predominantemente de mercado, no qual os preços domésticos sejam majoritariamente fixados pelo Estado, o artigo 7° do Decreto n° 1.602/1995 determina que o valor normal poderá ser determinado: a) com base no preço praticado ou no valor construído do produto similar em um terceiro país de economia de mercado; b) com base no preço praticado por este país na exportação para outros países, exclusive o Brasil; ou c) sempre que este último caso não seja possível, com base em qualquer outro preço razoável, inclusive o preço pago ou a pagar pelo produto similar no mercado brasileiro, acrescido da margem de lucro razoável.

5.2.3.3.3.2 Preço de Exportação

O cálculo deverá ter em conta o valor efetivamente pago na operação de exportação do produto investigado para o Brasil, deduzindo-se os tributos e os descontos incidentes na operação[383].

Assim como no valor normal, poderá haver valor construído para determinar o preço de exportação e isso ocorrerá quando: a) não exista um preço de exportação; b) mesmo existindo, pareça duvidoso, tendo em vista a associação ou o acordo compensatório entre o exportador e o importador ou uma terceira parte. O cálculo

---

382   O artigo 3.2.1 da Circular/Secex n° 59/2001 considera como economias em transição a Bulgária, Eslováquia, Eslovênia, Hungria, Polônia, Romênia e República Tcheca.
383   Artigo 8° do Decreto n° 1.602/1995.

terá como base o preço pelo qual os produtos importados foram revendidos pela primeira vez a um comprador independente.

5.2.3.3.3.3 Margem de Dumping e de minimis

Conforme os artigos 11 e 12 do Decreto n° 1.602/1995, a margem de *dumping* poderá ser calculada: a) com base em valores médios ponderados para todas as operações; b) individualmente para cada transação ou, ainda, c) por técnicas de amostragem, mediante a utilização dos preços que apareçam com maior freqüência ou que sejam os mais representativos, desde que compreendam volume significativo das transações sob exame.

Como regra, a determinação de margem de *dumping* será individualizada para cada um dos conhecidos exportadores ou produtores do produto investigado. Quando não for possível individualizá-la – desde que tenham sido consultados os exportadores, os produtores ou os importadores e obtida a sua anuência e desde que tenham fornecido as informações necessárias para seleção de amostra representativa –, a determinação poderá se limitar: a) a um número razoável de partes interessadas ou produtos, por meio de amostragem estatisticamente válida, com base nas informações disponíveis no momento da seleção; ou b) ao maior percentual razoavelmente investigável do volume de exportações do membro em questão.

A determinação da margem de *dumping* para exportador ou produtor que não tenha sido incluído na seleção, mas venha a apresentar informações em tempo hábil, será – como regra geral – feita de maneira individual. Excetuam-se dessa sistemática as situações nas quais o número de exportadores ou produtores seja expressivo e em que a análise de casos individuais resulte numa sobrecarga despropositada, impedindo a conclusão da investigação dentro dos prazos legais.

A margem *de minimis* será decisiva para o encerramento da investigação sem aplicação de direitos *antidumping*. Será assim considerada quando for inferior a 2% do preço de exportação.

5.2.3.3.4 Determinação da Indústria Doméstica, do Dano e da Ameaça de Dano

O artigo 17 do Decreto n° 1.602/1995 define, como regra, indústria doméstica a totalidade dos produtores nacionais do produto investigado ou os que constituam parcela significativa da produção nacional total. Excepcionalmente poderá ser: a) outros produtores[384]; ou b) o conjunto de produtores de parte do território nacional[385].

O dano será entendido no sentido de dano material ou ameaça de dano material à indústria doméstica já estabelecida ou retardamento sensível da implantação de sua indústria[386].

Para a determinação do dano, deverá ser avaliada a evolução dos seguintes indicadores: a) importações: volume a preço de *dumping* e seu efeito sobre os produtos similares no mercado interno; e b) indústria doméstica: o impacto das importações dos produtos a preço de *dumping* nas indústrias domésticas[387].

Na determinação da existência de ameaça de dano, devem-se buscar fatos e motivos suficientemente convincentes, para que se justifique a aplicação de uma medida tão grave quanto a restrição comercial contra outro membro da Organização. Devem ser pesquisadas alterações nas condições de mercado de tal forma gravosas que o dano à indústria nacional se torne inevitável, e, para tanto, serão considerados conjuntamente os seguintes fatores: a) significativa taxa de crescimento das importações objeto de *dumping*, indicativa de provável aumento substancial dessas importações; b) suficiente capacidade ociosa ou iminente aumento substancial na capacidade produtiva do produtor, que indiquem a probabilidade de significativo aumento das exportações objeto de *dumping* para o Brasil, considerando-se a existência

---

384 Ver inciso I do artigo 17 do Decreto n° 1.602/1995.
385 Ver inciso II do artigo 17 do Decreto n° 1.602/1995.
386 Artigo 14 do Decreto n° 1.602/1995 e nota 9 do artigo 3° do AAD.
387 Artigo 3° do AAD.

de terceiros mercados que possam absorver o possível aumento das exportações; c) importações realizadas a preços que terão efeito significativo em reduzir preços domésticos ou impedir o seu aumento e que, provavelmente, aumentarão a demanda por novas importações; e d) estoques do produto sob investigação[388].

5.2.3.3.5 Determinação do Nexo Causal

O nexo de causalidade é elemento essencial para que se permita a aplicação do direito *antidumping* e, por isso, deve ser comprovado em que medida as importações a preço de *dumping* são responsáveis pelo dano à indústria doméstica[389].

Para a determinação do nexo causal, o artigo 15 do Decreto nº 1.602/1995 determina que sejam levados em consideração os seguintes fatores: a) volume e preço de importações não comercializadas a preço de *dumping*; b) impacto do processo de liberalização das importações sobre os preços domésticos; c) contração na demanda ou mudanças nos padrões de consumo; d) práticas restritivas ao comércio pelos produtores domésticos e estrangeiros, e a concorrência entre eles; e) progresso tecnológico; f) desempenho exportador; g) produtividade da indústria doméstica; h) significativa taxa de crescimento das importações objeto de *dumping*, indicativa de provável aumento substancial dessas importações; e i) suficiente capacidade ociosa ou iminente aumento substancial na capacidade produtiva do produtor, que indiquem a probabilidade de significativo aumento das exportações objeto de *dumping* para o Brasil, considerando-se a existência de terceiros mercados que possam absorver o possível aumento das exportações.

A comprovação do nexo de causalidade se dá conjuntamente com outros fatores que possam ter causado o dano na mesma ocasião. Se comprovado que, embora havendo um dano, este foi provocado por

---

388 Artigo 16 do Decreto nº 1.602/1995 e artigo 3.7 do AAD.
389 Artigo 15 do Decreto nº 1.602/1995.

motivos alheios à importação do produto a preço de *dumping*, não se poderá atribuir o nexo causal às importações, nem computá-las para cálculo do direito *antidumping*.

Quando houver dúvida sobre a real causa do dano (as importações ou motivos alheios a elas), o artigo 15, II, do Decreto nº 1.602/1995 determina que não seja imputado o nexo às importações a preço de *dumping*. Se a dúvida for decorrente do não-fornecimento de resposta da parte interessada ao questionário ou do fornecimento de informação lacunosa ou duvidosa, uma decisão prejudicial poderá ser tomada se não houver outros meios de prova que evitem essa conseqüência. No entanto, se a parte apresenta as informações de maneira clara e satisfatória e, ainda assim, restam dúvidas quanto a real causa do dano, deve-se presumir pela legalidade das exportações.

5.2.3.3.6 Acordos de Restrição voluntária e de Compromisso de Preço

Esses acordos podem ocorrer a qualquer tempo, antes, durante e depois do processo de investigação de *dumping*, e visam uma revisão dos preços das exportações destinadas ao membro demandante ou até a cessação das exportações a preço de *dumping* para o Brasil. Poderão ser propostos pela empresa exportadora ao Decom ou pela Secex, com homologação posterior da Camex, que não está obrigada a aceitá-los e somente o fará quando entender adequado, segundo critérios de conveniência e oportunidade da administração pública.

Os exportadores poderão propor compromissos ou estudar a conveniência de aceitar aqueles propostos pela Secex somente depois de haverem chegado a uma determinação preliminar positiva da existência de *dumping* e do dano por ele causado. No entanto, não estão obrigados a propor compromissos nem a aceitá-los. A Secex poderá recusar ofertas de compromissos quando forem consideradas ineficazes. Nesses casos, serão fornecidos aos governos ou aos exportadores os motivos pelos quais o compromisso foi julgado inaceitável, sendo-lhes oferecida oportunidade de manifestação[390].

Se houver decisão positiva a respeito da homologação do compromisso, será publicada no DOU juntamente com a decisão quanto ao prosseguimento ou suspensão da investigação, notificando-se as partes e os governos interessados[391].

Como regra, a celebração de compromissos com esse teor suspende o curso da investigação – sem aplicação de medidas *antidumping* provisórias ou direitos *antidumping* –, que poderá continuar se o membro exportador o solicitar ou a Secex entender necessário. A formulação desses acordos gera obrigação acessória de apresentação de informações periódicas. Essa suspensão não se confunde com as causas de encerramento da investigação sem aplicação de direitos *antidumping*[392].

O prazo de duração de um compromisso de preços será de, no máximo, 5 anos[393].

O artigo 4º da Lei nº 9.019/1995 estabelece que, nos casos nos quais haja suspensão da investigação com formulação de acordo entre as partes e posterior violação desse acordo, a investigação poderá ser retomada com aplicação de medidas *antidumping* provisórias, ou, se a investigação já tiver sido encerrada, aplicam-se direitos *antidumping* conclusivos.

---

390 Artigo 35 do Decreto nº 1.602/1995 e artigo 4º, § 1º, da Lei nº 9.019/1995.
391 Artigo 36 do Decreto nº 1.602/1995.
392 Há ainda uma outra possibilidade de "suspensão", presente na legislação de *dumping*, que não se confunde com nenhuma das duas citadas. É a suspensão da aplicação dos direitos *antidumping* pela Camex que se dará por um período máximo de 1 ano, mediante um pedido próprio da parte interessada, desde que ouvida a indústria nacional, quando: a) houve modificações temporárias nas condições de mercado; e b) o dano não continue a ocorrer ou permaneça em razão da suspensão. Ver o artigo 60 do Decreto nº 1.602/1995.
393 Ver artigo 9º, II, da Lei nº 9.019/1995.

Se aceito o compromisso, com prosseguimento da investigação, e a Secex chegue a uma determinação negativa de *dumping* ou dano dele decorrente, a investigação será encerrada e o compromisso automaticamente extinto, exceto quando a determinação negativa resulte, em grande parte, da própria existência do compromisso de preços, caso em que poderá ser requerida sua manutenção por período razoável. Quando aceito o compromisso, com prosseguimento da investigação, e as autoridades investigadoras concluírem que houve *dumping* e dano dele decorrente, a investigação será encerrada e a aplicação do direito conclusivo será suspensa enquanto vigorar o compromisso.

5.2.3.3.7 REALIZAÇÃO DE AUDIÊNCIA FINAL

Antes de ser formulado o parecer com vistas à determinação final, será realizada audiência, convocada pela Secex, na qual as partes e os governos interessados serão informados sobre os fatos essenciais sob julgamento que formam a base do parecer. A CNA, CNI, CNC e AEB também serão informadas a respeito de tais fatos.

Todos terão o prazo de 15 dias contados da realização da audiência para se manifestarem a respeito das informações trazidas pela Secex.

Findo esse prazo, a instrução do processo é tida como encerrada e as informações recebidas posteriormente não serão consideradas para fins de determinação final[394].

Assim como nas audiências requeridas pelas partes durante o curso da instrução do processo de investigação, na audiência final, cujo julgamento de sua conveniência e necessidade é exclusivo da Secex, não é obrigatório o comparecimento de qualquer das partes envolvidas e o não-cumprimento não lhes gera nenhum ônus.

---

394 Artigo 33 do Decreto nº 1.602/1995.

5.2.3.3.8 Finalização da Investigação com e sem Aplicação de Medidas *Antidumping* Conclusivas

O procedimento unilateral pode ser finalizado de duas maneiras: a) as partes, por mútuo acordo, estabelecem compromissos de preço ou de restrição voluntária à exportação de produtos a preço de *dumping*; ou b) o membro importador impõe um direito *antidumping*.

As decisões finais sobre aplicação de medidas *antidumping* provisórias, sua prorrogação, aceitação ou término de compromisso, encerramento da investigação, suspensão do direito, alteração ou revogação de direito *antidumping* ou de compromisso, em função de sua revisão, serão tomadas pela Camex, com base em parecer formulado pelo Decom, ouvido o CCDC.

Haverá encerramento da investigação sem aplicação de direitos *antidumping* sempre que: a) não haja comprovação suficiente da existência do *dumping*, do dano e do nexo; b) a margem de *dumping* seja *de minimis*; c) o volume, real ou potencial, de importações a preço de *dumping* ou o dano causado sejam insignificantes[395]; d) a Secex defira o pedido do peticionário para arquivamento; e e) haja uma conclusão final negativa da aplicação de medidas *antidumping* provisórias[396].

A investigação somente será encerrada pela Camex, com a cobrança de direito *antidumping* conclusivo, quando a Secex tiver chegado a uma determinação final da existência do *dumping*, do dano e do nexo causal entre eles e quando, além disso, houver um compromisso de preço em vigor e este esteja sendo descumprido pela parte demandada.

---

395 Artigo 14 do Decreto nº 1.602/1995. A margem de *dumping* será considerada como *de minimis* quando, expressa como um percentual do preço de exportação, for inferior a 2%. Para efeito de investigação, entender-se-á, normalmente, por insignificante volume de importações, provenientes de determinado país, inferior a 3% das importações pelo Brasil de produto similar, a não ser que os países que, individualmente, respondam por menos de 3% das importações do produto similar pelo Brasil sejam, coletivamente, responsáveis por mais de 7% das importações do produto.

396 Artigo 40 do Decreto nº 1.602/1995.

Em circunstâncias excepcionais, mesmo havendo comprovação do *dumping* e do dano dele decorrente, a Camex poderá decidir-se, em face de razões de interesse nacional, pela suspensão da aplicação do direito *antidumping* ou pela não-homologação de compromissos ou, ainda, pela sua aplicação em valor diferente do recomendado, desde que não exceda a margem de *dumping* apurada[397].

A decisão final, quando publicada, deverá conter: a) nome dos produtores domésticos do produto similar, da autoridade investigadora, dos produtores e dos exportadores estrangeiros conhecidos; b) relatório do procedimento de habilitação e aceitação da petição inicial; c) descrição do produto investigado, incluindo classificação tarifária, país de origem; d) informações sobre a indústria doméstica de produto similar; e) período de investigação do *dumping* e do dano; f) metodologia para o cálculo da margem de *dumping*; g) informação sobre o mercado doméstico do produto, exame do dano e do nexo entre as importações e o dano; e h) outras informações relevantes[398].

5.2.3.4 MONTANTE, VIGÊNCIA, COBRANÇA E RETROATIVIDADE DOS DIREITOS *ANTIDUMPING*

O limite máximo do direito *antidumping* é a margem de *dumping* apurada. Mas, se um valor inferior for suficiente para neutralizar o dano causado, deverá ser adotado. As diretrizes para seu cálculo estão descritas no artigo 9.3 do AAD e terá como referência o valor normal e o preço de exportação.

O AAD aponta duas metodologias para o cálculo do direito *antidumping*: a) pela média das operações; e b) por transação.

---

397 Artigo 64, § 3°, do Decreto n° 1.602/1995.
398 CZAKO, J.; HUMAN, J.; MIRANDA, J. **World Trade Organization**: a handbook on anti-dumping investigation. Cambridge: Cambrige University Press, 2003. p. 55.

Quanto a vigência ou duração da aplicação dos direitos *antidumping*, a regra geral é que somente deverão ser aplicados pelo tempo necessário para neutralizar os danos causados à indústria nacional, mas sua vigência máxima será de 5 anos e poderá ser prorrogada por mais 5 anos após a revisão.

Serão cobrados independentemente de quaisquer obrigações de natureza tributária relativas à sua importação, nos valores adequados a cada caso e sobre todas as importações (tidas como a preço de *dumping*) oriundas de um membro[399]. Não serão cobradas de importações procedentes de exportadores que não exportaram para o Brasil no período de investigação e que solicitaram a revisão para aferir as margens individuais de *dumping*, nem de produtores ou exportadores cujos compromissos de restrição voluntária a exportações ou de preços tenham sido aceitos.

Os direitos *antidumping* conclusivos, como regra geral, são exigíveis de produtos que tenham sido despachados para consumo após a data de publicação da resolução da Camex (que contenha sua determinação) e não serão cobrados de produtos que tenham sido despachados para consumo antes da data de abertura da investigação. No entanto, poderão ser cobrados sobre produtos despachados para consumo, até 90 dias antes da data de aplicação das medidas *antidumping* provisórias, sempre que: a) haja antecedentes de *dumping* causador de dano, ou que o importador estiver ou devesse estar ciente de que o produtor ou o exportador pratica *dumping* e de que este causaria dano; b) o dano seja causado por volumosas importações de um produto em curto período, podendo prejudicar seriamente o efeito corretivo dos direitos *antidumping* conclusivos aplicáveis[400]; e c) haja violação de compromissos de preços.

---

399   Artigo 48 do Decreto nº 1.602/1995.
400   Neste caso, é necessário que se tenha dado oportunidade aos importadores para que se manifestassem sobre a medida.

FIGURA 11 – APLICAÇÃO RETROATIVA DE DIREITOS *ANTIDUMPING* DEFINITIVOS

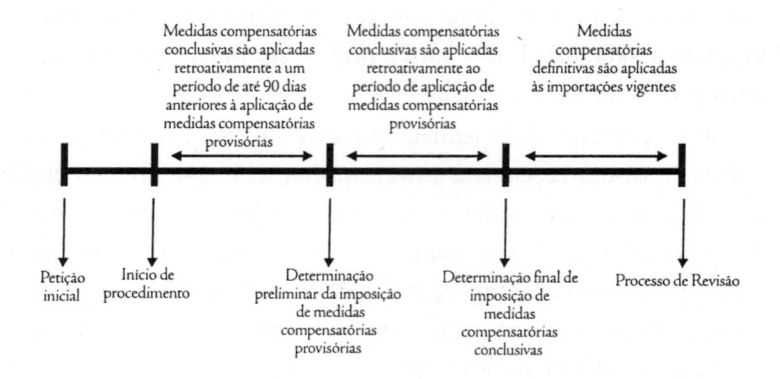

```
            Medidas compensatórias      Medidas compensatórias         Medidas
            conclusivas são aplicadas    conclusivas são aplicadas     compensatórias
            retroativamente a um         retroativamente ao            definitivas são aplicadas
            período de até 90 dias       período de aplicação de       às importações vigentes
            anteriores à aplicação de    medidas compensatórias
            medidas compensatórias       provisórias
            provisórias

├─────────────┼─────────────────────────┼──────────────────────────────┼─────────────────────────┤

│             │                         │                              │                         │
↓             ↓                         ↓                              ↓                         ↓
Petição    Início de              Determinação                 Determinação final de       Processo de Revisão
inicial    procedimento           preliminar da imposição      imposição de
                                  de medidas                   medidas
                                  compensatórias               compensatórias
                                  provisórias                  conclusivas
```

Fonte: Tradução livre e adaptação da figura 1.7 de CZAKO, J.; HUMAN, J.; MIRANDA, J. **World Trade Organization**: a handbook on anti-dumping investigation. Cambrige: Cambrige University Press, 2003. p. 81.

O direito *antidumping* será calculado com base na aplicação de alíquotas *ad valorem* – sobre o valor aduaneiro da mercadoria em base CIF – ou específica – fixada em dólares estadunidenses e convertida em moeda nacional.

5.2.3.5 REEMBOLSO DE MEDIDAS *ANTIDUMPING* APLICADAS

O artigo 9.3.*a* do AAD determina prazos e mecanismos para os reembolsos que deverão, quando possível, ser concedidos de maneira rápida. Caso não seja possível o cumprimento dos prazos estabelecidos, as autoridades deverão apresentar as razões da demora.

Caso a decisão final seja pela não existência de *dumping* ou de dano dele decorrente, ou pela existência de ameaça de dano material ou de retardamento sensível no estabelecimento de uma indústria, sem que tenha ocorrido dano material, o valor das medidas *antidumping* provisórias, se garantido por depósito, será devolvido ou, no caso de fiança bancária, essa será extinta[401].

---

401   Artigo 50 do Decreto nº 1.602/1995.

Caso a determinação final seja pela existência do *dumping* e de dano dele decorrente, observar-se-á: a) quando o valor do direito aplicado pela decisão final for inferior ao valor do direito provisoriamente recolhido ou garantido por depósito, o excedente será devolvido; b) quando o valor do direito aplicado pela decisão final for superior ao valor do direito provisoriamente recolhido ou garantido por depósito, a diferença não será exigida; e c) quando o valor do direito aplicado pela decisão final for igual ao valor do direito provisoriamente recolhido ou garantido por depósito, essa importância será automaticamente convertida em direito *antidumping* conclusivo[402].

No caso de garantia por fiança bancária, quando o valor do direito *antidumping* conclusivo aplicado for superior ou igual ao valor do direito *antidumping* provisório, a pecúnia dada em garantia será imediatamente recolhida em caráter definitivo aos cofres públicos.

Quando o valor do direito *antidumping* conclusivo aplicado for inferior ao valor do direito *antidumping* provisório, somente será recolhida, aos cofres públicos, a importância equivalente ao valor estabelecido pela decisão final.

O recolhimento dessas importâncias, em qualquer das duas situações anteriores, acarretará a extinção da fiança. Se houver inadimplemento, a fiança será automaticamente executada, independentemente de aviso judicial ou extrajudicial[403].

5.2.3.6 REVISÃO E RECURSOS DAS DECISÕES EM MATÉRIA DE DUMPING

5.2.3.6.1 INTRODUÇÃO

O artigo 13 do AAD, sob a insígnia "revisão judicial", determina que sejam estabelecidos órgãos e procedimentos de revisão nacionais,

---

402   Artigo 52 do Decreto nº 1.602/1995.
403   Artigo 53 do Decreto nº 1.602/1995.

acionáveis por qualquer parte que se sinta prejudicada. Além dessa via, há um procedimento recursal multilateral (OSC/OMC), que atenderá às demandas dos membros envolvidos na investigação.

No Brasil, o procedimento de investigação de *dumping*, também decorrente de tratado internacional (GATT/1994 e AAD), está submetido à estrutura organizacional de alguns ministérios com interesse direto da União e a *vis atrativa* da Justiça Federal, com possibilidade de interposição de recurso aos Tribunais Regionais Federais, ao Superior Tribunal de Justiça (violação de norma federal, tratado ou em caso de competência originária) e ao Supremo Tribunal Federal (violação constitucional e em caso de competência originária).

Já ressaltamos, no capítulo IV, que o direito de recorrer da decisão administrativa e dos atos intermediários e conclusivos da investigação não se confunde com o direito de iniciar um processo de revisão do direito *antidumping* aplicado. O primeiro é decorrente do princípio constitucional da ampla defesa e visa atacar a decisão ou o ato, e o segundo, previsto nos acordos da OMC, pressupõe a aceitação de que era cabível a aplicação do direito *antidumping*, mas possibilita aos Estados ou às empresas ou à própria administração pública iniciar processo de revisão para verificar se ainda é necessário.

No que concerne à revisão administrativa, serão aplicáveis as disposições do Decreto nº 1.602/1995 e para o recurso administrativo das investigações e revisões realizadas com base neste decreto, será aplicada a Lei nº 9.784/1999.

No procedimento administrativo recursal é importante partir da classificação administrativa do ato que se ataca, a fim de alcançar sua nulidade por questões de legalidade, motivação, finalidade, forma ou outra. É o que se verá no tópico seguinte.

5.2.3.6.2 REVISÃO ADMINISTRATIVA UNILATERAL

5.2.3.6.2.1 CLASSIFICAÇÃO DOS ATOS ADMINISTRATIVOS DO PROCESSO DE INVESTIGAÇÃO DE *DUMPING*

A seguir são apresentados os pressupostos e a classificação de alguns dos atos da Secex, do Decom, do CCDC e da Camex na investigação de *dumping*.

* Abertura da investigação de *dumping*.

Tem como pressupostos de validade: a) subjetivo – capacidade concedida pela lei à Secex para declarar aberta a investigação; b) motivo – importação de produtos suspeitos de vinculação com prática de *dumping* que gere prejuízo da indústria nacional e a validade do ato dependerá da existência do motivo (teoria dos motivos determinantes); c) requisitos procedimentais[404] – aceitação da petição inicial; análise preliminar e simultânea dos elementos de prova da existência do *dumping*, do dano e do nexo causal; apresentação da petição pela "indústria doméstica"[405];

---

404 Decreto nº 1.602/1995: "Artigo 21 – [...] § 1º – A petição será indeferida e o processo conseqüentemente arquivado, quando: a) não houver elementos de prova suficientes da existência de *dumping* ou de dano por ele causado, que justifiquem a abertura da investigação; b) a petição não tiver sido feita pela indústria doméstica ou em seu nome; ou c) os produtores domésticos, que expressamente apóiam a petição, reúnam menos de 25% da produção total do produto similar realizada pela indústria doméstica."

405 Decreto nº 1.602/1995: "Artigo 17 – [...] § 3º – Para os efeitos deste Decreto, o termo 'indústria doméstica' será entendido como a totalidade dos produtores nacionais do produto similar, ou como aqueles, dentre eles, cuja produção conjunta constitua parcela significativa da produção nacional total do produto, salvo se: I – os produtores estejam vinculados aos exportadores ou aos importadores, ou sejam, eles próprios, importadores do produto alegadamente importado a preços de *dumping*, situação em que a expressão 'indústria doméstica' poderá ser interpretada como alusiva ao restante dos produtores; II – em circunstâncias excepcionais, como definidas no § 4º deste artigo, o território brasileiro puder ser dividido em dois ou mais mercados competidores, quando então o termo 'indústria doméstica' será interpretado como o conjunto de produtores de um daqueles mercados."

d) teleológico (finalidade) – constatar a existência de um fato jurídico (imediato) e proteger a indústria nacional (mediato); e e) formalístico – por escrito, motivado em circular devidamente publicada no DOU.

Classifica-se como: a) ato de administração verificadora, pois apura e documenta a preexistência da importação de produto com *dumping*, do dano, do nexo causal e da legitimidade da parte; b) concreto, esgotando-se nessa única aplicação; c) individual plúrimo, pois destinado às empresas investigadas e, secundariamente, aos membros interessados; d) vinculado ao único comportamento possível, diante das hipóteses previstas; e) declaratório da preexistência de uma situação de fato; f) simples, pois apenas depende da vontade de um órgão da administração; e g) unilateral. É um ato administrativo em sentido estrito.

- Certificação preliminar ou definitiva, pelo Decom, da existência do *dumping* que gerou ou possa gerar grave dano à indústria nacional, do nexo causal e a apuração da margem de *dumping* e do valor do dano.

Tem como pressupostos de validade: a) subjetivo – capacidade concedida pela lei ao Decom para investigar o fato jurídico; b) motivo – abertura da investigação pela Secex; c) requisitos procedimentais – todos aqueles descritos no Decreto nº 1.602/1995 (*dumping*); d) teleológico (finalidade) – apresentar documento técnico conclusivo; e e) formalístico – por escrito, motivado em parecer.

Classifica-se como: a) ato de administração contenciosa cujo parecer (a certificação), dela derivado, é ato de administração consultiva, pois visa elucidar e sugerir providências administrativas; b) concreto, esgotando-se nessa única aplicação; c) individual singular, pois destinado à Secex; d) ato administrativo vinculado, já que é um caso de discricionariedade técnica imprópria, pois a lei exige a participação do Decom, sendo extremamente detalhada na apresentação de elementos objetivos para conduzir as conclusões técnicas; e) declaratório da preexistência de uma situação de fato; f) simples, já que depende da vontade de apenas um órgão da administração; e g) unilateral. É ato administrativo em sentido estrito.

* Decisão da Camex pelo encerramento da investigação com ou sem aplicação de direitos *antidumping*.

Pressupostos de validade: a) subjetivo – capacidade concedida pela lei à Camex para decidir sobre a aplicação de direitos *antidumping*; b) motivo – parecer do Decom, ratificado pelo CCDC, certificando a existência do *dumping*, do dano e do nexo, com recomendação favorável à aplicação de direitos *antidumping*; c) requisitos procedimentais – recebimento de parecer formulado pelo Decom, analisado pelo CCDC e enviado pela Secex; d) teleológico (finalidade) – proteger a indústria nacional; e e) formalístico – por escrito, motivado[406] por meio de Portaria.

Classifica-se como: a) ato de administração contenciosa, que encerra o processo administrativo de julgamento; b) concreto, esgotando-se nessa única aplicação; c) geralmente individual plúrimo; d) quanto à aplicação da contramedida, é um caso de discricionariedade técnica própria, já que há um exercício de juízo discricionário consubstanciado na escolha do conteúdo do ato (aplicar ou não uma contramedida) e é ato administrativo vinculado quanto ao montante máximo recomendado no parecer do órgão técnico (Decom) ou quando atestar a inexistência da tríade (*dumping*, dano e nexo) ou quando atestar sua existência abaixo do montante *de minimis* ou irrelevante; e) constitutivo de um direito à cobrança do direito *antidumping* pelo Estado e da obrigação de pagamento do importador; f) ato simples, pois os vários órgãos que compõem a Camex tomam a decisão em conjunto e a exteriorizam, por meio desta, como uma decisão de órgão único; e g) unilateral. Também é ato administrativo em sentido estrito.

---

[406] Lei nº 9.019/1995: "Artigo 6º – [...] Parágrafo único – O ato de imposição de direitos *antidumping* ou compensatórios, provisórios ou definitivos, deverá indicar o prazo de vigência, o produto atingido, o valor da obrigação, o país de origem ou de exportação, o nome do exportador e as razões pelas quais a decisão foi tomada."

- Ato de abertura do processo de revisão.

Tem como pressupostos de validade: a) subjetivo – capacidade concedida pela lei à Secex para declarar aberta a revisão; b) motivo – provável neutralização ou cessação do dano ou, ainda, necessidade de continuidade da aplicação do direito *antidumping*; c) requisitos procedimentais – requerimento por quem de direito, decorrência de 1 a 5 anos da aplicação do direito *antidumping*; d) teleológico (finalidade) – constatar a existência de um fato jurídico, proteger a indústria nacional ou cessar encargos aos exportadores; e e) formalístico – por escrito, motivado em circular devidamente publicada no DOU.

Classifica-se como: a) ato de administração verificadora, pois apura e documenta a cessação ou a continuidade do fato jurídico; b) concreto, esgotando-se nessa única aplicação; c) individual plúrimo, pois destinado às empresas investigadas ou não cujos produtos foram atingidos; d) vinculado ao único comportamento possível, diante das hipóteses previstas; e) declaratório da existência de uma situação de fato; f) simples, já que depende da vontade de apenas um órgão da administração; e g) unilateral. É um ato administrativo em sentido estrito.

A certificação do Decom da cessação, neutralização ou continuidade do dano e do nexo causal no processo de revisão obedecerá, em linhas gerais, aos pressupostos de sua classificação no processo de investigação. É ato vinculado, pois se trata de discricionariedade técnica imprópria.

- Decisão da Camex quanto à continuidade ou não da aplicação de direitos *antidumping*.

Será ato discricionário quando o parecer do Decom atestar que os direitos *antidumping* são necessários e, por isso, dependentes de critérios de conveniência e oportunidade elegíveis pela Camex. Quando o parecer do Decom for contrário à sua continuidade ou quando expirado o prazo máximo de vigência dos direitos *antidumping*, será ato administrativo vinculado.

Quanto aos pressupostos de validade e à classificação, são os mesmos da decisão da Camex pelo encerramento da investigação com ou sem aplicação de direitos *antidumping*.

5.2.3.6.2.2 Revisão e Recurso Administrativo Propriamente Ditos

Os processos de investigação e de revisão seguirão o rito estabelecido no AAD e na legislação nacional sobre *dumping*, e o recurso administrativo deverá seguir o rito determinado no capítulo XV da Lei nº 9.784/ 1999 (lei do processo administrativo). Em caso de lesão ou ameaça de direito, abre-se também a via recursal judicial, cabendo ao Poder Judiciário analisar os atos vinculados quanto à sua legalidade e os atos discricionários para reparar erros que tornam a decisão contestada incompatível com as disposições ou objetivos da lei ou com os interesses individuais protegidos por essa.

O recurso sempre será interposto pela parte lesada, e o processo de revisão poderá ser pelas partes envolvidas, órgãos da administração pública ou, ainda, *ex officio*, pela Secex.

Da mesma forma que no ASMC, o AAD obriga que o membro investigador preveja (inclusive viabilizando os meios materiais) que o órgão, independente do que aplicou ou revisou o direito *antidumping*, reavalie o mérito do ato administrativo que encerrou a investigação ou a revisão. Determina, ainda, que se possibilite a realização de pronta revisão. Por esse motivo, há infração às regras da OMC, como já destacado no tópico 4.2.4.6.2.1.2 do capítulo IV, no qual o leitor poderá encontrar um aprofundamento dos argumentos que são integralmente aplicáveis ao direito de pronta revisão (por autoridade distinta da que julgou) das decisões finais da investigação de *dumping*.

5.2.3.6.2.2.1 Revisão por Decurso de 5 anos (*SUNSET REVIEWS*)

Estabelecida principalmente no artigo 57 do Decreto nº 1.602/ 1995 e no artigo 11 do AAD, para iniciar essa revisão é necessário o cumprimento de alguns requisitos: a) o requerimento ser apresentado, a pedido da indústria doméstica ou em seu nome, por órgão da administração pública federal interessada ou pela Secex; b) diferentemente do ASMC, exige-se apresentação de elementos de prova que atestem que a aplicação do direito continua sendo necessária para neutralizar o *dumping*[407] e c) tenha decorrido, no mínimo, 1 ano da imposição dos direitos *antidumping* conclusivos e faltarem, no mínimo, 5 meses para o término de sua vigência nos termos do artigo 57, § 2°, do Decreto n° 1.602/1995[408].

Essa revisão seguirá o mesmo procedimento da investigação de *dumping*, ou seja, aberta pela Secex, dirigida pelo Decom, decidida pela Camex, com prazo máximo de duração de 1 ano, e servirá para requerer a continuidade ou não da aplicação dos direitos *antidumping* (prorrogação do prazo de vigência) ou a alteração de seu valor.

Por determinação do artigo 57, § 4°, do Decreto n° 1.602/1995 e recomendação do AAD, os direitos *antidumping* conclusivos aplicados continuarão em vigor até que seja encerrado o processo de revisão e terão a contagem dos prazos de vigência reiniciada a cada revisão (seja essa anterior ou posterior ao prazo de 5 anos de sua aplicação), o que faz a duração do direito *antidumping* se prolongar no tempo e em prazo muito superior ao das outras medidas de defesa comercial.

---

407   Enquanto na legislação de subsídio a interpretação literal induz à idéia de que o pedido a ser feito na revisão será o de cessar a aplicação da medida compensatória, a do Decreto n° 1.602/1995 faz crer, inicialmente, que um processo de revisão somente seria cabível para solicitar a continuidade da aplicação do direito *antidumping*. O artigo 11.2 do AAD amplia a interpretação quando determina que a parte poderá requerer que a autoridade revisora analise se a manutenção do direito *antidumping* é necessária para evitar o *dumping* ou se há probabilidade de perpetuação ou reincidência do dano no caso de extinção ou alteração do direito *antidumping* aplicado.

408   A Circular/Secex n° 55/2005, estabelece um prazo de até 90 dias anteriores ao término da vigência da medida, para que a parte faça o requerimento de revisão.

5.2.3.6.2.2.2 Revisão Anterior ao Decurso de 5 anos, por Interesse Nacional (*INTERIM REVIEWS*)

Independentemente da revisão permitida depois de findo um período máximo de 5 anos de aplicação do direito *antidumping* conclusivo, há também a revisão permitida no meio do período de sua vigência, desde que já tenha transcorrido um prazo razoável da aplicação do direito *antidumping*[409].

Essa revisão também se aplica aos casos nos quais haja interesse nacional, mas, diferentemente do ASMC, não se previu sua possibilidade para o caso de mudanças substanciais das circunstâncias econômicas e de mercado.

A prova e o procedimento tanto para a revisão por decurso dos 5 anos quanto para a anterior a esse prazo deverão seguir os mesmos critérios da investigação de *dumping*, ou seja, prazo máximo de duração de 1 ano e servirá para requerer a extinção, o aumento ou, ainda, a diminuição do valor ou do prazo de vigência do direito *antidumping* conclusivo aplicado.

5.2.3.6.2.2.3 Revisão Sumária ou Reexame Imediato

Embora prevista no artigo 59 do Decreto nº 1.602/1995, essa revisão não conta com pormenorização de prazo e procedimentos na legislação nacional. O referido artigo apenas indica que será cabível sempre que exportadores e produtores específicos – que não tenham exportado o produto para o Brasil durante o período da investigação – demonstrem não ter relação com os exportadores ou produtores no país exportador sujeitos aos direitos *antidumping* aplicados.

Terá como meta quantificar as margens individuais de *dumping* para exportadores ou produtores.

---

[409] Diferentemente, o ASMC determina que já deverá ter decorrido 1 ano da aplicação da medida compensatória. O AAD refere-se ao transcurso de prazo razoável dando à autoridade investigadora discricionariedade para indicar o que considere como tal.

Distintamente do que ocorre no caso de subsídio e salvaguarda, há uma referência normativa expressa para que contra os produtos desses produtores ou exportadores não se apliquem os direitos *antidumping*, enquanto durar o procedimento de revisão sumária. No entanto, caso seja apurada margem de *dumping* individual no processo de revisão, poderá haver cobrança retroativa do direito apurado[410].

Deverá ser encaminhada pelos exportadores e produtores em questão uma solicitação para a Secex instruída com as provas que demonstrem não ter relação com os exportadores ou produtores no membro exportador sujeitos aos direitos *antidumping* aplicados. Nesse caso, uma primeira interpretação levaria a crer que se exige uma prova negativa, o que não é cabível nem no processo judicial. De fato, a empresa se defenderá demonstrando sua constituição societária, pois, em nosso entender, cabe à Secex comprovar a relação entre os peticionários e os produtores ou exportadores investigados, caso queira manter a aplicação do direito *antidumping* para a empresa peticionária da revisão sumária.

Caberá à Secex abrir rapidamente o processo de revisão, caso os critérios exigidos tenham sido atendidos e, também rapidamente, calcular a margem individual de cada peticionário[411]. O problema está em relação aos prazos, pois não há referência objetiva a eles, o que confere larga margem de discricionariedade ao administrador. Ainda assim, a demora que cause dano poderá ser questionada perante o Poder Judiciário que, em nossa opinião – embora não possa obrigar a autoridade a concluir o processo de revisão –, poderá controlar os fins do ato discricionário e reparar danos materiais apurados.

---

410 Artigo 59, § 1º, do Decreto nº 1.602/1995.
411 Artigo 59 do Decreto nº 1.602/1995.

5.2.3.6.2.3 Revisão dos Acordos de Restrição Quantitativa e de Compromisso de Preços

Seguirão as mesmas regras da revisão por decurso de 5 anos e da revisão antes do decurso de 5 anos, mesmo quando houver modificação das situações fáticas que afetem o produto em investigação[412].

Também aqui os valores derivados do compromisso de preços permanecerão sendo devidos enquanto durar a revisão[413].

5.2.3.6.3 Revisão e Recurso Judicial Unilateral[414]

5.2.3.6.4 Recurso Multilateral ou ao OSC/OMC

Além das vias recursais administrativa e judicial, disponíveis às partes lesadas, há ainda a possibilidade de recorrer ao procedimento multilateral do OSC/OMC, para comprovar a ocorrência de uma prática incompatível com as disposições dos acordos da OMC e solicitar sua retirada imediata, sob pena de se permitir a adoção de contramedidas pelo membro lesado. O recurso ao OSC/OMC analisará prioritariamente: a) a legalidade do procedimento unilateral para aplicação dos direitos *antidumping*; e b) a proporcionalidade para sua aplicação.

Assim como nos casos de subsídio e salvaguarda, somente estão habilitados a recorrer a essa via os membros da Organização. Petitórios de setores da indústria nacional, de importadores ou de outras partes afetadas pela decisão somente serão analisados pelo OSC/OMC se encampados por suas representações diplomáticas na OMC e estas formularão as petições em nome do membro, representando a indústria doméstica lesada.

---

412   Artigo 57 do Decreto n° 1.602/1995.
413   Artigo 57, § 4°, do Decreto n° 1.602/1995.
414   Ver no capítulo VII, o tópico 7.2.

Capítulo VI
Salvaguardas e Medidas de Salvaguarda na OMC e no Brasil

6.1 SALVAGUARDAS NA OMC

6.1.1 Introdução

Como já foi ressaltado no capítulo I, não existe, nos acordos da OMC, uma definição legal para salvaguarda. A doutrina[415] aponta uma variedade de critérios para sua classificação, o que amplia o espectro dos casos tidos como salvaguardas, tais como: a) a "cláusula de escape" do artigo XIX do GATT/1994; b) a sanção prevista no artigo XXIII.2 do GATT/1994; c) as medidas *antidumping* e compensatórias do artigo VI do GATT/1994; d) a possibilidade de aderir a acordos regionais de comércio, disposta no artigo XXIV do GATT/1994; e) as exceções às regras de eliminação das restrições quantitativas, dispostas nos artigos XII e XIV do GATT/1994; e f) as restrições relativas à segurança nacional, dispostas do artigo XXI do GATT/1994.

Em sentido geral, a palavra salvaguarda é utilizada para se referir a "ações governamentais em resposta às importações tidas como

---

[415] Brogini, em seu livro **OMC e a indústria nacional** – as salvaguardas para o desenvolvimento (São Paulo: Aduaneiras, 2004), sugere a seguinte revisão doutrinária sobre as diversas classificações doutrinárias: JACKSON, J. H. **The world trade system.** 2ᵗʰ ed. Massachusetts: The MIT Press, 1997. p. 180; TREBILCOCK, M. J.; HOUSE, R. **The regulation of international trade.** London: Routledge, 1994. p. 229; TUMLIR, J. A revised safeguard clause for GATT. **Journal of World Trade,** v. 7, n. 4, p. 405, 1973; PETERSMANN, E. U. Gray area measures and the rule of law. **Journal of World Trade,** v. 22, n. 2, p. 25, 1988; HOECKMAN, B; KOSTECKI, M. **The political economy of world trade system.** Oxford: Oxford University Press, 1997. p. 161-162; CORTEZ, M. E. C. **O acordo de salvaguardas à luz da jurisprudência da OMC.** 2003. Dissertação (Mestrado em Direito Internacional)– Faculdade de Direito, Universidade de São Paulo, São Paulo, 2003. p. 14-15; MERCADANTE, A. de A. Mercosul: salvaguardas, *dumping* e subsídios. In: BAPTISTA, L. O.; MERCADANTE. A. de A.; CASELLA, P. B. (Org.). **Mercosul:** das negociações à implantação. São Paulo: LTr, 1994. p. 180; e BALDINELLI, E. La Proteción contra el comercio desleal. **Integración Latinoamericana,** Buenos Aires, v. 17, n. 184, p. 33, nov. 1992.

lesivas à economia do país importador ou à competição da indústria doméstica"[416].

Neste livro a palavra salvaguarda será adotada em sentido estrito, ou seja, aquele derivado da cláusula de escape, ou provisão de salvaguarda, do artigo XIX do GATT/1994 (medidas de emergência com relação às importações de alguns produtos particulares), que permite a um membro suspender compromissos assumidos, por meio da imposição de uma medida de salvaguarda, geral ou específica, em relação a alguns produtos, quando sua indústria sofra ou possa sofrer um grave dano.

O direito à utilização de uma salvaguarda (um dos mecanismos de defesa comercial para a proteção da indústria doméstica) se materializa por meio da aplicação de medidas de salvaguarda, com caráter temporário, não discriminatório e não seletivo.

Assim como no caso das medidas compensatórias e direitos *antidumping*, as medidas de salvaguarda foram concebidas para dar às partes contratantes do GATT/1947 alguma segurança, em face de situações econômicas adversas, derivadas da liberalização de seus mercados, como os acordos multilaterais de comércio.

A investigação doméstica brasileira de salvaguarda deverá atestar a existência dos pré-requisitos para aplicação de medidas de salvaguarda, ou seja: a) aumento significativo da importação do produto investigado; b) dano grave ou ameaça de dano[417] grave à indústria doméstica; c) nexo entre o dano grave ou ameaça de dano grave e o aumento significativo da importação do produto investigado; e d) um plano satisfatório de ajuste da indústria nacional.

O quadro normativo multilateral pertinente à matéria é composto principalmente do artigo XIX do GATT/1994, do ASG, do

---

416 JACKSON, J. H. **The world trade system**. 2th ed. Massachusetts: The MIT Press, 1997. p. 175.

417 Sobre a diferenciação dos termos grave dano, grave prejuízo, ameaça de grave dano e de grave prejuízo, ver tópico 6.1.3.1.1.

AAG[418] e do acordo sobre produtos têxteis e vestuário (APTV)[419]. Os dois últimos apontam um regime especial e exclusivo para aplicação de medidas de salvaguarda, que não serão analisados neste livro[420].

6.1.2 Evolução Histórica das Regras do Direito Internacional Econômico em Matéria de Salvaguarda: da Carta de Havana à Rodada Uruguai

A Carta de Havana – capítulo IV (Política Comercial), seção F (Disposições Especiais), artigos 40 (medidas de emergência em relação à importação de determinados produtos) e 41 (consultas) – estabeleceu as condições para a aplicação de medidas de salvaguarda. Essas condições, em linhas gerais, foram as mesmas adotadas pelo GATT/1947 e pelo ASG da Rodada Uruguai, quais sejam: a) imprevisibilidade dos acontecimentos posteriores à redução tarifária multilateral; b) aumento das importações de determinado produto; c) dano grave ou ameaça de dano grave aos produtores nacionais dos produtos similares; d) possibilidade de aplicação de medida de salvaguarda provisória, modificação ou retificação de concessão feita, em situação de urgência, com consulta obrigatória posterior; e e) realização de consulta com o membro interessado antes da aplicação de medida de salvaguarda conclusiva.

Embora o foco principal do GATT/1947 fosse a negociação multilateral para a redução de tarifas, os seus idealizadores incluíram regras sobre políticas protecionistas que poderiam ser substituídas por tarifas afetando os compromissos tarifários.

---

418   Artigo 5º do AAG.
419   Artigo 6º do APTV.
420   Os pré-requisitos para a aplicação das salvaguardas transitórias do APTV e as salvaguardas especiais do AAG, bem como seus processos de investigação doméstica e de consultas multilaterais, não serão analisados neste livro. Para maior aprofundamento, ver: BROGINI, G. D. **OMC e a indústria nacional** – as salvaguardas para o desenvolvimento. São Paulo: Aduaneiras, 2004. p.-121-141.

O Congresso norte-americano, em 1945, pressionou o então presidente Harry Truman a tomar medidas contra a possibilidade de a indústria americana sofrer danos com a abertura comercial. O presidente se comprometeu, por meio de uma ordem executiva, a adotar uma cláusula geral de escape em todos os acordos comerciais, nos moldes da cláusula acolhida no acordo comercial bilateral EUA/México, que tinha a seguinte redação[421]:

> If, as a result of unforeseen developments and of the concessions granted on any article enumerated described in the schedules annexed to this Agreement, such article is being imported in such increased quantities and under such conditions as to cause or threaten serious injury to domestic producers of like or similar articles, the Government of either country shall be free to withdraw the concession, in whole or in part, or to modify it to the extent and for such time as may be necessary to prevent such injury.

Com a ordem executiva do presidente, os negociadores americanos solicitaram a inclusão da cláusula de escape tanto nos textos do GATT/1947 quanto na Carta de Havana, o que ocorreu na Conferência de Nova York em 1947, quando o artigo XIX do GATT/1947 foi redigido, embora já se pensasse numa versão diferente para a cláusula de escape da Carta de Havana. Nesse sentido, a redação do artigo XIX do GATT foi quase uma réplica da redação da cláusula de escape do acordo bilateral EUA/México.

---

421 "Then in 1947 responding to concerns in Congress over impending GATT trade liberalization, a US executive order required that all trade agreements entered into by the USA include a general escape clause similar to the one found in the Reciprocal Trade Agreement." (TREBILCOCK, M. J.; HOUSE, R. **The regulation of international trade**. London: Routledge, 1994. p. 227). Ver também: JACKSON, J. H. **The world trade system**. 2th ed. Massachusetts: The MIT Press, 1997. p. 179 e SYKES, A. O. **The WTO agreement on safeguards**: a commentary. Oxford: Oxford Books, 2006. p. 2-5.

Com a conclusão do GATT/1947 e o fracasso da aprovação da OIC, prevaleceu a aplicação provisória das disposições daquele, inclusive da cláusula de escape do artigo XIX que foi responsável pela regulamentação das medidas de salvaguarda até 1994.

Houve um grande intervalo de tempo sem que novas regras sobre salvaguarda fossem aprovadas. Nem mesmo a reforma do GATT de 1955 foi suficiente para dirimir os pontos de tensão existentes entre as partes contratantes. Apenas com o início da Rodada Tóquio houve maior disposição para cuidar das chamadas medidas da área cinzenta[422], que vinham se intensificando, principalmente na década de 1970.

A Rodada Tóquio foi um momento importante, pois houve um grande esforço para que se chegasse a um código sobre salvaguardas, mas os interesses dissidentes, principalmente no que diz respeito à adoção do princípio da seletividade, defendido pelas Comunidades Européias, fizeram que a tentativa de codificação fracassasse[423].

Com o fracasso das negociações sobre salvaguardas na Rodada Tóquio, surge, na década de 1980, um movimento para priorizar a regulamentação da matéria, independentemente do início da Rodada seguinte. Contudo apenas na Reunião Ministerial de 1995 foi possível refazer um plano para a consolidação de um acordo sobre salvaguarda.

---

422   Eram assim chamadas todas as práticas bilaterais dos Estados que não se sabia, ao certo, se eram ou não aceitas pelo GATT/1947, tais como acordos de restrição de exportação e importação (inclusive os feitos diretamente entre indústrias sem a participação das partes contratantes), muito difundidos como alternativas à aplicação restrita do artigo XIX do GATT/1947. Segundo Petersmann, a ausência, no artigo XIX, de um procedimento de investigação obrigatório pré-estabelecido também favoreceu a adoção dessas medidas (cinzentas) pelas partes contratantes do GATT/1947 (PETERSMANN, E. U. Gray area measures and the rule of law. **Journal of World Trade**, v. 22, n. 2, p. 40, 1988).

423   BROGINI, G. D. **OMC e a indústria nacional – as salvaguardas para o desenvolvimento**. São Paulo: Aduaneiras, 2004. p. 152.

A Rodada Uruguai, com seu acordo obrigatório sobre salvaguardas, foi vencedora em seu intuito inicial e dela derivou o primeiro documento multilateral que pôde trazer a lume uma série de regras sobre salvaguardas, são elas: a) definição de dano grave, ameaça de dano grave e de indústria nacional; b) exigência de procedimentos prévios de investigação; c) estabelecimento de prazo máximo para aplicação de medidas de salvaguarda; d) tratamento favorável aos países em desenvolvimento; e) obrigatoriedade de compensação em razão dos efeitos restritivos das medidas de salvaguarda aplicadas; f) criação de um comitê de salvaguarda (CSG/OMC) para harmonizar e uniformizar a aplicação do acordo; e g) detalhamento das regras para os procedimentos de consulta e notificação das partes interessadas[424].

Por ser um acordo ainda embrionário, não conta com as minúcias do ASMC e do AAD, mas segue um fluxo lógico e aponta a conduta investigativa das partes, os limites e os modelos para aplicação de medidas de salvaguarda. O acordo conta com catorze artigos e um Anexo[425], que seguem explicitados na figura adiante.

FIGURA 12 – PARTES DO ASG

Artigos	Conteúdo
1º e 2º	• Disposições gerais. • Condições para aplicação de medidas de salvaguardas.
3º e 4º	• Procedimento de investigação. • Determinação de prejuízo ou ameaça de prejuízo grave.
5º ao 7º	• Aplicação de medidas de salvaguarda. • Medidas de salvaguarda provisórias. • Revisão das medidas de salvaguarda.
8º	• Nível das concessões e outras obrigações.
9º	• Países em desenvolvimento.
10 e 11	• Medidas, já vigentes, ao amparo do artigo XIX. • Proibição e eliminação de certas medidas.
12	• Procedimento de notificação e consultas.
13	• Vigilância.
14	• Solução de controvérsias.

---

424 BROGINI, G. D. **OMC e a indústria nacional** – as salvaguardas para o desenvolvimento. São Paulo: Aduaneiras, 2004. p. 155-156.

425 Exceção mencionada no artigo 11.2 do ASG.

6.1.3 Medidas de Salvaguarda

6.1.3.1 Definições Necessárias

6.1.3.1.1 Prejuízo Grave e Ameaça de Prejuízo Grave

A nota de rodapé 1 do Decreto n° 2.667/1998 determina que as expressões "prejuízo grave" ou "ameaça de prejuízo grave", do espanhol, equivalem, em português, respectivamente, ao "dano grave" e à "ameaça de dano grave".

Sendo assim, não faremos nenhuma diferenciação semântica entre as palavras dano do acordo do ASMC e do AAD e prejuízo do ASG, pois foram acolhidas como sinônimas. A única diferenciação possível é o fato de a palavra dano vir, no ASG, adjetivada pela palavra grave. Assim, não bastará que haja o dano, mas este deverá ser grave, conforme os critérios legais adotados e fundamentados pela autoridade investigadora.

O artigo 6° do Decreto n° 1.488/1995 e o artigo 4° do Decreto n° 2.667/1998 definem o prejuízo grave (ou dano grave) como a deterioração geral e significativa da situação de uma determinada indústria doméstica e a ameaça de prejuízo grave (ou de dano grave) como prejuízo grave claramente iminente, determinado com base nos fatos, e não apenas em alegações, conjecturas ou possibilidades remotas.

O dano grave ou ameaça de dano grave deverá se basear em provas objetivas, e não em meros indícios ou elementos de prova, e será entendido no sentido de dano material ou ameaça de dano material à indústria doméstica.

6.1.3.1.1.1 Setor Nacional e Indústria Nacional

A expressão indústria nacional assume no ASG um sentido jurídico mais amplo do que no ASMC e no AAD, pois não há referência legal ao percentual de representatividade para que haja a qualificação da indústria doméstica.

Nada obsta, no entanto, que a definição genérica de produtores nacionais, descrita no ASG, possa ser aplicada. O referido acordo define os produtores nacionais como aqueles que fabricam, no território de membro da OMC, produto similar ao pretensamente subsidiado.

O artigo 4.1.*c* do ASG, o artigo 6°, III, do Decreto n° 1.488/1995 e o artigo 3° do Decreto n° 2.667/1998 definem como indústria doméstica o conjunto dos produtores de produtos similares ou diretamente concorrentes que operem no membro investigador, ou aqueles cuja produção conjunta de produtos similares ou diretamente concorrentes constitua uma proporção importante da produção total de tais produtos em seu território.

6.1.3.1.1.2 PLANO DE AJUSTE

A necessidade da apresentação de um compromisso planejado de ajuste pela indústria doméstica não é derivada do ASG, mas, sim, dos Decretos n°s 1.488/1995 e 2.667/1998, que determinam sua obrigatoriedade na petição inicial, sem, no entanto, apresentarem quais são os seus critérios. Apenas a Circular/Secex n° 19/1996 apresenta alguns tópicos que deverão ser considerados pelo peticionante por ocasião da formulação do plano de ajuste.

A apresentação desse plano é importante para que haja robustez na fundamentação jurídica da aplicação da medida de salvaguarda perante outros membros da OMC, já que a medida é de proteção da indústria nacional, e não de protecionismo da indústria ineficiente, e deverá ser mantida para que haja a reabilitação da beneficiária dela, a fim de que possa concorrer em condições equivalentes de mercado com a produção estrangeira.

6.1.3.1.4 BENS SIMILARES OU DIRETAMENTE CONCORRENTES

Não há definição para produto similar no ASG e, por isso, há uma maior discricionariedade da autoridade investigadora, que pode utilizar os critérios referenciais apontados pela nota 46 do artigo 15 do ASMC, ou seja, o produto igual em todos os aspectos ao produto sob investigação ou, na ausência de tal produto, outro que, embora não sendo igual em todos os aspectos, tenha características muito parecidas com aquelas do produto investigado.

Aqui também são válidos os critérios para identificar o produto similar, apontados por Czako, Human e Miranda [426], quais sejam: a) as características físicas do produto; b) se seu consumo pode ser substituível por outro; c) a matéria-prima utilizada na sua fabricação; d) o método e a tecnologia utilizados na sua produção; e) a função e o uso final; f) as especificações industriais; g) o valor de mercado; h) a qualidade; i) a classificação tarifária; j) os canais de distribuição e comercialização do produto; l) a utilização de equipamentos e pessoal comuns na produção de ambos os produtos; m) a percepção que causa para os consumidores e os produtores; e n) a marca comercial e prestígio no mercado.

A determinação do produto similar é fundamental e interfere na apuração das partes interessadas e do dano ou ameaça de dano e deve ser priorizada no início da investigação, ainda que seja uma decisão preliminar, sujeita à alteração no curso da investigação.

6.1.3.1.5 INFORMAÇÃO CONFIDENCIAL

O tratamento foi o mesmo adotado pelo ASMC e pelo AAD. Nesse sentido, toda informação de natureza confidencial, assim acolhida pela autoridade investigadora mediante prévia justificativa, não poderá ser divulgada sem o consentimento expresso da parte que a forneceu. As partes que fornecerem tais informações poderão ser convidadas a apresentar um resumo não confidencial. Na hipótese de declararem que a informação não pode ser resumida, deverão expor as razões dessa impossibilidade.

---

[426] CZAKO, J.; HUMAN, J.; MIRANDA, J. **World Trade Organization**: a handbook on anti-dumping investigation. Cambrige: Cambrige University Press, 2003. p. 11-12.

Quando a autoridade investigadora julgar que um pedido de confidencialidade não é justificado, – e a parte interessada não desejar torná-la pública nem autorizar a sua divulgação –, a autoridade terá o direito de desconsiderar tal informação, salvo se lhe for demonstrado, de maneira convincente e por fonte fidedigna, que ela é confidencial.

6.1.3.1.6 Salvaguardas Transitórias do APTV, Salvaguardas Especiais do AAG, Salvaguardas contra Produtos Argentinos ou Mecanismo de Adaptação Competitiva (MAC) e Salvaguardas contra Produtos Chineses

Embora este livro se dedique ao estudo das salvaguardas gerais estabelecidas no artigo XIX do GATT/1994 e no ASG, neste tópico apontaremos, genericamente, as características de outros tipos de salvaguarda, algumas delas derivadas desse mesmo artigo.

O APTV, no seu artigo 6º, prevê a possibilidade de aplicação de salvaguardas transitórias[427], que poderiam ser utilizadas até 31 de dezembro de 2004. Às salvaguardas transitórias do APTV não se aplicam as disposições do artigo XIX do GATT/1994[428]. Essas salvaguardas têm caráter excepcional, pois são marcadas, diferentemente das salvaguardas gerais, pela seletividade do país de origem do produto. É permitido acordo entre as partes para a aplicação da medida de salvaguarda transitória. Outra peculiaridade dessas medidas é que não há previsão de prazo de duração máxima para sua aplicação preliminar, mas somente para as conclusivas, que será de 3 anos.

---

427 Toda salvaguarda é transitória, mas o APTV conferiu essa nomenclatura para as salvaguardas reguladas por ele. Sendo assim, sempre que se fizer referência às salvaguardas transitórias, está-se referindo à salvaguarda específica do APTV.
428 Conforme nota do artigo 2.4 do APTV.

As salvaguardas especiais do artigo 5° do AAG se aplicam a produtos nos quais haja compromissos de acesso a mercado. Para esses casos não é necessário demonstrar dano ou nexo causal com aumento das importações, pois o AAG estabeleceu outros critérios de aplicação da medida.

As importações oriundas da Argentina poderão sofrer medidas de salvaguarda denominadas de Mecanismo de Adaptação Competitiva (MAC), que foram estabelecidas pelo Protocolo Adicional ao Acordo de Complementação Econômica n° 14, de 1° de fevereiro de 2006. Este protocolo prevê, de maneira inovadora, a possibilidade de consulta dos setores privados envolvidos antes de iniciar a investigação. Têm os requisitos e os critérios de aplicação muito próximos das salvaguardas gerais do ASG. O plano de ajuste, aqui designado MAC, será formulado em conjunto com as partes envolvidas (privadas e públicas).

No que concerne às importações de produtos de origem chinesa, as salvaguardas que lhes podem ser aplicadas não se enquadram nos critérios e nos procedimentos da salvaguarda geral. Poderão ser transitórias, têxteis e ainda temporárias e estão previstas no Protocolo de Acessão da República Popular da China à OMC, incorporado ao ordenamento jurídico pátrio por meio do Decreto n° 5.544, de 22 setembro de 2005, e no acordo firmado entre Brasil e China (para reconhecê-la como economia de mercado), instrumentalizado nos Decretos n°s 5.556 e 5.558, ambos de 05 de outubro de 2005.

As principais diferenças entre a salvaguarda dos produtos chineses e as salvaguardas gerais são: a) a seletividade do país que as impõem; b) não é necessário provar "prejuízo grave", mas mera "desorganização do mercado"; c) não se exige formulação de "programa de ajustamento progressivo" pela indústria nacional; e d) é obrigatória uma consulta preliminar, antes que sejam aplicadas.

6.1.3.2 Peculiaridades das Medidas de Salvaguarda

6.1.3.2.1 Seletividade

Como regra, as medidas de salvaguarda não são seletivas porque não são derivadas de ilícito praticado por outro membro. Uma vez comprovada, após o procedimento de investigação, a necessidade de adaptação competitiva da indústria do membro importador, as medidas de salvaguarda se destinarão a toda e qualquer importação do referido produto, independentemente do país de origem. Logo, poderíamos dizer que a seletividade da medida de salvaguarda se dá quanto ao produto, e não quanto ao membro ou à empresa exportadora.

Excepcionalmente, o artigo 6.4 do APTV determina que as salvaguardas transitórias sejam aplicadas de maneira seletiva, ou seja, às importações oriundas de membros específicos.

6.1.3.2.2 Medidas de Salvaguarda Nacional e Regional

Como Estado-Parte do Mercosul, o Brasil investigará e decidirá sobre a aplicação da medida de salvaguarda segundo suas leis internas, que deverão estar de acordo com os critérios determinados no ASG e no Acordo de Complementação Econômica nº 18 celebrado entre Argentina, Brasil, Paraguai e Uruguai, regulamentado pelos Decretos nºs 1.488/1995 e 2.667/1998. Embora as autoridades nacionais investiguem e decidam, as medidas de salvaguarda serão efetivamente declaradas pela autoridade competente do bloco regional, em nome do Brasil. Nesse caso, a medida de salvaguarda é exigível apenas no território do Estado-Parte que realizou a investigação. Quando a decisão for para todo o bloco, a medida aplicada para o território investigado será também para a totalidade do bloco, conforme a nota 1 do artigo 2º do ASG e o artigo 2º do Decreto nº 2.667/1998. E a decisão, então, será tomada pelo Mercosul em nome de todo o bloco.

Em outros termos, desde 1998, com a promulgação do Decreto nº 2.667, que incorporou a Decisão nº 17/1996 do Mercosul (Regulamento Relativo à Aplicação de Medidas de Salvaguardas às Importações Provenientes de Países Não-Membros do Mercosul), a investigação nacional passou a ser uma delegação da competência investigativa do bloco, e a adoção da medida de salvaguarda é feita pelo Mercosul em nome do Estado-Parte do bloco regional.

6.1.3.2.3 DERIVADAS DE ATO LEGAL

Diferentemente dos casos de *dumping* e subsídios, resultantes de práticas desleais de comércio, as medidas de salvaguarda decorrem do aumento das importações de determinado produto, que, por si só, não se caracteriza como prática desleal. Por esse motivo, a medida de salvaguarda não é seletiva (destinada a produtos oriundos de determinada empresa ou de determinado país), e, sempre que se optar por sua adoção, deverá haver uma compensação dos países atingidos pela restrição comercial.

Os acordos de compensação serão firmados entre o membro importador e o membro exportador e resultarão numa contrapartida como, por exemplo, redução de imposto incidente sobre a importação de outro produto oriundo do membro exportador. Quanto maior o número de exportadores atingidos, maior será a dificuldade de o membro importador formular um acordo de compensação com as partes interessadas.

6.1.3.3 MECANISMO MULTILATERAL DE APLICAÇÃO DE MEDIDAS DE SALVAGUARDA

Diferentemente do ASMC, o ASG e o AAD não prevêem um mecanismo multilateral para investigação de *dumping* e de salvaguarda. Nesses casos, aplica-se o artigo 14 do ASG, que remete as controvérsias aos procedimentos estabelecidos no mecanismo de solução de controvérsias do OSC/OMC[429].

---

429 Nesse sentido, ver os tópicos 3.5.2 a 3.5.10 do capítulo III, para visualizar o procedimento a ser adotado.

A figura a seguir mostra algumas peculiaridades dos dois recursos de procedimentos, multilateral e unilateral.

FIGURA 13 – DIFERENÇAS ENTRE OS PROCEDIMENTOS DE INVESTIGAÇÃO MULTILATERAL E UNILATERAL.

Foro multilateral	Foro unilateral
• A compensação e a suspensão de vantagens servem para compensar danos graves causados à indústria doméstica de membros lesados, mas são subsidiárias à determinação de extinção da aplicação da medida de salvaguarda ilegal ou da adequação do valor da compensação a ser paga pelo membro importador ao membro exportador.	• Serve para neutralizar, por meio da imposição de medidas de salvaguarda, os graves danos ou a ameaça de dano causados pelo aumento das importações de determinado produto, e não visa restringir as importações por si mesmas.
• Serve para discutir a compatibilidade das regras nacionais para a aplicação de medidas de salvaguarda (além da legalidade das medidas de salvaguarda aplicadas) por um membro em face de outro, tendo como referência os critérios substantivos e adjetivos estabelecidos no ASG.	
• Acessível apenas aos membros.	• Acessível também aos particulares representativos da indústria nacional e às "partes interessadas".

6.1.3.3.1 Efeito das Decisões do OSC/OMC

O sistema de solução de controvérsias do ESC/OMC visa, prioritariamente, soluções mutuamente acordadas entre os membros envolvidos na controvérsia. Nesse sentido, medidas coercitivas mais drásticas só são tomadas em fases avançadas do procedimento. Prefere-se o acordo, em sede de consulta, para suspensão da medida de salvaguarda excessiva, à compensação, e a compensação à suspensão de concessões realizadas nos acordos da OMC.

Somente se essas medidas não forem tomadas, as compensações ou a suspensão de concessões poderão ser autorizadas pelo OSC/OMC, mediante procedimento específico para tal intento.

6.2 SALVAGUARDA NO BRASIL: MECANISMO UNILATERAL DE INVESTIGAÇÃO E APLICAÇÃO DE MEDIDAS DE SALVAGUARDA

6.2.1 INTRODUÇÃO

A investigação de salvaguarda pressupõe a observância mais estrita dos critérios para aplicação de medidas de salvaguardas[430]. Por essa razão, sua aplicação é mais contestada no OSC/OMC que a das medidas *antidumping* e compensatórias. O fato de a medida de salvaguarda ser derivada de prática lícita de comércio estimula o membro exportador a tentar a via de defesa multilateral para ver cessada sua aplicação.

O ASG e o AAD apenas prevêem a possibilidade de investigação da prática do membro exportador quando esta desequilibre o mercado nacional do membro importador. Já vimos, no capítulo IV, que, no caso dos subsídios, é possível um procedimento de investigação multilateral quando a prática do membro exportador cause implicações no mercado internacional.

Da mesma forma que no ASMC e no AAD, o ASG não obriga o membro importador a aplicar medidas de salvaguarda, mas, ao optar por fazê-lo, deverá seguir atentamente o procedimento delineado no quadro normativo multilateral e nacional.

O procedimento acolhido no Brasil é administrativo cuja responsabilidade: a) de investigação e de apuração é da Secex, por intermédio do Decom; b) de emissão de pareceres opinativos é do CCDC – quando

---

[430] Brogini adverte que, até 2004, "de todas as medidas de salvaguarda contestadas no Órgão de Solução de Controvérsias da OMC, nenhuma foi considerada legal sob o Acordo de Salvaguardas ou sob o art. XIX do GATT. Isso indica como os grupos especiais e o Órgão de Apelação têm sido rígidos na observância dos critérios estipulados por esses acordos [...]" (BROGINI, G. D. **OMC e a indústria nacional** – as salvaguardas para o desenvolvimento. São Paulo: Aduaneiras, 2004. p. 156).

especialmente convocado para esse fim ; c) da decisão sobre à aplicação de medida de salvaguarda é da Camex; d) de execução ou de cobrança dos valores devidos é da SRF/MF; e e) da notificação dos Estados-Partes do Mercosul e do Comitê de Salvaguarda da OMC é da Presidência Pro Tempore da Comissão de Comércio do Mercosul.

No que concerne à legislação interna, aplicam-se a Lei nº 1.355/ 1994, o Decreto nº 1.488/ 1995, o Decreto nº 1.936/ 1996, o Decreto nº 2.667/ 1998, o Decreto nº 4.732/ 2003 e a Circular/Secex nº 19/ 1996.

A indústria doméstica deverá atender aos requisitos de aceitabilidade da petição inicial sob pena de a autoridade investigadora determinar sua emenda, para nova submissão. Uma vez ultrapassada essa fase, inicia-se o procedimento de investigação doméstica ou, quando cabível, uma investigação no OSC/OMC.

O bem jurídico a ser resguardado na investigação de salvaguarda é a defesa temporária da indústria nacional, de modo que ela se ajuste à nova situação do mercado.

Embora não haja, no ASG, uma definição de quem sejam as partes interessadas este é mais flexível, pois serão aceitos todos os que assim se manifestarem, desde que de maneira justificada. Nesse ponto, entendemos que todos aqueles classificados como parte interessada no ASMC e no AAD podem ser tidos como partes interessadas no ASG, além de outros que justifiquem seu interesse à autoridade investigadora, a quem caberá decidir.

Assim, em nosso entendimento, embora não haja previsão legal, os usuários industriais dos produtos importados e a associação de consumidores que se sintam prejudicados pelos efeitos da cobrança de uma medida de salvaguarda poderão se apresentar como partes interessadas na investigação.

A forma da investigação é a estabelecida no Decreto nº 1.488/ 1995 e na Circular/Secex nº 19/1996. O efeito imediato da investigação é sua conclusão, com reconhecimento ou não do nexo entre o aumento das importações de determinado produto e o dano grave ou ameaça de dano grave à indústria nacional, e o efeito mediato será a aplicação de medidas de salvaguarda.

6.2.2 Fase Preliminar da Investigação para Aplicação de Medidas de Salvaguarda

Quanto à legitimidade ativa, há um conflito entre o Decreto n° 1.488/1995 e o Decreto n° 2.667/1998, pois enquanto o artigo 3° do primeiro determina que são competentes para peticionar o início da investigação a indústria doméstica, os órgãos públicos interessados e a Secex, *ex officio*, o artigo 41 do segundo estabelece que a petição deverá ser apresentada por empresas ou entidades de classe que as representem, mantendo-se silente em relação à possibilidade de haver um início de investigação por órgão governamental ou, *ex officio*, pela Secex.

Como a atividade administrativa investigadora é ato vinculado, os membros investigados ou os exportadores poderão questionar judicialmente. No Brasil, a investigação é iniciada *ex officio* para que o Judiciário faça a interpretação da regra (legal) vigente, ou seja, se houve ou não a derrogação tácita das normas que determinam a legitimidade para peticionar segundo o artigo 3° do Decreto n° 1.488/1995.

O procedimento deverá ser interrompido imediatamente sem que se inicie a investigação, se a autoridade observar que a indústria peticionante não comprovou sua condição de parte interessada na investigação[431], que a petição não atende aos critérios exigidos pelos Decretos n°s 1.488/1995 e 2.667/1998 e pela Circular/Secex n° 19/1996 ou que não houve sua adequação no prazo estabelecido pela autoridade investigadora.

---

431 Decreto n° 2.667/1998: "Artigo 49 – Os órgãos técnicos ouvirão **as partes interessadas que demonstrem poder ser efetivamente afetadas pelo resultado da investigação e ter razão especial para serem ouvidas**, desde que requeiram, por escrito, a realização de audiências no prazo determinado pelo ato de que trata o § 2° do artigo 44." (grifo nosso)

O membro importador poderá aprovar a aplicação de medidas de salvaguarda provisórias, desde que o faça amparado por um procedimento preliminar específico, no qual apure a verossimilhança do nexo causal entre o aumento das importações e o dano grave demonstrado (ou ameaça de dano grave) pela indústria doméstica, a existência de uma circunstância crítica que torne necessária uma medida imediata[432] e a existência de um plano de ajustamento. Depois de aprovadas as medidas de salvaguarda temporárias, a Presidência *Pro Tempore* da Comissão de Comércio do Mercosul notificará ao CSG/OMC sua decisão de aplicar essas medidas e sua disposição para iniciar consultas com os membros interessados[433]. Podem participar desse procedimento de consultas bilaterais os membros envolvidos, os exportadores em questão e os Estados-Membros do Mercosul[434].

No Brasil, a Secex é o órgão da administração direta federal que tem a competência de apurar a existência dos pré-requisitos de aplicação das medidas de salvaguarda e emitir parecer sobre a viabilidade do plano de ajuste da indústria nacional para, assim, propor à Camex a aplicação das medidas de salvaguarda provisórias e conclusivas. Para tanto, a Secex se utiliza de um departamento interno que cuida da matéria, o Decom[435]. Diferentemente da investigação de subsídio e de *dumping*, há dúvidas quanto à competência do CCDC, em esfera consultiva, para formular recomendações em matéria de salvaguarda[436].

---

432   Artigo 55, parágrafo único, do Decreto n° 2.667/1998.
433   Artigo 57 do Decreto n° 2.667/1998 e artigo 12 do ASG.
434   Artigo 12.3 do ASG e artigo 57, §§ 5° e 6°, do Decreto n° 2.667/1998.
435   Artigo 5° da Lei n° 9.019/1995, artigo 3° do Decreto n° 1.488/1995 e artigo 2°, XV, XVI, XVII e XVIII, do Decreto n° 4.732/2003.
436   Portaria MICT/MF n° 14/1995: "Os Ministros de Estado da Indústria, do Comércio e do Turismo e da Fazenda, no uso da atribuição que lhes confere o art. 87, parágrafo único, inciso II, da Constituição e tendo em vista o disposto no Acordo sobre Salvaguardas, aprovado pelo Decreto Legislativo n° 30, de 15 de dezembro de 1994, promulgado pelo Decreto n° 1.355, de 30 de dezembro de 1994, no § 28 do art. 13 do Decreto n° 1.488, de 11 de maio de 1995, no

No entanto, o artigo 2º, § 2º, do Decreto nº 1.488/1995, que não foi revogado expressamente, determina que as decisões relativas a aplicação, suspensão ou alteração dos prazos de aplicação de medidas de salvaguarda sejam tomadas com base no parecer da Secex, ouvido o Ministério das Relações Exteriores e, quando for o caso, os ministérios em cuja área de competência relacionarem-se as decisões, as quais deverão ser publicadas no DOU.

No que concerne ao prazo máximo de duração de uma investigação, o artigo 6º do ASG dispõe que, no intervalo máximo de 200 dias de vigência da medida de salvaguarda provisória, deverão ser realizados os procedimentos de consulta, investigação, formulação de acordo de compensação e aplicação de medidas de salvaguarda conclusivas.

---

art. 11 da Lei nº 9.019, de 30 de março de 1995, e no art. 72 do Decreto nº 1.602, de 23 de agosto de 1995, resolvem: Art. 1º – Instituir grupo de trabalho denominado Comitê Consultivo de Defesa Comercial – CCDC, com o objetivo de examinar, em instância consultiva, questões relativas a investigações de *dumping* e de subsídios, **e, quando especialmente convocado, examinar questões relativas a investigações de salvaguardas**" (grifo nosso). Portaria MICT/MF nº 21/1998: "Os Ministros de Estado da Indústria, do Comércio e do Turismo e da Fazenda, Interino, no uso da atribuição que lhes confere o art. 87, parágrafo único, inciso II, da Constituição, e tendo em vista o disposto nos Acordos sobre Salvaguardas, Implementação do Artigo VI do Acordo Geral sobre Tarifas e Comércio – GATT 1994 e Subsídios e Medidas Compensatórias promulgados pelo Decreto nº 1.355, de 30 de dezembro de 1994, no art. 11 da Lei nº 9.019, de 30 de março de 1995, no § 28 do art. 13 do Decreto nº 1.488, de 11 de maio de 1995, no art. 72 do Decreto nº 1.602, de 23 de agosto de 1995, e no art. 87 do Decreto nº 1.751, de 19 de dezembro de 1995, resolvem: [...] Artigo 3º – O CCDC formulará recomendações, com base em parecer da Secex, sobre: arquivamento de processos; prorrogação de prazo de investigação; homologação ou término de compromissos; e encerramento de investigação, com ou sem aplicação de direito *antidumping* ou compensatório". Observe que a Portaria MICT/MF nº 21/1998, que alterou a Portaria MICT/MF nº 14/1995, já não fez referência ao exame de questões relativas à investigação de salvaguarda nas competências do CCDC, restando dúvida se terá competência para emitir recomendações quando for especialmente convocado nos termos do *caput* do artigo 1º da Portaria MICT/MF nº 14/1995.

6.2.2.1 Critérios Formal, Material e Subjetivo da Petição Inicial

Para que uma investigação unilateral tenha curso é necessário que a autoridade investigadora tenha acesso a um mínimo de informações que a levem à conclusão de que o aumento significativo das importações de determinado produto causou ou poderá causar dano grave à indústria nacional.

A petição inicial deverá ser apresentada pela indústria nacional afetada e conter: a) a relação do conjunto dos fabricantes do produto em questão no Brasil, com nome, endereço, telefone e fax, que os identifiquem; b) o volume e o valor estimados da produção nacional do produto similar; c) a parcela percentual da produção nacional (quantidade e valor) do produto em questão atribuída aos fabricantes representados na petição. No caso de a petição ser apresentada por entidade de classe, indicar o nome dos produtores representados, bem como o volume e o valor da produção que lhes correspondam.

A partir de então, o peticionário deverá ponderar os requisitos da concessão de medidas de salvaguarda, que são: a) a existência de um aumento significativo da importação; b) o dano grave ou ameaça de dano grave à indústria nacional; e c) a existência de um nexo causal entre ambos. Deverá também apresentar um compromisso planejado de ajuste da indústria doméstica para justificar a aplicação da medida de salvaguarda.

Na descrição de qualquer dado, o peticionário deverá fornecer todas as informações que o levaram às suas conclusões, fazendo referência a valores em moeda corrente e em dólares estadunidenses, à taxa de câmbio e à metodologia utilizada na conversão da moeda.

No que se refere ao aumento significativo das importações, o peticionário deverá apresentar as seguintes informações: a) evolução das importações do produto em questão, em quantidade e valor, dos últimos 5 anos aos 2 meses anteriores à data de protocolo da petição, segundo o membro de origem; b) as principais empresas importadoras de seu conhecimento; c) os preços médios mensais de exportação (em

US$) para o Brasil, por membro de origem, dos últimos 5 anos aos 2 meses anteriores à data da entrega da petição; d) classificação dos produtos; e) dados do potencial de exportação para o Brasil – capacidade de produção efetiva ou potencial do(s) membro(s) exportador(es); e f) as fontes das informações utilizadas.

Para demonstrar o aumento significativo das importações, o peticionário delimitará e, se possível, quantificará o dano grave e deverá, para tanto, fornecer, em termos anuais, dos últimos 5 anos aos 2 meses anteriores à data do protocolo da petição, dentre outros itens: a) os dados da produção nacional do produto similar ou concorrente do importado, em quantidade e valor (produção anual, estoque anual, exportação anual, vendas anuais para o mercado interno e consumo aparente anual); b) os dados do peticionário, por empresa (relacionar as linhas de produção da empresa e apresentar o valor do faturamento total e por linha de produção); e c) em relação ao produto investigado e demais linhas relevantes de produção – isto é, aquelas que em conjunto com a produção do produto em exame representem pelo menos 70% do faturamento total da empresa –, indicar, separadamente: evolução da capacidade instalada, especificando regime operacional e o grau de ocupação; produção anual, quantidade e valor; vendas anuais para o mercado interno, quantidade e valor; exportação anual, quantidade e valor; evolução dos preços mensais nos mercados interno e externo; evolução dos estoques anuais; quantidade e evolução da empregabilidade na produção, de sua administração e de suas vendas.

Quando se tratar de produto similar ou produto diretamente concorrente com o produto importado investigado, apresentar: a) a estrutura de custo; b) a rota tecnológica de produção; e c) as diferenças entre a tecnologia de produção adotada pela empresa nacional e a do produto importado.

Uma vez que a aplicação das medidas de salvaguarda estará vinculada à demonstração do nexo de causalidade, caberá ao peticionário demonstrar: a) como o aumento das importações está causando dano grave à indústria doméstica; b) outros possíveis fatores conhecidos, além do aumento das importações, que possam causar danos graves à indústria doméstica (contração na demanda ou mudança nos padrões de consumo, práticas restritivas ao comércio dos produtores domésticos estrangeiros e a concorrência entre eles, progresso tecnológico, desempenho do exportador e produtividade da indústria doméstica, entre outros); e c) como as políticas governamentais (cambial, tributária, de incentivos) afetaram a produção nacional, avaliando seus respectivos impactos, positivo ou negativo, e indicando quais medidas poderiam ter sido adotadas pelo governo, ao longo do período analisado, para evitar o alegado prejuízo da produção nacional.

Quanto ao compromisso de ajuste, é necessário ainda que a indústria doméstica peticionária o apresente e que contenha: a) aumento de produtividade; b) atualização das técnicas de produção; c) atualização do produto; d) atualização das técnicas de gerenciamento; e) programa de gastos em pesquisa e desenvolvimento e aquisição de tecnologia; f) programa de qualificação do produto (qualidade, desenho, embalagem e segurança); g) adequação ou melhoria de prazos de entrega e serviço de assistência técnica; h) programa de investimento; i) treinamento de mão-de-obra; e j) programa de redução dos custos.

Por fim, deve-se peticionar a aplicação de medidas de salvaguarda, para neutralizar os efeitos danosos graves à indústria nacional, pois a decisão não poderá ser *extra petita*.

Depois de devidamente instruída com os documentos comprobatórios dos fatos alegados, a petição deverá ser entregue, em quatro vias, no protocolo do Decom.

6.2.2.2 Assistência à Indústria Doméstica

O ASG não prevê, como o fazem o ASMC e o AAD, que o membro forneça assistência ao setor produtivo nacional para que este possa ter acesso às informações necessárias à instrução válida da petição inicial.

Aqui surge um conflito aparente entre os Decretos nºs 1.488/1995 e 2.667/1998. O primeiro, no artigo 3º, § 1º, exige apenas que a indústria nacional apresente "elementos suficientes de prova", demonstrativos do aumento das importações, do dano grave ou da ameaça de dano grave por elas causado e da relação causal entre ambas as circunstâncias. O segundo, no artigo 8°, dispõe que o peticionário deverá apresentar "provas objetivas" que demonstrem a existência de nexo causal entre o aumento das importações do produto de que trata e o dano grave ou ameaça de dano grave. Contudo, observa-se que, em vários outros artigos, o Decreto n° 2.667/1998 se refere à apresentação de "elementos de prova", "provas claras", "provas objetivas", sem diferenciá-las entre si. É defensável que os elementos de prova sejam suficientes, pois somente a fase de instrução da investigação é que dará sustentáculo probatório à confirmação dos dados alegados na inicial[437].

Neste sentido, entendemos que a ajuda fornecida, nos termos defendidos para a investigação de *dumping* e subsídio, pode ser promovida na investigação de salvaguarda, sem que signifique lesão a direito. Todos os meios legais e não proibidos e que possam levar ao convencimento da autoridade devem ser acolhidos e, se a assistência à parte for um destes, deverá ser adotada, pois visa dar acesso a informação que corrobore a produção da prova, não se tratando de patrocínio do Estado a benefício de qualquer das partes.

6.2.2.3 Emendas à Petição Inicial e Inépcia

Para que a petição inicial seja considerada apta a deflagrar uma investigação de salvaguarda, deverá atender a todos os requisitos já destacados nos tópicos anteriores. Nesse sentido, como já destacado nos capítulos IV e V, a aceitação da petição inicial pelo Decom não implica reconhecimento dos fatos alegados, mas tão-somente que o documento está apto a deflagrar uma seqüência de atos administrativos para a comprovação dos dados alegados pelo peticionário.

A Secex examinará preliminarmente a petição com o objetivo de verificar se está devidamente instruída ou se são necessárias informações

---

[437] Artigos 12, 14, § 2°, *a*, 24, 41, *caput* e § 2°, *a*, e 55.

complementares. Como não há um detalhamento dessa fase na legislação nacional sobre salvaguardas, não se fez referência a prazos, nem a quantas oportunidades as partes têm para correção de eventuais falhas na petição inicial. A Circular/Secex nº 19/1996, no entanto, prevê que, durante a análise da petição, a Secex poderá, se necessário, solicitar ao(s) peticionário(s) informações complementares relativas ao pleito, o que certamente fará acompanhada do prazo de resposta.

A petição inicial será considerada inepta, encerrando-se o procedimento, quando: a) não houver elementos de prova suficientes do aumento das importações, do dano grave ou ameaça de dano grave e do nexo; b) não tenha sido apresentada pela indústria doméstica interessada[438]; c) não tenha atendido ao pedido de complementação de informações do Decom ou o tenha feito fora de prazo ou de maneira insuficiente; e d) não contenha plano de ajuste ou não esteja adequada às disposições normativas.

Embora a legislação se mantenha silente quanto a esta possibilidade, nada obsta que a petição seja reapresentada quando corrigida ou complementada.

Uma vez preenchidos todos os critérios necessários, a petição será considerada apta pelo Decom, e a Secex decidirá sobre a abertura da investigação de salvaguarda. Essa decisão deverá ser publicada com o resumo dos elementos que serviram de base para a decisão de abertura.

6.2.2.4 COMUNICAÇÃO DA ABERTURA OU NÃO DA INVESTIGAÇÃO E PROCEDIMENTO DE CONSULTA

Quando a investigação não for aberta, a Secex, antes do seu arquivamento, deverá comunicar a recusa, de modo fundamentado, ao peticionário e à Presidência *Pro Tempore* da Comissão de Comércio do Mercosul para que esta notifique os demais Estados-Partes do Mercosul sobre sua decisão.

---

[438] Ou que tenha apresentado dados convincentes de que seja parte interessada.

A notificação pública da abertura da investigação de salvaguarda será publicada no DOU, por intermédio de uma Circular/Secex, que conterá: a) o resumo dos elementos que serviram de base para a decisão de abertura, com vistas a informar todas as partes interessadas; b) o produto envolvido; c) a motivação do ato; d) a data do início da investigação; e) o prazo no qual as partes interessadas poderão apresentar aos órgãos técnicos elementos de prova e expor suas alegações, de maneira que possam ser levados em consideração durante a investigação, em que terão a oportunidade de responder às comunicações de outras partes, bem como se manifestar sobre a existência de interesse público na aplicação da medida de salvaguarda; e f) o prazo no qual as partes interessadas poderão requerer a realização de audiências[439].

Quando decidir sobre a abertura da investigação, além de uma notificação pública, a Secex deverá encaminhar a comunicação de abertura da investigação, juntamente com a documentação probatória, à Presidência *Pro Tempore* da Comissão de Comércio do Mercosul para que esta comunique a decisão do Mercosul de abertura de investigação, em nome de Estado-Parte, ao CSG/OMC. Ademais, caberá a esse órgão fazer circular a cópia da comunicação de abertura da investigação entre os demais Estados-Partes do bloco regional.

Embora não haja uma obrigatoriedade legal – diferentemente da investigação de *dumping* e subsídio –, é importante que as partes conhecidas sejam notificadas do teor da Circular/Secex de abertura da investigação de salvaguarda, para que, no prazo lá estabelecido, possam exercer o direito à ampla defesa.

Quanto à possibilidade de habilitação posterior de outras partes interessadas, não há previsão legal, mas acreditamos que isso somente seria possível se não houvesse objeção dos exportadores investigados ou do membro exportador.

---

439   Artigo 44, §§ 1º e 2º, do Decreto nº 2.667/1998.

Não obstante a inexistência de previsão legal, seria adequada a notificação à SRF/MF, para que sejam adotadas as providências cabíveis que possibilitem a posterior aplicação de medidas de salvaguarda provisórias no ato da importação de produtos objeto de investigação.

Quanto ao procedimento de consulta, este será obrigatório: a) antes de aplicar medida de salvaguarda conclusiva; b) antes de prorrogar medida de salvaguarda definitiva; e c) após aplicar medida de salvaguarda provisória. Diferentemente do ASMC e do AAD, o membro investigador não precisará iniciar procedimento obrigatório de consulta antes ou depois de decidir-se pela abertura da investigação.

6.2.3 A Investigação para a Aplicação de Medida de Salvaguarda

6.2.3.1 Determinação do Período da Investigação e do Produto

O período de investigação da existência do aumento da importação é lapso temporal levado em conta pela autoridade investigadora, a fim de averiguar se o significativo aumento das importações de determinado produto realmente ocorreu. Esse período também delimita quais dados poderão ser utilizados na investigação.

Como não há nenhuma referência a isso no ASG e nos decretos nacionais que regulamentam a matéria, a Circular/Secex n° 19/1996 estabeleceu como período de referência para investigação e apuração do dano grave o intervalo entre os 5 anos e os 2 meses anteriores ao protocolo da petição[440].

A determinação do produto se dará por meio da classificação aduaneira acolhida pelo Mercosul – Nomenclatura Comum do Mercosul (NCM) – e deve ocorrer no momento da aceitação da petição como formalmente apta a iniciar a investigação.

---

440   Item 4 da Circular/Secex n° 19/1996.

Assim como no caso dos subsídios e do *dumping*, a delimitação do produto similar é crucial, porque influencia na determinação da legitimidade da indústria nacional e na aferição do dano grave ou da ameaça de dano grave. Nesse sentido, antes mesmo da abertura da investigação é importante uma determinação preliminar do produto e de seus similares, ainda que seja complementada no seu curso.

Aqui também haverá um alto grau de discricionariedade da autoridade investigadora, não obstante a Circular/Secex nº 19/1996 solicite ao peticionário algumas referências do produto, como: a) características técnicas; b) modelo; c) classe; d) dimensão; e) capacidade; f) potência; g) composição química; h) outro elemento particular do produto; i) mão-de-obra; e j) matéria-prima utilizada.

6.2.3.2 Determinação Preliminar do Aumento das Importações, do Dano Grave e Ameaça de Dano Grave, do Nexo e de Medidas de Salvaguarda Provisórias

A aplicação de medidas de salvaguarda provisórias somente será possível em circunstâncias críticas, nas quais a demora de sua aplicação possa causar dano grave de difícil reparação.

Será adotada pelo Mercosul em nome do Estado-Parte, após uma determinação preliminar da existência de elementos de prova claros de aumento das importações, que tenha causado ou ameace causar dano grave à produção doméstica do Estado-Parte[441].

O Decom deverá elaborar um parecer fundamentado, atestando: a) uma determinação preliminar de existência de dano grave ou de ameaça de dano grave à produção doméstica do membro importador; b) o nexo do dano ou ameaça de dano com o aumento das importações do produto em questão; c) a existência de circunstâncias críticas que tornem necessária uma medida imediata; d) a existência de um plano de ajustamento.

---

441   Artigo 4º do Decreto nº 1.488/1995 e artigos 55 a 61 do Decreto nº 2.667/1998.

Esse parecer será remetido pela Secex à Camex[442] que decidirá sobre a aplicação da medida de salvaguarda provisória. Uma vez tendo a Camex decidido sobre sua aplicação (e antes de aplicá-la), antes de aplicá-la, o governo brasileiro deverá comunicar o fato aos demais Estados-Partes do Mercosul, por intermédio da Presidência *Pro Tempore* da Comissão de Comércio do Mercosul, além de remeter a cópia do parecer, acompanhada de documentação pertinente, para que este também comunique o CSG/OMC da decisão do Mercosul de aplicar uma medida de salvaguarda provisória em nome do Estado-Parte.

Uma vez adotada a medida de salvaguarda provisória, a cópia desse ato, acompanhada de documentação pertinente, deverá ser remetida pelo governo brasileiro à Presidência *Pro Tempore* da Comissão de Comércio do Mercosul, para que a comunicação seja feita aos demais Estados-Partes e ao CSG/OMC. A notificação indicará a disposição de o Estado-Parte do Mercosul iniciar consultas.

Do procedimento de consulta poderão participar os membros exportadores, os Estados-Partes do Mercosul e as partes interessadas. Uma vez concluída essa fase, a Secex encaminhará à Camex um relatório sobre a consulta realizada pelo Decom. O governo brasileiro encaminhará à Presidência *Pro Tempore* da Comissão de Comércio do Mercosul comunicação sobre o resultado da consulta, acompanhada da documentação pertinente, para fins de notificação ao CSG/OMC. A Presidência *Pro Tempore* da Comissão de Comércio do Mercosul fará circular cópia da comunicação aos demais Estados-Partes e notificará o CSG/OMC do resultado da consulta.

6.2.3.3 MONTANTE, DURAÇÃO, MODALIDADES E CARACTERÍSTICAS DAS MEDIDAS DE SALVAGUARDA PROVISÓRIAS

A legislação sobre medidas de salvaguarda não determina – como a de subsídio e de *dumping*[443] – qual o limite do valor de uma medida

---

442 Ou em caráter intermediário de consulta ao CCDC.
443 O limite será a margem de *dumping* e o montante do subsídio.

de salvaguarda, apenas indica o prazo máximo de vigência e a forma que deverá tomar no ato de sua execução. A regra geral é que o valor para aplicação de uma medida de salvaguarda deverá se limitar ao necessário para neutralizar o dano grave e, se um valor inferior for suficiente para alcançar seu objetivo, esse deverá ser adotado.

Não há, no ASG, diretrizes para que se calcule o valor da medida de salvaguarda, conferindo à autoridade investigadora um alto grau de discricionariedade, o que implica também um maior dever de motivação de atos e conclusões, inclusive explicitando e justificando a metodologia utilizada para proceder ao cálculo da medida de salvaguarda. Já que não há um teto, é possível que a autoridade calcule a medida tendo como referência a integralidade do dano grave sofrido pela indústria doméstica prejudicada[444].

Quanto ao prazo de duração das medidas de salvaguardas, a regra geral é que elas somente deverão ser aplicadas pelo tempo necessário para neutralizar os danos graves causados à indústria nacional. O parecer da Secex recomendará um prazo à Camex, que se decidirá pela sua aplicação. O período máximo de vigência de uma medida de salvaguarda provisória é de 200 dias e não há previsão legal de sua prorrogação.

Quanto a sua modalidade e características, a legislação determina que serão adotadas como "aumento do imposto de importação", por meio de "adicional à Tarifa Externa Comum (TEC)", sob a forma de alíquota *ad valorem*, alíquota específica ou a combinação de ambas. Em outros termos, o tratamento dado pelos decretos faz crer que, diferentemente dos casos das medidas *antidumping* e compensatórias, a cobrança da medida de salvaguarda será vinculada à obrigação de natureza tributária incidente sobre a operação de importação[445].

---

444   Decreto n° 2.667/1998: "Artigo 63 – O Mercosul somente adotará medida de salvaguarda na extensão necessária para prevenir ou reparar prejuízo grave decorrente do aumento de importações e facilitar o ajuste da produção doméstica do Estado-Parte."

445   Sobre a possível natureza jurídica tributária das medidas de defesa comercial, ver capítulo VII.

Pelo fato de não serem derivadas de ato ilegal, as medidas de salvaguarda dão direito à compensação do exportador e são marcadas pela não-seletividade, ou seja, serão cobradas sobre toda e qualquer importação do produto investigado[446].

Embora os decretos não o declarem expressamente, as medidas de salvaguarda somente serão exigidas dos produtos despachados para consumo após a data de publicação da Resolução da Camex (que contenha a confirmação da determinação preliminar) e não terão aplicação retroativa, uma vez que não há previsão legal para tanto.

Por fim, vale ressaltar que as normas não estabelecem a possibilidade de sua substituição por meio de prestação de garantia como forma de não serem cobradas, de imediato, pela autoridade arrecadadora.

6.2.3.4 Determinação Final da Existência do Aumento das Importações, do Dano Grave ou Ameaça de Dano Grave, do Nexo e da Adequação do Plano de Ajuste

6.2.3.4.1 Envio de Cópia da Petição Inicial e dos Questionários

Não há nenhuma obrigatoriedade de as partes notificadas receberem cópia da petição inicial, mas parece adequado que assim se proceda, a fim de que possam oferecer defesa da matéria de fato e de direito alegada pela indústria nacional que peticiona a adoção da medida restritiva ao comércio.

Há referência normativa expressa à possibilidade de a autoridade investigadora enviar questionários às partes para levantar dados necessários. Embora haja uma previsão geral nos decretos, não há um detalhamento do procedimento de envio dos questionários tampouco dos prazos para apresentação de resposta, restando a regra da indicação

---

446 A exceção a essa regra é a medida de salvaguarda incidente sobre alguns produtos têxteis, que têm regulamentação especial no APTV.

pela autoridade investigadora dos prazos de resposta e do procedimento de envio, que poderá se pautar pelas normas das outras medidas de defesa comercial.

6.2.3.4.2 Realização de Audiências e Oitiva dos Membros Interessados e das Partes Interessadas

As partes e os governos envolvidos disporão de ampla oportunidade de defesa de seus interesses. Assim, caso haja solicitação, serão realizadas audiências nas quais as partes e os membros interessados possam apresentar suas interpretações da legislação e dos fatos alegados.

O Decom ouvirá as partes interessadas que demonstrem poder ser efetivamente afetadas pelo resultado da investigação e ter razão especial para serem ouvidas, desde que requeiram, por escrito, a realização de audiências no prazo determinado pelo ato de abertura publicado. Não há nenhuma obrigatoriedade de comparecimento das partes a tais audiências e, por isso, a ausência de qualquer delas não poderá ser usada em prejuízo de seus interesses.

Não há indicativo legal de prazo para que as partes e os governos interessados indiquem seus representantes legais ou enviem, por escrito, antes da sua realização, os argumentos a serem apresentados na audiência, como também não há previsão legal para que forneçam informações orais. O ato de notificação deverá indicar esses prazos e procedimentos.

A audiência é apenas um dos mecanismos de acesso das partes à autoridade investigadora, na qual são apresentados os pontos principais da investigação, ouvidas as argumentações contrárias e apresentados seus contra-argumentos, privilegiando o princípio da ampla defesa.

Nada impede que a autoridade investigadora, se necessário, convoque outras oitivas, inclusive antes de iniciada a investigação, que possam esclarecer dados relativos à existência do aumento das importações, à apuração do dano grave e à adequação do compromisso de ajuste.

6.2.3.4.3 Processamento das Respostas dos Questionários, Acesso à Informação, Esclarecimento de Informação Lacunosa ou Obscura, Requisição de Informação Suplementar, Fatos Disponíveis, Melhor Informação Disponível e Sigilo de Informação

Findo o prazo para serem enviadas as respostas dos questionários, as autoridades investigadoras iniciarão sua análise. Como não é possível a utilização da presunção por meio de fatos disponíveis ou de melhor informação disponível, na investigação de salvaguarda, o envio tardio do questionário não pode gerar presunção de culpa ou de veracidade dos fatos alegados por qualquer das partes.

O Decom decidirá sobre alguma eventual solicitação de preservação de dados sigilosos. Nesse sentido, o pedido de sigilo de informação deverá ser acompanhado da justificação e de um relatório não confidencial, para que as partes possam acessá-lo[447]. Caso a autoridade investigadora não considere justificável o pedido (por falta de cumprimento dos requisitos para tal ou por entender inadequado ao caso), comunicará à outra parte para que corrija a situação ou desconsiderará a informação em caráter definitivo, a menos que possa ser comprovada.

Quando houver respostas lacunosas ou obscuras, a autoridade investigadora poderá solicitar esclarecimentos adicionais, dando um prazo para a apresentação da resposta. Além disso, o membro demandante poderá realizar uma visita *in loco* às empresas estrangeiras e nacionais, a fim de esclarecer os pontos que entenda necessários.

Uma vez respondidos os questionários, caberá ao Decom iniciar o processo de análise dos dados para formular o parecer destinado à Camex, a qual aplicará ou não as medidas de salvaguarda. Essa análise

---

447   Embora não haja referência a isso, é importante que as partes envolvidas na investigação e as partes interessadas tenham amplo acesso às respostas dos questionários, como também às versões não sigilosas dos relatórios enviados ao Decom.

determinará a existência ou não de um aumento das importações de determinados produtos, de um dano grave ou ameaça de dano grave à indústria nacional, do nexo, da imprevisibilidade econômica da situação e da adequação do plano de ajuste apresentado pela indústria nacional.

6.2.3.4.4 Investigação *in loco*

Em caso de necessidade e de acordo com o entendimento do Decom, serão realizadas investigações no território nacional do membro exportador, em empresas localizadas em outros países ou em empresas nacionais. Embora não haja a referência ao *modus operandi* dessa visita, imagina-se que seja apropriado seguir roteiro aplicável às investigações de subsídio e de *dumping*, ou seja: a) autorização prévia das empresas e de membros exportadores, além das empresas domésticas; e b) antes de proceder à visita, dar conhecimento às empresas da natureza geral da informação pretendida.

Durante a visita, poder-se-á formular pedidos de esclarecimentos suplementares em razão de as informações obtidas não terem sido esclarecedoras. Os resultados dessas investigações serão anexados ao processo, observado o direito ao sigilo de informação confidencial, devidamente acolhida como tal.

6.2.3.4.5 Aumento das Importações, Indústria Doméstica Afetada, Dano Grave e Ameaça de Dano Grave

A determinação do aumento quantitativo das importações é o dado de verificação mais fácil, pois dependerá apenas das estatísticas de entrada de determinado produto no território nacional. O aumento das importações poderá ser tanto em termos absolutos como em termos relativos ou proporcionais, tendo como base a produção nacional. Para ser relevante, o aumento deverá ser recente, constante, inesperado e intenso, de tal forma que o dano grave torne-se inevitável.

Mas há também um aumento de importações vinculado não somente à quantidade, mas às condições de mercado ou às circunstâncias nas quais se processou a importação do produto pelo membro demandante. Nesses casos, como não há referências objetivas de valoração, haverá discricionariedade da autoridade investigadora que decidirá de modo fundamentado sobre sua caracterização.

O artigo 6º do Decreto nº 1.488/1995 define como indústria doméstica o conjunto dos produtores de bens similares ou diretamente concorrentes, estabelecidos no território brasileiro, ou aqueles cuja produção conjunta de bens similares ou diretamente concorrentes constitua uma proporção substancial da produção nacional de tais bens. Como não houve a quantificação legal que determinaria o quanto seria uma "proporção substancial", fica a critério da autoridade investigadora decidir, de maneira motivada, se a indústria nacional está substancialmente representada[448].

As partes interessadas serão aquelas que demonstrem poder ser efetivamente afetadas pelo resultado da investigação e ter razão especial para serem ouvidas no processo[449].

Para a determinação do dano grave ou da ameaça de dano grave, deverá ser avaliada a evolução dos seguintes indicadores: a) o volume e a taxa de crescimento das importações do produto, em termos absolutos e relativos; b) a parcela do mercado interno, absorvida por importações crescentes; c) o preço das importações, sobretudo para determinar se houve subcotação significativa em relação ao preço do produto doméstico similar; d) o conseqüente impacto, sobre a indústria doméstica, dos produtos similares ou diretamente concorrentes, evidenciado pelas alterações de fatores econômicos (tais como produção, capacidade utilizada, estoques, vendas, participação no mercado, preços – quedas ou sua não elevação, que poderia ter ocorrido na ausência de importações –, lucros e perdas, rendimento de capital investido, fluxo de caixa e emprego); e e) outros fatores que, embora

---

448   Ver também artigo 4.1.c do ASG.
449   Artigo 49 do Decreto nº 2.667/1998.

não relacionados com a evolução das importações, possuam relação de causalidade com o prejuízo ou ameaça de prejuízo à indústria doméstica em causa.

No caso da ameaça de dano grave, as alterações nas condições de mercado devem ser de tal monta que o dano grave à indústria nacional se torne inevitável. E isso será observado após a análise de fatores objetivos e quantificáveis relacionados à situação da indústria doméstica afetada que demonstrem o irrefutável nexo causal entre o dano grave ou a ameaça de dano grave e o aumento das importações do produto investigado, tais como: a) a taxa de aumento das exportações para o Brasil; b) a capacidade de exportação do país de origem, existente ou potencial; e c) a probabilidade de as exportações resultantes dessa capacidade se destinarem ao mercado brasileiro.

6.2.3.4.6 Determinação do Nexo Causal

O nexo de causalidade é elemento essencial para que se permita a aplicação de medida de salvaguarda. Por tal importância, deve ser comprovado em que medida o aumento das importações é responsável pelo dano grave ou pela ameaça de dano grave causado à indústria doméstica.

Para os casos de investigação de subsídio e de *dumping*, sugerimos que, se houver dúvida sobre o motivo alterador das condições de mercado, prefira-se à não-adoção da contramedida. Já para as salvaguardas, essa é a recomendação expressa da norma, que dispõe que, se houver dúvida de que outros fatores distintos do aumento das importações estejam causando, concomitantemente, ameaça de prejuízo ou dano grave à indústria doméstica em questão, esse dano grave não será atribuído à importação para fins de aplicação da medida de salvaguarda.

Como não é possível a adoção da melhor informação ou fato disponível na investigação de salvaguarda, o nexo causal somente será atestado se houver provas objetivas e irrefutáveis da ligação entre o dano grave ou ameaça de dano grave e o aumento das importações.

6.2.3.4.7 Avaliação do Compromisso Planejado de Ajuste

Para que haja uma decisão preliminar ou conclusiva, é necessário avaliar se os critérios já apontados anteriormente, constantes do item 6 da Circular/Secex nº 19/1996, estão presentes no plano de ajuste, quais sejam: a) aumento de produtividade; b) atualização das técnicas de produção; c) atualização do produto; d) atualização das técnicas de gerenciamento; e) programa de gastos em pesquisa e desenvolvimento e aquisição de tecnologia; f) programa de qualificação do produto (qualidade, desenho, embalagem, segurança); g) adequação/melhoria – prazos de entrega, serviço de assistência técnica; h) programa de investimento; i) treinamento de mão-de-obra; e j) programa de redução dos custos. Além da constatação desses itens, será analisado se o prazo indicado é adequado para que se alcancem os objetivos traçados.

6.2.3.4.8 Acordos de Compensação e Acordos de Restrição Voluntária à Exportação

Como visto anteriormente, a medida de salvaguarda não é derivada de nenhuma prática ilícita de outro membro e, por esse motivo, gera direito de compensação aos membros exportadores.

A legislação nacional sobre salvaguarda obriga que o governo brasileiro, por meio da Presidência *Pro Tempore* da Comissão de Comércio do Mercosul, notifique o CSG/OMC da decisão do Mercosul de aplicar, em nome de um Estado-Parte, medidas de salvaguarda e demonstre sua disponibilidade de iniciar consultas com os membros interessados.

O resultado dessas consultas deverá ser comunicado pela Presidência *Pro Tempore* da Comissão de Comércio do Mercosul ao CSG/OMC, e, não se chegando a um acordo, o membro que se sentir lesado poderá iniciar uma investigação no OSC/OMC para questionar a legalidade da investigação, a legalidade da medida de salvaguarda aplicada e a adequação da compensação oferecida.

Há também a possibilidade de firmar um acordo entre os membros no ato da aplicação da medida de salvaguarda, caso o Brasil opte pelo método de distribuição de quotas de exportação entre membros exportadores[450], e isso poderá ser viabilizado por intermédio de procedimento de consultas.

Os acordos de restrição a exportação e importação, amplamente utilizados antes da criação do ASG e fortemente criticados por serem perigosos ao sistema multilateral de comércio, foram proibidos no artigo 11.1.*b*, que cita textualmente a vedação às restrições voluntárias à exportação, a acordos de organização de mercados e a outras medidas de mercado relativas à importação e à exportação, firmadas unilateralmente ou por acordos bilaterais entre membros.

6.2.3.4.9 Realização de Audiência Final

Diferentemente do procedimento de investigação de subsídio e de *dumping*, não há nenhuma obrigatoriedade de convocação de uma audiência final pelas autoridades investigadoras na investigação de salvaguarda, mas nada as impede que assim procedam.

Assim como nas audiências requeridas pelas partes no curso da instrução do processo de investigação, caso haja a convocação para uma audiência final, cujo julgamento de sua conveniência e necessidade é exclusivo da Secex, não será obrigatório o comparecimento de qualquer das partes envolvidas e o não-comparecimento não lhes gerará nenhum ônus.

6.2.3.4.10 Finalização da Investigação com e sem Aplicação de Medidas de Salvaguardas Conclusivas

O procedimento unilateral pode ser finalizado de duas maneiras: a) sem adoção de medidas de salvaguarda; ou b) com adoção de medidas de salvaguarda.

---

450 Artigo 5.2 do ASG.

As decisões finais sobre aplicação de medidas de salvaguarda provisórias, prorrogação dessas medidas, encerramento da investigação, revogação, suspensão ou revisão da medida aplicada serão tomadas pela Camex, com base em parecer formulado pelo Decom e ouvido o CCDC quando especialmente convocado para isso. Uma vez encerrada a etapa nacional, a Comissão de Comércio do Mercosul receberá o resultado da investigação nacional e proclamará a decisão do Mercosul de aplicar a medida de salvaguarda em nome do Estado-Parte.

Haverá encerramento da investigação sem aplicação de medidas de salvaguarda conclusivas sempre que: a) não houver comprovação suficiente da existência do aumento das importações, de dano grave ou ameaça de dano grave e do nexo; e b) o plano de ajustamento não for adequado[451].

6.2.3.5 Montante, Prazo de Vigência, Cobrança e Retroatividade das Medidas de Salvaguarda Conclusivas

Diferentemente do que ocorre na investigação de subsídio e de *dumping*, não há uma previsão objetiva no ASG ou na legislação nacional de qual seja o limite do montante da medida de salvaguarda, apenas se faz uma ilação genérica de que deverá se limitar ao necessário para a neutralização do dano ou da ameaça de dano ou para o ajustamento da indústria nacional. Também não foram estabelecidas diretrizes legais ou metodologia para seu cálculo, restando à autoridade investigadora o encargo de fazê-lo de modo devidamente fundamentado e com a explicitação da metodologia e do modelo econométrico adotado.

Quanto a vigência ou duração da aplicação de medidas de salvaguarda, permanece a regra geral de que somente deverão ser aplicadas pelo tempo necessário para neutralizar os danos causados à indústria nacional. O parecer da Secex apresentará o prazo recomendado e a Camex decidirá sobre sua aplicação.

---

451   Artigo 29 do Decreto nº 2.667/1998.

O prazo máximo de vigência das medidas de salvaguarda provisórias será de 200 dias. Conforme o artigo 9º do Decreto nº 1.488/1995 e o artigo 36 do Decreto nº 2.667/1998, o período máximo de vigência de uma medida de salvaguarda conclusiva será de 4 anos e poderá ser prorrogado por mais 4 anos, em processo de revisão, no qual se conclua pela necessidade de renovação da aplicação das medidas de salvaguarda conclusivas. Mas, de acordo com o artigo 9º do ASG, esse prazo máximo de 8 anos poderá ser ampliado por mais 2 anos, totalizando um prazo máximo de vigência de 10 anos.

Segundo o artigo 4º, § 3º, do Decreto nº 1.488/1995 e o artigo 31 do Decreto nº 2.667/1998, as medidas de salvaguarda provisórias serão cobradas mediante aplicações de alíquota *ad valorem*, de alíquota específica ou da combinação de ambas. Já as medidas de salvaguarda conclusivas, além das modalidades já destacadas, também poderão se concretizar sob a modalidade de restrições quantitativas.

Não há previsão legal para aplicação retroativa das medidas de salvaguarda conclusivas ou provisórias, que somente serão exigidas na importação de produtos que tenham sido despachados para consumo após a data de publicação da resolução da Camex que determine sua cobrança, ou seja, não serão cobradas de produtos que tenham sido despachados para consumo antes da data de abertura da investigação.

6.2.3.6 Reembolso de Medidas de Salvaguarda Aplicadas

Se a investigação for encerrada sem a aplicação da medida de salvaguarda, o valor pago a título de salvaguarda provisória deverá ser imediatamente devolvido, embora as normas não indiquem o procedimento de devolução.

Como não há previsibilidade de oferecimento de garantia (fiança ou depósito) no caso de investigação de salvaguarda, também não há necessidade de sua extinção, nem de sua devolução.

6.2.3.7 Revisão das Decisões e das Medidas de Salvaguarda Aplicadas

6.2.3.7.1 Introdução

Diferentemente do artigo 13 do AAD e do artigo 23 do ASMC, o ASG não prevê nenhuma obrigatoriedade de que sejam estabelecidos órgãos e procedimentos nacionais, judiciais ou administrativos, para a revisão da decisão final da investigação de salvaguarda.

No entanto, em nosso entendimento, isso não retira da parte prejudicada o direito de acesso ao recurso de revisão da autoridade superior, com base na lei do processo administrativo (Lei nº 9.784/1999). Ademais, por força de disposição constitucional, a via judicial estará sempre aberta à parte lesada para sanar lesão ou ameaça a direito[452].

A ausência de obrigatoriedade de "pronta revisão" no ASG parece ter sido uma liberalidade dos membros da OMC e não atinge o regime jurídico interno brasileiro pelo fato de haver lei federal e dispositivo constitucional que tratam da matéria, estabelecendo o mecanismo dos recursos administrativo e judicial. O que não se poderá é requerer, em juízo, o direito à pronta revisão, como nos casos de *dumping* e subsídio.

Ainda em nosso entendimento, a referida liberalidade se deve, principalmente, ao fato de que o ASG foi o que regulou as salvaguardas e é rudimentar quanto à descrição dos procedimentos das partes, se comparado com o ASMC e o AAD. Como já mencionado, é comum a formulação de textos diplomáticos vagos e lacônicos quando o tema em negociação é de difícil conciliação. Não se pode esquecer de que foram necessários 47 anos para a formulação do primeiro código multilateral de salvaguardas.

Da mesma forma que no ASMC e no AAD, a investigação está submetida à estrutura organizacional ministerial, com interesse direto da União, e tem a *vis atrativa* da Justiça Federal, com possibilidade de

---

452 Sobre recurso ao Poder Judiciário, ver capítulo VII.

interposição de recurso aos Tribunais Regionais Federais, ao Superior Tribunal de Justiça (violação de norma federal, tratado ou em caso de competência originária) e ao Supremo Tribunal Federal (violação constitucional e em caso de competência originária).

6.2.3.7.2 Revisão Administrativa Unilateral

6.2.3.7.2.1 Revisão e Recurso Administrativos dos Atos da Secex, do Decom, do CCDC e da Camex

Como já dito nos capítulos IV e V, o direito de recorrer das decisões da investigação administrativa não se confunde com o direito de iniciar o processo de revisão da medida de salvaguarda aplicada. Enquanto o recurso ataca um ato administrativo (intermediário ou conclusivo) que gerou ou possa gerar a aplicação das medidas de salvaguarda, a revisão busca avaliar se ainda é necessária a sua manutenção.

Os processos de investigação e de revisão seguirão o rito estabelecido no ASG e na legislação nacional sobre salvaguarda, e o recurso administrativo deverá seguir o rito determinado no capítulo XV da Lei nº 9.784/ 1999 (lei do processo administrativo). Em caso de lesão ou ameaça de direito, abre-se também a via judicial de recurso, cabendo ao Poder Judiciário revisar os atos vinculados quanto à sua legalidade e os atos discricionários para reparar erros que tornam a decisão incompatível com as disposições ou objetivos da lei ou com os interesses individuais protegidos pela lei.

Como não há obrigatoriedade de que um órgão, independe do que aplicou ou revisou as medidas de salvaguarda, reavalie o mérito do ato administrativo que encerra a investigação ou a revisão, nem obrigatoriedade da pronta revisão, não há, nesses pontos, infração às regras da OMC, como destacado para os casos de *dumping* e subsídio nos capítulos IV e V[453].

---

453 Ver tópicos 4.2.4.6.2.1.2 do capítulo IV e 5.2.3.6.2.2 do capítulo V.

6.2.3.7.2.1.1 Recurso por Decurso de 4 anos

Estabelecida principalmente nos artigos 68 e seguintes do Decreto nº 2.667/1998, para iniciar-se essa revisão é necessário o cumprimento de alguns requisitos: a) o requerimento ser apresentado pela indústria nacional ou por quem a represente; b) a apresentação de elementos de prova que justifiquem a abertura do procedimento de revisão, ou seja, provas de que as medidas de salvaguarda continuam sendo necessárias para neutralizar o dano grave; e c) a comprovação de que a indústria está atendendo ao plano de ajustamento.

Essa revisão seguirá o mesmo procedimento da investigação de salvaguarda, conforme artigo 7.2 do ASG. Será aberta pela Secex, dirigida pelo Decom, decidida pela Camex, com prazo máximo de duração não estabelecido em lei, e servirá para requerer a continuidade da aplicação das medidas de salvaguarda (prorrogação do prazo de vigência). O Mercosul anunciará a decisão em nome do Estado-Parte.

6.2.3.7.2.1.2 Recurso Anterior ao Decurso de 4 anos

Esse tipo de revisão somente será iniciado por ato *ex officio* do Decom quando o prazo recomendado para a aplicação da medida de salvaguarda for superior a 3 anos e desde que não tenha sido ultrapassada a metade do prazo recomendado[454].

Não é possível que as partes interessadas deflagrem esse procedimento de revisão e não há prazo legal estabelecido para sua conclusão. Ademais, não há previsão legal para que o prazo máximo de aplicação da medida de salvaguarda seja recontado a partir da revisão, como nos casos de *dumping* e subsídios, o que faz crer que, mesmo em caso de renovação, o prazo de 10 anos (8 + 2) será o máximo permitido, já se considerando as medidas provisórias, conclusivas e a prorrogação após a revisão.

---

454 Artigo 70 do Decreto nº 2.667/1998.

Como resultados possíveis do processo de revisão, o Decom poderá recomendá-la e a Camex decidir sobre: a) a permanência da aplicação da medida de salvaguarda; b) sua revogação; ou ainda c) a aceleração da sua liberalização. Uma vez decidido pela Camex, o Mercosul declara a medida em nome do Estado-Parte.

6.2.3.7.3 Revisão e Recurso Judicial Unilateral[455]

6.2.3.7.4 Revisão Multilateral ou do OSC/OMC

Além das vias recursais administrativas e judiciais reservadas a qualquer parte lesada, há ainda a possibilidade do procedimento recursal multilateral do OSC/OMC, que atenderá às demandas dos membros no que concerne: a) à legalidade do procedimento unilateral para aplicação das medidas de salvaguarda; b) ao uso da proporcionalidade para sua aplicação; e c) ao valor e ao mecanismo de compensação ao membro exportador.

---

455 Ver no capítulo VII, o tópico 7.2.

Capítulo VII
Natureza Jurídica das Medidas de Defesa Comercial e Recursos ao Poder Judiciário

7.1 Natureza Jurídica das Medidas de Defesa Comercial

7.1.1 Introdução

Como visto no capítulo I, as medidas de defesa comercial são instrumentos utilizados para combater um dano efetivo ou potencial à indústria nacional de um membro da OMC. A permissão de seu uso foi uma contrapartida ao processo de liberalização comercial multilateral, ocorrido pós-GATT/1947. As medidas de defesa comercial podem ser unilaterais (medida *antidumping*[456], medida compensatória e medida de salvaguarda) e multilaterais ou retaliações (suspensão ou redução de benefícios acordados no âmbito da OMC).

Costumeiramente, as medidas de defesa comercial são classificadas pela doutrina como "barreiras não tarifárias" (não tributárias). Num primeiro momento, essa afirmação levaria a crer que não existiria nenhuma relação entre essas e os tributos. Embora por caminhos distintos da mera classificação semântica, chegar-se-á, neste tópico, a essa mesma conclusão, pelo menos para as medidas de *antidumping* e compensatória, restando dúvida quanto à salvaguarda.

Muito se tem dito, nem sempre de maneira convergente, sobre a natureza jurídica das medidas de defesa comercial, mas a doutrina e a jurisprudência não têm chegado a um consenso, pois já alegaram se tratar de tipos de tributos, medida tributária de intervenção no domínio econômico, medida não tributária de intervenção no domínio econômico, instituto *sui generis* etc. Analisaremos nos tópicos seguintes a compatibilidade dessa qualificação e apresentaremos o entendimento ao qual nos filiamos.

---

456   No Decreto nº 1.602/1995, a expressão medida *antidumping*, é utilizada para designar as medidas *antidumping* provisórias e direito *antidumping* para designar aqueles resultantes da conclusão da investigação. Neste capítulo, adotaremos somente uma expressão (medida *antidumping*) como sinônima de ambas.

Como há mais estudos e julgados referindo-se ao *dumping*, os argumentos apontados (pela doutrina e julgados) tiveram suas conclusões adaptadas para as medidas compensatórias, de salvaguarda e retaliatórias.

7.1.2 Medidas de Defesa Comercial como Tributo ou Modalidade Tributária de Intervenção no Domínio Econômico

7.1.2.1 Tributo

No Brasil, a Resolução nº 1.227/1987, da Comissão de Política Aduaneira – com base nos antigos códigos *antidumping* e de subsídio e medidas compensatórias[457] – qualificou as medidas de defesa comercial (compensatórias e *antidumping*) como "adicional de importação", conferindo-lhes natureza jurídica de imposto. A Lei nº 8.174, de 30 de janeiro de 1991, referiu-se expressamente à "tributação compensatória de produtos agrícolas", também fazendo crer que as medidas de defesa comercial teriam natureza tributária. O Decreto nº 174/1991, regulador da referida lei, utilizou a denominação "tributação compensatória, sob a forma de imposto de importação adicional".

Após a aprovação do GATT/1994 (do qual fazem parte o ASMC, o AAD e o ASG), observou-se que as normas brasileiras se tornaram menos afirmativas da natureza tributária das medidas de defesa comercial. A Lei nº 9.019, de 30 de março de 1995, e o Decreto nº 1.751, de 19 de dezembro de 1995, trouxeram algumas disposições que já se afastavam do antigo entendimento[458].

---

457 Ainda não havia um código de salvaguarda. Havia apenas o artigo XIX do GATT/1947, que somente foi instrumentalizado com o código de salvaguarda da Rodada Uruguai.

458 Exemplos: Lei nº 9.019/1995: "Art. 1º – [...] Parágrafo único – Os direitos *antidumping* e os compensatórios serão cobrados independentemente de quaisquer obrigações de natureza tributária relativas à importação dos produtos

Não restam dúvidas de que não são os dispositivos legais (lei complementar, ordinária ou mesmo tratado internacional) que determinarão a natureza jurídica tributária e o regime jurídico aplicável às medidas de defesa comercial, pois cabe ao legislador apenas explicitar os comandos constitucionais tributários, e não criar estruturas inconciliáveis com estes[459].

Partiremos do pentagrama elementar acolhido no sistema tributário brasileiro (compulsoriedade, valor pago em pecúnia, desvinculado de prática ilícita, instituído por lei e atender aos dispositivos específicos constitucionais), para averiguar se as medidas de

---

afetados. [...] Art. 3º – [...] § 1º – A garantia deverá assegurar [...] aplicação das mesmas normas que disciplinam a hipótese de atraso no pagamento de tributos federais, [...]. [...] Art. 7º – O cumprimento das obrigações resultantes da aplicação dos direitos *antidumping* e dos direitos compensatórios [...] será condição para a introdução no comércio do País de produtos objeto de *dumping* ou subsídio. § 1º – Será competente para a cobrança dos direitos *antidumping* e compensatórios [...] para sua restituição, a SRF do Ministério da Fazenda. [...] Art. 10 – Para efeito de execução orçamentária, as receitas oriundas da cobrança dos direitos *antidumping* e dos direitos compensatórios, classificadas como receitas originárias, serão enquadradas na categoria de entradas compensatórias previstas no parágrafo único do art. 3º da Lei nº 4.320, de 17 de março de 1964." Decreto nº 1.751/1995: "Art. 55 – [...] a expressão 'direito compensatório' significa montante em dinheiro igual ou inferior ao montante de subsídio acionável apurado, calculado nos termos do art. 14 [...], com o fim de neutralizar o dano causado pelo subsídio acionável. [...] Art. 58 – O direito compensatório aplicado sobre um produto será cobrado, independentemente de quaisquer obrigações de natureza tributária relativas à sua importação, nos valores adequados a cada caso, sem discriminação, sobre as importações do produto que tenha sido considerado como subsídio e danosas à indústria doméstica, qualquer que seja sua procedência. [...] § 2º – O desembaraço aduaneiro dos bens objeto de direito compensatório definitivo dependerá do seu pagamento. [...] Art. 66 – Direitos compensatórios e compromissos somente permanecerão em vigor enquanto perdurar a necessidade de neutralizar o subsídio acionável causador de dano e serão extintos no máximo com cinco anos [...]."

459   ATALIBA, G. **Sistema constitucional tributário brasileiro**. São Paulo: Revista dos Tribunais, 1968.

defesa comercial se caracterizam como tributo ou não. É o que se poderia chamar de um "teste de especificidade tributária" para analisar se lhes é aplicável o regime jurídico próprio dessa categoria jurídica.

A primeira característica do tributo é **compulsoriedade**, ou seja, uma vez configurado o fato gerador, surge uma obrigação tributária e o contribuinte é devedor da prestação, a partir daí seu pagamento é obrigatório. A compulsoriedade também se dá no âmbito do administrador, ou seja, uma vez ocorrido o fato gerador, a autoridade pública estará obrigada a cobrar-lhe o tributo devido.

As medidas de defesa comercial não se encaixam na noção de tributo sob nenhum desses dois enfoques, pois praticar o *dumping*, conceder subsídio específico ou aumentar significativamente o nível de importação de um determinado produto não geram, necessariamente, uma obrigação imediata de pagamento pelo "contribuinte", tampouco uma obrigação de exigi-las do importador para o agente arrecadador.

Seriam um tributo devidamente instituído, mas de exigência e cobrança facultativas, o que não parece adequar-se ao sistema constitucional tributário nacional. Isso vale para as três medidas de defesa comercial, pois a Camex tem discricionariedade para aplicá-las[460]. Mesmo que instituídas pela Camex e inicialmente cobradas pela SRF/MF, poderão ser dispensadas – caso haja acordo (nos casos de *dumping* e subsídio) ou as autoridades revisem a medida e entendam que não seja mais necessária –, o que ratifica a dúvida quanto à sua natureza tributária.

Cabe a formulação de uma ressalva expressa às salvaguardas, pois, da mesma forma que a alteração da alíquota do imposto de importação, sua aplicação tem um forte caráter discricionário na sua instituição. Distanciam-se do tributo, no entanto, pelo fato de que, uma vez instituído o aumento da alíquota do imposto de importação,

---

460 Essa discricionariedade só não existirá quando o parecer Secex for pela não-existência de dano significativo ou de nexo causal com o dano existente.

há a obrigatoriedade de seu pagamento pelo contribuinte, a menos que haja remissão determinada por lei específica, e, para a salvaguarda, isso não ocorre.

Pode um tributo ser remido por meio de acordo entre "contribuinte" e administração? Para os que entendem que sim, todas as medidas de defesa comercial seriam modalidades de adicional ao imposto de importação com finalidade protetiva do mercado. Para os que respondem não a essa pergunta, essas medidas não teriam natureza tributária. Partilhamos desse segundo entendimento, pois as "condenações" (unilaterais ou multilaterais) originárias no sistema normativo da OMC não são contas a pagar (títulos obrigacionais), mas créditos compensatórios exigíveis conforme os interesses políticos dos membros importadores.

A segunda característica do tributo é o **pagamento em pecúnia**. As medidas de defesa comercial, à exceção das medidas retaliatórias, serão sempre executadas por meio de pagamento em dinheiro ao governo brasileiro. Já as medidas retaliatórias, como são aplicadas com a suspensão ou a redução de benefícios acordados no âmbito dos Acordos da OMC, nem sempre se revertem em pecúnia e isso lhes retira a natureza jurídica tributária.

A terceira característica do tributo é que sejam **desvinculados de prática ilícita** e, nesse ponto, somente a salvaguarda se aproxima destes. As medidas *antidumping*, compensatórias e retaliatórias têm sua aplicação condicionada à existência de uma infração às regras da OMC, que poderá ser relevante ou não a depender do dano que cause ao livre fluxo do mercado internacional[461].

Como últimos critérios para a caracterização do tributo, aponta-se que deverá ser **instituído por lei e atender aos dispositivos tributários constitucionais** ao veicular as hipóteses de incidência tributária.

---

461   A margem de *dumping* e o montante do subsídio, quando *de minimis*, por ter pequeno potencial lesivo não podem gerar uma contramedida.

Os acordos sobre *antidumping*, salvaguarda e subsídios foram devidamente ratificados pelo Brasil, sendo recepcionados com *status* equivalente ao de lei ordinária. Nesse sentido, atenderiam, caso fossem tributo, ao critério de instituição prévia por lei. No que se refere especificamente às medidas *antidumping* e compensatórias, a Lei nº 9.019, de 30 de março de 1995, e o Decreto nº 1.751, de 19 de dezembro de 1995, denominam-nas, expressamente, como "direitos especiais", mas não veiculam uma hipótese de incidência tributária (critérios material, temporal e espacial), nem o conseqüente normativo (critérios pessoal e quantitativo) e a base de cálculo[462] do tributo, conforme as prescrições constitucionais vigentes. Ademais, também não criam uma nova figura tributária, pois, embora a Constituição não tenha criado tributos, delimitou parâmetros com os quais pode-se aferir o tipo de tributo referido na legislação infraconstitucional.

Uma peculiaridade das medidas compensatórias é que o artigo 53 da Medida Provisória nº 2.158-35, de 24 de agosto de 2001, que alterou o artigo 10 da Lei nº 9.019/1995, determinou que as receitas oriundas das medidas *antidumping* e compensatórias deveriam ser destinadas ao Ministério do Desenvolvimento, Indústria e Comércio Exterior, para aplicação na área de comércio exterior, conforme as diretrizes estabelecidas pela Camex. Há autores que consideram essa destinação direcionada incompatível com a qualificação do tributo como imposto. Para Carvalho[463], a destinação do recurso só é relevante para o Direito Financeiro, não tendo qualquer importância no enquadramento de um tributo como imposto ou não.

---

462 Sobre a necessidade de analisar a base de cálculo para ingressar na intimidade estrutural do tributo, ver CARVALHO, P. de B. Parecer. In: CARVALHO, P. de B.; FERRAZ JR., T. S.; BORGES, J. S. M. (Org.). **Crédito-prêmio de IPI**: estudos e pareceres. São Paulo: Manole, 2005. p. 27-29.

463 CARVALHO, P. de B. Parecer. In: CARVALHO, P. de B.; FERRAZ JR., T. S.; BORGES, J. S. M. (Org.). **Crédito-prêmio de IPI**: estudos e pareceres. São Paulo: Manole, 2005. p. 36.

Outra característica importante é o prazo máximo de vigência das medidas de defesa comercial estabelecido no AAD, no ASMC e no ASG. Isso aproximaria essas medidas do imposto de importação de competência residual ou, ainda, de um imposto extraordinário que também são marcados pela temporariedade.

As medidas de defesa comercial não podem ser caracterizadas como imposto extraordinário porque não são instituídas em função de situação de guerra externa (artigo 154, inciso II, da Constituição Federal). Não são impostos de competência residual da União, pois não há lei complementar específica que as institua, além de o fato gerador e a base de cálculo serem os mesmos para o imposto de importação. Não são imposto de importação, pois as próprias normas reguladoras rezam que sejam cobradas independentemente dos tributos aduaneiros devidos, sob pena de se configurar um caso de bitributação.

Há quem defenda que as medidas de defesa comercial sejam um adicional ao imposto de importação, seguindo a linha do que dispõem os artigos 25, 30, 59 e 64, todos do Decreto nº 2.667/1998[464].

Para falar-se em adicional de imposto de importação, deve-se ter como referência um fato jurígeno tributário idêntico àquele que determinou o pagamento do imposto de importação, o que não se aplica a nenhum dos casos em análise.

---

464 "Admissível o intervencionismo do Estado na economia como forma de regular o mercado econômico, mas não justificada a não extensão do benefício de isenção do imposto de importação adicional *antidumping* às demais regiões do país, inconstitucional, a Portaria nº 564/92, artigo 3º [...] Inconstitucional o Imposto de Importação adicional provisório, porquanto instituiu tratamento tributário diferenciado para determinada região, a teor dos artigos 151, I, e 150, II, da Constituição Federal." (Origem: TRF Quarta Região – Classe: Apelação em Mandado de Segurança – Processo: 9604245805 – UF: RS – Órgão Julgador: Segunda Turma – Data da decisão: 24/06/1999 – Documento: TRF400073438 – DJ data: 06/10/1999, pág. 347 – Juiz Hermes da Conceição Júnior)

O fato jurígeno relevante para a cobrança das medidas é a importação de produto investigado ao qual tenha ocorrido uma determinação positiva numa investigação de defesa comercial[465]. No caso do imposto de importação, diferentemente, o fato jurígeno relevante é importar produto estrangeiro não isento. Nesse sentido, pode-se concluir pela impossibilidade de enquadramento das medidas compensatórias e *antidumping* como adicionais ao imposto de importação.

No que concerne às medidas de salvaguarda, o Decreto nº 1.488/1995 dispõe, no artigo 4º, § 3º, que as medidas de salvaguarda provisórias serão cobradas independentemente dos tributos incidentes sobre a importação, enquanto os artigos 25, 30, 59 e 64, todos do Decreto nº 2.667/1998, dispõem que as medidas de salvaguarda provisórias e conclusivas serão adotadas como "aumento do imposto de importação", por meio de adicional à TEC. Essa diferença no tratamento deixa dúvida quanto à qualificação da medida de salvaguarda como modalidade tributária de adicional ao imposto de importação ou não.

Como dito anteriormente, não é a mera determinação legal que faz da medida de salvaguarda um tributo. Observados os cinco elementos caracterizadores do tributo, constatou-se que a medida de salvaguarda não atende ao critério da obrigatoriedade, não podendo ser qualificada como tal. Como se verá mais adiante, suas características são suficientes para qualificá-la como medida não tributária de intervenção no domínio econômico.

---

[465] "À primeira vista, parece haver uma coincidência entre os acontecimentos que desencadeiam a obrigação tributária e o dever de pagar o importe alusivo ao direito *antidumping*/importador, já que ambos pressupõem o ingresso do produto no território nacional [...] se fossem idênticos os fatos, o dever de pagar o *quantum* correspondente ao direito *antidumping*/importador contentar-se-ia com o simples ato de importar um determinado produto [...]. Só é possível exigir o valor relativo a tal medida nas hipóteses em condições de *dumping* condenável." (LÔBO, M. J. **Direitos antidumping** (crítica de sua natureza jurídica). Dissertação (Mestrado)– Faculdade de Direito da Pontifícia Universidade Católica de São Paulo, São Paulo, 2004. p. 161-162)

Um conseqüente lógico da natureza não tributária das medidas de defesa comercial é o fato de que nem os sujeitos passivos imunes tampouco os isentos de imposto de importação estariam livres do seu pagamento no ato de importação dos produtos investigados.

Diferentemente das medidas compensatórias e das medidas *antidumping*, o fundamento da medida de salvaguarda, tanto quanto o do adicional de imposto de importação, não é uma retaliação em si, mas o interesse público relevante que gera a necessidade de alterar a alíquota dos impostos descritos no artigo 153, incisos I, II, IV e V, da Constituição Federal. Por este motivo, o membro importador está proibido de alterar qualquer alíquota de imposto para retaliar prática desleal. O caminho adequado é investigar, tentar a composição e, não conseguindo, aplicar as medidas de defesa comercial compatíveis.

Outro aspecto a ser observado quanto à natureza tributária das medidas de defesa comercial é a identificação do sujeito passivo e do responsável pelo seu pagamento. Baptista[466] afirma que o "responsável" pelo pagamento de direito *antidumping* é o exportador estrangeiro e que, por dificuldade prática de arrecadação e cobrança, o Fisco cobra dos importadores. Ao que parece, o autor sustenta a natureza tributária do instituto e que o exportador é o contribuinte, sendo o importador um responsável tributário. Ainda que seja uma interpretação respeitável e possível, não compactuamos com ela por entender que não se subsume no modelo adotado no sistema constitucional tributário brasileiro.

Não há nenhuma relação obrigacional tributária entre o Estado brasileiro e o exportador estrangeiro (no caso de *dumping* e da salvaguarda) ou membros estrangeiros da OMC (no caso de subsídio). Se assim fosse, estaríamos diante da extraterritorialidade da soberania

---

466   BAPTISTA, L. O. Dumping e anti-dumping no Brasil. In: AMARAL JÚNIOR, A. do. (Coord.). **OMC e o comércio internacional**. São Paulo: Aduaneiras, 2002. p. 56.

tributária. Na importação, quem pratica o fato jurídico de adquirir mercadoria estrangeira não isenta ou de adquirir mercadoria estrangeira agravada por medida de defesa comercial é o importador, que seria, portanto, o contribuinte (caso se entendesse que seriam espécies tributárias).

Nos casos albergados na legislação nacional, nos quais há a figura do contribuinte e do responsável pelo pagamento da obrigação, jamais há exclusão daquele, quando o responsável recolhe o valor devido. O contribuinte mantém-se como tal, para todos os efeitos legais.

Também há os que classificam as medidas *antidumping* como "taxa de polícia" vinculada ao procedimento de importação. Essa também não parece ser uma interpretação que se sustente, em face de alguns contra-argumentos.

Carrazza[467] caracteriza a taxa como uma obrigação *ex lege*, que tem "por hipótese de incidência uma atuação estatal diretamente referida ao contribuinte" e que pode ser derivada de um serviço público (taxa de serviço) ou de um ato de polícia (taxa de polícia)[468]. Tem natureza retributiva e compensa o Estado por desenvolver alguma atividade efetiva (não apenas potencial). É uma contraprestação cujo

---

[467] CARRAZZA, R. A. **Curso de direito constitucional tributário**. 19. ed. São Paulo: Malheiros, 2004. p. 448-469. Ver também SILVA, J. A. da. **Curso de direito constitucional positivo**. 23. ed. São Paulo: Malheiros, 2004. p. 706.

[468] Código Tributário Nacional (CTN): "Artigo 78 - Considera-se poder de polícia atividade da administração pública que, limitando ou disciplinando direito, interesse ou liberdade, regula a prática de ato ou abstenção de fato, em razão de interesse público concernente à segurança, à higiene, à ordem, aos costumes, à disciplina da produção e do mercado, ao exercício de atividades econômicas dependentes de concessão ou autorização do Poder Público, à tranqüilidade pública ou ao respeito à propriedade e aos direitos individuais ou coletivos. Parágrafo único - Considera-se regular o exercício do poder de polícia quando desempenhado pelo órgão competente nos limites da lei aplicável, com observância do processo legal e, tratando-se de atividade que a lei tenha como discricionária, sem abuso ou desvio de poder."

quantum deverá ser proporcional e relacionado às diligências do ato de polícia prestado pelo agente público.

Partindo da premissa de que seja uma taxa de polícia, cabe questionar: cobra-se pela investigação ou pelo desembaraço aduaneiro dos produtos? Essa espécie tributária é compatível com cobrança baseada em alíquotas específicas e *ad valorem* sobre o produto importado?

Conforme Machado, a lei que institua a taxa "deve prever não apenas a hipótese de incidência, em todos os seus aspectos. Deve estabelecer tudo quanto seja necessário à existência da relação obrigacional tributária. Deve prever, portanto, a hipótese de incidência e o conseqüente normativo. A descrição do fato temporal e a correspondente prestação, com todos os seus elementos essenciais, e ainda a sanção, para o caso da não prestação"[469]. O que se observa é que, das regras instituidoras e regulamentadoras da aplicação das medidas de defesa comercial, não se pode aferir todos esses dados.

Diante desses elementos básicos e do que adiante delinearemos, pode-se constatar a incompatibilidade entre a espécie tributária taxa e as medidas de defesa comercial.

Se considerarmos como contribuinte o importador[470], como identificar a atuação fiscalizatória estatal diretamente referida a ele?

A atuação fiscalizatória estatal não existe, porque não houve nenhum procedimento investigatório ou fiscalizatório ligado ao importador para gerar a cobrança de "taxa de polícia". Ainda que se considere que o ato de fiscalização seja exatamente o de restringir sua liberdade de importar um determinado produto, não faria nenhum sentido cobrar a taxa tendo como base de cálculo unidades de medida de riqueza tributável[471] ou o preço de importação da mercadoria (valor da transação

---

469   MACHADO, H. de B. **Comentários ao código tributário nacional**: artigos 1 a 95. São Paulo: Atlas, 2003. v. 1, p. 654.
470   Com o que não se concorda, mas seria a única hipótese cabível para defender a teoria da compatibilidade da taxa de polícia.
471   Artigo 20, I, do Código Tributário Nacional.

ou valor aduaneiro)[472], e não o *quantum* proporcional relacionado às diligências do ato de polícia empreendido pelo agente público.

Para as medidas *antidumping* e compensatórias, o valor a ser pago será, no máximo, o montante do subsídio específico ou da margem de *dumping* e será calculado, dentre outros mecanismos, pelo seu valor CIF (valor aduaneiro + transporte)[473], cujo elemento, valor aduaneiro, já serve de base de cálculo para o imposto de importação, o imposto de exportação e o imposto sobre produtos industrializados, em desacordo com o artigo 145, § 2º, da Constituição Federal e com o artigo 77 do Código Tributário Nacional (CTN).

Nas normas instituidoras das medidas de defesa comercial, não há a descrição de fato revelador da atividade estatal dirigida ao contribuinte.

Concluindo, subscrevo as palavras da juíza Maria Lúcia Luz Leiria quando alega comungar do entendimento de que os chamados direitos *antidumping* (medidas compensatórias e salvaguarda)[474] não se constituem taxa, porquanto não decorrentes do exercício do poder de polícia, tampouco remuneração pela utilização efetiva ou potencial de serviço público específico e divisível, prestado ou posto à disposição do contribuinte, não violando, dessa forma, o princípio da legalidade, por não se submeter à regra esculpida no artigo 150, I, da Constituição Federal[475].

---

472 Artigo VII do Acordo Geral sobre Tarifas e Comércio de 1994 que revogou tacitamente o artigo 20, II, do Código Tributário Nacional.

473 CIF (Cost, Insurance and Freight) significa que o exportador entrega as mercadorias quando elas transpõem a murada do navio no porto de embarque, e o exportador deve pagar os custos e fretes necessários para levar as mercadorias ao porto de destino nomeado que só deve ser utilizado em negociações internacionais que envolvam os chamados transportes aquaviários (marítimo e hidroviário).

474 Complemento nosso.

475 Origem: TRF Quarta Região – Classe: Apelação em Mandado de Segurança – 67273 – Processo: 200071100011887 – UF: RS – Órgão Julgador: Primeira

É comum a aceitação, sem que se aprofunde nas justificativas, de que medidas de defesa comercial (compensatórias, *antidumping* e salvaguarda) sejam um mecanismo estatal para regular a economia e o mercado[476].

Na modalidade tributária, a medida de intervenção no domínio econômico recebe a sigla CIDE (Contribuição de Intervenção no Domínio Econômico), que deverá assumir a forma de imposto ou de taxa, pois não se configura em espécie autônoma de tributo.

Taxa, como já vimos nos parágrafos anteriores, as medidas de defesa comercial não poderiam ser, pois não correspondem à prestação de serviço nem a exercício de poder de polícia, além de terem base de cálculo incompatível com essa categoria. Para que se configurassem como imposto, haveriam de ser precedidas de lei complementar que

---

[476] Turma – Data da decisão: 17/12/2003 – Documento: TRF400093768 – DJU data: 18/02/2004, pág. 482– Juíza Maria Lúcia Luz Leiria.
"Admissível o intervencionismo do Estado na economia como forma de regular o mercado econômico, sendo justificada a extensão das medidas à Zona Franca de Manaus [...] Cobrança de direitos *antidumping* que não se confunde com imposto de importação." (Origem: TRF Primeira Região – Apelação em Mandado de Segurança – 01000449201 – Processo: 199701000449201 – UF: AM – Órgão Julgador: Segunda Turma Suplementar – Data da decisão: 26/06/2001 – Documento: TRF100113701 – DJ data: 09/07/2001, pág. 33 – Juíza Kátia Balbino de C. Ferreira). "Os direitos *antidumping* constituem-se, isto sim, uma forma de proteção ao mercado e à economia interna frente à importação de determinados produtos, exercitando o Estado, seu poder de intervenção na ordem econômica, de modo a manter o equilíbrio da economia nacional [...] Dispondo sobre tais medidas, a Lei nº 9.019/95, determinou a cobrança de importância, em moeda corrente do País, correspondente a um percentual da margem de *dumping* ou do montante de subsídios, suficientes para sanar dano ou ameaça de dano à indústria doméstica, cobrados independentemente de quaisquer obrigações de natureza tributária relativas à importação dos produtos afetados." (TRF Quarta Região – Apelação em Mandado de Segurança – 67273 – Processo: 200071100011887 – UF: RS – Órgão Julgador: Primeira Turma – Data da decisão: 17/12/2003 – Documento: TRF400093768 – DJU data: 18/02/2004, pág. 482 – Juíza Maria Lúcia Luz Leiria)

as instituísse[477], já que não se enquadram em nenhum dos tributos previstos no artigo 153 da Constituição Federal. As normas que as instituem e regulamentam são leis ordinárias, tratados, decretos e outras normas executivas. Um outro motivo pelo qual não se pode classificá-las como CIDE é o fato de que quem paga (importador) não está diretamente envolvido com a exploração da atividade econômica que a CIDE pretende disciplinar[478].

7.1.2.2 MODALIDADE NÃO TRIBUTÁRIA DE INTERVENÇÃO NO DOMÍNIO ECONÔMICO

A qualificação das medidas de defesa comercial como modalidade não tributária de intervenção no domínio econômico recebe apoio de doutrina abalizada[479]. Aqui, retoma-se a noção de Estado premial e de Estado estimulador da economia, ou seja, o Estado, para intervir na economia, o faz diretamente (participação ou absorção), ou impondo comportamentos (direção), ou ainda estimulando comportamentos (indução).

---

477   Nesse sentido ver: CARRAZZA, R. A. **Curso de direito constitucional tributário**. 19. ed. São Paulo: Malheiros, 2004. p. 529-530: "Se as contribuições interventivas tiverem hipótese de incidência de algum imposto da chamada 'competência residual' da União não poderão ter hipótese de incidência ou base de cálculo iguais às de qualquer dos impostos elencados nos arts. 153, 155 e 156 da CF e precisarão observar a *regra da não-cumulatividade*. Se tiverem hipótese de incidência de algum imposto da chamada 'competência explícita' da União (art. 153, I a VII, da CF) deverão ser criadas por meio de lei ordinária e, é claro, poderão ser cumulativas."

478   CARRAZZA, R. A. **Curso de direito constitucional tributário**. 19. ed. São Paulo: Malheiros, 2004. p. 530.

479   Ver FERRAZ JR., T. et al. Direitos "anti-dumping" e compensatórios: sua natureza jurídica e conseqüências de tal caracterização. **Revista de Direito Mercantil, Industrial, Econômico e Financeiro**, São Paulo, v. 33, n. 96, p. 87-109, out. 1994 e BARRAL, W. de O. **Dumping e comércio internacional**: a regulamentação antidumping após a Rodada Uruguai. Rio de Janeiro: Forense, 2000.

Na mesma linha de Lôbo[480], adotou-se o entendimento de que a "indução" estatal não é compatível com a característica sancionatória das medidas *antidumping* e compensatórias que, por isso, não podem ter natureza de intervenção no domínio econômico por indução negativa, como defende Barral[481]. O Estado não poderia estimular condutas por meio de sanções, pois estas têm características compensatória e inibidora da reiteração do ilícito comercial internacional.

Esse raciocínio, no entanto, não se aplica às salvaguardas, que nada obsta poderem ser enquadradas como tipo de medida interventiva, não tributária, no domínio econômico, pois não derivam de ilícito algum e visam apenas reduzir temporariamente – para que a indústria nacional se adapte às novas condições de mercado – os efeitos lesivos a ela causados, em razão da larga importação legal de produtos similares aos produzidos pelo setor produtivo nacional.

7.1.3 Contramedidas como Sanção e Instituto *sui generis*

Há também a hipótese qualificadora das medidas de defesa comercial como sanção[482] e como instituto *sui generis*[483]. Defendendo a segunda qualificação, Cabanellas[484] afirma que não podem ser reguladas nem pela legislação tributária nem pela legislação interna argentina de defesa da concorrência.

---

480 LÔBO, M. J. **Direitos antidumping** (crítica de sua natureza jurídica). Dissertação (Mestrado)– Faculdade de Direito da Pontifícia Universidade Católica de São Paulo, São Paulo, 2004. p. 174.

481 BARRAL, W. de O. **Dumping e comércio internacional**: a regulamentação antidumping após a Rodada Uruguai. Rio de Janeiro: Forense, 2000. p. 63.

482 Nesse sentido ver: LÔBO, M. J. **Direitos antidumping** (crítica de sua natureza jurídica). Dissertação (Mestrado)– Faculdade de Direito da Pontifícia Universidade Católica de São Paulo, São Paulo, 2004. p. 178-210.

483 CABANELLAS, G. **El dumping**: legislación argentina y derecho comparado. Buenos Aires: Heliasta, 1981.

484 CABANELLAS, G. **El dumping**: legislación argentina y derecho comparado. Buenos Aires: Heliasta, 1981.

A qualificação das medidas de defesa comercial como sanção recebe da doutrina que lhe é contrária[485] ataques semelhantes aos que recebe seu enquadramento como tributo, quais sejam: a) tem aplicação discricionária; b) não é cobrada no valor exato do dano causado; c) é aplicável de maneira retroativa; e d) pode haver celebração de acordo para suspender sua aplicação. Lôbo[486], em análise criteriosa de cada uma dessas críticas, consegue demonstrar que, por si só, "os principais argumentos contrários à natureza sancionatória das medidas *antidumping* não se ajustam ao conceito lógico-jurídico de sanção" e, por isso, não são suficientes para desqualificá-la como tal.

Quanto à discricionariedade de sua cobrança, já foi dito que a decisão derivada do sistema OMC não gera um "débito a pagar", mas um "direito objetivo à compensação ou à retaliação" no limite do valor apurado e que será exercido ou não pela parte vencedora, de acordo com critérios eminentemente políticos e diplomáticos, o que não ocorre no modelo sancionatório do direito interno, que é mais restritivo e derivado de uma sentença em sentido estrito, com natureza jurídica diferenciada.

Quanto à possibilidade de formulação de acordo para a suspensão da aplicação da sanção, isso já não é mais novidade no Direito Positivo brasileiro e não retira das contramedidas a possibilidade de terem natureza sancionatória.

---

485   FERRAZ JR., T. et al. Direitos "anti-dumping" e compensatórios: sua natureza jurídica e conseqüências de tal caracterização. **Revista de Direito Mercantil, Industrial, Econômico e Financeiro**, São Paulo, v. 33, n. 96, p. 94, out. 1994; TAVORALO, A. T. A natureza jurídica dos direitos antidumping. **Cadernos de Direito Tributário e Finanças Públicas**, São Paulo, v. 5, n. 8, p. 246, jan./mar. 1997; e PIRES, A. R. **Práticas abusivas no comércio internacional**. Rio de Janeiro: Forense, 2001. p. 148.

486   LÔBO, M. J. **Direitos antidumping** (crítica de sua natureza jurídica). Dissertação (Mestrado)– Faculdade de Direito da Pontifícia Universidade Católica de São Paulo, São Paulo, 2004. p. 186.

Como mencionado anteriormente, a contramedida – nas modalidades medida *antidumping*, compensatória e retaliatória – é reação permitida no sistema OMC, que autoriza sua aplicação diretamente pelo membro importador ao que praticou o ato ilegal de comércio. Já na modalidade salvaguarda afasta-se desse caminho, pois não se configura como retaliação, mas tão-somente como proteção do setor produtivo nacional, e será aplicada independentemente de ato ilícito de outro membro. Enquanto as salvaguardas poderiam ser classificadas como medidas de intervenção não tributária no domínio econômico, as três primeiras têm traços marcantes de sanção derivada do Direito Internacional Econômico[487].

Uma das mais relevantes funções históricas do sistema GATT foi a imposição de regras de contenção da atuação dos Estados (imposição de barreiras tarifárias). Com a consolidação de tarifas (alíquotas de impostos incidentes sobre operações de comércio exterior) e a proibição de sua alteração unilateral, abriu-se caminho para outros mecanismos sancionatórios dos Estados e das empresas. Uma medida, até então legal, de natureza tributária (aumento das alíquotas, imposição de quotas, proibição de importação) foi trocada por uma

---

[487] Nesse ponto, mudamos de opinião quando escrevemos que se tratava de ilícito de natureza "civil", pois, se assim o fosse, a destinação seria para as empresas, e o valor a ser ressarcido seria o valor total do dano causado a estas, o que, de fato, não ocorre. Dissemos textualmente: "Sua natureza jurídica não é de ilícito penal, pois não se trata de fato típico e antijurídico; não é de ilícito administrativo, pois não se trata de ato vinculado ao poder de império do Estado nacional. Tem a natureza jurídica equivalente a da compensação civil, indenizatória, motivada pela existência de um dano, causado por um Estado membro a outro(s) e pela quebra de um 'contrato' internacional, firmado sob os auspícios do Direito Econômico Internacional acionando a Responsabilidade Internacional do Estado signatário do Acordo [...]" (REZENDE, A. C. F. **Aspectos do comércio internacional e de institutos da defesa comercial, com especial enfoque nos subsídios** – uma análise das normas nacionais e das normas da OMC. Dissertação (Mestrado)- Pontifícia Universidade Católica de. São Paulo, São Paulo, 2002. p. 151)

sanção de caráter retaliatório, inibitório e compensatório, que deverá ser precedida de um processo investigatório (no caso do Brasil, administrativo) que apurará a existência do ilícito, o montante do dano e o nexo causal entre ambos.

Podem-se apontar três das principais causas da responsabilidade internacional de um Estado pela prática de ato ilícito: a) a existência de um dano; b) sua imputabilidade a um determinado Estado; e c) a ilicitude do ato causador do dano, ou seja, a violação ao Direito Internacional. O dano deverá ser um prejuízo material ou moral direto, e não apenas o prejuízo jurídico consignado no interesse coletivo de cumprimento das normas internacionais[488].

---

488   "Quando um ente da Federação Brasileira impõe tratamento privilegiado a produto nacional em detrimento de produto estrangeiro ou entre produtos oriundos de países ou regiões distintas, há que falar em responsabilidade internacional do Brasil, ainda que indireta, derivada dos Acordos GATT, já que esses acordos foram firmados em conformidade com os poderes que a Constituição Federal conferiu ao chefe da União e ao Congresso Nacional no artigo 151, III". (CORREA, L. A. A cláusula do tratamento nacional em matéria tributária do GATT/1994 e o Brasil: validade e responsabilidade internacional em face do artigo 151, III, da Constituição de 1988. **Revista de Informação Legislativa**, Brasília, ano 39, n. 154, abr./jun. 2002), Correa, citando Combacau, afirma que, no caso de o dano não ter sido produzido exclusivamente pelo Estado, seus órgãos, ou por quem ele devesse responder, ou seja, quando houver participação de terceiro não ligado direta ou indiretamente ligado a ele (Estado), não há imputabilidade exclusiva. Ou ainda, quando houver ação de outro Estado ou força maior, também não haverá imputabilidade. Estes casos não se enquadram na Federação Brasileira, pelo fato de haver uma responsabilização indireta do Estado contratante pelos entes que foram sua estrutura política interna. O artigo XXIV do GATT/1994 derrubou o argumento de que bastava um esforço efetivo do Estado, nos limites constitucionais, sobre os sujeitos políticos internos, no sentido de que obedecessem aos Acordos, para que sua responsabilidade internacional pelo não-cumprimento de disposições por terceiros fosse debelada. Essa interpretação era possível graças ao grau de flexibilidade deixado pelo antigo texto do GATT/1947, muito comum na linguagem diplomática, a fim de que firmem os acordos. Comparando as versões do GATT/1947 e do GATT/1994, observa-se a mudança de

Não há que falar em "culpa" do Estado, mas, sim, em nexo causal entre a prática do Estado e o resultado danoso. Essa é a regra do Direito Internacional, dos acordos da OMC e, por conseguinte, será a regra utilizada pelo OSC/OMC para autorizar a aplicação de retaliatórias pelo membro importador.

A responsabilidade internacional implica obrigação de reparar o dano, que poderá ser por "recomposição da situação anterior ou ato ilícito" ou pela "indenização" (compensação ou retaliação).

A legitimidade da atuação do Estado lesado depende da observância das disposições procedimentais estabelecidas no ESC/OMC. As alternativas apresentadas por esse acordo são: a) concessão de prazo para composição das partes; b) concessão de prazo para alteração das práticas desleais; c) autorização ao membro importador para que imponha restrições comerciais ao país infrator. Vê-se que se privilegia, a todo o tempo, a composição que poderá se dar, inclusive, depois de encerrado o processo de investigação com a prova positiva da prática do ilícito econômico internacional[489].

---

paradigma utilizado pela OMC e a ratificação da responsabilidade internacional do Estado infrator dos Acordos, perante terceiros. Essas e outras idéias podem ser extraídas do excelente artigo da Juíza Federal Luciane Amaral Corrêa (CORREA, L. A. A cláusula do tratamento nacional em matéria tributária do GATT/94 e o Brasil: validade e responsabilidade internacional em face do artigo 151, III, da Constituição de 1988. **Revista de Informação Legislativa**, Brasília, ano 39, n. 154, abr./jun. 2002). Também é aconselhável a consulta direta a obras citadas pela autora em seu estudo: WEIL P. Lê droit international em quête de son identité. **Recueil dês Cours de l'Académie de Droit International**, Haia: Martinus Nijhoff, n. 237, 1992 e COMBACAU, J.; SUR, S. **Droit international public**. Paris: Montchrestien, 1993.

489 "No âmbito da Organização Mundial do Comércio, portanto, as partes são vinculadas não apenas às regras materiais que defluem do sistema, porém também a um procedimento destinado à uma observância [...] a violação das atividades atinentes por um Estado-Membro pode ser reconhecida, de forma compulsória, pelo Órgão de Solução de Controvérsias, decorrendo de tal reconhecimento a obrigação de implementar as medidas por ele recomendadas

Seja para os que entendem que se trata de institutos *sui generis*, seja para os que, como nós, as classificam como sanção, é relevante delimitar-lhes o regime jurídico aplicável. Essa sanção é distinta da noção de sanção no direito interno, já que derivada do Direito Internacional Econômico e recebeu dos textos normativos a denominação de direito especial, com características próprias, como se verá no tópico seguinte.

7.1.4 Direito Especial

Adotamos a expressão direito especial por ter sido a introduzida pelos acordos da OMC. Esse direito especial não é um direito privado na forma tradicional, tampouco um interesse público clássico que afeta tão-somente os interesses de titularidade do Estado. No Brasil[490], mesmo antes da criação da OMC e desde a promulgação da Lei da Ação Civil Pública (LACP), esta divisão clássica de interesse deixou de ser algo fundamental no ordenamento nacional.

À guisa de introdução, cita-se o elucidativo conceito de "interesse" esboçado por Prade[491] como "relevância de ordem material ou também instrumental, subjetivada ou não subjetivada, conferida pelo direito positivo a determinadas situações respeitantes ao indivíduo isolado, ao grupo ou à coletividade maior". Foi a teoria de Alessi[492] que

---

        para cessar a violação. Na continuidade dessa, podem os Estados-Membros prejudicados se utilizar de mecanismos destinados à reparação do dano, seja por meio de compensação, num primeiro momento, seja mediante retaliação, uma vez frustrada a possibilidade compensatória." (CORREA, L. A. A cláusula do tratamento nacional em matéria tributária do GATT/94 e o Brasil: validade e responsabilidade internacional em face do artigo 151, III, da Constituição de 1988. **Revista de Informação Legislativa**, Brasília, ano 39, n. 154, p. 147-148, abr./jun. 2002)

490   Lei Federal nº 7.347, de 24 de julho de 1985.
491   PRADE, P. **Conceito de interesses difusos**. 2. ed. São Paulo: Revista dos Tribunais, 1987. p. 11.
492   Para Alessi há um interesse público primário correspondente a um interesse do bem geral (interesse da sociedade e coletividade como um todo – interesses

trouxe nova luz para a tradicional doutrina defensora da divisão dos interesses entre públicos e privados. A principal inovação foi a assertiva de que diferenciar interesse público de interesse privado, tendo por base sua titularidade, não é correto, pois os interesses públicos também alcançam os interesses da coletividade e não só os do Estado, como inicialmente concebido pela doutrina. Em outros termos, "muitos dos interesses que afetam a coletividade como um todo são públicos, embora não necessariamente, pertencentes ao Estado. Assim é que se propõe, modernamente, que o interesse público constitua noção inseparável do interesse da coletividade como um todo e não apenas do Estado"[493].

Foi a aceitação de uma jurisdição efetiva e voltada ao atendimento dos interesses públicos primários que possibilitou, por intermédio da LACP, a superação das limitações impostas pela velha teoria corporificada no artigo 3º do Código de Processo Civil Brasileiro e garantiu o cumprimento, inclusive jurisdicional, dos chamados direitos transindividuais[494] ou metaindividuais[495] (direitos difusos, coletivos e individuais homogêneos).

Segundo a classificação do artigo 81 do Código de Defesa do Consumidor (CDC): interesses difusos são interesses de pessoas indeterminadas e indetermináveis – sendo certo que, entre elas, não há vínculo jurídico, embora partilhem do mesmo interesse, que é indivisível – que apenas podem ser usufruídos e aproveitados de maneira coletiva, pois não é possível identificar a parcela cabível a

---

sociais, os indisponíveis do indivíduo e da coletividade, os difusos, os coletivos e os individuais homogêneos) e um interesse público secundário correspondente ao interesse do Estado, como administração *stricto sensu*. (ALESSI. R. **Sistema istituzionale del diritto amministrativo italiano**, 1960, p.197-8 *apud* MAZZILI, H. N. **A defesa dos interesses difusos em juízo**. 12. ed. São Paulo : Saraiva, 2000. p. 43).

493 VIGLIAR, J. M. M. **Interesses difusos e coletivos**. São Paulo: CPC, 2004. p. 17.
494 Termo preferido pela doutrina especializada.
495 Termo utilizado na Lei nº 8.078, de 11 de setembro de 1990 – Código de Defesa do Consumidor (CDC).

cada um, individualmente[496]; interesses coletivos são aqueles de uma classe, categoria ou grupo determinado, ou pelo menos determinável, de pessoas que estão unidas por uma mesma relação jurídica de base indivisível e não por mera situação fática[497]. Interesses individuais homogêneos são os que têm seus titulares determinados ou determináveis, que se unem por fatos decorrentes de sua origem comum e têm interesses divisíveis e passíveis de serem atribuídos a qualquer dos titulares (cada um dos titulares poderia pleitear separadamente seu direito, em juízo)[498].

A LACP prevê, no seu artigo 1º, IV, que poderá ser utilizada, a fim de proteger *qualquer interesse difuso ou coletivo*[499] dos danos morais ou patrimoniais causados por terceiros. Aplicam-se os dispositivos dessa Lei aos casos descritos no artigo 1º, I, II e III, da Lei nº 7.913, de 07 de dezembro de 1989[500] (Lei do Mercado de Valores Mobiliários – LMVM), para resguardar alguns direitos econômicos coletivos relevantes.

Em que categoria de interesses poder-se-iam enquadrar as medidas compensatórias e *antidumping*? Para responder a essa pergunta é importante dizer que o interesse tutelado não é o da aplicação dessas contramedidas, mas, sim, o de exercer o direito de atuar num mercado leal, cujas diferenças no desempenho econômico sejam derivadas de efetiva competitividade dos agentes, e não de apoio estatal ilegal ou da prática do *dumping* por empresas estrangeiras.

---

496 Exemplos: direito ao meio ambiente saudável e exposição dos consumidores a uma propaganda enganosa.
497 Exemplo: consumidores de telefonia fixa que têm direito à mesma qualidade no serviço prestado.
498 Exemplo: compradores de veículo cuja série padece de defeito de fábrica na suspensão.
499 Inciso acrescentado pelo artigo 110 do Código de Defesa do Consumidor em 1990.
500 "Aqui também fica vedada a defesa dos interesses individuais disponíveis: a destinação institucional do Ministério Público não contempla a defesa de tais

As medidas compensatórias e *antidumping* têm caráter sancionatório, já o interesse tutelado referido anteriormente, por pertencer a uma classe (setor produtivo, setor exportador, consumidor etc.), ser derivado de uma relação jurídica básica comum (competição, no território nacional, com produtos subsidiados ilegalmente) e não ser possível a apuração individual do dano causado pelo ilícito praticado, pertence à categoria de um interesse público primário, denominado interesse coletivo.

No entanto, é um direito coletivo que está submetido a procedimento investigatório distinto daquele disposto na LACP, pelo fato de estar regulado em lei especial posterior que lhe confere mecanismo próprio.

É de observar que, tanto no "inquérito civil" instituído pela LACP, sob a responsabilidade do Ministério Público, quanto na investigação instituída pela Lei nº 9.019, de 30 de março de 1995, e pelo Decreto nº 1.751, de 19 de dezembro de 1995, sob a responsabilidade da Secex, é possível: a) o arquivamento justificado pelo órgão administrativo; b) a composição das partes como meio de suspensão da investigação e, no caso da LACP, até do processo judicial, sem imposição da sanção ou da contramedida; c) a destinação do valor pecuniário da sanção para um fundo[501] destinado à recomposição dos bens (artigo 13 da LACP e o artigo 53 da Medida Provisória nº 2.158-35, de 24 de agosto de 2001), ou para ações de beneficiamento do setor produtivo.

Essas comparações são significativas para ratificar a natureza peculiar das sanções derivadas da defesa comercial, além do que, quando

---

interesses. Antes apenas os interesses coletivos eventualmente ameaçados pela ação do governo ou das empresas que investem maciçamente no mercado financeiro é que merecem a atuação do Ministério Público." (VIGLIAR, J. M. M. **Interesses difusos e coletivos**. São Paulo: CPC, 2004. p. 74)

501 No caso da LACP, o fundo será gerido por um Conselho Estadual ou Federal, conforme o Decreto nº 1.306, de 13 de outubro de 1994, e o artigo 1º da Lei nº 9.240, de 22 de dezembro de 1995.

tratamos de direitos transindividuais ou transindividuais internacionais, como parece ser o caso, não se pode querer enclausurá-los em institutos predeterminados do direito interno, a qualquer custo, a fim de lhes conferir uma natureza jurídica e um regime jurídico escolhidos entre os tradicionalmente preestabelecidos.

A cobrança das medidas de defesa comercial é realizada no ato de internalização dos produtos importados no território nacional, concomitantemente com os impostos incidentes sobre as operações de comércio exterior, que também têm como critério temporal a internalização da mercadoria estrangeira e, como já sustentado, isso não as confunde com um tributo.

Essa determinação tem caráter prático para a efetividade da medida. Não haveria sentido aplicar a sanção depois que a mercadoria já estivesse circulando no mercado interno em poder do consumidor final, que seria apenado pela prática desleal do membro da OMC ou da empresa estrangeira.

Se o valor destina-se a retaliar o membro exportador, inibindo sua reincidência, e a compensar o membro lesado pelo desequilíbrio causado ao mercado do produtor interno, faz sentido que um órgão federal seja o consignatário desse pagamento, o responsável por sua aplicação e cobrança, para benefício do setor produtivo nacional. Se esse órgão for a SRF/MF, a Inscrição na Dívida Ativa, bem como a cobrança efetuada pela Procuradoria da Fazenda Nacional, fará sentido. Nada obsta que esses órgãos cuidem, além das entradas decorrentes de relação tributária, das entradas decorrentes de um direito especial.

Podem-se aplicar direitos especiais preliminares e retroativos, desde que observados os critérios próprios, determinados nas normas vigentes. Da mesma forma, é comum utilizar critérios especiais para a concessão de liminar, tutela antecipada, prisão preventiva e outros, no processo judicial comum.

As medidas de defesa comercial têm cobrança facultativa, que pode ser suspensa por transação, como é característico das sanções internacionais. Já tecemos comentários sobre as decisões do OSC/OMC:

as condenações não são consideradas "contas a pagar", mas, sim, "crédito compensatório" cuja utilização pela parte vencedora é discricionária, algo concebível no Direito do Comércio Internacional.

Mesmo sendo uma característica típica do comércio internacional, observam-se, na legislação interna brasileira, várias situações, nas quais a transação é um instrumento legal para a não-imposição da sanção. Dentre outras, são elas: a) transação no inquérito civil e na ação civil pública, instituída pela LACP; b) transação no processo penal, instituída pela Lei nº 9.099/1995; c) perdão judicial previsto nos artigos 51 e seguintes do Código de Processo Penal e no artigo 106 do Código Penal; e d) permanente possibilidade de composição das partes, no que concerne aos direitos disponíveis, no processo civil.

Por ser derivada de um direito transindividual coletivo (internacional), a indenização não se destina a empresa, grupo ou pessoa específica, mas, sim, ao Estado, guardião maior do direito pleiteado, assim como ocorre nos casos previstos na LACP.

A essas contramedidas, com natureza jurídica de direitos especiais, aplica-se o regime jurídico próprio, fundado nas disposições do GATT/1994, do ASMC e do AAD, recepcionado e regulado, no Brasil, por normas internas que deverão ser observadas. Não lhes é possível a aplicação das regras relativas ao sistema tributário constitucional brasileiro.

Esses direitos especiais, por sua mescla inovadora, podem ser classificados como sanção internacional e, por isso, *sui generis*, quando comparados à noção clássica de sanção (repressão obrigatória ou ato de soberania estatal) do direito interno. Nesse ponto, aproveitamos muitos dos argumentos esboçados pelos eminentes mestres Barral e Cabanellas, sem, no entanto, acolher todas as suas conclusões, e consideramos que a denominação de direito *sui generis* não é incompatível com a adoção da concepção de que as contramedidas também sejam um tipo de sanção: como dito, uma sanção *sui generis*.

Falou-se sobre a existência de um direito premial que faria do Estado um estimulador de condutas. Não se pode negar que, quando o direito internacional dá posição de destaque à composição das partes, com a possibilidade de apagar atos lesivos passados, o faz com o intuito de estimular condutas legais futuras. Assim, é plausível defender que a OMC introduziu na defesa comercial um sistema sancionatório que se afasta da legalidade estrita para se aproximar do princípio da composição e da efetividade dos atos praticados na proteção do mercado internacional. A esse novo tipo de sanção deu-se o nome de medidas *antidumping*, compensatória ou retaliatória cuja natureza jurídica inovadora é a de um direito especial. No que se refere à salvaguarda, manteve a autorização para que os Estados lesados interviessem em suas economias, em casos graves e específicos, sem que isso configurasse uma restrição ilegal ao comércio internacional.

Concluindo, as contramedidas são respostas permitidas pelo sistema OMC nos casos de geração de dano efetivo ou potencial à indústria de um país e derivam de ato ilícito e, nesse caso, adquirem características de sanção internacional, quais sejam: a) medidas *antidumping*; b) medidas compensatórias; e c) medidas retaliatórias. Para os atos lícitos e danosos restam as medidas de salvaguarda, que são meros mecanismos legais de proteção do setor produtivo interno, sem nenhum caráter punitivo, corporificados numa medida não tributária de intervenção no domínio econômico.

7.2 Recursos ao Poder Judiciário em Matéria de Defesa Comercial

7.2.1 Introdução

O artigo 23 do ASMC e o artigo 13 do AAD determinam que o membro mantenha procedimentos judiciais, administrativos, arbitrais ou outros modelos, para a revisão das decisões finais de determinação de medidas compensatórias e *antidumping* e das decisões finais de revisão destas. Qualquer que seja o modelo escolhido, deverá haver independência entre o órgão que determina as medidas conclusivas e de revisão e o que julga o procedimento de pronta revisão.

Além dessa previsão de revisão das decisões finais dos processos de investigação de *dumping* e subsídio e de revisões finais para averiguar a necessidade da continuidade da aplicação das contramedidas, as investigações abertas pela Secex, realizadas pelo Decom, analisadas pela CCDC e julgadas pela Camex são permeadas de atos administrativos que criam e modificam direitos e obrigações do cidadão e do setor produtivo nacional, gerando, por sua própria definição, a possibilidade de controle pelo Poder Judiciário.

No exercício de uma política de Estado, firmada sob os auspícios da OMC e ratificada pelo Congresso Nacional, tais atos atingem direitos individuais de propriedade, bem como o direito à livre iniciativa do setor produtivo, quando impõem o pagamento de valores, além dos tributos aduaneiros no ato da importação.

De todos os atos praticados pelas autoridades investigadoras, somente um é verdadeiramente discricionário, qual seja, a decisão da Camex em aplicar ou não a contramedida recomendada pelo parecer Decom/Secex/CCDC. Todos os outros, em nosso entendimento, são vinculados.

A priori, o Poder Judiciário não terá a competência para investigar a prática comercial (*dumping*, subsídio ou surto de importação), nem arbitrar o *quantum* da medida de defesa comercial a ser aplicada, pois são atribuições de competência exclusiva de alguns órgãos da administração pública. Contudo, cabe ao Judiciário controlar, em sentido profundo, a legalidade dos atos praticados, sempre que reclamado a fazê-lo pela parte legítima prejudicada.

No que se refere ao mérito, como regra, poderá ser analisado pelo Poder Judiciário para que este repare a decisão inconsistente com a lei e seus objetivos ou ainda com interesses individuais legalmente protegidos.

A exceção a essa regra, com a possibilidade de o Poder Judiciário julgar recurso de ato administrativo e adentrar sem restrições no mérito e nos aspectos técnicos da decisão, anulando, modificando ou mantendo os efeitos do ato, é a impossibilidade de a parte prejudicada ter acesso à *pronta revisão* do ato praticado e a recurso a ser julgado por *autoridade administrativa distinta* daquela da qual se originou a medida atacada.

Havendo órgão distinto e competente ao qual se possa recorrer, caberá ao Judiciário apenas agir reparando a decisão inconsistente com a lei (motivos e finalidade do ato), com a causa, com os objetivos da lei ou ainda inconsistente com os direitos e garantias individuais legalmente protegidos, ou seja, controlar o ato administrativo.

7.2.2 Revisão Judicial dos Atos Administrativos Derivados das Investigações de Defesa Comercial

O modelo constitucional brasileiro aponta o direito de acesso à justiça como garantia e corolário dos princípios da ampla defesa, do contraditório e do devido processo legal. Sem o direito de acesso à justiça os outros três não poderiam ser satisfatoriamente materializados.

Como já visto, o arcabouço normativo derivado dos acordos temáticos da OMC, em matéria de defesa comercial, conferiu à administração pública a competência para investigar e aplicar as medidas de defesa comercial.

Uma vez que o sistema brasileiro adota o pressuposto da unidade de jurisdição[502], as decisões administrativas não transitam em julgado e, quando atentatórias a direitos ou quando realizadas à revelia da

---

502 Carneiro adverte que o modelo constitucional brasileiro de unidade de jurisdição apenas prevê duas exceções nas quais há jurisdição anômala: Tribunal de Contas da União, com poderes para julgar as contas dos administradores (artigo 71, II, da CF), e o Senado Federal, com poderes para julgar por crimes de responsabilidade o Presidente e o Vice-Presidente da República, Ministros de Estado, Ministros do Supremo Tribunal Federal, Procurador-Geral da República e Advogado-Geral da União (artigos 51, I, e 52, I e II, da Constituição Federal) (CARNEIRO, A. G. **Jurisdição e competência**. 4. ed. São Paulo: Saraiva, 2003. p. 13).

prescrição legal, poderão ser anuladas pelo Poder Judiciário, independentemente do exaurimento das etapas do processo administrativo.

O bem jurídico protegido pela administração pública nas investigações decorrentes das normas de defesa comercial é um interesse público relevante, consubstanciado no direito que tem a indústria nacional de concorrer, internamente, com produtos cujos preços foram formados a partir de critérios econômicos não induzidos por uma empresa, governo ou setor produtivo (para os casos de *dumping* e subsídio), como também o direito de ter tempo hábil para se adaptar às novas diretrizes do mercado internacional, nos casos de possibilidade de imposição de medidas de salvaguarda, sem que isso lhe cause danos ou ameaça de dano.

Nesse diapasão, a administração pública, como intérprete e implementadora da política adotada pelo legislador (determinante das opções iniciais), deverá sopesar a necessidade de proteção da indústria nacional e o direito individual atingido. Por isso, a "autoridade não pode impor restrições ou encargos inconsistentes com a política legal, nem sua discrição pode gerar desnecessário embaraço ou ônus sobre a propriedade privada"[503]. Também, por isso, a decisão de aplicar ou não medidas de defesa comercial deve ser discricionária, em concordância com o artigo 19.2 do ASMC e o artigo 9.1 do ADD, que rezam que "é desejável que a imposição seja facultativa (e não obrigatória)[504] no território de todos os membros".

Há grande responsabilidade dos tribunais administrativos ao decidirem sobre assuntos que afetem a propriedade privada, e disso decorre a imperiosa necessidade do controle dos atos discricionários pelo Poder Judiciário, para mais além do chamado desvio de poder ou desvio de finalidade[505].

---

503 FONSECA, A. Papel dos tribunais administrativos e sistema judicial. **Revista do IBRAC**, São Paulo, v. 6, n. 3, p. 21, 1999.
504 Complemento nosso.
505 "Não se deve deixar de registrar que, apesar de a doutrina brasileira há décadas reconhecer a possibilidade do exercício de um controle judicial baseado nos

Não obstante essa alta responsabilidade, existe uma tradição jurisprudencial e doutrinária no Brasil que defende a teoria de que o Poder Judiciário não pode adentrar na análise do mérito (conteúdo político do processo de realização da vontade estatal ou juízo de oportunidade e conveniência) dos atos administrativos discricionários.

Em contrapartida, já há alguns julgados[506] e doutrinadores[507] que se contrapõem a essa tradição e afirmam que atos discricionários também podem ser revistos em seu mérito. Numa dessas manifestações, Fonseca[508] assevera que é equivocada a generalização, segundo a qual as decisões da administração somente se sujeitariam à revisão judicial nos seus aspectos formais, pois o Judiciário não está preocupado com o mérito da política adotada pela autoridade, mas com a proteção dos direitos individuais, nos termos das questões submetidas a seu exame.

No caso da investigação havida no sistema brasileiro de defesa comercial, o Poder Judiciário pode revisar o mérito das decisões administrativas.

O fundamento principal dessa permissibilidade é a nova ordem instituída pela Constituição Federal de 1988, que traçou os limites principiológicos de atuação da administração pública, restringindo a noção ampla havida sobre discricionariedade do ato administrativo.

---

fins do ato administrativo discricionário, com algumas exceções, os autores asseveram que o mérito do ato é insuscetível de apreciação pelos juízes, ou seja, os aspectos de oportunidade e conveniência estão reservados à Administração Pública." (TEIXEIRA, J. E. M. Controle judicial das decisões do CADE. **Revista IBRAC**, São Paulo, v. 12, n. 6, p. 173, 2005)

506   A título de exemplo: STJ – REsp nº 575.280/SP; REsp nº 443.310/RS; STF – RE nº 131.661/ES e RE nº 167.137/TO.

507   Para um levantamento da doutrina favorável ao controle do ato discricionário, ver: MELLO, C. A. B. **Curso de direito administrativo**. São Paulo: Malheiros, 2003. Também concorde: FERRAZ JR., T. S. Discricionariedade nas decisões do CADE sobre atos de concentração. **Revista do IBRAC**, São Paulo, v. 4, n. 6, p. 87-89, 1997. Para um levantamento doutrinário sobre a variação dessas opiniões, ver: TEIXEIRA, J. E. M. Controle judicial das decisões do CADE. **Revista do IBRAC**, São Paulo, v. 12, n. 6, p. 173-188, 2005.

508   FONSECA, A. Papel dos tribunais administrativos e sistema judicial. **Revista do IBRAC**, São Paulo, v. 6, n. 3, p. 31-32, 1999.

Ademais, a construção do entendimento de que não cabe ao Poder Judiciário adentrar no mérito da decisão administrativa é jurisprudencial e doutrinária, não havendo nenhuma proibição legal para que o faça.

Vistas essas premissas iniciais, cabe-nos analisar se alguns dos atos administrativos das investigações de *dumping*, subsídios e salvaguarda podem e, em que medida, devem ser revisados em seu mérito pelo Poder Judiciário.

Decisão de abertura da investigação e decisão da revisão das medidas aplicadas são atos administrativos vinculados a um único comportamento possível, diante das hipóteses previstas na lei, e, por isso, poderão ter o controle irrestrito do Poder Judiciário. Atendendo a todos os critérios subjetivos, de forma e de conteúdo, em nosso entendimento, há um direito objetivo do peticionário para que se inicie a investigação. A discricionariedade encontra-se na aplicação da medida de defesa comercial, e não no dever de investigar.

O parecer do Decom e do CCDC da existência de *dumping*, subsídio ou surto de importação que gerou ou possa gerar grave dano à indústria nacional e o nexo causal entre ambos, como também a recomendação da alíquota aplicável, é ato discricionário impróprio, ou seja, ato vinculado aos elementos objetivos da lei, e deverá sofrer o controle irrestrito do Poder Judiciário. Ademais, provê a parte interessada de um direito objetivo de que a recomendação dada pela administração seja consentânea com os dados levantados.

A decisão sobre a aplicação ou não de medidas de defesa comercial (*antidumping*, medidas compensatórias ou salvaguardas), bem como sobre a continuidade ou não de sua aplicação, dentre todas, é o único ato no qual há verdadeira discricionariedade[509], pois concretiza uma

---

509 Efetivamente, os direitos *antidumping* e compensatórios são cobrados por meio de atividade administrativa discricionária, que é exatamente oposta à atividade administrativa vinculada (FERRAZ JR., T. et al. Direitos anti-dumping e compensatórios: sua natureza jurídica e conseqüências de tal caracterização.

política de Estado e, como tal, o seu mérito somente deverá ser atacado quando atente contra os valores constitucionais ou legais. Aqui não há direito objetivo à aplicação da medida recomendada pelo Decom/Secex/CCDC. O montante máximo a ser aplicado é ato vinculado ao limite estabelecido no parecer do Decom e pode sofrer controle irrestrito do Poder Judiciário. Neste último caso, há um direito objetivo de não se aplicar medida em valor superior ao recomendado no parecer.

7.2.3 Direito à Pronta Revisão por Autoridade Diversa e Análise Judicial do Mérito Administrativo

Para as investigações de subsídio e *dumping*, valem as conclusões destacadas no tópico 4.2.4.6.2.1.1 do capítulo IV, ao qual remetemos o leitor, para um maior aprofundamento dos argumentos.

Como no ASG não há previsão de pronta revisão ou de revisão processada por autoridade distinta da que decidiu sobre a aplicação ou a revisão da medida de salvaguarda, não se adotam as mesmas conclusões destacadas para os casos de investigação de *dumping* e subsídio.

Da análise dos argumentos destacados no capítulo IV, concluiu-se que: a) no modelo brasileiro, a instrução processual, a formulação de recomendação e a aplicação das medidas de defesa comercial são atividades de competência exclusiva de alguns órgãos; b) a regra da OMC é clara no sentido de que órgão independe do que aplicou ou revisou as medidas de defesa comercial possa reavaliar o mérito do ato administrativo conclusivo da investigação, e no Brasil não há tribunal independente da Secex, do CCDC ou da Camex, com competência para cuidar da matéria, nem há possibilidade de pronta revisão de decisões conclusivas, o que inviabiliza que a parte lesada recorra –

fundada nas disposições da Lei n° 9.784/ 1999 – do ato administrativo; c) o sistema de defesa comercial brasileiro também não viabiliza o direito à pronta revisão de atos administrativos e, nesse sentido, o Poder Judiciário estará apto a determinar que as autoridades iniciem o procedimento, nos termos da Lei n° 9.784/1999, e, caso não o façam, cabe a aplicação da pena de prisão, por crime de desobediência, pois aí há uma competência originária de investigação, prevista em lei e viabilizada por um ato administrativo (criação do órgão), que não poderá ser usurpada pelo Poder Judiciário; d) enquanto a administração pública não crie órgão independente ou outorgue competência às autoridades hierarquicamente superiores para que decidam, competirá ao Poder Judiciário acolher o recurso e analisar, integralmente e sem ressalva, o mérito das determinações finais das investigações, bem como de suas revisões, sem que isso implique qualquer agressão ao princípio da separação dos poderes.

Essas conclusões não são válidas para recursos decorrentes de ato ou conteúdo do parecer do Decom, pois há órgão superior, distinto daquele (a Secex), com competência para analisar a matéria.

7.2.4 Recurso Judicial e Competência Privativa de Tribunal Superior

Como já dito, caberá, com base na Lei n° 9.784/99, recurso administrativo das decisões interlocutórias, preliminares e conclusivas da investigação (de *dumping*, subsídio e salvaguarda) e da revisão das medidas aplicadas. Das decisões do Decom recorre-se à Secex, na pessoa do seu secretário. Das decisões da Secex recorre-se ao Ministro da pasta competente (atualmente, Ministério do Desenvolvimento, Indústria e Comércio). Das decisões da Camex, recorre-se ao Presidente da República. Tendo em vista as disposições da lei do processo administrativo, estes recursos antes de serem remetidos às autoridades superiores deverá ser analisado pelo próprio órgão originário que poderá confirmar, anular ou modificar sua decisão inicial.

No que concerne ao recurso judicial, decorrente das decisões interlocutórias, preliminares e conclusivas da investigação (de *dumping*, subsídio e salvaguarda) e da revisão das medidas aplicadas, deve-se observar alguns critérios de competência da autoridade jurisdicional prescritos na Constituição.

Das decisões do Decom e da Secex recorre-se ao Juiz Federal, nos termos do artigo 109, VIII da CF, pois se trata de interesse da União e versar sobre cumprimento de tratado internacional. Nestes casos, caberá recurso ao Tribunal Regional Federal, ao STJ e, quando houver matéria constitucional, ao Supremo Tribunal Federal.

Quando a decisão for do Ministro do Desenvolvimento, Indústria e Comércio ou da Camex, recorre-se ao STJ, conforme artigo 105, I, *b* da CF. Caberá recurso ordinário ao STF, nos casos de mandado de segurança denegado no STJ e recurso extraordinário se a matéria versar sobre matéria constitucional.

Quando a decisão for do CCDC ou do Presidente da República[510] caberá recurso ao STF, conforme artigo 102, I, *d* da CF. Embora não haja referência expressa aos atos do Conselho de Estado neste artigo da CF, o artigo 84, XVIII da CF, determina que seu presidente será o Presidente da República, valendo a regra geral aplicável aos atos originários deste.

---

510   Neste ponto discordamos de Barral e Brogini que entendem que cabe recurso da decisão do Presidente da República, no recurso administrativo, ao STJ. Veja quadro VII em BARRAL, W.; BROGINI, G. **Manual prático de defesa comercial**. São Paulo: Aduaneiras, 2006. p. 65.

Referência Bibliográfica

ALEXANDER, P. M. The specificity test under U. S. countervailing duty law. **Michingan Journal International Law**, Michingan, n. 10, p. 807-848.

AMORIM, C. A OMC, pós-Seattle. **Política Externa**, São Paulo, v. 8, n. 4, p. 100-115, mar. 2000.

ATALIBA, G. **Sistema constitucional tributário brasileiro**. São Paulo: Revista dos Tribunais, 1968.

_____. Subvenção municipal a empresas, como incentivo à industrialização, a impropriedade designada "devolução do ICM". **Justitia**, São Paulo, ano XXXIII, v. 72, p. 153, 1. trimestre 1971.

ATALIBA, G.; MELLO, C. A. B. de. Subvenções: natureza jurídica, não se confunde com as isenções. **Revista de Direito Público**, v. 20-92.

AUGUSTO, M. F. Incentivos fiscais. In: ENCICLOPÉDIA Saraiva de Direito. São Paulo: Saraiva, 1972. v. 43, p. 221.

BALDINELLI, E. La Proteción contra el comercio desleal. **Integración Latinoamericana**, Buenos Aires, v. 17, n. 184, p. 33, nov. 1992.

BALEEIRO, A. **Direito tributário brasileiro**. 7. ed. Rio de Janeiro: Forense, 1975.

BAPTISTA, L. O. Dumping e anti-dumping no Brasil. In: AMARAL JÚNIOR, A. do. (Coord.). **OMC e o comércio internacional**. São Paulo: Aduaneiras, 2002.

BARRAL, W.; BROGINI, G. **Manual prático de defesa comercial**. São Paulo: Aduaneiras, 2006.

BARRAL, W. de O. **Dumping e comércio internacional**: a regulamentação antidumping após a Rodada Uruguai. Rio de Janeiro: Forense, 2000.

BEACHLER, J. **The origins of capitalism**. Oxford: Basil Backwell, 1975.

BECKER, A. A. **Teoria do direito tributário**. 3. ed. São Paulo: Saraiva, 1998.

BERER, F. Proposta para evitar o descumprimento lucrativo das normas da OMC. In: LIMA-CAMPOS, A. (Org.). **Ensaios em comércio internacional, anti***dumping***, disputas comerciais e negociações multilaterais**. São Paulo: Singular, 2006. p. 303-333.

BLIACHERIENE, A. C. Defesa comercial x defesa da concorrência: o que triunfará nas relações comerciais internacionais? **Revista do IBRAC**, São Paulo, v. 13, n. 3, 2006.

_____. **Emprego dos subsídios e medidas compensatórias na defesa comercial:** análise do regime jurídico brasileiro e aplicação dos acordos da OMC. Tese (Doutorado em Direito Social)– Faculdade de Direito, Pontifícia Universidade Católica de São Paulo, São Paulo, 2006.

BOBBIO, N. **Dalla strutura allá funzione.** Milão: Giapichelli, 1977.

BORGES, J. S. M. Sobre as isenções, incentivos e benefícios fiscais relativos ao ICMS. **Revista Dialética de Direito Tributário**, São Paulo, n. 6, p. 49, 69-73, mar. 1996.

_____. **Teoria geral da isenção tributária.** 3. ed. São Paulo: Malheiros, 2001.

BROGINI, G. D. **OMC e a indústria nacional** – as salvaguardas para o desenvolvimento. São Paulo: Aduaneiras, 2004.

BRORSSON, C. **Towards international competition rules?** Gothenburg: University of Gothenburg, Department of Law, 2003. Disponível em: <http://www.handels.gu.se/epc/archive/00003598/>. Acesso em: 30 ago. 2006.

CABANELLAS, G. **El dumping:** legislación argentina y derecho comparado. Buenos Aires: Heliasta, 1981.

CALLIARI, M. Painel IV – A defesa comercial no mundo. II Seminário Internacional de Defesa Comercial Dumping, Subsídios e Barreiras Não Tarifárias. **Revista do IBRAC**, São Paulo, v. 9, n. 6, p. 208-210, 2002.

CARNEIRO, A. G. **Jurisdição e competência.** 4. ed. São Paulo: Saraiva, 2003.

CARRAZZA, R. A. **Curso de direito constitucional tributário.** 19. ed. São Paulo: Malheiros, 2004.

CARVALHO, P. de B. Parecer. In: CARVALHO, P. de B.; FERRAZ JR., T. S.; BORGES, J. S. M. (Org.). **Crédito-prêmio de IPI:** estudos e pareceres. São Paulo: Manole, 2005. p. 27-29.

COMBACAU, J.; SUR, S. **Droit international public.** Paris: Montchrestien, 1993.

COMMUNIER, J. M. **Le droit communitaire des aides d'éstat.** Paris: LGDJ, 2000.

CORREA, L. A. A cláusula do tratamento nacional em matéria tributária do GATT/94 e o Brasil: validade e responsabilidade internacional em face do artigo 151, III, da Constituição de 1988. **Revista de Informação Legislativa**, Brasília, ano 39, n. 154, p. 147-148, abr./jun. 2002.

CORTEZ, M. E. C. **O acordo de salvaguardas à luz da jurisprudência da OMC.** 2003. Dissertação (Mestrado em Direito Internacional)– Faculdade de Direito, Universidade de São Paulo, São Paulo, 2003.

CRETELLA NETO, J. **Direito processual na Organização Mundial do Comércio – OMC:** casuística de interesse para o Brasil. Rio de Janeiro: Forense. 2003.

CUNHA, E. M. Princípio da motivação e a Lei 9.784/99. In: FIGUEIREDO L. do V. (Coord.). **Ato administrativo e devido processo legal.** São Paulo: Max Limonad, 2001. (Coleção Oswaldo Aranha Bandeira de Mello).

CZAKO, J.; HUMAN, J.; MIRANDA, J. **World Trade Organization:** a handbook on anti-dumping investigation. Cambrige: Cambrige University Press, 2003.

DAL RI JR., A. O direito internacional econômico em expansão: desafios e dilemas no curso da história. In: DAL RI JÚNIOR, A.; OLIVEIRA, O. M. de (Org.). **Direito internacional econômico em expansão: desafios e dilemas.** Ijuí: Ed. Unijuí, 2003. p. 30-32.

DI PIETRO, M. S. Z. **Direito administrativo.** São Paulo: Atlas, 1998.

EVANS, A. **European community law of estate aid.** Oxford: Clarenton Press, 1997.

FERRAZ JR., T. S. Crédito-prêmio de IPI e incentivo fiscal setorial: da inaplicabilidade do artigo 41 do ADCT da CF/1988. **Crédito-prêmio de IPI:** estudos e pareceres. São Paulo: Manole, 2005, p. 35.

_____. Discricionariedade nas decisões do CADE sobre atos de concentração. **Revista do IBRAC,** São Paulo, v. 4, n. 6, p. 87-89, 1997.

_____. Remissão e anistia fiscais: sentido dos conceitos e forma constitucional de concessão. **Revista Dialética de Direito Tributário,** São Paulo, n. 92, p. 67-73, maio 2003.

FERRAZ JR., T. S. et al. Direitos "anti-dumping" e compensatórios: sua natureza jurídica e conseqüências de tal caracterização. **Revista de Direito Mercantil, Industrial, Econômico e Financeiro,** São Paulo, v. 33, n. 96, p. 87-109, out. 1994.

FERREIRA, E. P. O controlo das subvenções financeiras e dos benefícios fiscais. **Revista do Tribunal de Contas,** Lisboa, n. 1, p. 25 e ss., jan./mar. 1989.

FERREIRA, P. Anistia. In: ENCICLOPÉDIA Saraiva de Direito. São Paulo: Saraiva, 1978. v. 6, p. 434.

FICHERA, F. Le agevolazione fiscalli. **Rivista di Diritto Finanziario e Scienza Delle Finanze,** n. 1, p. 99-100, 1998.

FINKELSTEIN, C. A organização mundial do comércio e a integração regional. **Revista do Instituto de Pesquisa e Estudos: Divisão Jurídica,** Bauru: Instituição Toledo de Ensino, n. 19, p. 53-65, ago./nov. 1997.

FONSECA, A. Papel dos tribunais administrativos e o sistema judicial. **Revista do IBRAC,** São Paulo, v. 6, n. 3, p. 19, 22, 26, 31-32 e 35, 1999.

FONTOURA, J. Embraer versus Bombardier, o direito e a organização mundial do comércio. **Revista Universitas/JUS Uniceub,** Brasília, edição semestral, n. 9, p. 7, 60-69, jul./dez. 2002.

FOX, E. M.; ORDOVER, J. A. The harmonization of competition and trade law: the case for modest linkages of law and the limits to parochial state action. In: WAVERMAN, L.; COMANOR, W. S.; GOTO, A. (Ed.). **Competition policy in the global economy**: modalities for cooperation. Studies in the Modern World Economy. London: Routledge, 1997. p. 407-438.

GABRIEL, A. R. M. Subsídios e medidas compensatórias na OMC e sua reparação no direito brasileiro. **Revista de Informação Legislativa**, Brasília, v. 36, n. 144, p. 261-279, out./dez. 1999.

GODOY, S. M. de P. Legalidade, vinculação e discricionariedade. Alguns aspectos da Lei 9.784, de 29 de janeiro de 1999. In: FIGUEIREDO L. do V. (Coord.). **Ato administrativo e devido processo legal**. São Paulo: Max Limonad, 2001. (Coleção Oswaldo Aranha Bandeira de Mello).

GONZÁLES, F. F. **Dumping y subsidios en el comercio internacional**. Buenos Aires: Ad hoc, 2001.

GRAU, E. R. Discricionariedade técnica e parecer técnico. **Revista de Direito Público**, São Paulo, n. 93, p. 114-121, jan./mar. 1990.

HINDESS, B.; HIRST, P. Q. **Modos de produção pré-capitalistas**. Rio de Janeiro: Zahar Editores, 1976.

HIST, P.; THOMPSON, G. **Globalização em questão** – a economia internacional e as possibilidades de governabilidade. Tradução de Wanda Caldeira Brant. Petrópolis: Vozes, 1998.

HOEKMNAN, B. **Competition policy and the global trading system**: a developing-country perspective. The World Bank, International Economics Department, International Trade Division. March, 1997.

HOECKMAN, B; KOSTECKI, M. **The political economy of world trade system**. Oxford: Oxford University Press, 1997.

JACKSON, J. H. Perspective on regionalism in trade relations. **Law and Policy in International Business**, v. 27, n. 4, p. 873-878, summer 1996.

_____. **The world trade system**. 2th ed. Massachusetts: The MIT Press, 1997.

_____. **The word trading system** – law and policy of internacional economic relations. 2th ed. Massachusetts: MIT Press, 1999.

KELSEN, H. **Teoria geral das normas**. Porto Alegre: Sérgio Antônio Fabris, 1996.

_____. **Teoria geral do direito e do estado**. São Paulo: Martins Fontes, 2000.

LAFER, C. **A OMC e a regulamentação do comércio internacional**: uma visão brasileira. Porto Alegre: Livraria do Advogado, 1998.

_____. O sistema de solução de controvérsias da Organização Mundial do Comércio. **Revista do IBRAC**, São Paulo, v. 3, n. 9, p. 1-27, 1996.

LAL, D. **Reviving the invisible hand** – the case for classical liberalism in the twenty-first century. Princeton: Princeton University Press, 2006.

LLOSA, M. V. Liberalism in the new millenium. In: VASQUES, I. (Ed.). **Global fortune**. Washington: Cato Institute, 2000.

LÔBO, M. J. **Direitos antidumping** (crítica de sua natureza jurídica). Dissertação (Mestrado)– Faculdade de Direito da Pontifícia Universidade Católica de São Paulo, São Paulo, 2004.

LOWENFELD, A. F. **International economic law** – public controls on international trade. 2th ed. New York: Mathew Bender, 1983. v. VI.

MACHADO, H. de B. **Comentários ao código tributário nacional**: artigos 1 a 95. São Paulo: Atlas, 2003. v. 1.

MACIEL, G. A. A dimensão multilateral. O papel do GATT na expansão da economia. A Rodada do Uruguai e a criação da OMC em 1994. **Boletim de Diplomacia Econômica**, n. 19, p. 130-146, fev. 1995.

MADRID, G. E. L. H. de. **El derecho de las subvenciones en la OMC**. Madrid: Marcial Pons, 2005.

MANFFER, R. P. Creación de la organización multilateral de comercio. **Boletin Mexicano de Derecho Comparado**, México, n. 81, p. 734, 736-738, sept./dic. 1994.

MARCEAU, G. **Anti-dumping and anti-trust issues in free trade areas**. New York: Clarendon Press Oxford, 1994.

MARKUS, J. P. **Les aids publiques indirectes aux entreprises**. Contribution a l'étude de la notion d'aide. Thèse. Paris II, 1993.

MARQUES, P. S. N. O Brasil derrapa na largada: conferência ministerial da OMC expõe as vulnerabilidades do País. **Política Externa**, São Paulo, v. 5/6, n. 4/1, p. 131-136, mar./ago. 1997.

MARTINS, N. Incentivos a investimentos isenção ou redução de impostos, tratamento jurídico-contábil aplicável. **Revista de Direito Tributário**, São Paulo, n. 61, p. 174-186, 1992.

MATTOS, A. G. de. O imposto de renda frente ao ICMS remetido como subvenção para investimento. **Revista dos Tribunais**, São Paulo, ano 4, n. 15, p. 16, abr./jun. 1996.

MAZZILI, H. N. **A defesa dos interesses difusos em juízo**. 12. ed. São Paulo : Saraiva, 2000. p. 43.

MELLO, C. A. B. de. **Curso de direito administrativo**. São Paulo: Malheiros, 2003.

MELLO, C. D. **Curso de direito internacional público**. 13. ed. rev. e ampl. Rio de Janeiro: Renovar, 2001. v. II.

MERCADANTE, A. de A. Mercosul: salvaguardas, *dumping* e subsídios. In: BAPTISTA, L. O.; MERCADANTE. A. de A.; CASELLA, P. B. (Org.). **Mercosul:** das negociações à implantação. São Paulo: LTr, 1994. p. 180.

MOLA, A. de R. Concentración de empresas. In: NUEVA ENCICLOPEDIA Jurídica. Barcelona: Librería Jurídica, 1952.

MOLINA, P. M. H. **La exención tributaria.** Madrid: Colex, 1990.

MONTINI, M. Globalization and international antitrust cooperation. In: INTERNATIONAL CONFERENCE TRADE AND COMPETITION IN WTO AND BEYOND, 1998, Venice. Disponível em: <http://www.feem.it/NR/rdonlyres/C88FEC03-642E-41EA-BB3E-6CEFEA827662/304/6999.pdf>. Acesso em: 30 ago. 2006.

MOON, B. E. **Dilemas of international trade.** London: Westview Press, 1996.

NOGUEIRA, R. B. **Curso de direito tributário.** São Paulo: Revista dos Tribunais, 1976.

OECD documents – regionalism and its place in the multilateral trading system, 1996.

OECD – the benefits of trade and investment liberalisation. França, 1998.

PETERSMANN, E. U. Gray area measures and the rule of law. **Journal of World Trade,** v. 22, n. 2, p. 25 e 40, 1988.

PINHO, D. B.; VASCONCELOS, M. A. S. de. **Manual de economia.** 3. ed. São Paulo: Saraiva, 1998.

PIRENE, H. **Historia económica y social de la idade media.** Versión española Salvador Echavarría. México: Fondo de Cultura Econômica, 1955.

PIRES, A. R. **Práticas abusivas no comércio internacional.** Rio de Janeiro: Forense, 2001.

PRADE, P. **Conceito de interesses difusos.** 2. ed. São Paulo: Revista dos Tribunais, 1987.

PRESSER, M. F. A volta da "grande barganha": as negociações na OMC às vésperas da Reunião Ministerial de Hong Kong. **Economia Política Internacional:** análise estratégica, n. 7, out./dez. 2005. Disponível em: <http://www.eco.unicamp.br/asp-scripts/boletim_ceri/boletim/boletim6/07_A_volta_da_grande_barganha.pdf>. Acesso em: 1º nov. 2006, 14:40.

REVISTA CONJUNTURA ECONÔMICA. Fundação Getulio Vargas: Rio de Janeiro, p. 99, jan. 1979.

REZENDE, A. C. F. **Aspectos do comércio internacional e de institutos da defesa comercial, com especial enfoque nos subsídios** – uma análise das normas nacionais e das normas da OMC. Dissertação (Mestrado) – Pontifícia Universidade Católica de São Paulo, São Paulo, 2002.

RODRIGUES, J. R. P. Dumping em serviços? **Revista do IBRAC**, São Paulo, v. 5, n. 3, p. 30, 1998.

ROLF, K. Duas ONGS no mundo do comércio. **O Estado de S. Paulo**, São Paulo, 19 nov. 2001.

SANTOS, A. C. dos. **Auxílios de estado e fiscalidade**. Coimbra: Almedina, 2003.

SATO, E. **O papel estabilizador dos países periféricos na ordem internacional**: percepções e perspectivas. 1997. Tese (Doutorado)– Faculdade de Filosofia, Letras e Ciências Humanas da Universidade de São Paulo, São Paulo, 1997.

SILVA, J. A. da. **Curso de direito constitucional positivo**. 23. ed. São Paulo: Malheiros, 2004.

SLOTOBOOM, M. M. Subsidies in WTO law and in EC law: broad and narrow definitions. **Journal of World Trade**, n. 36, p. 517-542, 2002.

SYKES, A. O. **The WTO agreement on safeguards**: a commentary. Oxford: Oxford Books, 2006.

TAVOLARO, A. T. A natureza jurídica dos direitos antidumping. **Cadernos de Direito Tributário e Finanças Públicas**, São Paulo, v. 5, n. 8, p. 246, jan./mar. 1997.

TEIXEIRA, J. E. M. Controle judicial das decisões do CADE. **Revista do IBRAC**, São Paulo, v. 12, n. 6, p. 173-188, 2005.

THORSTENSEN, V. **OMC – Organização Mundial do Comércio**: as regras do comércio internacional e a rodada do milênio. São Paulo: Aduaneiras, 1999.

TÔRRES, H. T. Crédito prêmio de IPI. In: CARVALHO, P. de B.; FERRAZ JR., T. S.; BORGES, J. S. M. (Org.). **Crédito-prêmio de IPI**: estudos e pareceres. São Paulo: Manole, p. 145.

TREBILCOCK, M. J.; HOUSE, R. **The regulation of international trade**. London: Routledge, 1994.

_____. _____. 2nd ed. New York: Routledge, 2000.

TUMLIR, J. A revised safeguard clause for GATT. **Journal of World Trade**, v. 7, n. 4, p. 405, 1973.

VIGLIAR, J. M. M. **Interesses difusos e coletivos**. São Paulo: CPC, 2004.

VINER, J. **Dumping**: a problem in international trade. Reprints of economic classics. Originally published (1923). Clifton: Augustus M. Kelley Publishers, 1991.

WEIL P. Lê droit international em quête de son identité. **Recueil dês Cours de l'Académie de Droit International**, Haia: Martinus Nijhoff, n. 237, 1992.

WILCOX, W. K. GATT-based protectionism and the definition of a subsidy. **Boston University International Law Journal**, n. 16, p. 129-163, 1998.

WINHAM, G. R. **International trade and the Tokyo round negotiation.** Princeton: Princeton University Press, 1986.

WTO – guide to GATT law and pratice – analytical index. Geneva: World Trade Organization, 1995. v. I e II.

ZAINAGHI, D. H. de C. G. M. et al. O princípio da motivação no processo administrativo. In: FIGUEIREDO L. do V. (Coord.). **Ato administrativo e devido processo legal.** São Paulo: Max Limonad, 2001. (Coleção Oswaldo Aranha Bandeira de Mello).